威權演化論

中國如何治理？國家與社會如何維持動態關係？

策畫
國立清華大學
當代中國研究中心
Center for Contemporary China, CfCC

主編
徐斯儉
Szu-chien Hsu
蔡欣怡
Kellee S. Tsai
張鈞智
Chun-chih Chang

譯者
李宗義

State-Society Relations under Authoritarianism

Evolutionary Governance in CHINA

致那些挺身而出的社會行動者與願意聆聽的人

目　錄

第二部　社區治理

第三部　環境與公共衛生治理

第四部　經濟與勞動治理

第五部　社會與宗教治理

謝詞

本書的靈感可以回溯到1990年代我們在哥倫比亞大學攻讀博士期間，當時才剛經歷1989年的傷痛。對我們這一代從事中國研究的學生來說，那是一個關鍵的年代。儘管我們當時並未料到要合寫一本書，但隨著大家為資格考努力，到中國做各種田野考察，還有寫出一本又一本博士論文，看到中國「國家─社會關係」的本質存在諸多觀點令人眼花撩亂，也著實讓我們困惑。模糊不清的原因其實很簡單：研究標的不斷變動。國家和社會行動者之間的關係不能化約為靜態的描述，因為它的本質上是動態、多面向且互動的。沒有一張快照能充分捕捉其不斷演化的性質和各個治理領域之間的差異。

直到二十年之後，徐斯儉接任國立清華大學當代中國研究中心的主任，張鈞智在中央研究院政治學研究所擔任博士後研究員，從長遠的角度從事分析的意義終於浮現。兩人在中研院四分溪畔多次的午後漫步之後，發展出本書最初的方法論架構。2014年，臺灣的太陽花學生運動和香港的雨傘運動爆發後，徐斯儉邀請香港科技大學人文社會科學學院院長蔡欣怡加入主編的行列。

當三位主編到位，我們從幾個來源籌措經費舉辦工作坊，並聘請研究助理針對中國國家與社會關係的相關文獻進行大規模的文獻回顧分析，以及進行後續的出版工作。我們要感謝國立清華大學當代中國研究中心、香港科技大學、中央研究院政治學研究所、中華民國教育部（MOE-104-3-3-A014）、中華民國科技部（MOST108-2410-H-001-090-MY3, MOST103-2410-H-007-077, MOST 101-2410-H-007-033-MY2, MOST 95-2420-H-004-058-DR）、中華民國國科會（NSTC-111-2420-H-001-001）、中國國家社會科學基金（17BZZ033）的經費支持。

徐斯儉和張鈞智帶領多位研究助理參與豐富的討論，並且對中國國家與社會關係的案例文章進行編碼。我們要感謝國立清華大學社會學研究所的研究生白宜儒、馮昊、郭姿秀、李虎門、林柏廷、沈朋達、王衍華和謝貿琪，也感謝香港科技大學的研究生編碼團隊：蔣榴燕、陸文質、唐彧頔、王清妍和周尚思。此外，我們的作者群同時感謝周亞萱、胡伯維、林依陵、陸文質、曾瑋琳和曾裕淇的辛勤研究協助。

本書的理論架構與實證章節的撰寫，來自各章作者在不同工作坊和會議上的仔細思考。我們要感謝這些活動的主辦機構，包括國立清華大學當代中國研究中心、中央研究院政治學研究所與社會學研究所、臺灣民主基金會。我們要感謝為會議和投稿過程提供支援的行政人員，包括中研院的鄭淑美、劉明浩、蘇貞瑋和楊孟傑；香港科技大學的蘇艷秋、鄧詠琪和黃芷雯。同樣重要的是，徐斯勤和張佑宗擔任臺灣大學政治學系主任時，分別在2016年至2019年的暑假邀請蔡欣怡擔任訪問學者，特別感謝陶儀芬在那段寶貴的寫作進修期間慷慨分享她的辦公室，她和陳明祺在家裡舉辦了精緻的哥倫比亞大學校友團聚晚餐更是令人難忘。

整個計畫的推動期間，我們的作者得益於多位同事的寶貴意見。我們感謝張貴閔、陳志柔、陳明祺、陳至潔、周碧娥、周嘉辰、韓博天（Sebastian Heilmann）、劉紹華、冷則剛、Joel Migdal、潘毅、沈秀華、謝世宏（Shawn Shieh）、蘇偉業（Bennis Wai-Yip So）、蔡文軒、童涵浦、王韻、楊友仁以及哈佛大學亞洲中心委託的兩位匿名審查人。當然，本書有不足之處都與他們無關。每一本出版的書背後都有諸多幕後推手，他們對於本書的潛力深信不移，哈佛大學出版社的Bob Graham在英文書的審查和出版過程中提供非常專業的支援，中文版的出版除了國立清華大學當代中國研究中心的大力支持之外，有賴李宗義博士的專業翻譯和黃秀如、王湘瑋、蔡竣宇、黃暐鵬等左岸同仁的協力編輯。最後，我們對於哈佛大學裴宜理（Elizabeth Perry）教授適時寫來的跋深表榮幸與感激，這篇文章提醒大家中國革命遺產的影響，補充了我們的觀點。

論文集往往要耗費多年才能完書，這一本也不例外。正如同在本項計畫推展期間中國在習近平的領導之下不斷演化，整個「大中華」地區的社會行動者持續參與（有時是反抗）國家權力的落實，我們的概念架構和實證研究也必須隨之演進。藉由這個偶然的努力，我們得以從演化的視角更深入剖析習近平時期，認為黨國力量的過度擴張對於治理品質會產生不利的影響，我們對於這樣的判斷深具信心。

本書最後一輪修改的時間正值2019年至2020年香港反送中法造成的社會動盪，2020年又因北京頒佈香港國家安全法，相關抗議活動遭到鎮壓。同一年無預警地遇上在武漢首次發現的新冠肺炎疫情，歷經長達兩年多的疫情封控時期，全球活動似乎都按下了暫停鍵，尤以中國的防疫措施執行最為徹底。然而，2022年底本書中文翻譯即將完稿之際，中國與全世界數十個城市突然爆發示威活動，抗議中國政府堅持「動態清零」的政策，這場所謂的「白紙抗議」之後，中國的新冠管制措施立即放開。雖然中國至今仍面臨多重治理挑戰，但我們對於危言聳聽的言論一概不顧，堅持本書提出的演化觀點。這場新冠疫情很可能被視為轉折點，但它絕不是終點。事實上，我們更期待進一步向目前正在孕育中的文獻研究和現實情況當中學習，因為知識的積累也是一段演化的過程。

徐斯儉於臺北
蔡欣怡於香港
張鈞智於廈門

策畫者序
從《威權演化論》看臺灣當代中國研究的新方向

林宗弘

近半世紀以來，國際政經情勢丕變，中國的經濟轉型與國際影響力日益重要。1978年中國展開市場經濟改革；1980年代末期世界進入後冷戰的國際關係；1990年代，全球化帶動兩岸經貿往來和社會交流。這些改變促使中國研究成為國際社會科學界發展最快速的學術領域之一。從2002年起，陳志柔、吳介民、周碧娥與吳泉源等傑出學者積極奔走，在中央研究院李遠哲前院長、國立清華大學徐遐生前校長支持下，合作設置「中國研究碩士學程」，同時於2003年5月1日成立校級「國立清華大學當代中國研究中心」（以下簡稱CfCC），為臺灣研究型大學中第一個當代中國研究中心，目標為整合國內外學者專家，對兩岸關係以及當代中國社會、經濟與政治等面向，推動跨學科研究與教學，促進國際學術合作。CfCC的核心團隊，由中心的執行委員組成，此一核心團隊不僅學術表現傑出，在教學成果與政策影響力上也有持續的進展，《威權演化論》一書的出版可以視為二十年來，中研院與清大合作投入CfCC的階段性學術公共成果。

《威權演化論》的簡介與時代意義

相對於臺灣政治學界（例如政大國關中心）的兩岸關係或國際關係研究傳統，CfCC學術研究重心之一是中國大陸的社會變遷與其影響，主要屬於政治社會學、經濟社會學或比較政治經濟學領域，特別關注威權體制下國家與社會的互動。由徐斯儉、Kellee S. Tsai（蔡欣怡）與張鈞智共同編輯，美國哈佛大學亞洲研究中心出版的英文專書 *Evolutionary Governance in China: State-Society Relations under Authoritarianism* (Harvard Asia Center, Harvard University Press, 2021)，便是在CfCC的協助下所推出的相關作品。本書對胡錦濤、溫家寶統治末期到習近平上臺初期的國家與社會關係，提供了全面性的觀察與分析。英文版問世後，CfCC認為有必要推廣到中文世界，於是又花了一年半的時間，透過清大社會所畢業生李宗義博士的精準翻譯，聯手讀書共和國集團旗下左岸文化編輯部的修訂，將英文版予以更新，並以《威權演化論》為名順利發表中文版。

《威權演化論：中國如何治理？國家與社會如何維持動態關係？》對中國的演化式治理提出一套國家與社會關係的創新分析架構。在本書的第一章，蔡欣怡從國家內部分化與國家社會關係的理論系譜，介紹中國改革開放後的威權主義觀念的歷史，提出應該以歷史制度論的演化角度觀察中共威權主義在社會變遷下的生存策略。第二章徐斯儉與張鈞智的研究則進一步理論化國家與社會關係，將國家一方行動者的策略分為強硬與溫和，社會一方行動者的策略也分為強硬與溫和兩類，推論當國家溫和、社會強硬時，會造成該領域的制度變遷，表現為國家公共政策的吸納與讓步、從社會一方來看則是改革與進步；國家與社會雙方均採溫和策略時，該領域的改革動力次之；國家與社會雙方均強硬時，在該領域可能形成僵局；社會溫和、國家強硬的領域則少有制度變革。徐、張兩位作者採取次級資料的後設研究方法，將125篇刊登在中國研究頂尖期刊的社會抗爭之質性個案研究與其政策後果，進行編碼與統計分析，結果證實國家溫和與社會積極動員有利於政策改革。從這個理論架構來看，自胡溫時期到習近平新時代的特徵，即是國家變得日益強硬且鎮壓社會。

中國的地方公共財、勞資關係與社會文化變遷

本書以社區與公共服務、勞工、文化與性別等三個次領域的田野調查，分別測試了前述的理論框架。在社區領域，韓國學者鄭有善描述北京的業主維權運動的興衰；王占璽討論中共在愛滋傳染病治理初期失敗後，被迫接受國際援助與非政府組織的介入，但是也逐漸建立起國家管制機制；王敬智與徐斯儉檢視反垃圾焚化爐的地方抗爭，再加上陶逸駿對廣東茂名的農村徵地引起基層選舉變化的研究，發現體制內改革有其可能性與局限性，抗爭經常會得到回應，但中共的收編策略通常不易改變政策結果。這些研究顯示國家面對社會抗爭採取較軟化態度，而民間組織實力較強時，較有機會被收編或推動政策改革。

在勞資關係領域的三篇論文裡，國家與工運影響政策的動態相當複雜。鄭志鵬認為在《勞動合同法》(2008)、《社會保險法》(2010)的立法過程裡，可以發現兩組政策聯盟：臺商與外商跟地方政府的利益較為一致而形成產業發展聯盟，中央政府面對全國勞工抗爭擴張趨勢必須推動勞動政策改革，然而中央政府與地方政府也必須考慮經濟成長的共同利益，因此形成中央政府推動法令修訂、又放任地方政府因地制宜的結局，在這種情況下，地方政府與廠商通常還是抗拒落實勞動法令。方琮嬿的研究則針對工會法與團體協商，發現中共控制的總工會雖然推動立法，其主要目的還是要進一步以黨領導工會，以工會監控工人並緩和勞資爭議。林宗弘對2010年富士康工人跳樓自殺事件的後續研究指出，當時中共在短期內以中央控制的媒體CCTV4大肆報導的真正用意，在於借工人權益之名，推動廣東騰籠換鳥與產業西進，因此一待富士康配合政策，就壓制媒體消息。然而此舉也促成工人權利意識覺醒，全國各地在隨後五年爆發更多工人抗爭，大約從2015年起，中共對民間勞工組織與維權律師全面鎮壓，至於臺商雖然配合政策部分遷移到內陸省份，卻有更多廠商資本外逃離開中國。整體來看，國家與勞工的互動屬於工人大規模抗爭、國家也日趨強硬的領域。

本書第三個領域，探討當代中國的性別、文化、宗教轉型，相對屬於國家與社會都採取溫和策略的領域。古明君關於媽祖信仰的著作發現，文革時期中共將傳統宗教視為封建迷信，其組織與廟宇佛像等物質資產遭受嚴重破壞。1980年代末，部分臺灣媽祖廟宇至大陸進香，到2000年宗教直航，這段期間中國媽祖信仰在兩岸關係改善的加持下，擺脫過往封建迷信汙名，挑戰甚而突破官方兩岸政策，獲得中共認可與肯定，稱媽祖為「海峽和平女神」。這個戲劇性的轉變，顯示對臺部門與湄州地方文化菁英的利益與合作。黃克先關注中國基督教的快速擴張。2013年起，中共針對基督教發展趨勢採取大規模壓制，拆除民間教會的建築與十字架，希望將信徒引導到官方教會，然而民間教會仍展現韌性。最後，伍維婷針對中國家庭暴力防治立法歷程進行分析，發現在國際女權運動倡議與家暴受害者殺夫的刑事案件影響下，女權運動者仍能成功推動立法。不過，到了習近平時代，這種威權韌性正在下降。

臺灣觀點：威權演化、對臺銳實力與臺港交流

除了前書以外，CfCC的核心團隊學者也發表不少其他著作，揭露中共個人集權與威權韌性下降的趨勢。例如，陳志柔研究團隊建置中國集體抗議新聞事件資料庫，發現近年警察以武力鎮壓來回應集體抗議的比例升高。[1]此外，中國戶籍制度的變遷體現了習近平時代政治集權的特徵。[2]洪人傑、曾裕淇與林宗弘研究發現，2014年之後中共建立了三百萬人以上大城市的戶籍控制，

1 Chen, Chih-Jou Jay, 2020. “A Protest Society Evaluated: Popular Protests in China, 2000–2019”, *Mobilization: An International Quarterly*, 25(SI), 641-660.

在國家強硬鎮壓勞工運動之後，出現「驅逐低端人口」的空間政策。歐子綺記錄北京外來移民所遭遇的居住隔離、公共資源短缺與被驅逐的過程；[3]方怡潔觀察農村青年外移城市的青春動力與徬徨失落，以及創業者遭遇到的生活困境與價值觀迷惘。[4]張貴閔研究發現在國家宗教政策曖昧之際，地方政府與宗教領袖在全國範圍推動大規模寺廟復建，各地寺廟自主性有很大的差異。[5]不過，習近平後期國家開始壓制宗教的自主性。

除了中國國家與社會變遷互動之外，CfCC所發展的第二個重要研究領域是全球地緣政治下的兩岸關係。近年來中國與俄羅斯等威權強權以威嚇或利誘的方式，積極操縱民主國家輿論，美國國家民主基金會的一批學者將之稱為「銳實力」（sharp power）。[6]

---

2 Hong, Ren-Jie, Yu-Chi Tseng and Thung-Hong Lin, 2022 to appear, "Guarding A New Great Wall: The Politics of Household Registration Reforms and Public Provisions in China", *The China Quarterly*.

3 Ou, Tzu-chi, 2021, "Spaces of Suspension: Construction, Demolition, and Extension in a Beijing Migrant Neighbourhood." *Pacific Affairs* 94, no. 2 (June 1, 2021): 251–64.

4 方怡潔 Fang, I-C. (2021) 繞開、修復與移動學習：深圳青年農民工「當老闆」與「見世面」的學習民族誌研究 [Bypassing, Repairing, and Mobile Learning: A Learning Ethnography of Shenzhen Young Migrant Workers' "Being a Boss" and "Seeing the World"]。臺灣人類學刊 [*Taiwan Journal of Anthropology*] 19(1): 1-62。

5 Chang, Kuei-min, 2020. "Between Spiritual Economy and Religious Commodification: Negotiating Temple Autonomy in Contemporary China", *The China Quarterly* 242, 440-459.

6 Walker, Christopher, Shanthi Kalathil, and Jessica Ludwig. "The Cutting Edge of Sharp Power." *Journal of Democracy* 31, no. 1 (2020): 124–37.

銳實力背後的主要學術概念為全球的「威權推廣」（autocracy promotion），是指威權或極權政體為求自身政治生存、或為取得國際關係與地緣政治優勢，推動削弱其他民主政體或民主國家聯盟的政策、顛覆民主政權使其威權化（autocratization），或在國際層次上分化民主國家之間的國際合作與結盟。[7]吳介民、蔡宏政、鄭祖邦合編專書《吊燈裡的巨蟒：中國因素作用力與反作用力》（2017）以及吳介民、黎安友合編《銳實力製造機：中國在台灣、香港、印太地區的影響力操作與中心邊陲拉鋸戰》（2022），這兩本由左岸文化出版的重要著作，對中共在臺灣的銳實力研究提供了前瞻且精闢的分析。最近，CfCC團隊獲得科技部的2030臺灣社會發展政策研究補助，推出《中國大陸對臺灣的威權銳實力及其影響》整合型計畫，研究發現在習近平時代的中央集權趨勢下，中共銳實力的政策整合與敵對程度有大幅提升。

CfCC第三個研究領域關注臺港關係與香港一國兩制的變化，並與香港學者密切合作。在2019年的民主運動與港版國安法通過之後，中共對香港鎮壓日益惡化，CfCC成員積極發表了一些相關著作，可以視為是對威權推廣與銳實力等理論關懷的延伸。針對2014年臺灣太陽花運動與香港雨傘運動，便有方志恆與吳

---

7 Bader, Julia, Jörn Grävingholt and Antje Kästner Bader. 2010. "Would Autocracies Promote Autocracy? A Political Economy Perspective on Regime-Type Export in Regional Neighbourhoods." *Contemporary Politics*, 16(1), 81-100；或見Lührmann, Anna, and Staffan I. Lindberg. 2019. "A Third Wave of Autocratization is Here: What is New about It?" *Democratization* 26(7): 1095-1113.

介民、何明修與林宗弘、陳志柔與鄭宏泰的作品，促成臺港兩地的社會運動與文化學者合作。[8]陳至潔運用大數據與程式語言，分析中共在社群媒體上的網路操縱手法與其宣傳內容，最近更與沈旭暉合作成立中山大學臺港國際研究中心。黃兆年則研究中共銳實力的海外媒體部署，發現臺灣對美關係為新聞自由帶來正面影響；香港則是在中國影響下新聞自由逐漸退化。[9]汪宏倫與谷淑美等人合作，關注臺港兩地的文化轉型。[10]2022年，孔誥烽稍早由劍橋大學出版的英文著作《邊際危城：資本、帝國與抵抗視野下的香港》由左岸文化出版中文版，詳盡分析香港「時代革命」的前因後果，引起國際與港臺迴響。2023年3月，中央研究院社會所通過成立香港研究小組，將與清大CfCC成員積極合作，期待能在臺灣重建海外的香港社會與文化研究社群。

---

8 Fong, Brian, Wu Jieh-min, and Andrew Nathan, 2021, *China's influence in the Centre-periphery Tug of War in Hong Kong, Taiwan and Indo-Pacific*., Abingdon, Oxon; New York, NY: Routledge. Ho, Ming-sho and Thung-Hong Lin, "The Power of Sunflower: The Origin and the Impact of Taiwan's Protest against Free Trade with China", editor(s): Ngok Ma and Edmund W. Cheng, *The Umbrella Movement: Civil Resistance and Contentious Space in Hong Kong*, pp. 279-310, Amsterdam University Press: Amsterdam. Chen, Chih-Jou Jay and Victor Zheng, to appear, "Changing Attitudes toward China in Taiwan and Hong Kong in the Xi Jinping Era", *Journal of Contemporary China*,

9 黃兆年、林雨璇，2020，〈中國因素影響下臺灣媒體人的日常抵抗：對民主防衛的啟示〉，《民主與治理》，7(2)，41-79。

10 Agnes Shuk-mei Ku, Horng-luen Wang, Jongryul Choi, 2021."Cultural Sociology in East Asia: Three Trajectories in Hong Kong, Taiwan and Korea", *American Journal of Cultural Sociology*, 1, 1-19.

從威權韌性到白紙革命

2012年習近平上任總書記、2013年上任國家主席時，全球對中國崛起的正面印象高於負面評價，威權韌性成為時髦的概念，然而，現實證明威權演化不見得朝著自由化發展。十年之後重新回顧中國的變化，可以發現與改革開放相反，中國在國際形象與國內治理出現鎖國與集權的「雙重逆轉」：在國際方面，回應美中貿易戰的戰狼外交與全球疫情的影響，乃至於支持俄羅斯入侵烏克蘭，使中國從對外開放變得日益孤立；另一方面，中共的對臺政策也一改讓利邏輯，逐漸擴大威嚇性與假訊息為主的銳實力。在內政方面，習近平為延任第三屆中共總書記與國家主席，意圖減少政治反對風險而推動國進民退、打擊網路巨頭與房地產市場、「清除低端人口」與疫情期間的動態清零措施等，已經造成資金外逃與經濟衰退，最後戲劇性地導致各地民眾自行發動「白紙革命」來抵抗國家防疫政策；而2019年的香港抗爭，就是中國國際與國內局勢「雙重逆轉」的轉折點。

近年來社會科學研究指出，相對於長期的集權統治，自由開放的廣納式制度，有助於經濟發展與科技創新，[11]科學社群的進步仰賴資訊的共享與思想的交流，然而從獨裁者的角度來看，鎖國集權可能更有利於降低政治生存的風險，卻扼殺了長期經濟創新

---

11 Acemoglu, Daron, and James A. Robinson. 2012. *Why Nations Fail: the Origins of Power, Prosperity, and Poverty*. 中譯：《國家為什麼會失敗：權力、富裕與貧困的根源》。新北：衛城。

與科學發展的制度動力。[12]過去四十年來，中國研究社群見證了從少數學者苦心經營、到全面蓬勃發展的學術鍍金時代，然而短短十年之間，在中國的田野研究工作竟然多數難以為繼，例如《威權演化論》書中提到的環境、社區、勞工、宗教與女權議題，無一不敏感。在國際孤立與國內高壓的局勢變化下，學者進入中國田野調查或蒐集數據日益困難、與中國學者合作時對雙方的政治風險升高，使得中國研究的前景晦暗不明。全球的中國研究者被迫在方法上採用創新手段，例如運用網際網路觀察大陸民意動向。

不過這絕非中國研究的終結，對全球來說，中國已經是房間裡的大象，無人能忽視其存在與動向；對臺灣來說，中國的戰略影響力是需要隨時警惕的「吊燈裡的巨蟒」，需要學術與政策人才前仆後繼的研究與實踐。當中國向世界開放的時期，臺灣學界的重要地位與研究成果被低估，反之在香港抗爭、新冠疫情與俄烏戰爭後，臺灣意外變成全球關注的焦點，與國際學術社群往來更加頻繁，《威權演化論》描寫中國國家與社會互動的精彩篇章顯示，與中國在語言、文化的親近性，更讓臺灣有技術優勢，可以提供海外中國研究社群豐富的資訊。在中國「雙重逆轉」：從改革開放到集權鎖國的變局中，我們期待《威權演化論》一書的出版，將有助於臺灣觀點的中國研究繼往開來。

---

12 Bueno de Mesquita, Bruce, and Alastair Smith. 2012. *The Dictator's Handbook: Why Bad Behavior is Almost Always Good Politics*. PublicAffairs. 中譯：《獨裁者手冊：解析統治權力法則的真相（為什麼國家、公司領導者的「壞行為」永遠是「好政治」？）》，臺北：遠流。

作者簡介

蔡欣怡　哥倫比亞大學政治學博士，現任香港科技大學人文社會科學學院院長。
徐斯儉　哥倫比亞大學政治學博士，現任中央研究院政治學研究所副研究員。
張鈞智　政治大學東亞所博士，現任廈門大學公共事務學院政治學系副教授。
鄭有善　威斯康辛麥迪遜分校政治學博士，現任韓國外國語大學中國外交通商學部副教授。
周睦怡　柏林洪堡大學政治學博士，現任臺灣海洋大學海洋觀光管理學士學位學程助理教授。
陶逸駿　臺灣大學政治學系博士，現任清華大學社會學研究所助理教授。
王占璽　政治大學東亞所博士。
王敬智　政治大學東亞所博士，現任臺灣民主基金會副研究員。
鄭志鵬　波士頓大學社會學博士，現任清華大學通識中心副教授。
林宗弘　香港科技大學社會科學部博士，現任中央研究院社會學研究所研究員，兼任清華大學當代中國研究中心主任。
方琮嬿　加州大學聖地牙哥分校政治學博士，現任國防安全研究院助理研究員。
伍維婷　紐約市立大學政治學博士，現任世新大學性別研究所副教授兼所長。
古明君　紐約社會研究新學院博士，現任清華大學社會學研究所副教授兼所長。
黃克先　西北大學社會學博士，現任臺灣大學社會學系副教授。

特邀：

裴宜理（Elizabeth Perry）　密西根大學政治學博士，現任美國哈佛大學政府學系亨利・羅索夫斯基（Henry Rosovsky）講座教授，哈佛燕京學社社長。

（按各篇順序排列）

本書用表

表

本書用圖

圖

第一部

導　論

1 中國的演化式治理：威權主義下的國家與社會互動

蔡欣怡

2011年，廣東烏坎聚集了數千名村民，抗議當地官員徵收和出售農地，並佔領烏坎派出所和村辦公室長達三個月。政府為了化解抗議者和地方政府之間漫長的對峙，省長汪洋允許烏坎市以無記名投票的方式進行直接選舉，選出新的村支書和107名村委會代表。最終抗議領袖林祖戀在選舉中勝出，取代已經做了42年的前村長。國際媒體讚譽「烏坎模式」是中國政治改革的預兆：它展示政府懂得回應農村老百姓關切的問題，並且提供了一套選舉的解決方案，最終把腐敗的地方官員掃地出門。然而，到了2016年6月，烏坎再次陷入衝突。政府派出數百名鎮暴警察封鎖烏坎，以應付村民領袖組織的反腐抗議。林祖戀因被指控收受賄賂而遭到拘留，當地村民走上街頭聲援。

2016年7月1日，當中國共產黨慶祝建黨九十五週年，烏坎抗議活動卻鬧得沸沸揚揚，同時，消息也遭到中國境內媒體的封鎖。在此之際，習近平總書記告誡黨員必須牢記：「黨的力量在人民；因此，在未來，黨必須始終依靠人民，不斷發揮人民的積極性、主動性和創造性。」這段熟悉的民粹話語，點出中國共產黨是世界上存續時間最長的共產黨。截至2020年，自從毛澤東主席1949年9月在第一次政治協商會議宣佈「中國人民站起來了」，共產黨已經連續統治中華人民共和國七十多年。中國共產政權存在的時間比戰後絕大多數社會主義政權都長，而且是迄今為止人口最多的政權，值得我們持續分析。

中國的經濟和社會在整個改革開放的過程中發生了巨大的結構性變化，而威權主義仍能歷久不衰，究竟其根源為何？顯然，黨國體制已展現出鎮壓大多數異議者的能力。然而，共產黨為人民服務的意識形態承諾，不應該被嘲諷為只是一種空談。儘管為了維持社會穩定的大方向，群眾需要接受管理，但他們也需要得到服務。國家隨時都需要治理，而實際情況正是如此。但是如何治理呢？本書的前提是，通過演化治理的架構來分析國家社會關係的變化，要比集中在專制政治制度和精英權力共享的方法更能夠深入威權政體治理的機制。即使是專制政體，社會行動者在追求自身的利益時，也會採用一連串有創意的策略。國家也依靠各式各樣且內部未必協調一致的方式，來處理社會不滿情緒的抒發。國家和社會行動者之間的互動起伏不定而非靜止不變。從烏坎事件中可以看出，2011年黨國妥協、自由化的回應方式，在五年後被更傳統的威權管理模式所取代，九名抗議者後來被判處長達十年的徒刑。國家對於土地和地方治理爭議的回應方式將不斷演化。國家與社會互動所產生的中期效應或「最後結果」，除了會被國家和社會行動者在不同時間的相對立場所改變，也可能會因議題而有所不同。本書的最終目的，是要分析不同領域的演化治理模式，以便深入瞭解政權的韌性和脆弱性的根源。

為了更有系統地探討這些說法，本書的分析架構圍繞三個主要部分：(1) 一組國家與社會互動2×2的類型；(2) 一套反映政治權力、治理和政策結果的九種不同變化；以及 (3) 針對八個議題領域的互動和結果變化進行分析。每一個部分為了分析清晰都做了定義，但本書是以演化本體論（evolutionary ontology）為前提。諸如「強國家」、「弱社會」和「政策結果」等看似靜態的詞語，我們認為其實是處於潛在的變化之中，因為國家、社會、甚至混合行為者（hybridized actors）在彼此回應和背景條件的轉變中，會重新校準他們的策略。

我們的概念方法建立在目前針對當代中國國家社會關係的學術研究，這些研究最近進一步擴展到治理以及有中國特色的威權主義變體，或者可以稱之為新興的「帶有形容詞的威權政體」文獻。正如下文所闡述，這些研究議程帶來豐富的經驗研究，其中許多對國家與社會關係的演化性質提出違反直覺的見解。與此相關的是，越來越多的政治學家參與到研究中國改革時期而形成的概念。他們對黨國和社會之間的權力關係得出不同的結論，反映出把目光放在中國社會、政治和經濟不同面向的學者間並無充分的對話。因此，本書發展出來的宏觀架構，試圖把大量的經驗研究，轉化為國家與社會關係更為完整的類型學。雖然研究架構包括結果變數，但我們優先考慮洪源遠（Yuen Yuen Ang 2016）提出的國家—社會互動的「共演序列」（co-evolutionary sequences），而不是在任何時間點有如結論的結果。從方法論來說，這種方法需要對經驗個案進行時序過程追蹤（diachronic process tracing），預期國家與社會互動的過程中將會帶著相互監督，甚至是論述與實踐的調適。正如路易斯與史戴默（Orion Lewis and Sven Steinmo 2012, 320）的解釋，這種演化觀點意味著「真正的均衡並不可能……，因為系統的環境會發生變化，而演化的系統本身也會持續產生變形」。

本文的安排如下。為了讓讀者熟悉改革時期社會科學中國研究的系譜，第一節回顧了當下國家—社會關係的經典貢獻。儘管許多早期的研究採用國家中心或社會中心的視角，他們仍然注意到了國家在社會中的鑲嵌（embeddedness），這是國家社會主義的發展結果。正如第二節所述，這些互動的模式隨著社會群體和地區而異。若是僅僅根據對廣東農民工、浙江私營企業主或安徽農民的研究，對於國家與社會關係在宏觀層次做普遍化的推論，可能有誤導之嫌，儘管次國家（subnational）的比較研究有助於點出區域差異的輪廓。第三節則討論最近的學者對中國威權政體性質所進行的反思，並提出各種帶著形容詞的威權政體，以此區別古典的、完全的威權政體。這些深思熟慮的研究需要在更為全面的架構中做出整合，本章的其餘部分將對此進行概述，並在第四節予以說明。

1980年代和1990年代的國家—社會關係

毛澤東去世後的自由化改革由黨國發起，此一政治現實反映在改革時期針對國家與社會關係的第一代學術研究，其中大多是國家中心或「國家主義」(statist)的研究。正如蘇黛瑞(Dorothy Solinger 1993, 3)所言,1980年代的改革本身並非目的,而是「一種手段,一套受到操控的工具,用來服務少數基本的、全面性的國家主義目的:國家經濟的現代化、振興和效率提高」。國家主義不是自由化的對象。非經濟改革的方向反而是振興和鞏固黨國體制(Remick 2004; Shirk 1993)。隨著比較政治學國家研究途徑的復興,中國研究專家也同樣著手對改革時期的國家本質做出定義。

中國改革時期的國家本質

早期對中國國家的分析強調社會主義時期的制度如何構建社會自組織的範圍。魏昂德(Andrew Walder 1986)研究國有企業單位的作品,詳述對資源的公開壟斷如何確保工人對個別單位領導的「組織性依賴」(organization dependence),並且激勵了侍從主義(clientelism)。至於農村地區,許慧文(Vivienne Shue 1988)在《國家的滲透》(*The Reach of the State*)一書則是描述了農業的集體化,加上戶籍制度對人口流動的限制,如何導致農村的「社會細胞化」(social cellularization),從而使得社會經驗變得非常地方化和包裹化(parcelized)。這種由地方利益和地方連帶組成的「蜂窩狀結構」(honeycomb structure)限制了毛澤東時期國家滲透到農村社會的能力,因為地方幹部藉著少報及虛報地方農業產量,顛覆了國家政策。因此,許慧文(Shue 1988, 131)詮釋鄧小平時期的改革是努力「粉碎經濟組織的蜂窩狀模式、根深蒂固的權力口袋,以及限制下級政府刻意上報錯誤資訊」。

即使許慧文（1988）娓娓道來的論文被批評是誇大毛澤東時期地方保護主義的嚴重性（Unger 1989），但依然有助於喚起大家對於地方（次國家層級）變動的關注，有些人是通過中國改革時期政治經濟的實證研究加以探索。戴慕珍（Jean Oi 1995, 1999）認為去集體化和財政改革帶來「地方國家統合主義」（local state corporatism）的興起，這個觀點在1990年代深具影響力。根據她自己在蘇南和山東的研究，戴慕珍把地方政府比喻成一家商業集團，縣是公司的總部，鄉鎮政府是地方總部，而村庄則是大集團裡的公司。根據地方國家統合主義，每一級政府都是一個「利潤中心」（profit center），得到激勵要盡量提高經濟表現。地方發展型國家和企業之間的伙伴關係，靠著1980年代的鄉鎮企業還有1990年代私營部門的發展，實現快速的農村工業化。

雖然地方國家統合主義的概念引起研究中國政治經濟學者的重視，但其他研究卻表明，地方政府未必如戴慕珍著作所描繪的如此良性或是發展取向。由於政府部門組織貪腐不斷提升，呂曉波（Xiaobo Lü 2000）把中國描述為一個「掠奪型的社會主義國家」（booty socialist state）；他和白思鼎（Thomas Bernstein）（2008）的作品《當代中國農村無代表卻納稅》（*Taxation without Representation in Contemporary Rural China*）觀察到，地方政府在「農業中國」的掠奪，遠遠超過在「工業中國」的發展行徑。針對中國改革時期的國家出現百家爭鳴的說法：侍從主義國家、統合主義國家、發展型資本主義國家、企業型國家、列寧主義式黨國、強國家等等（Baum and Shevchenko 1999）。在這些不同的國家類型中，有人將中國歸類為「管制型國家」（regulatory state）（Hsueh 2011; Yang 2004），說它在執行政策和改善治理方面有著最高的國家能力。然而，正如下一節所討論，這種對國家能力的樂觀解釋受到其他觀點的挑戰。

自下發軔的改革？

國家引導的改革為社會行動者的活動創造出龐大的空間，我們由社會中心的研究蓬勃發展可以看出，在1990年代，各個政治學家把重大的經濟改革，如去集體化、家庭聯產承包責任制的引入以及私營企業等，歸結為農村企業主的創新（例如，Kelliher 1992; Parris 1993; White 1999; Zhou 1996）。這些作品往往誇大群眾對國家改革的因果影響。大多數關於農村改革的研究都認為，去集體化的動力並非從整個中國農村自下發軔，而是來自政治精英（Bianco 2001; Unger 2002; Zweig 1997）。正如安戈（Jonathan Unger 2002, 104）的總結，「證據顯示官僚結構上層和下層之間複雜且毫無章法的互動，包括高層來的模糊指令以及官場上戰戰兢兢的基層官員之間競爭的壓力，最終使得農村幾乎完全放棄集體化。」儘管如此，重大經濟改革自下發軔的想法依然發揮一項重要功能，即是改變某些西方媒體過度簡化的說法，尤其是1989年之後，過於強調中央黨國的壓迫力量。

「公民社會」、新社會團體與抗爭政治

以社會為中心的文獻中，對於把中國的結社生活說成是公民

社會是否合理，長期以來一直是各學科之間的爭論。1993年《現代中國》（*Modern China*）出版了一期特刊，多位歷史學家就18世紀歐洲的「公共領域」（public sphere）和「公民社會」（civil society）兩個概念有多少適用於中國做了一場深具影響力的討論。羅威廉（William T. Rowe 1993）觀察到19世紀「**事實上的公共領域**」（*de facto* pubic sphere）的興起，黃宗智（Philip Huang 1993）認為國家和社會的簡單二元對立並不完全適用於清朝；魏斐德（Frederic Wakeman 1993）批評把西方的國家—社會關係模式硬套在中國的歷史經驗之上是有問題的。[1]

政治學家和社會學家也同樣探討公民社會的概念與當代中國社會組織（社團）和非政府組織出現之間的關係（Deng 2011; Ma 2006; Simon 2013; Watson 2008; White, Howell, and Shang 1996）。大多數人同意，相對而言，西方的社會與國家立場較為對立，而在中國要說「國家引導的公民社會」較為準確，因為國家對社團的自主性施加限制（Brook and Frolic 1997）。事實上，一直到2000年代，絕大多數有註冊的社會組織和基金會都是官方的非政府組織（與謝世宏〔Shawn Shieh〕的個人通信，2017年7月13日）。

社會發展不僅僅是一個自上而下的過程。中國許多社會組織採取自願接受招安（voluntary cooptation）的策略，或者是歐博文（Kevin O'Brien 1994）所說的「糾葛」（entwinement），也就是社會

1 2013年8月8日《人民日報》刊登了一篇文章，王紹光進一步批評公民社會的概念，說公民社會是「新自由主義編造的粗糙神話」。http://theory.people.com.cn/n/2013/0808/c40531-22488604.html.

組織試圖把自己嵌入政治體系之中，尋求更大的能見度與正當性，而不是與國家保持距離。這種自願接受招安的策略符合童燕齊（Yanqi Tong 1994）所點出的公民社會「非關鍵領域」（non-critical realm），它不會挑戰國家對政治權力的壟斷。公民社會的非關鍵部分甚至與國家合作提供服務來強化公共福利（Newland 2018; Teets 2014; L. Tsai 2007），而其他部分則策略性的選擇繞開或閃避國家（Gåsymr 2017; Hsu and Zhang 2015）。事實上，從2010年開始，私人基金會和社會服務機構的數量已經超過公共機構（圖1.1）。韓桓（Jun Han 2016）把民間非政府組織和基金會的大幅增長解釋為社會統合主義，因為它們是由社會行動者而非國家行動者所發起。安子杰（Anthony Spires 2011）解釋民間和非官方非政府組織為何能夠

圖1.1　中國基金會數量的增長，2003～2018

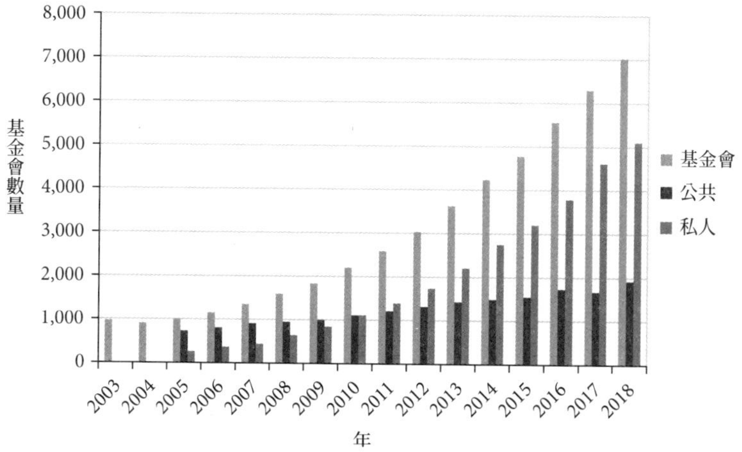

資料來源：中華人民共和國民政部；謝世宏與陸文質整理。

在威權體制下生存，他認為國家與以服務為導向的非政府組織之間是一種微妙的「情境共生」關係，意思是，只要彼此的目標都能夠達成，地方官員就會允許未註冊的草根團體得以運作。相比之下，公民社會的「關鍵領域」顯然是政治性的，並且會威脅到威權政體的正當性。列寧主義式的黨國體制可能會容忍公民社會的非關鍵領域作為經濟自由化的附帶產品，但可以預見的是，他們會壓制關鍵領域以保障政治上的生存。

雖然少數學者稱中國是一個不夠格的發展中公民社會，但自1990年代末以來，針對不同領域當中特殊社會群體的分析方興未艾。除了國有企業的職工、農民和知識份子等傳統群體外，中國不斷變化的社會結構也激發對農民工（Solinger 1999）、下崗工人（Cai 2006; Gold et al.2009）、「剩女」（leftover women）（Fincher 2014）以及新中產階級（Goodman and Chen 2013; Li 2010），如業主（Cai 2007; Read 2003）、律師（Michelson 2007）、私營企業主（Pearson 2000; K. S. Tsai 2007）、紅色資本家（Dickson 2003）等群體的研究。這些針對特定群體的分析，使得我們得以更深入理解改革的相對贏家和輸家，由於橫向組織發展受到限制，一般不會提出階級為基礎的論點，或者演變為多元主義、利益集團取向的研究途徑。[2]

同時，中國社會的日益複雜及伴隨而來的壓力，也促成了多位作者的合著作品，他們關注各種形式的抗爭政治和反抗，從公

2　一個少見的例外是甘思德（Scott Kennedy 2008），他根據企業的所有權形式與所在的部門，明確點出不同的遊說樣態。

開抗議和法律行動，到政策創新以及各式各樣、更細微的迴避策略（Goldman and MacFarquar 1999; Gries and Rosen 2010; Perry and Selden 2010）。事實證明，這些編著有助於向研究中國政治的學界介紹社會關注、組織資源以及國家與社會互動模式的多樣性。然而，這些作品並未嘗試把對於國家與社會的各種觀察，統合到一個更大的解釋架構之中，而這也是本書想要解決的空白。另外，它們的分析往往是放到一個較低的一般層次（level of generality），又或者限定在一些零散的部門。

然而，中國抗爭政治的研究激發出兩個不斷出現的洞見。首先，抗爭模式的空間與領域的差異持續存在，顯示全國性的、以階級為基礎的集體行動可能性有限。國有企業下崗職工與農民工關注焦點的差異，國有與外資工廠勞動條件的差異，地方政府對於勞工運動的立場差異，清楚呈現在李靜君（Ching Kwan Lee 2007）與赫斯特（William Hurst 2021）針對中國不同地區的工人騷亂所進行的研究當中。兩位作者多點田野研究的廣度和深度，對於研究經濟發展領域，如汽車業（Thun 2006）、高科技公司（Segal 2003）和非正式金融（K. S. Tsai 2002）等相關地方差異的專著，是很重要的補充。

第二個主題呼應許多國家與社會關係的研究，涉及的是國家的多變結構（variegated structure）。正如同李侃如與奧森伯格（Kenneth Lieberthal and Michel Oksenberg 1998）提出的「破碎威權政體」（fragmented authoritarianism）的概念，中共的黨國體制並不是一個統一的黑盒子，而是由垂直的地區行政部門與交叉的職能部門堆疊而成。這種結構除了阻礙政策的形成和落實，還使那些有不滿情緒的人能夠利用國家的破碎化，藉著越級上報破壞下級政府的權威（Cai 2010; X. Chen 2012），儘管越級上報自2014年以來已遭到禁止。由於國家是在日常工作實行「破碎的控制」（fragmented control），即使是工人行動主義者也有機會推動他們的議程，同時藉由策略性的自我審查避免壓制（Fu 2017）。由於上述複雜的情況，許慧文和藍夢琳（Shue and Patricia Thornton 2017）認為中國這個非單一國家所採取一套流動的治理實踐劇碼正在持續「形成中」，因此更多是即興的而非制度化的。我們同意這些經驗觀察，並且提出了一個演化治理的解釋架構，不僅承認上述的動態性和偶然性，而且從分析上把這些涵蓋進來以產生更廣泛的見解。

帶著形容詞的威權政體

由於越來越多以政體為中心的文獻都有處理到後毛澤東時期的治理，使得針對國家各個層級和不同部門的分析也越加細膩。這有如第三波民主化的研究激發政治學家以「新世襲民主體制」（neopatrimonial democracy）、「非自由民主體制」（illiberal democracy）和「原生民主體制」（protodemocracy）等形容詞標籤來確定民主政體的亞類型（Collier and Levitsky 1997），從胡錦濤時代開始，各種「帶著形容詞的威權政體」文獻，大量湧現於中國政治研究的次領域。表1.1按時間順序列出學者們用來描述中國改革時期威權政體本質的大量術語。表中還列出谷歌學術（Google Scholar）中引用的情況，作為衡量作品相對影響力的指標。

文獻討論用一大堆前綴的形容詞來修正威權政體，伴隨而來的是不再把民主（或者是沒有民主）當成一個依變項。最近對中國政治的研究並不是在尋找政體改變的跡象，而是更多地關注治理的本質和威權韌性，尤其是自2000年代末期一路到習近平時代。[3]這些研究至少產生了二十個術語，用來描述中國的政體還有國家與社會關係的面向。然而，有一點值得提醒大家，指出當代中國威權政體次類型的形容概念早在比較政治學就有先例。尤其是他們在完全威權政體這個廣義的類別底下，提出了更細緻的區分。林茲（Juan Linz 1964, 255）對於所謂威權政體的定義是：「政治系統中有一個有限且不負責任的政治多元主義，沒有精心設計的指導性意識形態，但有著獨特的心理狀態，除了在發展的某個階段，沒有廣泛或密集的政治動員，其中，一個領導人（有時是一個小團體）在一個形式上未有清楚界定但實際上相當可預測的範圍內實行權力。」威權政體的定義一開始是以負面特徵表述：限制團體可以參與政治的範圍，包括一黨統治（有限的政治多元主義）；政體正當性的情感基礎（非意識型態的心態）；社會去政治化（有限的社會動員）；非正式界定清楚的行政權力。

林茲對威權政體的經典定義是在描述佛朗哥（Francisco Franco）

---

3 請注意，表1.1中列出的是2012年以來出版的作品，主要是基於習近平主政前所做的研究。針對習近平主政時期所做的田野研究包括Dickson（2016）；Fuchs, Tse, and Feng（2019）；Robins（2018）；Tsang（2015）；Zhu, Zhang, and Liu（2017）；Lai（2016）和W.H. Tsai（2016）。

表1.1　中國各種帶著形容詞的威權政體，1987-2019

領導人	作者（年）	名詞	谷歌學術引用次數
鄧小平	Harding (1987)	諮詢式威權政體（Consultative authoritarianism）*	614
	Lieberthal and Oksenberg (1988)	破碎的威權政體（Fragmented authoritarianism）*	1,625
江澤民	Lieberthal and Lampton (1992)	破碎的威權政體	765
胡錦濤	Nathan (2003)	韌性威權政體（Resilient authoritarianism）	1,126
	Cabestan (2004)	財閥威權政體（Plutocratic authoritarianism）	28
	Baum (2006)	諮詢式列寧政體（Consultative Leninism）*	12
	Lee (2007)	分權式法制威權政體（Decentralized legal authoritarianism）	1,351
	Perry (2007)	革命型威權政體（Revolutionary authoritarianism）	274
	Brady (2008)	群眾型威權政體（Popular authoritarianism）	102
	Weller (2008)	回應型威權政體（Responsive authoritarianism）*	53
	Landry (2008)	分權式威權政體（Decentralized authoritarianism）*	834
	Mertha (2009)	破碎的威權政體2.0	624
	Tsang (2009)	諮詢式列寧政體	129
	He and Thøgersen (2010)	諮詢式威權政體	156
	T. Chen (2010)	調適型威權政體（Adaptive authoritarianism）*	45
	Ahlers and Schubert (2011)	調適型威權政體	7
	Heilmann and Perry (2011)	調適型威權政體	306
	He and Warren (2011)	諮詢式列寧政體	484
	He and Warren (2011)	審議式威權政體（Deliberative authoritarianism）	484
	MacKinnon (2011)	網路型威權政體（Networked authoritarianism）*	370
	Reilly (2011)	回應型威權政體	240

領導人	作者（年）	名詞	谷歌學術引用次數
習近平	X. Chen (2012)	抗爭型威權政體（Contentious authoritarianism）	400
	Stockman (2013)	回應型威權政體	414
	C. K. Lee and Zhang (2013)	議價型威權政體（Bargained authoritarianism）	335
	Teets (2014)	諮詢式威權政體	268
	Tsang (2015)	諮詢式列寧政體	7
	J. Chen (2016)	分權式威權政體	12
	J. Chen (2016)	積極型威權政體（Proactive authoritarianism）	12
	Dickson (2016)	諮詢式威權政體	116
	Tang (2016)	民粹型威權政體（Populist authoritarianism）	120
	Lai (2016)	務實型威權政體（Pragmatic authoritarianism）	16
	Heurlin (2016)	回應型威權政體	44
	Yan (2016)	先發制人型威權政體（Preemptive authoritarianism）	13
	W. Tsai (2016)	網路型威權政體	25
	Zhu, Zhang, and Liu (2017)	制度化威權政體（Institutionalized authoritarianism）	4
	Marquis and Bird (2018)	回應型威權政體	18
	Robins (2018)	談判型威權政體（Negotiated authoritarianism）	0
	Fuchs, Tse, and Feng (2019)	強制型威權政體（Coercive authoritarianism）	0
	Duckett (2019)	網路型威權政體	1
	Yue, Wang, and Yang (2019)	回應型威權政體	5

* 表示該名詞首次出現，之後又由另一個作者使用。然而，後面那位作者對名詞的定義未必完全相同。此外，該名詞首次發表未必是被引用最多的論文。

** 引用次數計算至2020年6月26日。

統治下的西班牙經驗所產生，這種政體既不民主也不極權，呈現的是非民主政體的另一種形式，需要與政體類型之中最高壓的極權主義政體區分開來。此後的政治學家曾批評威權政體是用來描述所有非自由民主國家的剩餘類別。儘管如此，林茲（1975, 273-353）的確試著區分威權政體的七種次類型：

1. 官僚軍事威權政體
2. 有機國家主義
3. 後民主社會中的動員型威權政體
4. 獨立後的動員型威權政體
5. 種族和族群「民主政體」
6. 「有缺陷」和「前極權主義」的政治局勢和政體
7. 後極權主義的威權政體

威權政體的次類型不大能獲得比較學者或中國學者的關注。正如吳文欽（Wen-Cheng Wu 2015, 240）的觀察：「想要把一切都涵蓋進來，這種類型學有點瑣碎，太過複雜。此外，有一些類型的名稱也相當彆扭。」後來，林茲（2000, 174）也承認這並非「威權政體類型學發展成果最豐富的取徑」，其中最重要的一個例外是最後一種類型，林茲將其重新命名為「共產主義後極權主義威權政體」（communist post-totalitarian authoritarian regimes）。

研究共產體制下利益團體政治的專家史基林（Gordon Skilling）進一步點出共產主義後極權主義威權政體的次類型包括：「諮詢

式威權政體、準多元威權政體、民主化和多元主義威權政體以及無政府主義威權政體」（Linz 2000, 174）。其中，諮詢式威權政體是史基林把梅爾（Alfred Meyer）與路茲（Peter Ludz）的說法重新賦予生命並且調整之後，用來解釋後毛澤東時期的中國。這個詞最初用來描述赫魯雪夫（Nikita Khrushchev）之後的蘇聯，當時共產黨繼續壟斷決策權，但允許官僚在他們的專業領域提供意見。在毛澤東去世以及黨國體制恢復活力之後，何漢理（Harry Harding 1987）觀察到，中國已經發展為一個諮詢式的威權政體：「這與不久之前的極權主義有很大不同，但不是一個真正的多元主義甚至準民主的政治體制」。為了維持對政治權力的壟斷，後毛澤東時期的領導人認識到：「需要從重要的人群獲得資訊、建議和支持」（Harding 1987, 200）。近二十年後，包瑞嘉（Richard Baum 2006）提出，「諮詢式列寧政體」與經濟增長的結合，拉長中國威權統治的壽命。溫和的威權舉措使中國共產黨能夠「在不鼓勵政治**反撲**（pushback）的情況下收集民眾的**反饋**」（Baum 2006, 13；粗體為原文所加），儘管包瑞嘉對諮詢式列寧政體的持續性提出質疑。

這些主題在之後有關諮詢式威權政體／諮詢式列寧政體，以及用「帶著形容詞的威權政體」來描述當代中國的各種研究中被放大，儘管強調的領域各不相同。最重要的是，無論使用何種形容詞都未有人質疑中共將政權存續放在首位。曾瑞生（Steve Tsang 2009）認為「對持續掌權的執念」是諮詢式列寧政體第一個明確特徵。其他人也同意政權存活是至高目標。在這個共同前提下，到底提高治理品質是一項額外的優先工作或者主要是用來確保威權政體持續，並沒有太多共識。不論如何，「帶著形容詞的威權政體」文獻主要集中在治理的三種模態：（1）傳遞和蒐集社會訊息的工具（從國家的角度），這些工具也就代表向政體提供意見的機會（從社會的角度）；（2）向地方官員究責的機制；以及（3）政府對於訊息的回應。

至少有一半帶著形容詞的威權政體概念關心的是國家與社會之間的資訊流動管道。有些是以政權為中心，注意到政策制定過程中精英提供意見的多元化，而其他則關注非國家行動者提供的各類反饋。何包鋼和華倫（Baogang He and Mark Warren 2011）兩人的審議式威權政體的概念，建立在以下的前提：各種自上而下的創新，擴大了政治參與和公共審議的範圍。這些創新包括引入村選舉、公開聽證會、審議式投票、行政訴訟（公民控告國家的權利）、政府資訊公開的舉措以及更常在人民代表大會討論政策。他們認為這些審議機制透過「參與治理………而政體並未民主化」的方式帶來統治的正當性（2011, 271）。曾瑞生（2009, 1）再說明諮詢式列寧政體的第二個特徵：「持續的治理改革預先阻止民眾對民主化的要求」。隨著諮詢的主題不斷擴大，趙娜（Jessica Teets 2014, 24）觀察到「一個自主的公民社會」共存在國家界定的服務提供範圍內，因此諮詢式威權政體的表現是試圖「盡可能擴大公民社會的利益，而同時減少公民社會的危險」。

帶著形容詞的威權政體的概念，強調媒體是理解和形塑公眾輿論的重要場域。布雷迪（Anne Marie Brady 2008）把群眾型威權政體描述為一個高度關注公共輿論的一黨政體，依靠說服群眾（宣傳）維持其正當性。同時，媒體的商業化也為表達公共政策問題的獨立意見創造相當大的空間。史拓克曼（Danielle Stockman 2012）用「回應型威權政體」一詞捕捉威權政體對私人意見表達的容忍還有在需要時控制資訊的制度能力之間的微妙平衡。當官方訊息通過市場化的媒體傳播，它們可以改變「議題民眾」（issue public）的感受，也就是一群對特定議題高度瞭解和關注的民眾。麥康瑞（Rebecca MacKinnon 2011）把中國描述為網路型威權政體，同樣指出網上行動主義與黨國審查及操縱數位內容的並存。然而，日益複雜的網路控制限制了大規模政治異議的可能性。蔡文軒（Wen-Hsuan Tsai 2016）對於網路型威權政體的敘述，指出「中國輿論監督辦公室」的資料分析人員如何應用系統性的方法，對「熱點事件」進行加權評分，然後根據敏感程度做出排序，據此做出官方反應：或者審查，或者否認，或者主動操縱網路輿論。

在此同時，也有一些帶著形容詞的威權政體研究指出，即使是在一個極度高壓的威權脈絡下，線下的抗爭政治仍然可以非常活躍。不論是抗爭型威權政體（X. Chen 2012）、分權式威權政體（J. H. Chen 2016）和回應型威權政體（Heurlin 2016），政權都容忍請願和抗議，因為這可以讓中央瞭解地方的情況，強化中央政府的正當性，並且讓地方官員負起責任。在幹部考核的激勵下，有政治企圖心的地方官員必須以對抗性較低的手段，來解決本地居民的不滿。另外兩個說法捕捉到由此而來的對話還有國家與社會的互動——議價型威權政體（Lee and Zhang 2013）和談判型威權政體（Robins 2018）。李泳雯（Sabrina Habich 2015; 2016）認為地方政府的

「溫和脅迫、談判和宣傳」可以在「不引起社會騷亂」的情況下有效安撫村民（2016, 1; 2015, 191）。為了緩和非法徵地引發的抗爭，最方便的解決方式往往是給請願者補償（Heurlin 2016）。

其中一些研究把蒐集資訊和表達不滿的機制同各層級政府的政策影響聯繫起來。陳靖（Jing Chen 2016, 147）在《有用的抱怨：請願如何協助中國分權化的威權政體》（*Useful Complaints: How Petitions Assist Decentralized Authoritarianism in China*）提出，「請願影響到決策過程的各個階段——例如議題浮現、議程設置、實施、評估和反饋」。然而，大多數研究並不看好抗爭政治的影響。明克勝（Carl Minzner 2006）認為請願系統是正式法律渠道失靈的代理（dysfunctional proxy），有可能提高民眾的不滿。賀林（Christopher Heurlin 2016, 15）討論回應型威權政體時指出，當請願釋放出「五級火警」的信號，講白了就是「熱點問題」，會比其他問題更受關注。因此，威權政體「研判反對的聲音特別廣泛時，會選擇性地以政策改變來回應」（2016, 15, 3）。議題是否達到五級火警或引來上級政府的關注，也會影響到特定議題領域的政治機會結構。陳曦（Xi Chen 2012）的抗爭型威權政體則認為，黨國結構的分化顯然為抗議者提供體系內部的擁護者和保護者。雖然地方政府是常見的抗議目標，但在其他情況下，地方官員可能會主動與非國家行動者結盟，主張政策改變，正如毛學峰（Andrew Mertha 2009）討論破碎的威權政體2.0時掌握到的特質。

另一類帶著形容詞的威權政體文獻則凸顯出地方政府對於有效治理和政權正當性的重要性，包括分權式威權政體（Landry

2008），分權式法律威權政體（C. K. Lee 2007），以及調適型威權政體（Ahlers and Schubert 2011）。李磊（Pierre Landry 2007）強調中共的人事管理制度如何激勵地方官員推動地方發展，並且保有對他們的控制。李安娜與舒耕德（Anna L. Ahlers and Gunter Schubert 2011）由此進一步延伸，認為國家有效執行政策有助於政權的穩定和正當性。然而，李靜君（2007）指出，期待地方政府推動經濟成長並且確保勞動法的實施，兩者之間存在一個明顯的張力。經濟積累和正當化（legitimation）這種雙重命令，表示當地方企業侵犯勞工權利時，抗議的工人會指責地方政府，從而削弱地方治理的正當性。唐文芳（Wenfang Tang 2016, 117）的看法也是一樣，政權穩定建立在一個脆弱的基礎上，儘管他的調查發現，整體而言，中國的民粹式威權政體產生「相當高的政權支持度，同時允許選擇性地讓公眾的憤怒表達出來」。事實上，通觀中共歷史，抗議一直是「常態且受到官方限定」，因此，「不大會破壞政治穩定」，正如裴宜理（Elizabeth Perry 2007, 21）在革命型威權政體的概念中所述。

最後一組帶著形容詞的威權政體研究強調中國治理的彈性和調適能力是政體韌性的來源。這部分研究呼應亨廷頓（Samuel Huntington 1970, 24-39）革命型的一黨體制如何在調適型威權政體的過程中，透過轉型、鞏固與調適而進行演化。具體來說，黎安友（Andrew Nathan 2003）在他那部有影響力的作品中所討論的韌性威權，勾勒出改革時期中國的政府如何逐步制度化。賴洪毅（Yongyi Lai 2016）闡述這一觀點時認為，中國自1992年以來，已經發展出一種務實型威權政體。具體而言，中國「彈性、務實、適應性」的方法，明顯提升它在經濟、社會和政治上的治理品質——因此強化了威權政體的持久性。2005年至2007年之間歐亞大陸的「顏色革命」給中央帶來一種緊迫感，覺得必須解決國內不滿情緒的醞釀，同時對社會有可能造反的部分予以加強控制，從而展示出一種調適型威權主義（T. Chen 2010）。因此，習近平領導下的強力反腐運動，被標上制度化威權主義（Zhu, Zhang, and Liu 2017）。另外在基層，閻小駿（Xiaojun Yan 2016）用「先發制人型威權政體」來描述中國精細的維穩機制，這套機制是在政府必須採取金錢收買或是強制行動之前，用來預測與管理民眾的不滿。

其他討論威權韌性的作品指向中國治理過程中制度化較低的面向。韓博天與裴宜理（Sebastian Heilmann and Elizabeth Perry 2011, 3）也使用了「調適型威權政體」這個說法，他們認為「中國的治理技術帶著毛時期的印記，把政策制定視為一個不斷變化、管理緊張關係、持續調整和臨時調整的過程」。這種打游擊的政策風格不是制度僵化，而是接受不確定性，允許塔雷伯（Nasim Talbe 2007）所說的「最大限度的修補」（maximum tinkering），能夠帶來創新。他們認為中國共產黨調適型治理的非正統方法，使政權夠撐過整個改革時期一再發生的危機（Heilmann 2018; Heilmann and Perry 2011）。

威權政體下的演化式治理

綜合上述，帶著形容詞的威權政體研究，有助於點出政權存活是中國共產黨至高無上的目標，也足以詳述用以支持這項目標的治理模態。諮詢、（有限）參與、回應、調適和彈性這些共同的主題，截至目前為止都與威權韌性相關。大多數帶著形容詞的威權政體研究進一步表明，這些屬性扮演了提供政權正當性的功能。但是研究者之間對於威權韌性的因果機制欠缺共識。向政權提供反饋的機會，並無法保證會帶來令人滿意的、穩定的解決方案。我們一致同意回應性、務實主義、調適性和彈性有助於解釋政權在處理危機以及更廣泛的社會與經濟結構變化時的靈活性。然而，回應性的相對頻率與地方和非國家行動者可能影響政策的領域都不甚清楚。國家與社會關係的變化，可以從雙方都追求堅定策略所產生的高度緊張，到對抗性較低的交流，到相互包容，甚至是到合作性的夥伴關係。此外，在這些互動過程中，各利益相關者所採取的策略也不斷變化。那麼，黨國在何種情況下會施展其強制能力，而不是投入更有彈性的反應或政策調適？

提出另一種說法來形容中國的威權制度，無助於問題的解決。反之，我們提出一組分析架構，追蹤國家社會互動的變化與結果。這些互動過程構成演化式治理。我們首先認清，一旦涉及到特定的問題領域，國家和社會行動者一開始就展現不同的興趣和行為主張。對於國家和社會行動者來說，最初的策略可能是「強硬」或「溫和」，這就產生一個2×2的動態互動類型：強硬國家／強硬社會，強硬國家／溫和社會，溫和國家／強硬社會，以及溫和國家／溫和社會。我們的取徑與過去的國家—社會關係研究不同之處，在於這些分類是在互動中同步進行評估。國家與社會的關係相互演化，而不是單一靜態的資料點。一開始的國家強硬策略和社會溫和策略，可能在以後激起社會更堅決的反應。反之在另一個部門，一個強硬的社會取徑可能會在之後的互動，促發一個明顯頑強的國家立場。本書中的每一章都清楚分析國家與社會的策略及回應在每個議題領域的不同階段所進行的變動。有時候，這些互動階段跨越幾十年。正如洪源遠（2016）所說，它們隨時間的推移而共同演化。

為了完成每個事件的因果次序，作者追蹤這些國家與社會的互動，一直到其產生的各種政治結果。雖然，「威權韌性」在許多帶著形容詞的威權政體文獻中代表一種基本結果（如果不是依變數的話），但宣稱中國目前的政體具有威權韌性實有套套邏輯之虞。由於韌性的強弱代表著危機處理的能力與政體的穩定，韌性這個概念在政權真正瓦解之前幾乎是無法否證。為了處理這些合理的質疑，我們從概念上拆解威權韌性，區分其專制以及隨社會而調整的部分，因此，「威權」是指政體的政治權力，而「韌性」是指治理能力。我們重新組合亨廷頓（1968）書中的第一句話，「威權主義」指的是政府統治的強弱（degree of government），而「治理」指的是政權實際統治的方式。此外，我們把中間的政策結果作為第三個面向，因為它們代表進一步演化互動的制度脈絡。[4]

概念拆解的理由——而不是在威權政體上堆砌更多的形容

4 正如路易斯與史戴默（2012, 337）主張：「某一時間點上『未能』得到採納的政策想法，不會永久排除在外。相反，它們確保了持續的變化，並通過保留可能的行動軌跡，擴大未來幾次選擇的範圍」。

詞——是為了恢復威權政體的全部含義，同時點出影響韌性的治理層面。這呼應曼恩（Michael Mann 1984）區分了國家的專制權力（despotic power）和基礎行政權力（infrastructural power）。專制權力是「加之於社會」（over society），而基礎行政權力是「通過社會」（through society）行使。按照這個邏輯，專制權力可以描述為國家和社會之間的零和互動。正如第二章所述，我們根據四個指標進一步把政治權力操作化：政治動員、議程設置、課責和代表。當我們分析一個特定議題領域，這些都是政權有可能犧牲社會行動者的利益來行使其權力的場域。當社會行動者在這些指標上得到實質的進展時，威權主義就會受到削弱。

不同於政治權力，治理代表國家和社會之間非零和的互動關係。治理涉及資訊的分享，以及公共和民間利益相關者之間的合作。雙方的接觸不僅互利，而且是有效管理公共事務的必要條件。正如鄭永年（Zheng 2011）所說，「強國家，強社會」的治理模式是一種「雙贏」局面。俞可平（Yu 2012）也認為政府官員和公民之間的「共治」乃是推動中國社會發展的關鍵。在研究操作上，我們從以下四個面向來評估治理：回應、透明度、意見表達管道和社會賦權。當我們在分析特定議題或事件時觀察到這些屬性，政體的韌性可以說是在增強。

除了政治權力（威權）和治理（韌性）之外，本書還關注2020年之前國家與社會互動的政策結果。隨著國家與社會的反覆互動，相關的國家政策是否朝有利於社會需求的方向走呢？或者，議題最初浮現時的政策環境仍然沒變？儘管無法假定隨後一定會有政策實施，國家與社會互動的政策影響依然有關，特別是當社會行動者有明確針對治理其議題領域的公共政策時。

經驗上，本書分析國家—社會關係既有文獻的一個原始資料庫，緊接著是各類治理議題所做的案例研究。每一章呈現的是在中國進行深入田調得出的經驗結論，大多數個案都經歷數年的追蹤。為了把此研究架構廣泛操作化，徐斯儉與張鈞智在第二章介紹了量化研究的結果，兩人的文章蒐集了2005年至2015年之間發表在三本中國研究的主要英文學術期刊上探討國家與社會互動的125篇文章，這三本期刊分別是《中國期刊》（*China Journal*）、《中國季刊》（*China Quarterly*）和《當代中國研究》（*Journal of Contemporary China*）。符合分析標準的案例根據議題領域（土地／環境／公共衛生、勞動、經濟管理、社區、平等、文化／宗教／族群和愛國主義／民族主義）、最多可達四個互動階段當中的國家策略（十四種選擇）、社會策略（七種選擇）以及政治結果進行編碼。後者包括前述的政治權力、治理和政策變化等九個指標。由此產生的資料庫，使作者能夠對國家和社會策略的不同組合帶來政治權力、治理或公共政策變化的程度進行量化的評估。

儘管資料庫並不宣稱是國家與社會互動的代表性樣本，但是分析顯示了一個清楚的樣態。毫無疑問，當國家選擇強硬策略與社會行動者接觸時，它仍然揮舞著很大的政治權力。然而，當社會行動者採取強硬策略而國家採取溫和策略時，以及當雙方都採取溫和策略時，社會行動者便能夠對治理和政策結果產生影響。徐斯儉和張鈞智認為，這暴露出政權在追求威權韌性時的結構張力。一方面，高壓策略使國家能夠維持政治權力（威權）。另一方面，當國家採取溫和方式與社會互動時，治理品質（韌性）會得到強化。這種兩難的處境是威權政體下演化治理的核心。

由於觀察到不同議題領域的政治結果大相逕庭，使得這些普遍性的研究發現得到進一步的補充。整體而言，涉及地方事務的爭議，最有可能影響到政治權力和治理。這種模式的演化出現在探討社區參與的章節之中。就本書大多數個案研究來說，國家和社會行動者最終都採取溫和的參與策略，因而在治理的關鍵面向取得實質改進。例如，徐斯儉和王敬智觀察到，北京反對蓋焚燒廠的抗議，最初引起國家的壓制。但是當受影響的業主把他們的策略從公開反對轉向提出政策替代選項，市政府與他們有了互動，雙方因而合作促成本地垃圾的解決方案（第七章）。在另一個討論北京業主的章節，鄭有善發現地方政府同樣能夠回應社會的努力，給予業主大會合法的地位，儘管只是在試點（第三章）。不論是反焚燒廠或是業主大會，社會行動者都是有法律知識、資源、社會網路的中產階級，可以和相關的國家部門有良性的互動，他們是社會上的特權階級。

另外在社會經濟更多元的地區，社區治理可能更加複雜。徐斯儉和周睦怡研究北京的某一社區，當地居民委員會未能在管轄範圍提供適當的公共服務給農民工（第四章），雙方為此都感到失望。當地政府聘用了一個善於用參與方法處理社區事務的非政府組織（民間社會組織），改善溝通的渠道。儘管非政府組織的調解使居民有權管理他們的公共空間（導致社會賦權），但徐斯儉和周睦怡提醒不要過於誇大非政府組織參與地方治理的政治意義。

不同於業主和小區居民有管道接觸非政府組織，工廠工人沒有太多國家認可的選項來界定自己的利益。從國家與社會互動的資料庫可以看出工人的弱勢地位。在八個議題領域中，勞工與國家互動產生的結果，在政治權力（政治動員、課責、議程設置）、治理（回應、透明、意見表達渠道）和政策變化等方面，得分都遠遠低於平均值。但即使在政治上國家是主要的行動者，國家也未能實現其目標。為了回應1990年代和2000年代勞工抗議活動的大幅增加，中央政府頒佈了一系列勞動保護措施，包括2007年的《勞動合同法》。正如方琮嫣的觀察（第十章），勞工的主導策略是抗爭，而中央政府則採取立法這樣的溫和策略來平息勞工騷亂。然而，導入解決爭端的管道卻產生非預期的結果，點燃罷工和勞動糾紛的火苗。有了調解勞資衝突的制度渠道，不但沒有促進社會的穩定，反而加劇政權的脆弱性。

在經濟治理方面，私人／外國資本和地方政府是調解國家和勞工之間互動過程的關鍵行動者。林宗弘追蹤2010年富士康工人自殺事件指出，國家利用大家對外資工廠惡劣勞動條件的關注，實現政府發展目標，並且把製造汙染的工業從南方沿海地區遷往內陸省份（第九章）。保護勞工是規訓外國資本以及執行國家區域發展戰略進行轉變的第一線。鄭志鵬（第八章）研究臺商裕元集團2014年爆發的大罷工，也採取類似的研究取徑。他指出這次罷工為中央政府提供了一個機會，打破地方政府和外資之間勾結忽視勞工的違規行為。然而，臺灣投資者並未遷往內陸，而是把生產轉移到東南亞國家。外國資本離開，代表中央政府干預勞工治理的另一個非預期後果。

在農村和城市化地區，自21世紀初以來，土地糾紛一直是社會不穩定的主要原因。正如陶逸駿對廣東三山村的研究顯示，地方政府非法徵收土地觸發「維權」運動，漫長歷程分別有鎮壓、與外地來的維權人士結盟、透過制度渠道的抗爭、選舉包容與受挫（第五章）。村民2005年最初的反抗遭到嚴厲的鎮壓。非政府組織「中國人權捍衛者」（Chinese Human Rights Defenders）協助村民準備法律文件，與南海市政府談判，並向市法院提交請願書，讓運動恢復動能。由於這些活動，中國人權捍衛者的創始人之一陳啟棠於2007年遭到逮捕。2010年獲釋後，陳啟棠與村民一起重新支持三山的土地維權運動。郭伙佳成為中國第一位在地方人民代表大會任職的（民選）維權人士。然而，作為一名人大代表，郭伙佳維護村民的土地權利時困難重重，主要的維權人士紛紛被捕。在八個議題領域中，土地問題對政治權力的社會影響方面得分最低。

雖然社區、環境、勞工和土地議題一再藉由公開的集體行動吸引政府的關注，但推動其他社會議題的行動主義者通常採取比較不激烈的方式與國家互動。這並不是說他們不追求「強硬」策略，而是說在互動一開始，他們的關注點可能不在公共領域。消除家暴的努力就是一個典型例子。由於家暴本質上屬於私人且無賦權之意，家暴受害者不太可能上街呼籲立法保護受暴者。反之，這一領域的政策倡議是由為受虐婦女提供服務的組織來領導。伍維婷（第十一章）研究了參與反家庭暴力運動的三個團體，如何採取不同的策略擴大倡議工作的政治空間。紅楓中心與國家合作；北京婦女法律中心則比較有對抗性；而同語這個年輕的性少數（LGBT）組織，則是與反家暴運動結盟擴大他們的網絡。在1980年代末開始的演化過程中，2015年《反家庭暴力法》的通過，標誌著他們在議程設置（1988～2000）、政治動員、回應和政策變化方面的成功。

另外在文化／宗教／族群的議題領域，十二種案例的資料庫在政治權力方面的得分落在平均水準（整體來說本來就偏低），而在治理和政策變化指標方面則遠遠低於平均水準。國家與宗教團體之間的關係如黃克先所說，建立在「地方官僚和宗教領袖之間在微觀層面的務實談判過程」。由於雙方面臨了團體內部基本教義派的巨大壓力，他們「彼此必須保持一定的距離，維持他們在各自組織內的正當性」（第十三章）。這些微觀互動所在的政治脈絡，乃是國家牢牢控制宗教政策，包括決定誰是「不受歡迎」與「受歡迎」的宗教。基督教就屬於不受歡迎的宗教。自2013年以來，政府開始打壓未登記的教會，破壞先前在治理指標方面的進展。

相比之下，古明君藉著「遺產化」的過程，研究本土民間信仰的正當化問題（第十二章）。媽祖是福建和臺灣沿海漁村傳統祭拜的海神。1980年代初，湄洲島的媽祖信眾重建在文化大革命期間遭到破壞的湄洲祖廟。軍方基於安全考量，反對並威脅要摧毀重建的廟宇：軍營附近蓋一座紀念媽祖的廟宇會增加臺灣人非法進香，從而擴大軍方的責任範圍。社群信仰頭人並未與軍方的反對意見正面交鋒，而是跟市與省一級的政協、台辦官員，甚至是黨營的媒體記者，爭取到他們對保存祖廟的支持。事實證明，搭起官方支持的結盟策略有成效。湄州進一步發展為文化旅遊勝地，吸引來自臺灣和東南亞各國（不具有威脅性）的遊客。在當地政府和宗教領袖共同參與的漫長過程中，媽祖儀式甚至成功獲得聯合國教科文組織收錄為非物質文化遺產名單。當地的行動主義成功把媽祖這項地方民間信仰的對象——這可能使得湄州島的安全問題複雜難解——重新框構為受到國際認證值得保護的文化儀式。

本書的歷時性分析顯示，治理並非線性，不但得之不易且有可能逆轉。這一點在王占璽所探討的愛滋病治理領域非常明顯。過去二十年來，和投身於愛滋病防治、教育與治療的社會及國際行動者的互動中，政權展現出韌性與脆弱性。1990年代末，國家和社會採取了強硬的策略，正如我們所見，行動主義者呼籲關注國內的愛滋病危機而國家企圖掩蓋危機，兩者產生衝突，最後就是愛滋病維權人士萬延海遭到逮捕。但是，國家的策略在胡溫時期出現改變。接下來十年，國家承認愛滋病問題的嚴重性，並且接受國際的援助，大大提升衛生部對抗傳染病的重要性。國家與國際社會共同治理的非意圖性結果是國內愛滋病非政府組織的數量大幅增長，並且大大強化社會行動者的組織能力。大部分的草根非政府組織仍未註冊，因為國家不容許公民社會的實質參與。正如王占璽的解釋，愛滋病治理的個案說明，黨國「願意分享權力來改善公共事務的治理，但不願意改變政治權力的結構」。愛滋病治理的外部資助從2011年開始減少。由於對國家消極面對自主性非政府組織的參與感到失望，國際捐助者的支持撤出。此外，人們期待中國有經濟能力為自己的公共衛生開銷承擔更大責任。在習近平的統治下，國內和國外的非政府組織都面臨更大的壓迫，也進一步限制愛滋病運動觸及、倡議和治療的範圍。

平均來看，這些章節中的結果分佈，反映了第二章所介紹的國家與社會互動的案例量化研究調查。半數以上的個案研究涉及到堅定的社會參與策略，特別是通過制度管道向國家提出訴求，最終產生一種更為包容的國家回應。除了這種表面上的相似性，這些個案互動過程的時間架構和內容有很大的不同，包括脅迫、相互挫折、新行動者的參與以及事件意外轉折等各個階段。

總結

亨廷頓（1991, 174-75）總結第三波民主化浪潮的經驗時宣稱，「自由化的威權政體並非穩定的均衡點，蓋到一半的房子撐不住。」有些人認為中國共產黨一直活在「預支來的時間」（Baum 2006）。這只能在事後證實。短期看來，北京已經接受了驚人的成長率告終作為「新常態」。由於在改革的前四十年中，經濟增長是黨國績效正當性的主要來源，因此，研究非物質的治理指標——回應性、透明度、意見表達管道和社會賦權——就顯得尤為重要。我們認為這些治理指標可以按照個別分類而不是二分的方式作為評估政體韌性的量度標準。

在操作上，本書的演化架構以互動的方式研究了治理問題，捕捉國家和社會行動者隨時在策略上的變化。作者探討最初的衝突或僵局發生爾後共同治理的幾個例子，並且有個一再出現的現象得到文獻統計資料庫的支持，那就是當國家採取溫和策略最有可能發生共同治理的情況。正如各章的經驗研究所詳述，國家趨向溫和策略的情況包括城市經濟精英、社區議題、外資工人的互動，以及社會行動者堅持幾十年展現訴求的規範價值。國家的溫和策略包括與社會行動者的合作、政策創新、調解、協商、補償和接受社會訴求。

諷刺的是，本書幾個國家以溫和策略和社會互動的案例，也在習近平論及中國治理的講話中得到呼應。習近平在〈把權力關進制度的籠子〉（2014, 428）說到：「善禁者，先禁其身而後人。」這句話為他領導下的反腐提供了一個理由。然後，這篇文章也訴諸黨的群眾路線，結合政績與社會的反饋。「作風是否確實好轉，要以人民滿意為標準。要廣泛聽取群眾意見和建議，自覺接受群眾評議和社會監督」。我們的研究結果說明，治理的有效性與政體韌性，取決於這種情緒的精神及實質內容得到落實的程度。

自2012年以來，黨國基本上採取更強硬的策略。雖然群眾諮詢和參與的主題，代表著延續胡溫體制的規範性來源，但整體而言，在習近平的領導下，有更多證據表明政府的演化治理並未持續。首先，大多數政策領域都呈現權力更加集中（S. Lee

2017)，破碎的行政以及各級政府之間缺乏政策結盟減少了政策創新的機會。其次，積極的反腐運動和重振意識形態灌輸，削弱之前改革時期指導政策制定的務實、調適和彈性等規範。毫無疑問，中國政治已經轉向「危機治理模式」(crisis mode of governance)，也就是「決策的程序會突然受到高層領導人性格的集權與支配」(Heilmann 2018)。第三，強化對媒體的審查及社會組織的壓制，減少國家的資訊來源和對社會的回應。2020年初，新冠疫情延遲揭露，還有之後吹哨者李文亮醫生過世，使民眾對公共衛生治理的失敗產生不信任感。同時，湖北武漢和中國其他地區的嚴峻封城，展現危機下政治權力的強大。

中國政治局勢的實質變化，削弱地方幹部採取溫和策略改善治理品質的意願。反過來，這意味著社會行動者在黨國體制內的盟友越來越少。處於政治敏感領域的社會組織要在夾縫中求生。威權政體得到強化，但卻犧牲治理上的互動和政體韌性。相較於「破碎的威權政體3.0」或各種「帶有形容詞的威權政體」，我寧可說由中共掌握的當代中國政體僅僅是威權主義。學者提出的形容詞大多在胡錦濤時期的不同治理面向才能實際觀察到。然而，諸如諮詢、議價和回應等屬性，最終都是在威權治理的過程有不同程度的體現。我們的演化式架構為理解這些互動中的偶發現象，提供了一個出發點。

參考書目

俞可平，2012，〈重構社會秩序走向官民共治〉，《國家行政學院學報》，4（2）：4-5, 127。

習近平，2014，《習近平談治國理政》，北京：外文出版社。

——，2016，〈在慶祝中國共產黨成立95週年大會上的講話〉，《新華網》，7月1日，http://www.xinhuanet.com//politics/2016-07/01/c_1119150660.htm。

鄭永年，2011，〈強政府強社會當是中國社會管理的方向〉，《中國企業家網》，5月24日，http://www.iceo.com.cn/shangye/114/2011/0524/218578_2.shtml，連結日期：2022年12月27日。

Ahlers, Anna L., and Gunter Schubert. 2011. "'Adaptive Authoritarianism' in Contemporary China: Identifying Zones of Legitimacy Building." In *Reviving Legitimacy: Lessons for and from China*, edited by Deng Zhenglai and Sujian Guo, 61–82. Plymouth: Lexington Books.

Ang, Yuen Yuen. 2016. *How China Escaped the Poverty Trap*. Ithaca, NY: Cornell University Press.

Baum, Richard. 2006. "The Limits of Consultative Leninism." In *China and Democracy: A Contradiction in Terms?*, edited by Mark Mohr, 13–20. Asia Program, Special Report no. 131.

Baum, Richard, and Alexei Shevchenko. 1999. "The State of the State." In *The Paradox of Post-Mao Reforms*, edited by Merle Goldman and Roderick MacFarquar. Cambridge, MA: Harvard University Press.

Bernstein, Thomas P., and Xiaobo Lü. 2008. *Taxation without Representation in Contemporary Rural China*. New York: Cambridge University Press.

Bianco, Lucien. 2001. *Peasants without the Party: Grass-Roots Movements in Twentieth-Century China*. Armonk, NY: M. E. Sharpe.

Brady, Anne-Marie. 2008. *Marketing Dictatorship: Propaganda and Thought Work in Contemporary China*. Lanham, MD: Rowman and Littlefield.

Brook, Timothy, and B. Michael Frolic, eds. 1997. *Civil Society in China*. Armonk, NY: M. E. Sharpe.

Cabestan, Jean-Pierre. 2004. "Is China Moving Towards 'Enlightened' But Plutocratic Authoritarianism?" *China Perspectives* 55.

Cai, Yongshun. 2006. *State and Laid- Off Workers in Reform China: The Silence and Collective Action of the Retrenched*. New York: Routledge.

———. 2007. "Civil Resistance and Rule of Law in China: The Defense of Homeowners; Rights." In *Grassroots Political Reform in Contemporary China*, edited by Elizabeth J. Perry and Merle Goldman, 174–95. Cambridge, MA: Harvard University Press.

———. 2010. *Collective Resistance in China: Why Popular Protests Succeed or Fail.* Stanford, CA: Stanford University Press.

Chen, Jing. 2016. *Useful Complaints: How Petitions Assist Decentralized Authoritarianism in China.* Lanham, MD: Lexington Books.

Chen, Titus. 2010. "China's Reaction to the Color Revolutions: Adaptive Authoritarianism in Full Swing." *Asian Perspective* 34.2: 5–51.

Chen, Xi. 2012. *Social Protest and Contentious Authoritarianism in China.* New York: Cambridge University Press.

Chung, Jae Ho. 2016. *Centrifugal Empire: Central–Local Relations in China.* New York: Columbia University Press.

Collier, David, and Steven Levitsky. 1997. "Democracy with Adjectives: Conceptual Innovation in Comparative Research." *World Politics* 49.3: 430–51.

Deng, Zhenglai, ed. 2011. *State and Civil Society: The Chinese Perspective.* Singapore: World Scientific Publishing.

Dickson, Bruce J. 2003. *Red Capitalists in China: The Party, Private Entrepreneurs, and Prospects for Political Change.* New York: Cambridge University Press.

———. 2016. *The Dictator's Dilemma: The Chinese Communist Party's Strategy for Survival.* New York: Oxford University Press.

Duckett, Jane. 2019. "International Influences on Policymaking in China: Network Authoritarianism from Jiang Zemin to Hu Jintao." *China Quarterly* 237: 15–37.

Fincher, Leta Hong. 2014. *Leftover Women: The Resurgence of Gender Inequality in China.* London: Zed Books.

Fu, Diana. 2017. "Fragmented Control: Governing Contentious Labor Organizations in China." *Governance* 30: 445–62.

Fuchs, Daniel, Patricia Fuk-Ying Tse, and Xiaojun Feng. 2019. "Labor Research under Coercive Authoritarianism: Comparative Reflections on Fieldwork Challenges in China." *Economic and Industrial Democracy* 40.1: 132–55.

Gåsymr, Hans Jørgen. 2017. "Navigation, Circumvention, and Brokerage: The Tricks of the Trade Developing NGOs in China." *China Quarterly* 222: 86–106.

Gold, Thomas, William Hurst, Jaeyoun Won, and Qiang Li, eds. 2009. *Laid-Off Workers in a Workers' State: Unemployment with Chinese Characteristics.* New York: Palgrave

Macmillan.

Goldman, Merle, and Roderick MacFarquar, eds. 1999. *The Paradox of China's Post-Mao Reforms*. Cambridge, MA: Harvard University Press.

Goodman, David S. G., and Minglu Chen, eds. 2013. *Middle Class China: Identity and Behavior*. Northhampton, MA: Edward Elgar.

Gries, Peter, and Stanley Rosen, eds. 2010. *Chinese Politics: State, Society and the Market*. New York: Routledge.

Habich, Sabrina. 2015. "Strategies of Soft Coercion in Chinese Dam Resettlement." *Issues and Studies* 51.1: 165–99.

———. 2016. *Dams, Migration and Authoritarianism in China: The Local State in Yunan*. Abingdon: Routledge.

Han, Jun. 2016. "The Emergence of Social Corporatism in China: Nonprofit Organizations, Private Foundations, and the State." *China Review* 16.2 (June): 27–53.

Harding, Harry. 1987. *China's Second Reform: Reform after Mao*. Washington, DC: Brookings Institution.

He, Baogang, and Stig Thøgerson. 2010. "Giving the People a Voice? Experiments with Consultative Authoritarian Institutions in China." *Journal of Contemporary China* 19: 675–92.

He, Baogang, and Mark E. Warren. 2011. "Authoritarian Deliberation: The Deliberative Turn in Chinese Political Development." *Perspectives on Politics* 9.2: 269–89.

Heilmann, Sebastian. 2018. *Red Swan: How Unorthodox Policy Making Facilitated China's Rise*. New York: Columbia University Press.

Heilmann, Sebastian, and Elizabeth Perry. 2011. "Embracing Uncertainty: Guerrilla Policy Style and Adaptive Governance in China." In *Mao's Invisible Hand: The Political Foundations of Adaptive Governance in China*, edited by Sebastian Heilmann and Elizabeth Perry, 1–29. Cambridge, MA: Harvard University Press.

Heurlin, Christopher. 2016. *Responsive Authoritarianism in China: Land, Protests, and Policy Making*. New York: Cambridge University Press.

Hsu, Carolyn L., and Yuzhou Zhang. 2015. "An Institutional Approach to Chinese NGOs: State Alliance versus State Avoidance Resource Strategies." *China Quarterly* 221: 100–122.

Hsueh, Roselyn. 2011. *China's Regulatory State: A New Strategy for Globalization*. Ithaca, NY: Cornell University Press.

Huang, Philip. 1993. "'Public Sphere'/'Civil Society' in China?: The Third Realm between State and Society." *Modern China* 19.2: 216–40.

Huntington, Samuel P. 1968. *Political Order in Changing Societies*. New Haven, CT: Yale University Press.

———. 1970. "Social and Institutional Dynamics of One-Party Systems." In *Authoritarian Politics in Modern Society*, edited by Samuel Huntington and Clement Henry Moore, 3–47. New York: Basic Books.

———. 1991. *The Third Wave: Democratization in the Late Twentieth Century*. Norman: University of Oklahoma Press.

Hurst, William. 2012. *The Chinese Worker after Socialism*. New York: Cambridge University Press.

Kelliher, Daniel R. 1992. *Peasant Power in China: The Era of Rural Reform, 1979–1989*. New Haven, CT: Yale University Press.

Kennedy, Scott. 2008. *The Business of Lobbying in China*. Cambridge, MA: Harvard University Press.

Landry, Pierre. 2008. *Decentralized Authoritarianism in China: The Communist Party's Control of Local Elites in the Post-Mao Era*. Cambridge: Cambridge University Press.

Lee, Ching Kwan. 2007. *Against the Law: Labor Protests in China's Rustbelt and Sunbelt*. Berkeley: University of California Press.

Lee, Ching Kwan, and Yonghong Zhang. 2013. "The Power of Instability: Unraveling the Foundations of Bargained Authoritarianism in China." *American Journal of Sociology* 118.6: 1475–1508.

Lee, Sangkuk. 2017. "An Institutional Analysis of Xi Jinping's Centralization of Power." *Journal of Contemporary China* 26.105: 325–36.

Lewis, Orion A., and Sven Steinmo. 2012. "How Institutions Evolve: Evolutionary Theory and Institutional Change." *Polity* 44.3: 314–39.

Lai, Hongyi. 2016. *China's Governance Model: Flexibility and Durability of Pragmatic Authoritarianism*. London: Routledge.

Li, Cheng, ed. 2010. *China's Emerging Middle Class: Beyond Economic Transformation*. Washington, DC: Brookings Institution.

Lieberthal, Kenneth G., and David M. Lampton. 1992. *Bureaucracy, Politics, and Decision Making in Post-Mao China*. Berkeley: University of California Press.

Lieberthal, Kenneth G., and Michel Oksenberg. 1988. *Policy Making in China: Leaders, Structures, and Processes*. Princeton, NJ: Princeton University Press.

Linz, Juan J. 1964. "An Authoritarian Regime: The Case of Spain." In *Mass Politics: Stud-*

ies in Political Sociology, edited by Erik Allard and Stein Rokkan, 251–83, 374–81. New York: Free Press.

———. 1975. "Totalitarian and Authoritarian Regimes." In *Handbook of Political Science*, edited by Fred I. Greenstein and Nelson J. Polsby, 174–411. Reading, MA: Addison-Wesley.

———. 2000. *Totalitarian and Authoritarian Regimes*. Boulder, CO: Lynne Rienner.

Lü, Xiaobo. 2000. "Booty Socialism, Bureau-preneurs, and the State in Transition: Organizational Corruption." *Comparative Politics* 32: 273–94.

Ma, Quisha. 2006. *Non- Governmental Organizations in Contemporary China: Paving the Way to Civil Society?* London: Routledge.

MacKinnon, Rebecca. 2011. "Networked Authoritarianism." *Journal of Democracy* 22.2: 32–46.

Mann, Michael. 1984. "The Autonomous Power of the State: Its Origins, Mechanisms and Results." *European Journal of Sociology* 25.2: 185–213.

Marquis, Christopher, and Yanhua Bird. 2018. "The Paradox of Responsive Authoritarianism: How Civic Activism Spurs Environmental Penalties in China." *Organization Science* 29.5: 948–68. doi:10.1287/orsc.2018.1212.

Mertha, Andrew. 2009. "'Fragmented Authoritarianism 2.0': Political Pluralization in the Chinese Policy Process." *China Quarterly* 200: 995–1012.

Michelson, Ethan. 2007. "Lawyers, Political Embeddedness, and Institutional Continuity in China's Transition from Socialism." *American Journal of Sociology* 113.2: 352–414.

Minzner, Carl F. 2006. "Xinfang: Alternative to Formal Chinese Legal Institutions." *Stanford Journal of International Law* 42.1: 103–80.

Nathan, Andrew. 2003. "China's Changing of the Guard: Authoritarian Resilience." *Journal of Democracy* 14: 6–17.

Newland, Sarah A. 2018. "Innovators and Implementers: The Multilevel Politics of Civil Society Governance in Rural China." *China Quarterly* 233: 22–42.

O'Brien, Kevin. 1994. "Chinese People's Congresses and Legislative Embeddedness: Understanding Early Organizational Development." *Comparative Political Studies* 27.4: 80–107.

Oi, Jean C. 1995. "The Role of the Local State in China's Transitional Economy." *China Quarterly* 144: 1132–49.

———. 1999. *Rural China Takes Off: Institutional Foundations of Economic Reform*. Berkeley: University of California Press.

Parris, Kristen. 1993. "Local Initiative and National Reform: The Wenzhou Model of Development." *China Quarterly* 134: 242–63.

Pearson, Margaret M. 2000. *China's New Business Elite: The Political Consequences of Economic Reform*. Berkeley: University of California Press.

Perry, Elizabeth J. 2007. "Studying Chinese Politics: Farewell to Revolution?" *China Journal* 57: 1–22.

Perry, Elizabeth J., and Mark Selden, eds. 2010. *Chinese Society: Change, Conflict and Resistance*. London: Routledge.

Read, Benjamin L. 2003. "Democratizing the Neighborhood? New Private Housing and Homeowner Self-Organization in Urban China." *China Journal* 49: 31–59.

Reilly, James. 2011. *Strong Society, Smart State: The Rise of Public Opinion in China's Japan Policy*. New York: Columbia University Press.

Remick, Elizabeth J. 2004. *Building Local States: China during the Republican and Post-Mao Eras*. Cambridge, MA: Harvard University Press.

Robins, Verity. 2018. "Negotiated Authoritarianism: Older People's Associations and Social Governance in Con temporary China." Ph.D. diss., University of Oxford.

Rowe, William T. 1993. "The Problem of 'Civil Society' in Late Imperial China." *Modern China* 19.2: 139–57.

Segal, Adam. 2003. *Digital Dragon: High-Technology Enterprises in China*. Ithaca, NY: Cornell University Press.

Shirk, Susan L. 1993. *The Political Logic of Economic Reform in China*. Berkeley: University of California Press.

Shue, Vivienne. 1988. *The Reach of the State: Sketches of the Chinese Body Politic*. Stanford, CA: Stanford University Press.

Shue, Vivienne, and Patricia M. Thornton, eds. 2017. *To Govern China: Evolving Practices of Power*. New York: Cambridge University Press.

Simon, Karla W. 2013. *Civil Society in China: The Legal Framework from Ancient Times to the "New Reform Era."* New York: Oxford University Press.

Solinger, Dorothy J. 1993. *China's Transition from Socialism: Statist Legacies and Market Reforms 1980–1990*. Armonk, NY: M. E. Sharpe.

———. 1999. *Contesting Citizenship in Urban China: Peasant Migrants, the State, and the Logic of the Market*. Berkeley: University of California Press.

Spires, Anthony J. 2011. "Contingent Symbiosis and Civil Society in an Authoritarian State: Understanding the Survival of China's Grassroots NGOs." *American Journal of*

Sociology 117.1: 1–45.

Stockman, Danielle. 2012. *Media Commercialization and Authoritarian Rule in China*. New York: Cambridge University Press.

Taleb, Nassim Nicholas. 2007. *The Black Swan: The Impact of the Highly Improbable*. New York: Random House.

Tang, Wenfang. 2016. *Populist Authoritarianism: Chinese Political Culture and Regime Sustainability*. New York: Oxford University Press.

Teets, Jessica. 2014. *Civil Society under Authoritarianism: The China Model*. New York: Cambridge University Press.

Thun, Eric. 2006. *Changing Lanes in China: Foreign Direct Investment, Local Governments, and Auto Sector Development*. New York: Cambridge University Press.

Tong, Yanqi. 1994. "State, Society, and Political Change in China and Hungary." *Comparative Politics* 26.3: 333–53.

Tsai, Kellee S. 2002. *Back-Alley Banking: Private Entrepreneurs in China*. Ithaca, NY: Cornell University Press.

———. 2007. *Capitalism without Democracy: The Private Sector in Contemporary China*. Ithaca, NY: Cornell University Press.

Tsai, Lily. 2007. *Accountability without Democracy: Solidary Groups and Public Goods Provision in Rural China*. New York: Cambridge University Press.

Tsai, Wen-Hsuan. 2016. "How 'Networked Authoritarianism' Was Operationalized in China: Methods and Procedures of Public Opinion Control." *Journal of Contemporary China* 25.101: 731–44.

Tsang, Steve. 2009. "Consultative Leninism: China's New Political Framework." *Journal of Contemporary China* 18.62: 865–80.

———. 2015. "Contextualizing the China Dream: A Reinforced Consultative Leninist Approach to Government." In *China's Many Dreams: Comparative Perspectives on China's Search for National Rejuvenation*, edited by David Kerr, 10–34. Basingstoke: Palgrave Macmillan.

Unger, Jonathan. 1989. "State and Peasant in Post-Revolution China." *Journal of Peasant Studies* 17.1: 114–36.

———. 2002. *The Transformation of Rural China*. Armonk, NY: M. E. Sharpe.

Wakeman, Frederic. 1993. "The Civil Society and Public Sphere Debate: Western Reflections on Chinese Political Culture." *Modern China* 19.2: 108–38.

Walder, Andrew G. 1986. *Communist Neo-Traditionalism: Work and Authority in Chi-*

nese Industry. Berkeley: University of California Press.

Watson, Andrew. 2008. "Civil Society in a Transitional State: The Rise of Associations in China." In *Associations and the Chinese State: Contested Spaces*, edited by Jonathan Unger, 14–47. London: M. E. Sharpe.

Weller, Robert P. 2008. "Responsive Authoritarianism." In *Political Change in China: Comparisons with Taiwan*, edited by Bruce Gilley and Larry Diamond, 117–35. Boulder, CO: Lynne Rienner.

White, Gordon, Jude Howell, and Xiaoyuan Shang. 1996. *In Search of Civil Society*. Oxford: Clarendon Press.

White, Lynn T. III. 1999. *Unstately Power: Local Causes of China's Intellectual, Legal and Governmental Reforms*. Armonk, NY: M. E. Sharpe.

Wu, Wen-Cheng. 2015. "A Critical Review on the Important Classificatory Concepts of Modern Political Regimes." 東吳政治學報 33.4: 211–83.

Yan, Xiaojun. 2016. "Patrolling Harmony: Pre-emptive Authoritarianism and the Preservation of Stability in W County." *Journal of Contemporary China* 25.99: 406–21.

Yang, Dali. 2004. *Remaking the Chinese Leviathan: Market Transition and the Politics of Governance in China*. Stanford, CA: Stanford University Press.

Yue, Lori Qingyuan, Jue Wang, and Botao Yang. 2019. "Contesting Commercialization: Political Influence, Responsive Authoritarianism, and Cultural Resistance." *Administrative Science Quarterly* 64.2: 435–65.

Zhou, Kate Xiao. 1996. *How the Farmers Changed China: Power of the People*. Boulder, CO: Westview Press.

Zhu, Jiangnan, Qi Zhang, and Zhikuo Liu. 2017. "Eating, Drinking, and Power Signaling in Institutionalized Authoritarianism: China's Antiwaste Campaign since 2012." *Journal of Contemporary China* 26.105: 337–52.

Zweig, David. 1997. "Rural People, the Politicians, and Power." *China Journal* 38: 153–68.

2 測量中國演化式治理當中國家與社會的互動：檢驗現有文獻（2005-2015）

徐斯儉、張鈞智

摘要

本章提出一個分析架構，具體說明中國演化式治理隱含的機制，並將此框架套用於我們從一流中國研究期刊所蒐集而來的125個「國家—社會關係」個案數據庫。本章藉由多階段的敘事分析（multi-staged narrative analysis），對於每一個國家—社會互動個案的議題領域、國家策略、社會策略和政治結果等資訊做編碼，政治結果的評估則取決於此種互動是否造成政治權力、治理或公共政策的改變。我們發現社會行動者與國家互動之後，最可能出現的結果是對公共政策和治理產生影響，而不是社會行動者取得政治權力，並且當國家採取強硬立場時，社會行動者傾向採取對抗策略。因此，中國的黨國體制面臨著兩難局面，一方面，它要展示力量，維持政治權力；另一方面，它要以一種安撫的態度吸納社會行動者參與，以改善治理結果。因此，如何在兩個相互競爭的目標之間取得平衡，對於政權來說是一個持續存在的挑戰。

中國的公民社會顯然在服務提供和政策宣導方面扮演越來越獨立且重要的角色。

——趙娜（Jessica Teets 2009）

在大部分的結社領域，一個相對有警覺性的黨國體制並不大願意放棄對重要社團的控制。

——安戈與陳佩華（Jonathan Unger and Anita Chan 2008)

當代中國研究的社會科學家尚未就政權的持續性和威權治理背後的機制達成共識。探討中國國家與社會關係及治理的現有文獻中，不同類型個案的研究，對於國家和社會之間的權力變動得出南轅北轍的結論。同時，不同研究者僅關注特定社會領域或治理面向，彼此之間也缺乏對話。研究上的破碎化可能導致我們誤解了國家與社會關係的現狀，例如有時候只關注黨國體制的脅迫，另一些時候只強調社會賦權。若是僅從零散的個案歸納中國國家與社會的普遍關係，就有可能會遺漏其他脈絡下的治理機制。

長期以來的國家和社會互動是否有一個主導策略？國家和社會互動的結果為何？本章提出一個更為完整的分析架構以辨識中國威權政體演化式治理隱含的互動機制，並且針對核心假設進行操作化，進而分析2005年至2015年間發表在英文社會科學領域中國研究頂級刊物上的125個國家—社會互動個案。本章通過多階段的敘事分析，對於每一個國家—社會互動個案的議題領域、國家策略、社會策略和政治結果等資訊做編碼，政治結果則是根據國家與社會的互動是否改變政治權力、治理或公共政策進行評估。

整體而言，我們發現社會行動者與國家互動之後，最可能出現的結果是對公共政策和治理產生影響，而不是獲得政治權力。尤其當國家對於社會採取溫和策略，而社會對於國家採取強硬策略時，政治權力和公共政策各種指標的變化幅度最大。當國家和社會都採取溫和策略時，治理最有可能出現改善。此外，當國家採用溫和策略時，社會行動者就可能引發治理或政策的改變，有時甚至會獲得邊緣的政治權力。然而，當國家採取強硬立場時，社會行動者往往會以對抗的方式回應。中國的黨國因此面臨著一個兩難的局面：一方面，它要展示力量，以維繫政治權力；另一方面，它要以一種安撫的態度吸納社會行動者參與，以便改善治理。如何在兩個相互競爭的目標之間取得平衡，對於政權來說是一個持續存在的挑戰。

本章的內容如下。第一部分回顧當代探討威權主義的學術研究，藉此說明為什麼分析國家與社會的關係對於辨別治理和體制韌性的機制非常重要。文獻回顧還整理中國學者對國家與社會關係得出的不同結論。第二部分介紹我們所採取的量化個案調查（quantitative case survey, QCS），讓我們可以更有系統地從國家與社會互動的既有文獻中得出洞見。QCS的分析結果將在其餘部分詳細介紹，然後在結論中進一步探討研究發現的廣泛意義。

文獻回顧

比較威權主義的局限

威權政體沒有像第三波民主化理論的普遍預期那樣消亡，反倒持續存在，而且時間超出許多觀察家的推斷。因此，比較威權主義研究已成為政治學的核心關切，著眼於解釋21世紀威權韌性的來源。

比較威權主義的傳統觀點認為，獨裁者往往無法準確掌握有關民眾的資訊並贏得精英聯盟支持，而選舉和立法機構是克服這些弱點的關鍵工具。比方說，關於政體的研究中，選舉是區分政權類型的主要標準。處於極權和民主政體之間的混合政體，會利用選舉來提供參與管道，同時讓統治者能夠衡量社會的意圖。統治者藉由操縱媒體和選舉程序，可以阻止反對派、壓制社會爭端，並鞏固其政權合法性（Diamond 2002; Levitsky and Way 2002, 2010; Schedler 2006）。這些工具可以用來收編潛在的反對者進入統治聯盟（Brownlee 200; Bueno de Mesquita and Smith 2009; Bueno de Mesquita et al. 2003; Gandhi 2008; Gandhi and Przeworski 2007; Svolik 2012）。

上述論點對於政治競爭的本質有幾點預設：首先，社會力量被預期有能力組織起來，並表達自身利益。當社會組織起來，選舉競爭和立法機構就被假設得以存在。第二，假定政治精英享有某些社會領域的支持，而社會領域在精英圈之中擁有代表者。第三，假定存在一定程度的選舉競爭，而且立法機構不是只有象徵性的功能。因此，競爭立法機構的席位意味著與獨裁者分享政治權力。但這些預設可能無助於理解非競爭性的獨裁政體。

可以說，比較威權主義研究的傳統架構過度強調政治精英和制度的角色。儘管此觀點有利於解釋選舉型和競爭性威權政體的存在，但在解釋非競爭性威權脈絡下的威權韌性時，仍有理論空白。此外，由於有些研究指出，相較於其他類型的威權政體，一黨制政體較不可能崩潰或民主化（Geddes 1999; Hadenius and Teorell 2007），因此相較於競爭性政體，一黨制政體的治理和韌性更迫切需要理論解釋。

此外，由於比較威權主義的主流研究關注正式的政治制度，忽略了對國家與社會互動的分析。我們認為國家與社會的互動差異不小，且對於解釋非競爭性政體的威權韌性更為關鍵。這種類型的政體並不存在實質性的競爭，而類民主制度（pseudo-democratic institutions）也未被賦予權力來達成權力的分享。因此，我們聚焦於國家與社會的互動，把中國看成一個非競爭性威權政體的重要個案。下一節會從現有文獻中闡述用來解釋中國國家—社會互動的三個流派。

中國國家—社會關係的三個觀點

針對當代中國國家與社會關係的研究，有一種觀點認為公民社會的興起使國家權力讓步。賽契（Anthony Saich 2000）提出「協商國家」（negotiating the state）的說法，反映出有些學者觀察到新的社會組織已經制定策略，針對國家的要求進行調適，並逃避國家的滲透。霍威爾（Jude Howell 2007）將中國的公民社會描述為在國家的「邊緣小打小鬧」，何佩生（Peter Ho 2008）將環保非政府組織（ENGOs）採取的策略描寫為「鑲嵌式行動主義」（embedded activism）。其他學者強調各種非政府組織的一致性和自主性，例如愛滋病相關NGO（Gåsemyr 2017）、商會（Ji 2018）、救災NGO（Peng and Wu 2018）和環境NGO（H. Han 2014）。這些研究從公民社會的興起和民主多元主義出發，對於社會行動者的賦權過於樂觀，忽略國家的潛在反應。換句話說，它們只提供了一部分的解釋，誇大社會動能對於中國威權體制的影響。

相比之下，探討中國國家與社會關係的第二種觀點認為，國家會不斷地重新宰制社會領域。安戈與陳佩華（2008）認為，中國的黨國體制並非將統合主義系統設計成社會中的輸送帶，而是利用此一工具切斷社會團體之間的互動和協作。徐元敬與漢斯姆斯（Jennifer Hsu and Reza Hasmath 2014）點出地方統合主義型國家對NGO的默許，以及地方政府和NGO之間有互補關係。藍夢琳（Patricia Thornton 2013）認為，中國共產黨努力透過黨組織的NGO把影響力伸進到基層社區。紐蘭德（Sara Newland 2018）認為NGO的自主性取決於個別官員，而個別官員又有不同的職涯動力。相較於前述以社會為中心的途徑，這些研究過度強調以國家為中心，社會行動者被描繪為太過軟弱無力，以致於無法產生社會動能。此外，國家統合主義對於「統合主義」一詞的用法並不準確，因為中國並不存在一個利益代表體系，「治理」現象也不能完全以國家對於政治系統的控制來解釋。

中國國家—社會關係研究的第三個流派強調地方治理中的

相互依賴和協作。安子杰（Anthony Spires 2011）提出「情境共生」（contingent symbiosis）的概念解釋在國家宰制下非法組織的生存。韓桓（Jun Han 2016）將中國的國家—社會關係解釋為「社會統合主義」（social corporatism），即基層社會組織作為促進互賴、強化地方福利的中介者。其他研究則以生動的語言描述鑲嵌在地方脈絡中的協作關係，提到的詞彙包括「網路治理」（network governance）（Fulda, Li, and Song 2012）、「軟脅迫」（soft coercion）（Habich 2015a）和「破碎的控制」（fragmented control）（Fu 2017）。這些研究藉著凸出國家和社會之間的互利關係，提供了一個更全面的觀點。然而，他們對政治影響的考量有限且不夠明確。

前述的批判性歸納，點出中國國家—社會關係和地方治理研究文獻中的重大空白，並且強調需要進行更有系統的分析，以解釋它們對威權治理下政體持續性的政治意涵。本章研究了各類國家—社會互動的不同政治影響，有助於辨認當代中國演化式治理背後的機制。

研究設計：假設、方法、數據和變數

假設

本文分析的前提是對於國家社會關係的不同詮釋可能同時存在，雖然是在不同情況下存在；我們預期國家與社會之間的互動可能取決於地方治理結構和社會組織類型的差異。我們提出一個演化架構，針對社會科學文獻中當代中國國家—社會關係不同個案的變化進行分類，類似的概念在稍早的研究也使用過。蔡欣怡（Kellee Tsai 2006, 122）認為內生的制度變化可能來自於國家與社會在地方層次的互動，從而產生調適性的非正式制度（Hsu and Jiang 2015）。韓博天與裴宜理（Sebastian Heilmann and Elizabeth Perry 2011, 8）指出：「系統中的行動者有能力強化系統的韌性，此種能力係透過行動和互動發揮出來，不管該行動者是有意或無意。」路易斯與史戴默（Orion Lewis and Sven Steinmo 2012）說明演化論的邏輯，也就是行動者的偏好、觀念和策略可能會在經過一段時間之後推動了制度變化。許慧文與藍夢琳（Vivienne Shue and Patricia Thornton 2017, 18-19）則借用蒂利（Charles Tilly）的概念，把國家—社會互動的各種策略和模式稱為「劇目（repertoires）」。其他學者則使用各自的個案研究描繪國家與社會彼此互動和適應的過程（Ang 2016; Habich 2015a; 2015b; O'Brien and Li 2006）。特別值得注意的是，洪源遠（Yuen Yuen Ang 2016）的《中國如何跳出貧困陷阱》（*How China Escaped the Poverty Trap*）一書為勾勒共同演化提供了詳細的方法論指引，也呼應了本書的研究方法。由前人的見解出發，我們的概念假設認為，政策變化、公共治理和政治權力等結果，取決於國家和社會之間的互動方式。政府對社會行動者的態度和應對措施，可能要視不同的議題領域而定。同樣地，參與不同議題領域的社會行動者，可能會選擇獨特的互動策略形式，表達他們對於國家實體的偏好。因此，國家與社會互動的不同樣態，有可能對於最終的政治結果有不同的影響。

以國家對社會的策略而言，當威權政體直接了當地壓制社會，我們將其視為是國家對社會採用的最強力行動。反之，國家也可能屈服於社會，參與倡議、要求拖延，以利未來的合作。就社會對國家的策略而言，當社會行動者採取對抗國家的途徑，我們會將其視為最堅決的選項，反之，社會也可能遵從國家意志，符合國家預期，並努力實現國家目標。由於國家和社會在光譜的兩端都有可選擇的策略，我們針對國家—社會關係，提出一個探索性的2×2類型，第一個的面向是從強硬到溫和的「國家對社會策略」；第二個面向是「社會對國家的策略」，也從強硬到溫和。

因此，我們建構了一個帶有啟發性的2×2表格，從共同演化的觀點捕捉國家—社會互動的各種可能。表2.1列出國家與社會互動的四種類型：I是指國家追求強硬策略，而社會採用溫和策略；II是指國家和社會都採用強硬策略；III是指兩者都採用溫和策略；IV是指國家採用溫和策略，社會採用強硬策略。

在國家與社會互動的四種類型當中，我們提出以下假設：當國家採取強硬策略而社會採取溫和策略時（類型I），社會最不可能造成公共治理或公共政策的變化。反之，當國家採取溫和策略

表2.1　中國國家與社會關係的類型

		社會的策略	
		溫和	強硬
國家的策略	溫和	III：更可能改變	IV：最可能改變
	強硬	I：最不可能改變	II：不太可能改變

註：治理或政策變化的可能性：IV>III>II>I。

而社會採取強硬策略時（類型IV），社會最有可能引發公共治理或公共政策的變化。相較於其他兩個類型，類型I和類型IV的假定在直覺上相對簡單。我們進一步假設，當國家和社會都採取強硬策略（類型II），則比起雙方都採取溫和策略（類型III），往往會產生更緊張的關係，導致社會的訴求不太可能成功。簡而言之，我們假設社會對國家產生影響的可能性，從最可能到最不可能的類型依序如下：IV>III> II >I。

方法

我們使用QCS方法處理當代中國國家和社會互動的研究。整個過程包括六個步驟：（1）界定問題；（2）分析現有文獻；（3）從研究中蒐集資訊；（4）分析和整合結果；（5）詮釋證據；（6）呈現結果（Cooper 2010；另見Major and Savin-Baden 2010）。

在操作上述步驟的過程中，我們首先特別提出國家與社會互動行為這個在比較威權主義的文獻中遭到忽略的主題，接著辨別出探討中國國家與社會互動的三個主要立場。這個步驟使我們能夠提出初步假設。接下來，我們從三份最有影響力的SSCI中國研究期刊：《中國季刊》（*China Quarterly*）、《中國期刊》（*China Journal*）和《當代中國研究》（*Journal of Contemporary China*）當中，蒐集探討國家與社會關係、治理或公共政策具體個案的文章並建立資料庫。QCS的分析時間範圍涵蓋2005年至2015年之間，所有納入的個案都發生在習近平主政前。我們審閱三份期刊在這段時間之內發表的文章，必須符合以下七個條件才能被挑選成為有效個案：

1. 涉及某一具體治理議題的國家與社會關係個案；
2. 指涉某（些）個案的質化研究；
3. 個案發生在後毛澤東時期的改革時代；
4. 至少有一個具體的國家行動者參與其中；
5. 至少有一個具體的社會行動者參與其中；
6. 國家和社會之間存在互動；
7. 該篇討論治理議題的文章中，呈現國家與社會互動的具體結果。

在第一輪個案挑選的過程中，編碼人員必須仔細閱讀每篇文章，判斷文章是否符合前三個條件，如果不符合前三個條件中的任何一個，就把文章剔除。然後，編碼人員再根據其他四個條件評估留下來的文章，如果文章不符合任何一個條件，再進一步把文章從樣本當中排除，篩選後總共產生符合全部七個條件的89篇文章。由於一些文章裡頭不只包含一個國家—社會個案，又或者涉及不同的治理問題或事件，所以最後總共有125個個案納入分析。

第三步是根據議題領域、國家／社會策略和政治結果，從125個個案內容當中蒐集資訊，尤其國家和社會行動者所採取的策略，是根據我們審視文章中的敘述進行編碼，針對每一個案，我們最多追蹤國家與社會互動的四個階段。接下來，我們為每個階段的所有國家和社會行動者的策略賦予數值，計算國家和社會所採取策略的平均值，再根據整個互動過程中的平均得分對個案進行類型化。

每一個個案至少經由兩名編碼人員進行處理，以確保數據的信度。第一個編碼人員針對所有的個案資訊進行編碼，第二個編碼人員會再重新檢查，編碼人員之間的分歧會由臺灣和香港共同作者所帶領的研究小組進行系統性檢查和討論。以團隊為基礎的審視過程，使得我們能夠確保編碼者之間的信度，並把個案證據轉換為變數，形成足供統計分析的資料庫。

議題領域。表2.2列出八個議題領域的個案分佈。個案數最多的議題是平等權利（n = 28）和環境及公共衛生（n = 26）。四項議題有超過10個個案：勞工（n = 14）、社區（n = 13）、經濟管理（n = 12）、文化／宗教／族群（n = 12）。土地和愛國主義／民族主義這兩個議題各涉及10個個案。個案的分佈反映本書其

表2.2　議題領域的次數分配表

議題領域	次數	百分比	累計百分比
土地	10	8.0	8.0
環境／公共衛生	26	20.8	28.8
勞工	14	11.2	40.0
經濟管理	12	9.6	49.6
社區	13	10.4	60.0
平等權利	28	22.4	82.4
文化／宗教／族群	12	9.6	92.0
愛國主義／民族主義	10	8.0	100.0
合計	125	100	

他章節中所探討的議題。但是請注意，我們並不主張這些個案出現的次數代表了實際上事件發生的頻率；個案在各議題領域的分佈，只不過反映它們在重要期刊上的發表狀況。

國家和社會策略。國家策略根據以下三個條件進行編碼：國家行動者的政策立場，國家行動的結果確定或不可逆的程度，以及國家行動的成本。這樣做背後的邏輯在於：若是國家政策立場更強硬、更明確，則行動的結果將更確定且不可逆；而如果國家行動成本較低，則會採取更強硬的策略。國家策略從合作（1）到鎮壓（14）分為以下幾類（詳見本章末的附錄表2.1）：

1. 社會合作
2. 政策創新
3. 調解
4. 諮詢
5. 補償
6. 受理
7. 消耗
8. 活動競爭
9. 宣傳
10. 購買
11. 酬庸
12. 收編
13. 懲罰

14. 鎮壓

社會行動者的策略是根據社會的政策立場是否與國家對立，以及應對措施相對堅決的程度進行詮釋，從最溫和（1）的合作，到最強硬的（7）抗爭，社會策略編碼如下（詳見附錄表2.2）：

1. 國家合作
2. 被收編
3. 接觸
4. 申訴
5. 國際合作
6. 輿論
7. 抗爭

在每篇論文當中，一個具體的公共治理議題或事件會當成一個個案。有些文章包括多個個案，部分個案涉及跨時間的互動階段，至多四個階段。如果國家策略的平均分數大於或等於7分，我們將其界定為強硬，而平均分低於7分則界定為溫和策略。如果社會策略所得平均分數大於或等於3.5，則界定為強硬，小於3.5分則界定為溫和。

表2.3顯示了國家與社會互動四種類型的個案分佈。有趣的是，社會行動者採取強硬策略的個案有60.8%，而且平均分配到國家以強硬策略回應的第二類個案（n = 38）和國家以溫和

表2.3　國家與社會互動四種類型的個案分佈情況

		社會的策略	
		溫和	強硬
國家的策略	溫和	III：40 (32.0%)	IV：38 (30.4%)
	強硬	I：9 (7.2%)	II：38 (30.4%)

策略回應的第四類個案（n = 38）。占比最高的個案（n = 40）有32%，屬於第三類，也就是國家和社會行動者都採取溫和策略。

第一類個案被視為威權政體中最典型的互動形式，也就是國家採取強硬作為，社會行動者則順從。然而，這種互動模式在QCS框架中最少見，只有九個國家強硬／社會溫和案例，占總數的7.2%。「正常的」威權政體會出現的國家—社會互動較少，可能是由於樣本偏誤（selection bias），也就是研究者認為預期的結果不值得描述，反而想要凸出具有偏差或意外結果的個案，這樣對於讀者而言較有新鮮感。全部125個個案之中，國家採取溫和策略的個案有78個（62.4%），社會採取強硬策略的個案有76個（60.8%）。

結果變數：政治權力、治理和政策變化。結果變數分為政治權力、治理和政策變化三類。政治權力代表國家和社會之間零和的權力關係，我們根據四個指標進行測量：政治動員、政治課責、議程設置和代表性。如林茲（Juan Linz 2000, 159）對威權政體的經典定義，這種類型的政體通常會壓制政治動員，並限制政治課責。中國威權政體一般來說是如此。因此，在國家與社會的互動過程中，假如社會被政治動員，或者任何國家行動者要負起責任，就等於社會相對於國家的政治權力增加了。代表性這個指標也和威權政體有關，李維茲基與魏伊（Steven Levitsky and Lucan Way 2010）分析「競爭性威權政體」（competitive authoritarianism）作為一種特殊的專制政體，如何使用自己的制度機制來維持統治，也就是社會通過競爭性選舉產生代表，但即使在中國這種非競爭性的威權政體，代表性也是社會權力的重要指標。路克斯（Steven Lukes 1974, 16-20）指出議題設定是權力的第二個面向，當社會行動者能夠在國家與社會的互動中設定治理或公共政策的議題時，社會就取得相對於國家的政治權力。附錄表2.3詳細說明這些政治權力指標的定義。

治理的結果也包括四個面向：回應、透明度、意見表達管道和社會賦權（定義見附錄表2.4）。根據公共行政和政治學的治理理論，治理需要社會和國家之間合作和相互依賴的網路，以完成公共事務中的任務並提供服務。這種管理公共事務的方法，不同於由政府單獨管理的傳統模式（Rhodes 1996, 660; Stoker 1998, 17），強調公共和私人部門之間（即國家和社會行動者之間）的持續溝通和資訊共享。此外，治理的目標是解決涉及社會的公共問題，所以過程中理應會浮現一個相對自主的網路，尤其是社會行動者之間更是如此。由於這些理由，我們選擇回應、透明度、意見表達管道和社會賦權作為治理的指標。[1]國家和社會行動者對於處理公共議題方面通常有共同的目標和利益，因此，國家與社會的關係在治理方面並非零和（zero-sum），甚至可以是正和（positive-sum）。

最後，政策結果變數採取二分的測量方法：「正面回應的（政策）改變」，或是「政策未變」。附錄表2.5提供這些結果變數的定義。

假設的檢證：結果變數和類型的交叉分析

我們假設國家與社會互動的四種類型會帶來不同的政治結果，也預期社會所想要的改革最後出現的可能性依序如下：IV>III> II >I。表2.4呈現國家社會四種互動類型以及九個結果變數交叉分析的結果。表2.5藉由內部指標（internal indicator）的平均分數，顯示四種國家與社會互動類型與政治權力、治理和政策變化的交叉分析結果。從政策變化來看，分析結果與假設的順序一致。然而，其他兩個結果則與最初的假設不同。政治權力的順序是IV> II >III>I，而且與我們的預期相反，II（國家強硬／社會強硬）的得分高於III（國家溫和／社會溫和）。就治理而言，其順序是III>IV> II >I。整體而言，IV（國家溫和／社會強硬）在政治權力和政策變化的兩個方面獲得最高分，且治理方面取得

1 雖然四個詞彙在概念上似乎重疊，但附錄表2.4澄清在編碼時這四個詞彙確實可以區分開來。此外，在交叉表和變異數分析（ANOVA）的結果也顯示了它們在定義上的區別。

表2.4　國家與社會互動與結果變數的交叉分析

面向		政治權力				治理				政策改變
國家與社會關係		政治動員	政治課責	議程設置	代表性	回應	透明度	意見表達管道	社會賦權	政策改變
I.	個案	9	9	9	9	9	9	9	9	9
國家強硬	平均值	0.22	0	0.22	0	0.44	0	0.22	0.56	0.11
社會溫和	標準差	0.44	0	0.44	0	0.53	0	0.44	0.53	0.33
II.	個案	38	38	38	38	38	38	38	38	38
國家強硬	平均值	0.68	0.13	0.05	0.13	0.74	0	0.29	0.50	0.50
社會強硬	標準差	0.47	0.34	0.23	0.34	0.45	0	0.46	0.51	0.51
III.	個案	40	40	40	40	40	40	40	40	40
國家溫和	平均值	0.25	0	0.45	0.20	0.90	0.32	0.65	0.55	0.80
社會溫和	標準差	0.44	0	0.50	0.41	0.30	0.48	0.48	0.50	0.41
IV.	個案	38	38	38	38	38	38	38	38	38
國家溫和	平均值	0.66	0.24	0.29	0.16	0.97	0.13	0.50	0.58	0.92
社會強硬	標準差	0.48	0.43	0.46	0.37	0.16	0.34	0.51	0.50	0.27
	個案	125	125	125	125	125	125	125	125	125
	平均值	0.50	0.11	0.26	0.15	0.84	0.14	0.46	0.54	0.70
合計	標準差	0.50	0.32	0.44	0.36	0.37	0.35	0.50	0.50	0.46

表2.4的ANOVA

	F-value	Post-Hoc Tests (LSD)
政治動員	8.481***	II > I, IV > I, II > III, IV > III
政治課責	4.395**	IV > I, IV > III
議程設置	5.949**	III > II, IV > II
代表性	0.810	無顯著差異
回應	7.505***	II > I, III > I, IV > I, III > II, IV > II
透明度	7.044***	III > I, III > II, III > IV
意見表達管道	4.494**	III > I, III > II
社會賦權	0.160	無顯著差異
政策改變	14.225***	II > I, III > I, IV > I, III > II, IV > II

說明：***<0.001; **<0.01; *<0.05.

表2.5　國家與社會互動與集合結果變數的交叉分析

議題領域	個案數		政治權力	治理	政策改變
I. 國家強硬 社會溫和	9	平均值	0.44 (0.11)	1.22 (0.31)	0.11
		標準差	0.53	0.97	0.33
II. 國家強硬 社會強硬	38	平均值	1.00 (0.25)	1.53 (0.38)	0.50
		標準差	0.70	0.92	0.51
III.國家溫和 社會溫和	40	平均值	0.90 (0.23)	2.43 (0.61)	0.80
		標準差	0.84	1.01	0.41
IV. 國家溫和 社會強硬	38	平均值	1.34 (0.34)	2.18 (0.55)	0.92
		標準差	0.97	0.80	0.27
合計	125	平均值	1.03 (0.26)	1.99 (0.50)	0.70
		標準差	0.85	1.00	0.46

說明: 政治權力與治理的0-4分轉為括弧內數字0-1。

表2.5的ANOVA

	F-value	Post-Hoc Tests (LSD)
政治權力	3.671*	IV > I, IV > III
治理	8.843***	III > I, IV > I, III > II, IV > II
政策改變	14.225***	II > I, III > I, IV > I, III > II, IV > II

說明：***<0.001; **<0.01; *<0.05.

第二高分。換句話說，當社會行動者採取強硬立場，假如國家採取更包容的立場，社會也就更有可能成功改變權力關係和政策。然而，當國家和社會行動者都採取合作方式互動，治理方面的分數會最高。

從社會的角度來看，我們的研究顯示出針對不同的結果所進行的權衡：當國家採取溫和策略時，社會行動者或者採取溫和策略以獲得更好的治理績效，或者採取較堅決的策略以期在政治權力和政策改變上有所斬獲。整體而言，當國家採取強硬策略時，如果社會也採取強硬策略，則通常有利於社會。總之，當國家採取溫和策略，社會就有不同的選擇；當國家採用強硬策略，則社會在三種不同的政治結果都會面臨限制。根據本章的交叉統計結果和本書的經驗研究章節，國家採取強硬策略的條件，取決於議題領域和社會參與的狀況。確實，演化式治理的認識論本質是預期行動者可能會重新調整他們的策略，但未必是以可預測的方式進行調整。正如路易斯與史戴默（2012, 330-31）的解釋：「行動者的不同偏好與制度和環境因素的反覆互動，最終決定了行為。」這意味著「即使是在相同的地方制度體系中，我們也應該預期會出現明顯的變異。」

儘管如此，QCS的分析發現，不論社會採取何種策略，一旦國家採取強硬策略，社會在政治權力的總得分就會較低（$0.44 < 0.90$; $1.00 < 1.34$）。這個結果與我們對威權政體表現的預期一致。此外在治理方面，不論社會策略為何，當國家採取強硬策略時，得分往往較低（$1.22 < 2.43$; $1.53 < 2.18$）。對於政策變化，我

們難以區分到底政策變化多還是少更符合國家利益。因此，國家陷入左右為難的困境：使用強硬策略能夠保有統治社會的政治權力優勢，但採取溫和策略則會提高治理的品質。此結果顯示在所有的指標當中，治理的分數總是高過政治權力，這意味著與政治權力相比，治理的變化往往較大。

每當治理品質獲得提升、政策發生變化時，政治權力的變化一般來說微不足道，但國家與社會類型I的互動除外，這個部分的政治權力和政策變化的分數相同。最後，我們注意到政策變化的分數有0.70，這說明國家與社會互動之後，國家的政策立場確實可能改變。

其中一個例子是湖南旗宗（Qizong，譯按：化名）的農民抗議事件，國家與社會在1993年和1998年進行了兩回合互動。在第一回合的互動中，謝偉民（化名）、家長會和來自18個村莊的當選代表向鎮政府發起遊行，懇請政府收回調漲村莊學校學費的政策，當地政府採取合作和積極的態度，經過三天談判，同意不調漲學費。然而，第二回合的互動變得異常激烈，當地人民將原本的家長委員會改為非正式的「減負委員會」，強烈表達反對重稅的態度。他們舉出上級政府發佈的幾份官方文件，藉此動搖地方政府的權威並動員村民。在三年的時間裡，旗宗的激進主義者多次綁架當地幹部、包圍鎮政府並洗劫辦公室，地方政府最終在1998年鎮壓抗議活動。令人驚訝的是，儘管雙方在第二輪的互動中都採取極端手段，村民最終還是達到目標，有好幾年時間當地的稅費都低於平均值（Zhang 2015），我們從此結果推斷，地方政府選擇穩定而不是增加地方財政收入。根據我們的編碼，這個個案最終在政治動員、代表性、回應、社會賦權和政策變化方面獲得正面的分數。這也說明採用演化式治理看待事情的價值，而不是只提出靜態結論，認定社會行動者在原先的互動階段已經勝過國家（或國家已經勝過社會行動者）。

研究結果比原先的預期更為樂觀，讓人看清中國威權韌性背後的機制。雖然中國並不是一個競爭性的威權政體，但我們的分析表明，黨國可以回應社會需求。儘管國家普遍壟斷政治權力，但政策依然出現改革，治理依然得到改善。

檢視表2.4之中政治權力的個別指標，政治動員的分數最高（0.50），其次是議程設置（0.26）。代表性和政治課責的得分較低，分別是0.15和0.11，這樣的結果並不令人意外，因為這些過程發生在正式政治制度之中。反之，政治動員和議程設置可以超越既有的政治制度規範而浮現出來。這些發現反映出中國政治體制的僵化，以及政權不願意與社會分享正式的政治權力。這個結果顯示當政治權力的不同面向真的發生改變，其改變是出於社會而不是國家的努力。

在四個治理指標之中，回應的得分最高（0.84），其次是社會賦權（0.54）和意見表達管道（0.46），透明度得分最低（0.14）。回應這個指標取得高分表示，儘管中共政權的制度僵化，但實際上在回應社會需求方面相對靈活，尤其是國家採取溫和策略之時（0.90和0.97）。我們在意見表達管道方面也可以觀察到類似的變化：當國家採取溫和策略時，社會行動者更有可能達成更高的治理品質。儘管社會賦權得分大於或等於0.5，但四種類型之間並沒有明顯的差異。透明度與其他治理指標有所區別，唯有當國家使用溫和策略時，透明度才有分數。

至於政治動員方面，本文所回顧的論文顯示，社會行動者展現出一種明確且跨議題領域的傾向，他們會試圖動員並尋求賦權。在中國的公共治理中，社會行動主義非常重要。然而，社會行動主義也面臨限制，包括無法完全讓國家及國家機構負起責任，無法在正式的公共決策體系擁有代表，也無法完全讓相關的公共治理更加透明。

議題領域和結果變數的交叉分析

從表2.6和表2.7的交叉分析結果可以看出，結果變數在不同議題領域的分數也各不相同。

在政治動員方面，愛國主義／民族主義、文化／宗教／族群、環境／公共衛生等議題的得分都高於平均值。值得注意的是，愛國主義／民族主義得分為1，這意味著所有被編碼的個案（n = 10）都涉及有意義的社會參與。在政治課責方面，土地、平等權利和文化／宗教／族群個案的得分高於平均值，但沒有任何個案的得分高於0.5。在議程設置方面，社區、經濟管理和平等權利等議題的得分高於平均值。在代表性方面，社區議題得分最高，這是因為社區居民的領袖被納入官方組織。除了政治動員之外，政治權力的其他三個指標當中，沒有一個指標得分在0.5以上。

表2.6　議題領域與結果變數的交叉分析

面向		政治權力				治理				政策改變
結果變數／議題領域		政治動員	政治課責	議程設置	代表性	回應	透明度	意見表達管道	社會賦權	政策改變
土地	個案數	10	10	10	10	10	10	10	10	10
	平均值	0.40	0.30	0.10	0.10	1.00	0	0.40	0.50	0.90
	標準差	0.52	0.48	0.32	0.32	0	0	0.52	0.53	0.32
環境／公共衛生	個案數	26	26	26	26	26	26	26	26	26
	平均值	0.62	0.08	0.23	0.04	0.92	0.27	0.65	0.46	0.77
	標準差	0.50	0.27	0.43	0.20	0.27	0.45	0.49	0.51	0.43
勞工	個案數	14	14	14	14	14	14	14	14	14
	平均值	0.43	0	0.21	0.21	0.71	0.14	0.43	0.64	0.43
	標準差	0.51	0	0.43	0.43	0.47	0.36	0.51	0.50	0.51
經濟管理	個案數	12	12	12	12	12	12	12	12	12
	平均值	0.25	0.08	0.33	0.33	0.83	0	0.33	0.50	0.67
	標準差	0.45	0.29	0.49	0.49	0.39	0	0.49	0.52	0.49
社區	個案數	13	13	13	13	13	13	13	13	13
	平均值	0.31	0.08	0.54	0.38	0.85	0.38	0.62	0.92	0.85
	標準差	0.48	0.28	0.52	0.51	0.38	0.51	0.51	0.28	0.38
平等權利	個案數	28	28	28	28	28	28	28	28	28
	平均值	0.43	0.18	0.29	0.18	0.89	0.11	0.46	0.43	0.79
	標準差	0.50	0.39	0.46	0.39	0.32	0.32	0.51	0.50	0.42
文化／宗教／族群	個案數	12	12	12	12	12	12	12	12	12
	平均值	0.67	0.17	0.25	0	0.58	0	0.50	0.33	0.25
	標準差	0.49	0.39	0.45	0	0.52	0	0.52	0.49	0.45
愛國主義／民族主義	個案數	10	10	10	10	10	10	10	10	10
	平均值	1.00	0	0.10	0	0.80	0.10	0	0.80	0.80
	標準差	0	0	0.32	0	0.42	0.32	0	0.42	0.42
合計	個案數	125	125	125	125	125	125	125	125	125
	平均值	0.50	0.11	0.26	0.15	0.84	0.14	0.46	0.54	0.70
	標準差	0.50	0.32	0.44	0.36	0.37	0.35	0.50	0.50	0.46

表2.7　議題領域與集合結果變數的交叉分析

議題領域	個案數		政治權力	治理	政策變化
土地	10	平均值	0.90 (0.23)	1.90 (0.48)	0.90
		標準差	1.10	0.74	0.32
環境／公共衛生	26	平均值	0.96 (0.24)	2.31 (0.58)	0.77
		標準差	0.66	0.84	0.43
勞工	14	平均值	0.86 (0.21)	1.93 (0.48)	0.43
		標準差	1.03	0.83	0.51
經濟管理	12	平均值	1.00 (0.25)	1.67 (0.42)	0.67
		標準差	1.04	0.98	0.49
社區	13	平均值	1.31 (0.33)	2.77 (0.69)	0.85
		標準差	0.75	1.09	0.38
平等權利	28	平均值	1.07 (0.27)	1.89 (0.47)	0.79
		標準差	1.02	1.07	0.42
文化／宗教／族群	12	平均值	1.08 (0.27)	1.42 (0.35)	0.25
		標準差	0.67	1.16	0.45
愛國主義／民族主義	10	平均值	1.10 (0.28)	1.70 (0.43)	0.80
		標準差	0.32	0.82	0.42
合計	125	平均值	1.03 (0.26)	1.99 (0.50)	0.70
		標準差	0.85	1.00	0.46

說明：括弧裡的分數已經轉為0-1。

反之，在四個治理指標當中，回應和社會賦權的得分都高於0.5。具體來說，土地議題在回應方面的得分最高（1分），環境／公共衛生得到第二高分（0.92分）。透明度方面，社區個案得分最高（0.38），儘管低於0.5，但有三個議題在透明度方面獲得0分，包括土地、經濟管理和文化／宗教／族群。在意見表達管道方面，環境／公共衛生（0.65）和社區（0.62）的得分都高於0.50。在社會賦權方面，社區議題得分最高（0.92），愛國主義／民族主義（0.80）和勞工（0.64）的得分也高於平均值。

總的來說，三個議題領域的社會行動者擁有最大的政治牽引力：社區、環境／公共衛生、平等權利。國家與社會在社區議題上的互動，有四個結果變數的得分最高：議程設置、代表性、透明度和社會賦權，意見表達管道和政策變化這兩個變數上，社區也得到第二高分，然而，社區在政治動員和政治課責方面得分較低。環境／公共衛生在意見表達管道這項指標得到最高分，在回應和透明度上得分都是第二高。除了社區和環境／公共衛生，平等權利的得分在大部分的結果變數中都高於平均分數，但政治動員、透明度與社會賦權的分數較低。

燦雨石信息諮詢中心就是典型的社區案例。燦雨石於2002年由宋慶華在北京成立，是一家與移民社區合作的非政府組織（Teets 2013）。具體地說，燦雨石鼓勵居民參與社區事務，培訓居民委員會提供社會服務。清源街道辦事處是燦雨石的地方政府合作夥伴，資助並且落實居民所需的公共服務項目。由於社會關心的問題能夠透過參與式治理進行調解，我們認為國家和社會在當地採取的是合作策略。以影響而言，此個案在議程設置、回應、意見表達管道、社會賦權和政策結果等方面得到1分，但在政治動員、政治課責、代表性和透明度方面並未有進展。

以三種主要結果的整合發現來看（請見表2.7），如前所述，我們劃分的八個議題領域，都未對政治權力指標產生有意義的影響。在治理方面，社區、環境／公共衛生議題得分最高，而文化／宗教／族群議題得分最低，其次是經濟管理和愛國主義／民族主義議題。就政策變化的結果而言，八個議題當中六個議題的得分高於0.5。國家與社會互動在涉及土地議題時獲得最高分（0.90），也就是在七成的個案中出現政策改革。在政策改變方面，只有兩個議題領域的得分低於0.5，分別是勞動（0.43）和文化／宗教／族群（0.25）。

結論

本章介紹QCS方法，並歸結一套變數，用於分析中國國家與社會互動。本書接下來的經驗研究章節便是建立在此一分析架構之上。具體而言，我們發展出一套國家—社會互動策略的類型學，針對不同互動模式和政治結果之間的關聯性提出假設，並且使用QCS開發出一個更全面和更系統化的演化式途徑，來理解當代中國國家—社會關係的政治影響。研究結果可以歸納為下列幾點。

首先，QCS分析顯示國家與社會的互動更有可能帶來公共政策和治理的變化，而不是把政治權力轉移到社會行動者。治理和政策變化的得分，與政治權力得分之間有巨大差異，我們可以藉此深入瞭解威權韌性的機制。中國黨國體制往往以務實的態度來應對社會的關切，但它幾乎不會在權力分享的指標上讓步，從而能夠繼續牢牢握住政治權力。

三類政治結果之中，以公共政策的改變最為普遍。我們的分析顯示當國家採取溫和的策略而社會採取堅決的策略時，政策變化的可能性最大。當國家和社會都採取溫和的策略時，政策也有可能改變。反之，當雙方都堅持強硬立場，政策變化的可能性較小，而在一般的威權體制國家與社會的條件下（強國家，弱社會），政策改變的可能性最小。這些假設都得到編碼資料的交叉分析所證實。

比起面對強硬國家的社會，面對強硬社會的國家其處境更加為難。當社會行動者遇到強硬的國家策略而決定採取堅定立場，那麼更有可能促成全部三個結果——政治權力、治理和政策變化——產生正面的變化。因此，國家如果強硬，社會的主導策略將相對明確，也就是應該追求強硬策略。反過來看，對於國家而言並非如此。一旦社會採取強硬策略，國家面臨的困境相對較多。如果國家採用強硬策略，它得以維持政治權力，但治理可能不會改善、政策可能不會改變。如果國家採取溫和策略作為回應，治理可能會得到改善，但它會將一定程度的政治權力讓渡給社會。換言之，國家面臨著政治權力和善治之間的權衡。從執行面來說，國家並沒有明顯的主要策略，該用哪一種策略取決於國家是選擇優先考慮政治權力，或是以治理作為政權合法性的來源。

最後一點與上述相關，我們的研究結果指出國家－社會的互動在不同領域／主題之間有所差異，這顯示某些觀點可能較適用於特定的議題領域，對其他議題則較難解釋。比方說QCS分析發現，社會行動者對社區議題的影響最大，在所有議題領域中，社區議題在政治權力和治理方面得分最高，而在公共政策方面得分為第二高。因此對於社區議題，「公民社會的崛起」和「相互協作」（mutual collaboration）的觀點都得到證實。可是，一旦涉及土地、環境／公共衛生領域，即使國家與社會也有合作治理，但國家依然支配政治權力。比較起來，在平等權利、宗教／族群、愛國主義／民族主義的領域，社會行動者能夠獲得相對於國家的政治權力（通常是藉由政治動員），但與國家在治理上的合作有限。

對於理解中國國家與社會關係研究的現有辯論，這些發現有其意義。如文獻回顧所示，三種主要觀點分別強調公民社會的崛起、國家支配或者國家與社會之間的互賴。但如果把我們演化式治理的框架應用到此辯論之中，就會發現這三種觀點實際上檢驗的是國家與社會關係的不同層面，有些人專注於國家和社會之間的政治權力平衡，但有些人更關心治理。三種觀點並不是針對同一層面或同樣的結果進行辯論。儘管國家可能追求在政治權力上加強對社會的支配，但是在治理的議題與公共政策卻可能跟社會保有一種協作關係。同樣地，社會組織在公共治理方面可能展現出逐漸成長的能力與參與度，但是他們與國家政治權威競爭的努力卻有可能受挫。

由於中國有個強大的中央政府，我們的發現在比較威權主義的研究中可能顯得有些違反直覺。然而，這些研究結果表明，文化大革命結束之後的初期，威權治理（及其韌性）如何得到強化。中共的黨國體制在1970年代末面臨合法性危機，為了政權的存續，政府不僅轉向以市場為導向的改革開放，也和新崛起的社會行動者合作發展善治，以重建合法性。過程中，黨國在一些領域當中讓出越來越多的政治權力，而社會團體的出現確實有利於雙方，但社會團體也因此獲得了政治權力，而這是國家所不情願放棄的。在這個演化的過程中，國家和社會的選擇都是出於利益。習近平的統治面臨著兩難，尤其是在他的第二個任期，採取強硬策略似乎是保有其政治權力的首選，然而如此一來，國家與社會的治理關係將趨於惡化。新冠疫情的爆發呼應了我們使用QCS方法在公共衛生議題方面的發現：國家拒絕放棄政治權力，因此在病毒爆發早期的關鍵幾周，缺乏有效的治理。

在接下來的章節當中，不同作者透過深入的個案研究，圍繞著同一國家與社會策略互動的架構，和特定類型的公共政策、治理和政治權力結果，以更具體的內容來說明這些通則性的發現。儘管在必要的情況下，威權直接鎮壓仍然是黨國可用的手段之一，但這對於強化合法性和處理複雜的政策問題來說，終究只能說是次佳的選項。演化式治理是一種互動的、多面向且動態的治理方式，也是威權韌性或脆弱性常見的來源。

附錄表2.1　國家對社會行動者的策略

面向	分數	策略	定義
溫和	1	社會合作	國家及其代理者，就公共治理或政策議題，對有所訴求或參與的社會（包括國際）行為者，持相容、相應、甚至相同的立場，因而採取互相合作或至少不排斥的態度，讓國家行為者與社會（包括國際）行為者，於正式或非正式的場合，在此議題上相互呼應、彼此支持
	2	政策創新	國家及其代理者，就公共治理或政策議題，對有所訴求或參與的社會行為者所訴求之議題，推出與既有政策不同、過去未曾採用之政策立場、政策內容、政策作為、或政策思維，作為一種回應社會的方式
	3	調解	國家及其代理者，就公共治理或政策議題，協調國家與社會行為者的意見，以求達成共識，或找出解決問題的方案
	4	諮詢	國家及其代理者，就公共治理或政策議題，採取制度化或非制度化的方式，讓社會行為者表達其意見或偏好之作為
	5	補償	國家及其代理者，以公共財政或非公共資金，對於社會行為者所受到的傷害或損失給予彌補
	6	受理	國家及其代理者，就公共治理或政策議題，對有所訴求或參與的社會行為者所訴求之議題，給予體制內表達訴求的機會或管道，並正式接受其表達或訴求
	7	消耗	國家及其代理者，就公共治理或政策議題，對有所訴求或參與的社會行為者，採取拖延、敷衍、欺瞞、隱匿、誤導、設置障礙、拉長過程、提高成本、複雜程序等作為，達到降低社會行為者繼續或升高採取同樣行為之目的
	8	活動競爭	國家及其代理者，就公共治理或政策議題，對有所訴求或參與的社會行為者所訴求之議題，不直接反對、駁斥、壓制的態度，而採取有利於自身國家既有立場或形象的言論或作為，以爭取公眾在此議題上對國家之支持

面向	分數	策略	定義
	9	宣傳	國家及其代理者，就公共治理或政策議題，對有所訴求或參與的社會行為者所訴求之議題，藉由各種管道與媒介，散佈或推介與社會行動者之立場相左、有利於國家固有立場之論述、訊息、印象，以達讓影響公眾立場之目的
	10	購買	國家及其代理者，就公共治理或政策議題，以公共財政向社會行為者購買其所提供之服務
	11	酬庸	國家及其代理者，就公共治理或政策議題，對有所訴求或參與的社會行為者，給予政治體制內的職位，以酬謝或換取其對原有訴求參與立場或目標之妥協或放棄
	12	收編	國家及其代理者，就公共治理或政策議題，讓社會行為者扮演某種制度化或非制度化（國家給定）的角色，以使其配合國家對該議題所設定議程的作為
	13	懲罰	國家及其代理者，就公共治理或政策議題，對有所訴求或參與的社會行為者，因其違反法規或命令，而對其採取具有公共效力的懲罰制裁性決定
強硬	14	鎮壓	國家及其代理者，就公共治理或政策議題，對有所訴求或參與的社會行為者，採取強制性的騷擾、降低、恐嚇、制止、禁絕、逮捕、暴力之作為

附錄表2.2　社會行動者對國家採取的策略

面向	分數	策略	定義
溫和	1	國家合作	就某公共治理或政策議題有所訴求或參與的社會行為者，對於相容、相應、甚至相同立場之國家及其代理者，於正式或非正式的場合，採取配合、合作、提供協助的行為，在此議題上相互呼應、彼此支持
	2	被收編	就某公共治理或政策議題有所訴求或參與的社會行為者，對於與其自身立場不相容、不相應、甚至相反之國家及其代理者，於正式或非正式的場合，接受酬庸、購買、補償、角色或職位授與等行為，改變了本身在此議題上原有之立場
	3	接觸	就某公共治理或政策議題有所訴求或參與的社會行為者，以集體或個人的方式、透過正式或私下的管道，對於官員或官方代表進行接觸並給予影響，以使其瞭解、接受、或採取偏向社會行為者之立場或偏好
	4	申訴	就某公共治理或政策議題有所訴求或參與的社會行為者，使用國家體制內所提供表達訴求的機會或管道，以圖影響國家及其代理者能採取偏向社會行為者之立場或偏好
	5	國際合作	就某公共治理或政策議題有所訴求或參與的社會行為者，對於相容、相應、甚至相同立場之國際行為者，於正式或非正式的場合，採取配合、合作、提供協助的行為，在此議題上相互呼應、彼此支持
	6	輿論	就某公共治理或政策議題有所訴求或參與的社會行為者，對於國家及其代理者，採取不同、對立、反對、或有所要求的立場，藉由各種管道與媒介，散佈或推介對社會行為者有利之論述、訊息、印象，以達讓影響公眾立場之目的
強硬	7	抗爭	就某公共治理或政策議題有所訴求或參與的社會行為者，對於國家及其代理者，採取不同、對立、反對、或有所要求的立場，以個人或集體的方式，採取擾動公共秩序、引起公眾注意、對國家施予壓力的作為

附錄表2.3　政治權力定義

政治動員	就某公共治理或政策議題有所訴求或參與的社會行為者，採取言論或行為，導致其他社會行為者在該公共治理或政策過程中，採取較原來次數更多、程度更高、頻率更密、或強度更大之言行，以表達具有公共性質之訴求或參與
政治課責	國家及其代理者，就公共治理或政策議題中相關社會行為者之訴求所採取的決定、反應與措施，在正式的政治體制及過程中會產生相應之政治責任，該責任乃具有合乎比例地導致減少或降低負責官員職位升遷或／及薪資所得之可能後果
議程設置	就某公共治理或政策議題有所訴求或參與的社會行為者，就該議題提出不同於國家既有之新的政策或公共治理之目標，並因此直接或間接導致國家及其代理者產生朝向該新目標改變的現象，或使社會公共輿論或公共領域開始談論此一新目標
代表性	在正式參與公共決策之體制內，透過公開公正開放普遍且具競爭性之公共選擇過程所產生之人士，對於某公共治理或政策議題有所訴求或參與的社會行為者，能夠反映其意見、偏好、或利益

附錄表2.4　治理定義

回應	國家及其代理者，就公共治理或政策議題，對有所訴求或參與的社會行為者所提出之訴求，在公共過程中，就程序或實質，所做出之公共決定或公共分配
透明度	國家及其代理者，就公共治理或政策議題，對有所訴求或參與的社會行為者，揭露與其所訴求議題相關之公共訊息
意見表達管道	就某公共治理或政策議題有所訴求或參與的社會行為者，在與該議題相關之公共程序中，為影響該公共議題之相關公共決定或分配結果，能透過最終導向政府內部之管道，表達其意見、偏好、利益
社會賦權	就某公共治理或政策議題有所訴求或參與的社會行為者，在與該議題相關之公共程序中，其公共參與能力或財務能力有所提高、或其自身組織有所增長或擴張、或其彼此之間之社會連結有所擴展或強化

附錄表2.5　政策改變

正面回應的改變	國家及其代理者，對有所訴求或參與的社會行為者所提出之訴求，做出與其主張方向相同之公共治理或政策回應
不變	國家及其代理者，對有所訴求或參與的社會行為者所提出之訴求，於其公共治理或政策議題之既定立場沒有產生變化

參考書目

Ang, Yuen Yuen. 2016. *How China Escaped the Poverty Trap*. Ithaca, NY: Cornell University Press.

Brownlee, Jason. 2007. *Authoritarianism in an Age of Democratization*. New York: Cambridge University Press.

Bueno de Mesquita, Bruce, and Alastair Smith. 2009. "Political Survival and Endogenous Institutional Change." *Comparative Political Studies* 42: 167–97.

Bueno de Mesquita, Bruce, Alastair Smith, Randolph M. Siverson, and James D. Morrow. 2003. *The Logic of Political Survival*. Cambridge, MA: MIT Press.

Cooper, Harris. 2010. *Research Synthesis and Meta-Analysis: A Step-by-Step Approach*. Los Angeles: SAGE Publications.

Diamond, Larry. 2002. "Thinking about Hybrid Regimes." *Journal of Democracy* 13: 21–35.

Fu, Diana. 2017. "Fragmented Control: Governing Contentious Labor Organizations in China." *Governance* 30: 445–62.

Fulda, Andreas, Yanyan Li, and Qinghua Song. 2012. "New Strategies of Civil Society in China: A Case Study of the Network Governance Approach." *Journal of Contemporary China* 21.76: 675–93.

Gandhi, Jennifer. 2008. *Political Institutions under Dictatorship*. New York: Cambridge University Press.

Gandhi, Jennifer, and Adam Przeworski. 2007. "Authoritarian Institutions and the Survival of Autocrats." *Comparative Political Studies* 40.11: 1279–301.

Gåsemyr, Hans Jørgen. 2017. "Navigation, Circumvention and Brokerage: The Tricks of the Trade of Developing NGOs in China." *China Quarterly* 229: 86–106.

Geddes, Barbara. 1999. "What Do We Know about Democratization after Twenty Years." *Annual Review of Political Science* 2: 115–44.

Habich, Sabrina. 2015a. "Strategies of Soft Coercion in Chinese Dam Resettlement." *Issues and Studies* 51.1: 165–99.

———. 2015b. *Dam, Migration, and Authoritarianism in China: The Local State in Yunnan*. London: Routledge.

Hadenius, Alex, and Jan Teorell. 2007. "Pathways from Authoritarianism." *Journal of Democracy* 18.1: 143–56.

Han, Heejin. 2014. "Policy Deliberation as a Goal: The Case of Chinese ENGO Activism." *Journal of Chinese Political Science* 19.2: 173–90.

Han, Jun. 2016. "The Emergence of Social Corporatism in China: Nonprofit Organizations, Private Foundations, and the State." *China Review* 16.2: 27–53.

Heilmann, Sebastian, and Elizabeth J. Perry. 2011. "Embracing Uncertainty: Guerrilla Policy Style and Adaptive Governance in China." In *Mao's Invisible Hand: The Political Foundations of Adaptive Governance in China*, edited by Sebastian Heilmann and Elizabeth J. Perry, 1–29. Cambridge, MA: Harvard University Asia Center.

Ho, Peter. 2008. "Introduction: Embedded Activism and Political Change in a Semi-Authoritarian Context." In *China's Embedded Activism: Opportunities and Constraints of a Social Movement*, edited by Peter Ho and Richard Louis Edmonds, 1–19. London: Routledge.

Howell, Jude. 2007. "Civil Society in China: Chipping Away at the Edges." *Development* 50.3: 17–23.

Hsu, Carolyn L., and Yuzhou Jiang. 2015. "An Institutional Approach to Chinese NGOs: State Alliance versus State Avoidance Resource Strategies." *China Quarterly* 221: 100–122.

Hsu, Jennifer Y. J., and Reza Hasmath. 2014. "The Local Corporatist State and NGO Relations in China." *Journal of Contemporary China* 23.87: 516–34.

Ji, Yingying. 2018. "Emerging State–Business Contention in China: Collective Action of a Business Association and China's Fragmented Governance Structure." *China Information* 32.3: 463–84.

Levitsky, Steven, and Lucan A. Way. 2002. "The Rise of Competitive Authoritarianism." *Journal of Democracy* 13: 51–65.

———. 2010. *Competitive Authoritarianism: Hybrid Regimes after the Cold War*. New York: Cambridge University Press.

Lewis, Orion A., and Sven Steinmo. 2012. "How Institutions Evolve: Evolutionary Theory and Institutional Change." *Polity* 44.3: 314–39.

Linz, Juan. 2000. *Totalitarian and Authoritarian Regimes*. Boulder, CO: Lynne Rienner.

Lukes, Steven. 1974. *Power: A Radical View*. London: Macmillan.

Major, Claire Howell, and Maggi Savin-Baden. 2010. *An Introduction to Qualitative Research Synthesis: Managing the Information Explosion in Social Science Research*. Abingdon: Routledge.

Newland, Sara A. 2018. "Multilevel Politics of Civil Society Governance in Rural China." *China Quarterly* 233: 22–42.

O'Brien, Kevin J., and Lianjiang Li. 2006. *Rightful Resistance in Rural China*. New York: Cambridge University Press.

Peng, Lin, and Fengshi Wu. 2018. "Building Up Alliances and Breaking Down the State Monopoly: The Rise of Non-Governmental Disaster Relief in China." *China Quarterly* 234: 463–85.

Rhodes, Roderick A. W. 1996. "The New Governance Governing without Government." *Political Studies* 44: 652–67.

Saich, Anthony. 2000. "Negotiating the State: The Development of Social Organization in China." *China Quarterly* 161: 124–41.

Schedler, Andreas. 2006. *Electoral Authoritarianism: The Dynamics of Unfree Competition*. Boulder, CO: Lynne Rienner.

Shue, Vivienne, and Patricia M. Thornton. 2017. "Introduction: Beyond Implicit Political Dichotomies and Linear Models of Change in China." In *To Govern China: Evolving Practices of Power*, edited by Vivienne Shue and Patricia M. Thornton, 1–26. New York: Cambridge University Press.

Spires, Anthony J. 2011. "Contingent Symbiosis and Civil Society in an Authoritarian State: Understanding the Survival of China's Grassroots NGOs." *American Journal of Sociology* 117.1: 1–45.

Stoker, Gerry. 1998. "Governance as Theory: Five Propositions." *International Social Science Journal* 50: 17–28.

Svolik, Milan W. 2012. *The Politics of Authoritarian Rule*. New York: Cambridge University Press.

Teets, Jessica C. 2009. "Post-Earthquake Relief and Reconstruction Efforts: The Emergence of Civil Society in China?" *China Quarterly* 198: 330–47.

———. 2013. "Let Many Civil Societies Bloom: The Rise of Consultative Authoritarianism in China." *China Quarterly* 213: 19–38.

Thornton, Patricia M. 2013. "The Advance of the Party: Transformation or Takeover of Urban Grassroots Society?" *China Quarterly* 213: 1–18.

Tsai, Kellee S. 2006. "Adaptive Informal Institutions and Endogenous Institutional Change in China." *World Politics* 59.1: 116–41.

Unger, Jonathan, and Anita Chan. 2008. "Association in a Bind: The Emergence of Political Corporatism." In *Associations and the Chinese State: Contested Spaces*, ed. Jonathan Unger, 48–68. Armonk, NY: M.E. Sharpe.

Zhang, Wu. 2015. "Protest Leadership and State Boundaries: Protest Diffusion in Contemporary China." *China Quarterly* 222: 360–79.

第二部

社區治理

3 威權政體下的參與？北京業主行動主義對立法的影響

鄭有善

摘要

自2000年以來，北京的業主逐步透過制度化渠道表達他們的集體利益，他們與地方和中央政府來往的主要策略，已經從抗爭變成有意義地參與公共政策過程。他們的努力使得地方制訂了有關物業管理的法令，像是《物權法》（2007）、《北京市物業管理辦法》（以下簡稱《辦法》）（2010），以及即將通過保護業主的修法。民間參與社區治理越來越踴躍，顯示威權政府正在適應局勢的變化。國家不再壓制社會行動者，而是允許甚至鼓勵他們針對地方治理的問題進行反饋。然而，政治參與的條件仍由雙方在威權政府治理的範圍內不斷討價還價；若欲得知國家和社會行動者之間對於社經議題的協商機制，尚需要長期的實證調查。

中國私有產權的浮現在社區治理領域開創了國家與社會互動的新形式。在毛澤東統治時期，城市的一切住房由單位統一管理及分配。自1998年以來，住房的全面商品化（商品房）帶來一批新的社會群體：中產階級業主。這群城市居民訊息豐富，意識到自己購入房屋的合法權利，開始動員與制定策略捍衛個人權益。這些策略從組織抗爭活動到主張他們有權參與相關的政策過程。業主們甚至建立全國性的虛擬網路，分享成功的故事及法律策略。這群人展現出在政治上的適應力和積極性（例如Guan and Cai 2015）。

這就帶來一個經驗性的問題：城市的業主如何以及在多大程度上已經發展出政治效能感，並影響公共治理？當他們努力呈現業主的利益，國家對業主的認知和處理方式也發生變化；一開始國家懷疑新社會群體，現在已進一步把他們納入相關的政策過程之中。儘管這場互動尚在持續，但北京業主影響相關立法的個案，有助於理解在一個重要的社會經濟領域如何進行互動式治理。

本章根據在北京長期的田野調查，追溯2010年至2018年期間，業主影響北京對物業管理制訂新法的演化過程。作者深入訪談參與地方立法的本地學者、政府官員和活躍的業主。下一節首先回顧本書用於探討中國國家—社會互動的演化架構。本章大部分內容側重在個案研究，分析國家與社會互動的三個主要階段：宏觀法律環境的變化、政策制定的過程以及政策實施和反饋。最後，我會簡要整理並討論經驗的理論意涵，並針對此主題未來的研究提出建議。

分析架構

相較於競爭性的威權政體，選舉競爭和議會在中國這樣的政權並無法發揮作用，因此我們必須深入理解國家與社會的互動，才能瞭解中國政府如何取得政權合法性。強制（或鎮壓）仍然是威權治理的有效工具（D. Yang 2017）；然而，強制往往伴隨著政權所不欲付出的代價（例如，喪失合法性）。所以，通過「政治安排」在鎮壓和讓步之間找出平衡，才是他們偏好的作法（Cai 2008）。[1] 值得研究的是，中國國家如何嘗試以非強制性的手段進行治理，以及這些策略如何促進政權的持久性。

當代中國的國家與社會關係可說是雙方的策略互動。黨國已經開始注意到社會的要求；因此，公民也有機會影響公共政策。毫無疑問，國家與社會的互動已經成為談判過程，國家視情況將利益代表給予社會，以換得政權合法性。雖然國家並不仰賴政黨之間的競爭和代議機構，但國家必須顯示出自己有能力處理國人越來越常為本身權益發聲的情況（Chung 2015）。不僅如此，國家甚至刻意購買穩定，並主動監測抗議活動以蒐集民怨（Heurlin 2016）。由於國家乃根據監測蒐集到的資訊採取行動，我們可以看到中國的威權政府很能夠順應時勢變化。在這種情況下，社會行動者參與公共治理，是國家和社會溝通的一種進階版。然而，此種參與如何促進政權持久性？背後的機制值得進一步研究。具體來說，參與的管道為何？社會行動者對於中國公共治理的真正影響力有多大？

---

1 根據蔡永順（Yongshun Cai 2008, 411）的說法，威權韌性是來自「視情況給予（地方政府）自主性的政治安排」。這個觀點可以延伸到國家和社會的關係。

表3.1　中國國家與社會關係的類型

		社會的策略	
		溫和	強硬
國家的策略	溫和	III：更可能改變	IV：最可能改變
	強硬	I：最不可能改變	II：不太可能改變

註：治理或政策變化的可能性：IV>III>II>I。

由於國家與社會的互動有諸多形式，而且社會行動者影響公共政策的方式也因議題領域而異，因此要以一種標準來概括中國國家與社會的互動可能十分困難。表3.1類似第二章的2×2表格。簡而言之，國家可以採取強硬或溫和的策略，社會的策略也是如此。然而，表3.1各個類型之間的界限並不意味著強硬策略與溫和策略之間是涇渭二分；反之，它表示國家和社會行動者可以使用一系列的可能選項。更具體地說，國家採取的策略是在一個光譜上，一端是完全鎮壓，另一端則是與社會合作。同樣地，社會策略的範圍也從堅決抵抗到與國家合作。

本章討論的社區治理問題屬於第三類，也就是溫和策略與溫和策略的互動。這並不排除有一些業主採取抗爭，因為業主的利益代表模式多樣化（Chung 2015; Xie and Xie 2019），他們的行為並不是只有一種。只是，相較於國家—社會互動比較緊繃的其他議題領域（如勞工和宗教），私人產權／社區治理中的國家與社會互動可以歸類為溫和與溫和的互動。我們可以預期政策變化的可能性相對較高。當然，只分析國家—社會互動的其中一個類型，限制了本文推論的範圍，但我們至少可以進一步理解威權脈絡下溫和與溫和策略的互動。此外，儘管溫和與溫和策略的互動可能不會造成治理的巨大變化，但一般預期會使得治理品質提高。因此，即使社會行動者認為他們的成果受限，但細微的變化也有助於中國共產黨穩住政權這一個更大目標（Stockmann and Gallagher 2011），這一點在本章結論會再次提及。

個案研究：北京物業管理的新模式

業主的特點是擁有房產。然而，私有產權並不只是一個物質主義（materialist）的問題。房屋業主具備強烈的權利意識和資源，積極主動捍衛他們對其產業的權利，城市的業主與在中國社會邊緣的行動者（如農民和農民工）並不相同。由於相對來說屬於改革的贏家，[2]這些社會行動者屬於中國新興的中產階級，並且以更為微妙的方式探索他們與國家的關係。早期研究顯示，業主的利益經常與國家的利益有所衝突，尤其是地方政府。一般來說，國家不會主動處理業主澄清產權性質的訴求。事實上，國家經常拖延或干涉此一過程。有人試圖成立業主委員會，但卻遇到障礙。基層的政府機構，如街道辦與居委會，一直都不大想同意他們建立業主委員會（Cai 2005; Read 2003; Shi and Cai 2006; Tomba 2005）。

2 也可以說業主從國家創造住房市場和消費者的計畫中受益。爭取單位把住房賣給員工，還有後續的許多補助政策，促進了1990年代新生的住房市場（Tomba 2014）。

儘管如此，業主和國家之間的關係已經出現一些實質變化。雖然牢騷滿腹的業主並未直接挑戰政府權威，但他們採取的行動已經成功要求國家扛起更多的責任，清楚界定並且保障私人產權。其中一個突出的例子是業主中的活躍份子參與北京的地方立法。北京市政府透過北京住建委（國家在物業管理方面的主要行動者），公開表達願意讓業主的利益代表有更多空間，2010年5月公佈的《辦法》就有這樣的指示。[3]

《辦法》有幾個主要特點：（1）財產由業主自行管理；（2）進一步提出成立業主委員會與業主大會的具體步驟，包括建立籌備組、備案、固定任期制與監事會；（3）提出讓業主委員會實體化的想法，例如要確保具備物業管理專業知識的全職員工。

至於談到如何讓業主大會變成正式組織，法人化的想法值得注意。由於業主組織的官方地位尚未得到承認，因此這是一個革命性的概念。根據《辦法》，代表某一小區所有業主的業主大會能夠登記為法人。一旦取得法律地位，業主大會也就可以扮演訴訟、基金管理以及和國家互動的主體。此外，在起草《辦法》扮演要角的北京住建委副主任，也藉著發佈自己撰寫的文件，確認了地方政府立場的轉變。[4]

北京並未全面實施新提出的議程，進一步把業主大會法人化，而是在一個區試點後就停步不前。要讓北京的業主大會全面法人化，需要更多時間。當北京市政府首度實施實驗性的法人計

3　法令於2010年10月開始生效。全文見中國網（2010）。

畫，評價正反不一。有些人張開大手歡迎，認為這是北京市業主行動主義真正的歷史新頁，有些人則是抱持懷疑的態度，嘲笑這不過是一場空洞的實驗。儘管回應好壞參半，允許進行試點對於中國的基層治理依然有其意義。北京物業管理的新模式，提供了一個極具啟發性的個案研究，說明社會意見的表達如何轉變成相關的政策結果。

儘管有些許限制，2010年北京市基層立法的嘗試未必一定是失敗的。由於既得利益和新利益（也就是公民利益）兩個陣營間激烈競爭，使得一個地區的試點無法擴大到整座城市，而且北京市住建委的領導也隨之發生變化。然而，治理的本質是通過制度渠道來解決問題，這種嘗試正在北京進行。當試點功敗垂成之後，圍繞在物業管理的問題依然存在，而公民對治理責任的訴求還是揮之不去。因此，社會參與物業管理的另一輪工作已經開始。北京市針對物業管理正在準備一個新版本的基層立法，涉及到新的參與者，如北京市律師協會、北京市人民代表大會。

基於以下理由，我挑選北京市為本章的主要個案。首先，它是中國業主行動主義以及其他議題社會運動的先驅。針對國家與社會的互動，北京市政府的態度被認為是基層政府接受和回應社會意見最進步的個案之一。[5]儘管北京市的情況不一定能代表全中

4 其中有代表性的是已經公告在網上的〈中國特色物業管理模式的再造〉。

5 訪談行動主義者，2012年8月。傅洛達等人（Andreas Fulda, Li, and Song 2012）的研究證明北京的社會行動者儘管在權力關係中處於相對劣勢，也可以積極主動地貼近國家引發變革。

國的變化，但它是一個關鍵的創新個案。此外，北京市的個案還可能應用到未來。一旦北京的業主治理模式制度化，可能會擴散到其他地區。[6]

不斷變化

第一階段：宏觀法律環境的變化

一直到21世紀，保護私人產權的宏觀法律環境並不穩定，主要靠著兩部有可能在全國實施的法律：2007年頒佈的《物權法》以及2003年及2007年頒佈的《物業管理條例》。《物權法》對所有權進行一般性的界定，而《物業管理條例》則提出設立和管理業主組織的必要條件。然而，許多涉及產權實務的細節卻未被提及。《物業管理條例》最初的版本（2003）比《物權法》（2007）發佈的時間要早得多，因此造成一種監管上的矛盾，條例中關於業主組織的許多條款並未得到國家最高法律的支持。《物權法》裡的一些模糊的條文留下詮釋空間，遭到嚴厲批評。[7]因此，產權的實際執行乃是由地方政府裁量。

2010年的新版本發佈前，《辦法》的早期版本是1995年公佈的《北京市住宅小區管理辦法》。兩個版本事隔多年帶來一些不確定性，同時我們也可以從這段時間落差得出幾點觀察。首先，

---

6 如果找得到不同的案例研究，並且彼此之間能夠進行比較，所得結論將更具有一般的適用性。

7 例如，缺乏清楚定義的區分所有權就帶來很多爭議。

財產權缺乏清楚的法律環境意外地給社會力量的發展留下空間。有一位業主行動主義者表示：「簡單來說，頒佈有法律地位的具體法令之後，我們擔心社會空間會縮小。當一切都很模糊的時候，我們有更多的自由。」[8]這句話表明，缺乏清楚的制度環境，在社會行動者看來可能是一扇機會之窗。其次，無論是地方政府還是社會，最初都無法有足夠的資訊掌握對方的企圖；頻繁的接觸促進相互理解。許多業主行動主義者證實，國家對公民的敵對態度逐漸減少，這也證明國家對社會行動者的認知出現變化。[9]

在這段過渡期，業主的社會權力與日俱增。面對眼前的機會，他們動員起來、變成行動者，要有效代表業主的集體利益。隨著商品房蓬勃發展，業主開始在每個社區成立業主委員會，成為真正代表業主利益的組織。業主現在可以在特定小區買房、投票選舉代表，並透過他們的領袖和組織向開發商、物業管理公司以及相關的政府部門傳達對住房維護、生活條件和一般生活品質的不滿（Cai 2005; Read 2003; Shi and Cai 2006; Tomba 2005）。

當住房剛開始商品化，由於雙方期待有所落差，物業管理公司及開發商和業主之間圍繞物業管理發生許多衝突。最初的衝突有一些是由於開發商蓋出劣質的住房，有一些衝突則是由於缺乏明確的產權。更多的衝突是圍繞著如何管理名下的房產，包括公共設施的維護，如電梯、綠地和停車場，以及在住宅區提供保全

8 訪談行動主義者，2012年8月。

9 訪談行動主義者，2012年8月與2014年8月。針對「互相猜忌」如何變成「互相得益」的過程，見安子杰（Anthony Spires 2011）。

與清潔服務。業主委員會負責將居民對這些問題的抱怨傳達給其他相關行動者。例如，靠著多數業主的同意，業主委員會試圖換掉不滿意的物業管理公司。他們訴諸集體請願、提起訴訟與集體行動表達和維護業主的利益。

隨著時間變化，不同小區的業主委員會開始出現橫向連結，業主跨越國家設定的鄰里界限進行動員（Chung 2015; Yip and Jiang 2011）。隨著他們社會力量的擴大，整個北京業主之間的橫向連結促進他們集體利益的表達。這些橫向連結現在代表在此項議題領域的主要社會行動者。宏觀法律環境的變化（如2007年的《物權法》）讓社會團體有機會站出來發聲。公開論壇、記者會和簽名連署接踵而至。社團活動的主要目標已經不限於打擊無良的地產老闆。業主們現在試著從權利面，改變約束他們名下房產的規定與法規。[10]

北京市兩個具有代表性的業主橫向連結，分別是和諧社區發展中心以及北京市業主委員會協會申辦委員會（以下簡稱：業申委）。和諧社區發展中心自稱是一個智庫，藉著論壇、研討會和會議跟業主及其他參與者互動。和諧社區發展中心是正式登記的社會組織，發展相對穩定，同時避免與國家的直接衝突。業申委的成員是不同小區的業委會主任。業申委宣稱自己更獨立且直接代表業主利益，同時也願意採取積極的策略與國家互動。它已經

10 訪談行動主義者，2012年8月與2014年8月。針對「互相猜忌」如何變成「互相得益」的過程，見安子杰（Anthony Spires 2011）。

介入許多小區的糾紛，並為有爭議的業主提供幫助。

兩個組織與國家互動的立場稍有不同。相較於和諧社區發展中心，業申委採取更具有攻擊性的行為策略。國家對兩個機構的回應也不同，給了前者正式的法律地位，但後者就沒有。然而，這些組織一直不斷尋求與國家接觸。中國的社會組織已經認清，比起尋求絕對的自主性，和國家接觸更能保障它們的存活（Lu 2009）。同時，國家也意識到與這些組織互動——無論他們之間的差異——都有助於治理，因為國家可以藉此蒐集資訊，掌握基層社會中越來越重要的議題。下一部份說明業主之間的橫向連結如何積極介入相關的政策過程。

第二階段：2010年前後業主參與基層立法

在這個階段，物業管理的概念和實踐發生實質改變。業主開始關心他們所購房產的品質、舒適與價值，而且也對於物業費未帶來該有的服務表達不滿。此外，當他們無法按照自己的意思與令人不滿的管理公司解約，他們也感到無助。這背後有三個問題，包括要確定是哪一個主體在控制物業管理，人們如何討論利益衝突，以及業主的利益是否在此過程中得到適當的解決。隨著商品化住宅小區越來越緊張，國家開始意識到這個問題的嚴重性。

國家對物業管理的認知改變，反映在大量的證據之上。中國共產黨第十七次全國代表大會上，中央提到「基層自治是中共自治之一」，[11]這句話意味著國家領導已認為城市居民的自治跟少數民族的自治一樣重要，在城市居民之間推動自治也被放進中央政府的政策大方向。北京市政府的立場似乎也相去不遠。2010年前後制定新版的地方法規時，市政府似乎賦予業主權利更多的空間，讓業主可以決定小區內日常生活的相關事務。儘管有一些限制，但2010年頒佈的新法規提出更多可行的行動方案來吸納公民的訴求。

社會一直表達不滿和投訴，大有助於改變國家的心態。業主不滿的主要對象是商業公司。地方政府，無論是一般或與物業管理相關的特定部門，也成了業主投訴的對象。北京住建委此前每一年收到約六千件投訴或糾紛，這給政府帶來相當大的行政負擔（訪談記錄，2012年8月）。[12]住建委的官員承認，委員會的成員一直密切關注日益增長的權利意識與維權，也注意到業主採取的權利保護策略日益複雜。這位官員說，自己的單位和其他許多政府部門都已經瞭解促進業主組織發展的重要性，因為這樣做可以減輕他們的負擔。[13]

同樣地，物業管理的客觀條件變化，也影響了相關官員的看法。比起前些年，物業管理不再有利可圖。由於通貨不斷膨脹，還有對物業費調漲反彈，許多物業管理公司現在擔心經營會出現赤字或停滯不前。假定情況持續惡化，結果國家還是繼續支持那些低劣的物業管理公司，責任就會落到當地政府頭上。政府就要繼續提供物質上的直接補貼給運作不良的物業公司。在北京市政

11 關於中國共產黨第十七次全國黨代表大會上討論的全文，見中國網（2007）。

12 然而，2010年新的地方法規頒佈後，對於該委員會的抱怨迅速減少（訪談記錄，2012年9月）。

府擔任顧問的受訪者表示：「這彷彿回到住房商品化之前的物業管理模式，國家肩膀上的負擔越來越沉重」，這句話可以看出物業管理的前景黯淡。[14]

面對前述情況，國家的理性選擇是承認業主為物業管理的主體。國家開始期待，這種行動可以緩解層出不窮的商品房糾紛，並使得物業管理可長可久。[15] 2010年的法規確立了一項政策議程，自此引起人們特別關注將業主大會轉為法人的問題。「實質法人」指的是由於未解決的問題而產生的這種議程狀態。業主大會如果要成為一個實質法人，必須在縣或鄉鎮政府和街道辦事處登記，最後由當地房地局蓋章完成最終批准；一旦被認定是法律實體，業主大會就可以獨立開銀行帳戶、掌管物業費以及公共維修基金。由於掌控基金是許多住宅小區糾紛的主要問題，推動此議題是為了減少業主之間對於物業管理的糾紛和不滿。北京住建委的一位官員預測：「藉著把官方認可的法律地位賦予業主的組織，也就鼓勵業主通過合法管道解決問題。這或許有助於減少或防止物業管理相關的糾紛。」[16]

上述國家政策立場的改變，是要積極承認業主組織，並把它當成治理夥伴。也就是說，國家把業主和業主組織視為在特定議題領域進行治理外包的主要代理人，在此國家持續承擔責任將顯

---

13 官員訪談，2012年9月。

14 行動主義者訪談，2012年9月。

15 行動主義者訪談，2012年9月。

16 官員訪談，2012年9月。

得效率不彰且有潛在的高風險。在過去的單位制底下，國家通過房管局或房管所長期管理公共住房租賃；然而，國家後來也理解，由政府承擔的行政管理方式，並不適合用在商品房。令商業行動者負起更多責任的作法，也已證明毫無效率。對國家來說，另一個解決方案是為業主提供更大的意見表達空間，並把回饋意見納入住宅小區的物業管理之中。國家處理此類問題的主要政策機構是北京市住房建設委員會（以下簡稱：住建委）。大多數涉及物業管理的地方法規是由住建委訂定，儘管這些法規由北京市政府公佈。負責稅收、公共安全、品管和民政事務的國家機構也參與物業管理，以便彼此配合。舉例來說，如果要推動業主委員會成為法律實體，就必須取得相關職能機構的同意。批准業主委員會法律地位的程序，取決於這些部門同意與否。北京市住建委主動去說服一個個政府部門，但這些部門一開始並不歡迎這個想法。[17]

由於政府不同的層級與系統的利益迥異，部門之間的緊張無可避免。北京市住建委和下級政府部門有不同的利益。一直在地方管轄區內行使職權的基層政府組織，仍然不認為業主組織可以與它們平起平坐。經濟誘因也有影響，因為區政府和街道辦往往與商品房領域的商業行動者形成利益共生的關係。[18]然而，上級政府或機構（如北京市政府和住建委）更關心的是保持總體穩定，儘量減少住宅小區的衝突，並提高小區管理的效率。地方政府利

---

17 行動主義者訪談，2012年8月和9月。

18 這種業務（即土地和／或房屋銷售）大幅度增加地方政府的預算。比方說，董剛與王自干（Nathan Dong and Zigan Wang 2017）。

益和目標的不同，反映出國家權力的分散，社會行動者可以利用這些縫隙推進他們的目標（Spires 2011）。受訪的業主都非常清楚潛在的突破點。[19]

2010年版《物業管理條例》的決策過程有一定程度的包容、回應和審議，國家機構下決定的過程徵詢了社會行動者的意見。當政府在準備新條例的草案，北京住建委舉辦了多次聽證會，徵求法律專業人士、相關政府官員、商界人士和社會行動主義者的看法。[20]知名的北京業主行動主義者分享了他們受邀參加相關部門聽證會的經驗，[21]而有一些人還受到個別諮詢。前面提及的北京市業主橫向連結組織也積極參與了立法過程。業申委的情況尤其值得注意。雖然業申委並無正式的法律地位，而且也常批評政策，但經常有人跟他們連絡、諮詢他們的意見。[22]我對行動者主義者的訪談顯示，把業主大會轉變為法律實體的想法其實是來自業主，而不是政府部門。[23]

通訊技術使得利益相關者之間更容易進行討論。對於民眾參與當代社會的政治討論，除了傳統媒體（電視和報紙）之外，新

19 行動主義者訪談，2012年8月和9月。

20 根據何包鋼與華倫（Baogang He and Mark Warren 2011）的說法，這些都是支撐中國威權「審議」的機制。

21 其中一位業主行動主義者證實，他參加的會議超過二十場。他還補充自己至少對於2010年版法令中的四項條文做出貢獻（訪問記錄，2014年9月）。

22 環境非政府組織也遇到類似的情形，楊國斌（Guobin Yang 2005）指出這證明國家在環境議題會容忍自發性的社會團體。

23 行動主義者訪談，2012年8月和9月。

媒體的影響力也至關重要。無論國家的意圖為何，新媒體都有助於提高政策制定的透明度。開創性政策的草案通過正式的法律檔案向公眾披露，並且是第一時間就會放到網路上。舉例來說，業主行動主義者、相關政府機構甚至是普通的業主，都可以透過微博進行政策辯論。受訪者表示：「我曾經和住建委的官員爭論過新一版的地方立法。我毫無保留地發表批評意見，經過幾次激烈的辯論，他們從網上消失。也許他們被我的批評所冒犯。」[24]儘管有可能受到審查，但網路上的討論讓地方政府與社會行動者有一個可以互動與交換意見的渠道。[25]

決策過程的多元化（pluralization）使得諸多利益集團得以共同參與；因此，當國家機構試圖使各種利益之間彼此妥協，可能會遇到挑戰或反擊。時任北京市住建委副主任的張農科在新版法令頒佈前後的諸多場合，公開承認早期物業管理做法的缺點。[26]張農科對於即將出臺的地方立法走向有清楚的認識。這有點令人驚訝，因為他領導的政府機構監督北京市的物業管理，要公開承認自己部門犯錯並不是一件容易的事。大部分受訪者都對我強調，對於推動北京市住建委工作進展，個別領導十分重要。[27]

在此階段，由於地方政府改變了對業主和物業管理的看法，

---

24 行動主義者訪談，2012年9月。

25 網上的業主論壇也使他們在小區內更容易互動（Li and Li 2013）。

26 張農科從外部聘來。因為他以前不是公務員，沒有根深蒂固的利益關係，也就能夠採取大膽舉措強化業主的聲音，而不是企業的聲音。

27 行動主義者訪談，2012年9月和2014年9月。

社會行動者對公共治理的參與（即議題設定和決策）變得顯而易見。北京市住建委有心改革的領導，積極跟社會行動者會面。訪談資料顯示，領導的努力絕非做做表面功夫，而是北京住建委真心想要改善溝通。[28]北京市最終的立法包含許多條款，允許業主有更多空間透過各種方法表達利益，例如改造業主大會。

第三階段：業主參與實施與反饋

進入第三階段的互動，政府採取雙管齊下的方法實施新的《物業管理條例》:（1）國家直接實施，（2）通過國家支持的社會組織實施。國家直接實施是指國家進行業主大會的試點，也就是在北京市一些特定區進行小範圍的實驗。藉由國家支持的社會組織實施則是指由社會組織協助在全市成立業主團體。試點區的每個小區都建立業主委員會和業主大會。然而，國家引導的業主大會試點面臨批評，有些人將這種做法講成「計畫經濟方式」以及「被民主」，從而表達對於議題實施方式的失望。[29]

至於間接推動全市業主成立組織的方面，北京市政府在2011年底支持開設兩家「輔導中心」，交由兩個知名的行動主義者主持。[30]兩家中心的既定目標有：協助建立業主組織，培訓具備物業管理專業知識的人才，並且打造有利於業主交流知識的平臺。輔導中心的出現是由於國家機構和社會行動者有利益一致之處。

28 行動主義者訪談，2012年8月和9月。

29 行動主義者訪談，2012年9月。

30 這些輔導中心的負責人分別出自業主的橫向連結。

因為國家需要社會穩定，如果建立更多的業主組織有助於減少糾紛，地方政府部門也就會有「政績」。國家提供給社會組織的財政補貼可以理解為購買服務。[31]指揮這些新組織的社會行動者指出，他們打算利用此機會開展有益於社會的活動。他們清楚國家依靠他們的服務，還有國家的贊助可以幫助社會組織穩定發展。

雙管齊下的計畫實施大約一年後終止。2012年9月，北京某一個區的試點完成後，業主大會法人化的工作停下來了。同時，政府還聽取社會行動者的意見來評估計畫的成效。之後，北京住建委還邀請著名且積極參與立法過程的橫向連結組織——和諧社區發展中心，對新法規做全面的評估。因此，社會行動者發揮了提供反饋或政策評估的角色。根據傅洛達等人（2012），社會行動者把專家知識投入到政策評估，是國家與社會合作很重要的一面。

儘管試著創新，但是新法令所包含的概念是否能得到進一步落實仍不明朗，[32]主要是因為住建委的副主任已被調職。前面提及，張農科願意思考社會行動者的訴求。住建委在他的領導下會徵求行動主義者的意見，並且在法規之中設計了在當時看來相當進步的條款，如果少了他，2010年的新法規很可能難產。雖然業主歡迎他（北野 2011），但來自另一邊的反彈迫使張農科離開原本的工作崗位。房產公司（開發商和物業管理公司）認為北京住建委主導的這些變革侵犯了他們的既得利益，他們施壓使張農科

31 除了組織日常運作的基本補貼，還根據表現給予補貼（每成立一個業主委員會，補貼人民幣一萬元）。行動主義者訪談，2012年8月和9月。

32 行動主義者訪談，2012年8月和9月，2014年8月。

遭到調職，不再直接經手物業管理與相關的立法。[33]

物業管理涉及的利益衝突非常激烈。有一些人的既得利益要靠國家和相關產業緊密連結，他們不願意看到鐘擺偏向社會行動者，因此反對大幅改變物業管理利益關係人之間的關係。但是，社會行動者的聲音越來越高漲。業主和決策者分享他們對物業管理各種棘手問題的看法。住建委的重大改變並未打消民眾對這個問題的興致；反之，公眾對於法律權利的意識因此提高。

時至今日，地方政府夾在新舊行動者之間，試著尋求可以平衡多方人馬的解決方案。在物業管理的議題領域，最終答案想必要透過各種行動者的參與來決定，因為協調利益的衝突似乎是這個領域的政策大方向。張農科離職之後，北京市政府意識到單靠一個政府部門無法承受如此重的負擔，因此交由北京市大人接手主管；此一機構應該更有能力監督地方立法以及蒐集各方行動者意見。自2012年以來，北京市人大的主要人物都表示他們很清楚這項任務。此外，北京律師協會在準備新一輪的地方立法時扮演要角。[34]多方不斷嘗試下，《北京市物業管理條例》的新草案出現，到2019年底，這項草案已通過數回合的公開聽證。[35]

---

33 行動主義者訪談，2014年9月。張農科的故事代表在中國體制中，個別領導人仍然是一個重要因素。關於「一把手」的重要性，請見傅洛達等人（2012）。有些人則指出這個因素是現行制度的缺陷，它無法保證改革將會延續，也使未來的走向增添變數。

34 行動主義者訪談，2014年8月和9月。

35 2019年10月22日，《北京市物業管理條例》草案可在http://zjw.beijing.gov.cn/bjjs/xxgk/yjzj/53603652/index.shtml查得到。

討論和結論

一旦論及私有產權的釐清及保護，最近中國國家與社會關係的起伏表明，中國的決策過程比前幾年更加多元化。北京物業管理不斷變化的情況顯示，社會的請求，國家的相應認可，以及各方的溝通，促進2010年地方立法的新局。儘管有了重大突破，但制度中殘留下來的限制值得關注，一些創新的想法仍未完全落實。2010年的劇烈變革還算有部分成功。然而，地方正嘗試通過各種行動者的參與來準備地方立法的新版本，社會行動者繼續在決策中發聲，同時把自己定位為虛擬的「政策企業家」（policy entrepreneurs）（Mertha 2009）。

總而言之，這個議題領域裡的社會行動者已經做了一定程度的政治動員。業主成為行動者，對相關政策表達意見。由此產生的社會賦權可以被視為社會行動者的成就。國家的反應代表一定程度的回應，因為它們為社會行動者提供了一個意見表達渠道。至於政策的結果則是沒有發生劇烈的變化；北京市特定區域內的小範圍實驗並未擴散開來。雖然法令的修訂未有激烈變化，但治理品質的改變卻很顯著。不同於過去的立場，地方政府現在似乎願意與社會互動，並邀請業主參與地方立法過程來聽取他們的意見。截至目前為止，涉及物業管理的新版地方法令正在制定中，北京的業主行動主義者還在不斷努力把自己的意見加進新的法條。

由於國家與社會相互需要，加速了兩者之間非對抗性（nonadversarial）的互動，所以此個案在表3.1中是屬於「溫和—溫和」的互動；國家和社會都積極接觸，但同時避免直接槓上。[36]國家往往會邀請社會行動者來解決問題，並且提升治理的品質，而社會則試著利用此機會來推動他們的目標。在這種互補性的國家與社會互動中，即使制度或政策仍然沒有激烈變化，實驗性的作為是很可能展開的。同時，當雙方都從接觸中得益，國家與社會的關係就有可能走向合作。[37]儘管這種劇碼並非當代中國國家與社會關係的全貌，[38]但其他議題領域也表現出類似的趨勢（例如本書第七章討論的環境問題和反焚化爐運動），特別是當該項議題涉及擁有法律知識、物質資源與網路能力的城市中產階級行動者。[39]

本章介紹的案例對於治理能力以及社會對國家合法性的認知，都帶來啟示。國家意識到，把城市中產階級公民納入相關的政策過程，並使他們體驗到政治效能感，可以提高政權的合法性。除非這些行動者越過最終的紅線，否則這種接觸比起鎮壓的成本更低也更有效率。相對於任由公民對政治體系不滿並且

---

36 過去的研究關注焦點是小區內部業主組織的浮現，還有業主組織造成衝突的可能。業主行動主義現在進入一個比較成熟的階段。本章集中討論最新的發展，也就是更注意業主的參與。

37 若一個社會團體與國家的關係是「互相得益」，就能保證該團體永續發展（Spires 2011）。

38 例如，國家與社會關係的景象在勞工、宗教、族群等政治敏感的議題領域就不一樣。

39 關於公民如何把自己變成垃圾分類計畫的參與者，請見強森（Thomas Johnson 2013）。

疏離，還是讓他們有機會對政策制訂表達意見更可以增加其信心。[40]因此，中國現代化威權國家的調適能力就展現於他們在鎮壓與讓步之間找到平衡點。當然，政治意識提升的公民或許會去測試國家的容忍度（Cai 2008; Yang 2005）。國家最好是把他們變成政權的支持者留下來，同時也給他們一些機會來測試政治成效。不僅如此，國家與社會互動帶來政治體系的漸進變化，有助於避免可能顛覆政權的劇烈改變。因此，從政策與議題出發的抗爭，也可以強化政權的合法性。允許社會不滿情緒在特定範圍內發酵，也有利於政權的延續（Liu 2017）。

本章聚焦於中國城市中的私人產權和業主。儘管針對此一主題，演化中的國家與社會關係令人振奮，但城市業主的現狀未必能轉移到中國的其他群體。不同的國家策略（如「分而治之」）可以應用到其他議題領域和其他人群。本書中其他章節探討國家與社會在其他議題領域的互動，也為當代中國政權合法性的維持及削弱提供了進一步的見解。

40 針對納入社會行動者如何預防他們的異議，請見徐元敬與漢斯姆斯（Jennifer Hsu and Reza Hasmath, 2014）。

參考書目

中國網，2007，〈胡錦濤在中國共產黨第十七次全國代表大會上的報告〉，10月24日，http://www.china.com.cn/17da/2007-10/24/content_9119449_6.htm。

——，2010，〈北京市物業管理辦法〉，5月27日，http://www.china.com.cn/policy/txt/2010-05/27/content_20129188.htm。

北野，2011，〈一個真正懂物業管理的領導：讚市建委領導張農科同志〉，業委會聯盟論壇，9月22日，http://house.focus.cn/msgview/2429/219863611.html（連結失效）。

Cai, Yongshun. 2005. "China's Moderate Middle Class: The Case of Homeowners' Resistance." *Asian Survey* 45.5: 777–99.

———. 2008. "Power Structure and Regime Resilience: Contentious Politics in China." *British Journal of Political Science* 38.3: 411–32.

Chung, Yousun. 2015. "Pushing the Envelope for Representation and Participation: The Case of Homeowner Activism in Beijing." *Journal of Contemporary China* 24.91: 1–20.

Dong, G. Nathan, and Zigan Wang. 2017. "House Price, Land Sales and Local Government Finance in Developing Economies: Evidence from China." Working Paper. https://pdfs.semanticscholar.org/b0f5/a85cad272d387e4b3b2c5e9201f3bd936dce.pdf

Fulda, Andreas, Yanyan Li, and Qinghua Song. 2012. "New Strategies of Civil Society in China: A Case Study of the Network Governance Approach." *Journal of Contemporary China* 21.76: 675–93.

Guan, Bing, and Yongshun Cai. 2015. "Interests and Political Participation in Urban China: The Case of Residents' Committee Elections." *China Review* 15.1: 95–116.

He, Baogang, and Mark E. Warren. 2011. "Authoritarian Deliberation: The Deliberative Turn in Chinese Political Development." *Perspectives on Politics* 9.2: 269–89.

Heurlin, Christopher. 2016. *Responsive Authoritarianism in China*. New York: Cambridge University Press.

Hsu, Jennifer Y. J., and Reza Hasmath. 2014. "The Local Corporatist State and NGO Relations in China." *Journal of Contemporary China* 23.87: 516–34.

Johnson, Thomas. 2013. "The Health Factor in Anti-Waste Incinerator Campaigns in Beijing and Guangzhou." *China Quarterly* 214: 356–75.

Li, Limei, and Li Si-Ming. 2013. "Becoming Homeowners: The Emergence and Use of

Online Neighborhood Forums in Transitional Urban China." *Habitat International* 38: 232–39.

Liu, Chunrong. 2017. "Beyond Coercion: The New Politics of Conflict Processing in China." *Chinese Political Science Review* 2.2: 221–36.

Lu, Yiyi. 2009. *Non-Governmental Organizations in China: The Rise of Dependent Autonomy*. London: Routledge.

Mertha, Andrew. 2009. "'Fragmented Authoritarianism 2.0': Political Pluralization in the Chinese Policy Process." *China Quarterly* 200: 995–1012.

Read, Benjamin L. 2003. "Democratizing the Neighbourhood? New Private Housing and Home- Owner Self-Organization in Urban China." *China Journal* 49: 31–59.

Shi, Fayong, and Yongshun Cai. 2006. "Disaggregating the State: Networks and Collective Resistance in Shanghai." *China Quarterly* 186: 314–32.

Spires, Anthony J. 2011. "Contingent Symbiosis and Civil Society in an Authoritarian State: Understanding the Survival of China's Grassroots NGOs." *American Journal of Sociology* 117.1: 1–45.

Stockmann, Daniela, and Mary E. Gallagher. 2011. "Remote Control: How the Media Sustain Authoritarian Rule in China." *Comparative Political Studies* 44.4: 1–32.

Tomba, Luigi. 2005. "Residential Space and Collective Interest Formation in Beijing's Housing Disputes." *China Quarterly* 184: 934–51.

———. 2014. *The Government Next Door: Neighborhood Politics in Urban China*. Ithaca, NY: Cornell University Press.

Xie, Yue, and Sirui Xie. 2019. "Contentious versus Compliant: Diversified Patterns of Shanghai Homeowners' Collective Mobilizations." *Journal of Contemporary China* 28.115: 81–98.

Yang, Dali. 2017. "China's Troubled Quest for Order: Leadership, Organization and the Contradictions of the Stability Maintenance Regime." *Journal of Contemporary China* 26.103: 35–53.

Yang, Guobin. 2005. "Environmental NGOs and Institutional Dynamics in China." *China Quarterly* 181: 46–66.

Yip, Ngai-Ming, and Yihong Jiang. 2011. "Homeowners United: The Attempt to Create Lateral Networks of Homeowners Associations in Urban China." *Journal of Contemporary China* 20.72: 735–50.

4 蜂巢化的公民社會：社區治理議題的公共參與

徐斯儉、周睦怡

摘要

中國地方政府建立清楚的合作或互補的夥伴關係，透過合作逐步收編社會力量。從演化式治理的視角來看，公民社會組織協助地方政府建立由下而上的治理機制。本章重點在於討論社區層次的公民社會組織以及他們如何參與社區治理。透過兩個案例顯示，即使社會行動者能夠自我組織，並且擁有更多的自主性參與地方治理，地方政府還是能保有政治上的優勢權力。雖然地方行動者的行動主義和自主性似乎創造了「地方公民社會」浮現的空間，但這種自主的社會動能之表現，只在有限的行政單位和議題領域內發生，並且受到地方政府或黨組織的支持。這一類在中國威權主義地方治理議題下的國家－社會合作，最好看成是「蜂巢化的公民社會」（cellularized civil society）。在這樣的社會裡，合法註冊的社會組織進行跨邊界或跨議題串聯結盟的可能性受到限制，因為地方黨政部門依然壟斷議題設定，並且有權力發放或撤銷公民社會組織的合法註冊資格。這是一種結構性的安排，地方黨國機關有條件的支持由下而上的社會自主性和公共參與，結果是強化了威權主義的存活，而不是埋下促進民主化的種子。

毛澤東時期的中國地方政府是通過單位或由上而下的行政官僚機構提供社會服務。隨著中國社會越來越多元，越來越複雜，流動性也越來越大，照章辦事提供的公共服務引發越來越多不滿。這種情況不難想像，因為威權體系中政治領袖並非透過有意義的選舉產生，所以要維持國家與社會的有機連結相當不容易。以當代中國為例，城市居民缺乏適當的管道表達他們對社區事務的需求及關心。在此同時，基層政府既無誘因也無平臺去跟地方社群有效溝通。政府花了錢卻無法解決問題，使得地方上的國家社會關係更加不和諧。未解決的問題不斷累積，破壞了當地公民與地方黨政機關間的信任；溝通變得更加困難，地方政府越來越焦慮，而地方社群也越顯沮喪。在這種情況下，一個原本想善治的威權政權卻走向與社會越來越疏離之途。

為了防止國家與社會關係逐步下滑，致力於促進地方居民參與地方治理的社會組織因此浮現。本章深入分析兩個社會組織案例，分別是「參與圈」及「地方議事圈」，[1]他們與當地居民溝通合作，以協助北京的街道辦事處（後簡稱為街道辦）優化社區公共治理的品質。這兩個組織都擅於使用參與式方法調解糾紛，並達

1 參與圈與地方議事圈（皆為化名）是北京兩家從事社區參與式治理的社會組織。

成既定之目標。藉著橫向溝通，有效縮小地方政府和居民之間的鴻溝，而居民也被賦予了溝通及自我組織的能力。然而，事情這樣發展對地方政府而言可能是一把雙刃劍。儘管居民自我組織的能力有助於改善社區治理，但如果將此一能力用來集體動員反對地方政府，那就成了問題。的確，有一些學者認為草根組織是一種非國家的行動者，預示著中國公民社會的發展。我們認為這種評價並不恰當，因為他們串聯鄰近社區挑戰黨國權威的能力受到結構性的限制。

本章的內容如下。第一部分探討國家社會關係的相關文獻，並介紹中國「社會管理」改革的脈絡背景。對於日漸擴張的公民社會，有一些文獻樂觀看待其政治意涵，提到類似參與圈和地方議事圈這樣的草根社會組織在數量和能力的增長。反之，我們認為儘管這些組織可以執行政府計畫，並鼓勵當地居民參與地方治理，但其政治作用有限。儘管這些社會組織讓公民在基層有了參與權，他們所創造的「公民社會」充其量只是一個「蜂巢化」（cellularized）的社會，因為它在空間上被限定在特定的行政區內。這兩個社會組織都證明他們可以改變地方政府執行政策的方式，但他們並未改變地方政府和社會之間的權力不對稱。由於黨國支配了議題設定和決策，所以演化式治理仍然有其限制；我們提出了蜂巢化公民社會的概念，來捕捉國家與社會的此一動態關係。

經驗研究的部分審視管理社會組織的相關政策，隨後透過參與圈和地方議事圈兩個案例，說明蜂巢化公民社會的特點，還有社會組織如何在地方政府和居民之間進行調解並改善社區治理的品質。接下來，我們會分析這兩種國家—社會合作模式的優勢和限制。最後，本文指出這類社會組織的發展未必能促進多元化的公民社會和民主化，頂多只能帶來一個蜂巢化的公民社會，並因而強化中國的韌性威權。在我們的兩個案例中，國家與社會的互動是合作而非對抗，所以，此處的國家—社會策略組合乃是弱國家與弱社會。黨國依然施展權力形塑著公民社會，公共參與影響的是治理模式，而不是地方上國家與社會之權力分配。

文獻回顧：蜂巢化的公民社會

簡要回顧相關文獻

中國是否有公民社會，一直受人爭論。一般來說，有三種主要的觀點會被用來解釋中國的社會組織（Wang, Fei, and Song 2015）：公民社會、統合主義與情境取徑（contingent approach）。然而，這三種方法都不足以解釋實際經驗的發展，因此許多研究者轉而採取一個中觀層次（meso-level）的架構，試著把理論論述連結到當代中國社會組織的實踐（Wang, Fei, and Song 2015, 421）。本文藉由討論政府和社會組織之間的關係，並且反思兩者互動所產生的政治意涵，來進一步回應這個研究議題。過往的辯論往往採取黑白二分的描述，集中於支配性的國家和蓬勃發展的公民社會之間的矛盾。近期的文獻提出一個更細緻的立場，主張社會組織（或非政府組織）不僅與國家共存或合作，而且在不挑戰威權政體本質的情況下擴大、增長或變得更加自主。順著此一思路提出的論點有多個版本，某些作者認為公民社會組織對於國家的政治意涵微弱，某些作者則認為其政治意涵強烈。以弱主張來說，謝世宏（Shawn Shieh 2009, 38）認為「中國大多數非政府組織認為自己未來不會去對抗國家，而會與國家合作」，而且「公民社會過於依賴國家的善意和資源，因此無法公然挑戰國家」。同樣地，伍德曼（Sophia Woodman 2016, 342）則是強調有一種透過「面對面」政治而存在的「社會化治理」（socialized governance），它藉著參與的制度化、福利待遇以及公民身份，「模糊政治屈服和社會服從之間的界線」。因此，公民社會被描述為極其被動。

傅洛達等人（Andreas Fulda, Li, and Song 2012）則提出一個公民社會較強的主張，指出國家和社會組織與地方政府機關的跨部門合作，代表由「政府控制」轉變為「網路治理」。同樣地，沈永東與郁建興（Yongdong Shen and Jianxing Yu 2017）利用一套以績效為基礎的架構，來解釋地方政府和社會組織之間的雙贏局面。他們認為雙方的合作有利於地方經濟和社會服務的發展，從而賦權了社會組織。此外，徐元敬與漢斯姆斯（Jennifer Hsu and Reza Hasmath 2014）認為社會組織對地方治理的貢獻，有可能回饋到他們自己的組織發展之中。在上述版本之中，公民社會扮演了一種補充性的角色，對公共治理做出積極貢獻，這種公民社會的觀點不像謝世宏主張的那麼消極。

一個將公民社會視為更強的論點則主張，當公民社會與國家合作時，並不是處於一種靜止的狀態。反之，它會持續成長，甚至有可能變得自主。比方說，安子杰（Spires 2011）認為國家與社會的關係是一種「情境（條件）式共生」(contingent symbiosis)。同樣地，湯蓓蓓（Beibei Tang 2015, 106-7）認為城市社區的公共審議，特別是那些社會經濟條件健全的社區，有利於解決衝突以及發展公民的民主價值和能力。安子杰和湯蓓蓓跳脫國家社會此消彼長的論點，認為國家社會彼此互相需要，這使得兩者相對平等。趙娜（Jessica Teets 2013）則提出最大膽的論點，她認為相對自主的公民社會可以在威權主義下擴張，而不會威脅到政權的政治主導地位。即使這個主張所描述的公民社會更具自信，它仍然被認為不具對抗性，並且不大可能挑戰黨國的權威。

本章呼應上述學者的觀點，但提出中國的國家—社會關係不應該只從一個分析層次來檢視。重要的是，必須釐清我們在哪個層次做論證，以及社會在哪個層面上有所進展。例如，本章指出社會組織在微觀層次有可能擴大他們的網路，發展他們的能力和實力，或者從國家獲得自主性，但在宏觀層面上，社會只不過是在滿足國家擴張或國家增長這些目的。社會組織在微觀或執行層面上越強大、越活躍、越緊密，威權政體在宏觀層次上就越有韌性。如果行政體系牢牢掌控議程設定和公共資源分配的權力，社會組織就只有兩個選擇：與政府合作換取發展機會，或者不與政府合作而遭到邊緣化，最終遭到鎮壓。

蜂巢化的公民社會

本章提出蜂巢化公民社會的概念來指涉前述現象，這種社會包含以下要素。

首先，這種現象出現在非競爭性威權政體，如中國。由於公共事務日益多元複雜，這樣的社會往往發展出多個社會組織。然而，非競爭性威權政體無法像競爭性威權政體透過選舉吸納社會組織。

其次，國家掌握物質資源，並且願意把資源分配給社會，以便取得更大的合法性。不同於競爭性威權政體，在完全的威權主義之中，國家和一個多元、複雜和流動的社會缺乏有機的聯繫。而社會組織通常缺乏取得公共資源的管道，但他們可能擁有與人溝通的耐心和技巧，並知道如何把人民的需求和問題轉化為可行的計畫。一旦成功，社會組織就會贏得高度信任，並與當地社區和老百姓建立緊密的聯繫。這意味著社會組織擁有威權國家需要的東西，而國家也擁有社會組織所缺乏的東西。

社會組織可能希望對公民進行賦權，讓他們在政治上更加活躍和更多參與。地方政府並不打壓社會組織，反而是允許甚至鼓勵社會組織去轉變基層社區，使其更能自我組織、對社區公共事務更有心，並展現出更積極的參與式行動主義（participatory activism）。

一旦國家找來社會組織協助改善地方治理，社會組織的角色就已經受到限制。他們的行動限定在某些行政層級與空間裡，因此當地居民的公民行動主義也就局限在原本的社區之中。

社會組織受到局限，黨國為其劃定了職能和紀律，跨空間或跨議題的議程受到相關規定和法律所約束。[2]然而在實務中，一切還是取決於問題的類型。例如，慈善和服務取向的活動可能有更大的操作空間。[3]反之，權利和倡議取向的組織則受到限制，任何涉及權利或政治訴求的問題都不為黨國所容忍。

這五個面向構成我們對蜂巢化公民社會的定義。為了社區的公共治理，有可能讓參與式行動主義存在，但這種圍起來的社會（circumscribed society）並未挑戰威權政體。儘管進行賦權的社會組織可能在受到賦權的社區內享有信任和權威，但是要建立跨社區的領導依然困難重重。少了公共權威與資源，社會組織能夠與各個社區建立有機連結的程度，基本上是受到地方政府部門的控制。因此，蜂巢化公民社會的概念有助於解釋為什麼會有「情境式共生」，又為什麼這種社會無法破壞既有的威權政治體制。

問題背景和方法

社會組織管理的政策改革

面對社會利益日趨多元，維護社會穩定已成為中國共產黨治

2 見《民辦非企業單位註冊管理暫行條例》（中國政府 1998）第13條和第25條。實務上，社會組織運作的彈性是取決於地方政府的態度。2016年，中華人民共和國民政部發佈《民辦非企業單位註冊管理暫行條例》（修訂徵求意見稿）。這個條例後來更名為《社會組織註冊管理條例》，「民辦非企業單位」的名稱改為「社會組織」，與《慈善法》一致。但是，根據《社會組織註冊管理條例》草案第56條規定，已註冊的社會組織仍需遵守活動不得超出章程規定的原則和工作範圍。中國政府（2016c）。

3 例如，請見《慈善法》（中國政府 2016a）第九章〈促進措施〉指出要透過友善的制度與稅收優惠鼓勵慈善組織。

理的關鍵。2007年中國共產黨第十七次全國代表大會的報告中，中國共產黨強調要推動社會建設。為了支持此一目標，中國共產黨提出「黨委領導、政府負責、社會協同、公衆參與的社會管理格局」(胡錦濤 2007)。此外，它對社會組織的態度也從嚴格控制轉向更為寬容。因此，到了2011年，中國共產黨已經針對社會組織的管理創新發佈了幾份相關文件。[4]比方說，自2008年以來，北京市政府已經發佈幾份和社會建設有關的官方文件(即一系列的1+4文件)。[5]

針對社會組織的管理創新和發展，必須提到三項關鍵。首先，註冊限制的放寬使得社會組織有更多空間，現在許多社會組織都有了合法地位。第二，政府購買社會組織提供的服務，使社會組織有更多資源與資金去發展。第三，統一戰線人民團體，如共青團、工會、婦聯和一些官辦非政府組織(GONGO)，建立了一個國家統合主義的樞紐體系(hub system)。這些樞紐扮演黨國與草根社會組織間的橋樑，維繫與黨國間的密切關係，並擔任社會組織的「專業監督單位」。他們負責培育和指導基層社會組織，促進國家和社會組織間的合作，並且納入可控制的社會組織。但

---

4 根據十二五規劃(中國政府 2011)，中共政府提出社會組織的註冊監管將從雙重註冊變為單一註冊；眾人認為這項改革確實降低了註冊門檻，有利於社會組織發展。

5 1+4文件如下：〈北京市加強社會建設實施綱要〉、〈北京市社區管理辦法〉(試行)、〈北京市社區工作者管理辦法〉(試行)、〈關於加快推進社會組織改革與發展的意見〉、〈關於進一步加強和改進社會領域黨建工作的意見〉。中國政府(2008)。

是在實踐中，由於人民團體的官僚特點不容易改變，而且他們並無管理基層社會組織所需的額外預算，所以樞紐體系在北京並未發揮關鍵作用。因此，對於北京大多數社會組織來說，人民團體仍然被視為黨國的一部分。

此外，2012年的第十八屆全國人民代表大會報告中再次強調「黨委領導、政府負責、社會協同、公眾參與、法治保障的社會管理體制」（胡錦濤 2012）。因此，促進社區自主治理的作為獲得社會治理創新的政策所鼓勵，並且被視為是基層民主的基礎（胡錦濤 2007）。上述官方聲明以及政策改革提供了一套政策開放的框架，「參與圈」和「地方議事圈」等社會組織就是在此一框架中出現，並實質地參與到地方治理之中。

研究方法

本文採用質性研究方法，深度訪談社會組織創辦者和工作人員，以形成敘事論述之基礎。我們透過訪談瞭解參與者如何執行當地政府授權的計畫；他們如何與地方官員和當地居民溝通；以及他們如何與其他社會組織和各個相關利益方互動。此外，我們也訪談經常和這些社會組織互動的地方官員，以瞭解社區層面的社會管理政策。我們藉由個案研究分析探討促進或阻礙國家與社會互動的因素，以及社會組織的實務如何影響國家社會關係。我們關注的是街道（subdistrict）和社區層次的治理。下一段我們會簡要說明地方政府面臨的挑戰、協作的社會組織之背景、社會組織與地方政府之間的關係，以及社會組織如何與地方政府合作。

參與圈個案：金色社區活動室改造的參與式規劃

北京幽靜區的參與圈

由於城市化及快速發展，北京和其他大城市越來越多元，在公共治理方面產生許多新的挑戰，如環境汙染、社會福利措施、社會服務的管道以及社會衝突。對此，地方政府嘗試新方法來緩解社會矛盾，維持有效的治理。然而，隨著單位體系的崩潰，它也必須採取新的方法，以察覺一個日益多元且流動的社會中潛在的問題，才能有效實施政策並有效率地提供服務。目前行政部門的官僚主義本質無法滿足居民的需求和解決緊急問題，政府提供的服務和居民想要的服務之間，常常存在不小的落差（Saich 2007）。

在此同時，黨國體制也逐漸認清地方治理所面對的挑戰。比方說，北京社會工作委員會的主任承認：「社區治理面對四個主要問題，包括議題辨識有限、官僚化運作、參與度不高以及自治能力不佳」（匯智參與中心 2012）。因此，社區治理改革的目的是要能辨識多元的需求、促進公眾參與並建立可維繫的制度。政府不能單靠自己推動改革，也需要與社會力量合作，這為社會組織提供強化社區基層治理的空間。

參與圈是一家運用參與式方法調解糾紛的社會組織，起初在北京市工商局註冊為公司，並且獲得境外基金會的補助。後來，參與圈在北京市民政局註冊為社會組織，並且與北京市各區的政府建立密切的合作關係，組織身份的轉變主要有三個階段。

第一階段，參與圈獲得境外基金會的資助並開展獨立方案。他們說服當地政府，讓他們設計一套方案來解決社區問題，而參與圈則提供執行方案所需的人力和經費。當地官員和居民對於成果表示滿意。成功的經驗使得當地政府和參與圈之間建立起信任，並為參與圈帶來更多與社區合作的機會。

第二階段，儘管方案的資金和人力仍然來自參與圈，但北京市的區政府越來越仰賴參與圈解決社區糾紛。這些互動使得參與圈名氣越來越大，後來，他們受邀向當地官員介紹說明其成績，當時幽靜區的幾位官員特別注意到他們的參與式方法。[6]會後，這幾位官員接洽參與圈的創辦人，希望雙方合作，向參與圈提出了在幽靜區開展試點的機會。幽靜區政府提供資金，邀請參與圈執行方案。

這個發展把雙方的關係導向第三階段，參與圈和區政府成為夥伴。然而，參與圈必須先在北京民政局取得合法註冊，才能獲得政府的資助並執行政府授權的方案。幽靜區的領導請參與圈到區政府註冊，一切順利完成，參與圈經過註冊的合法地位使其與幽靜區基層部門的工作關係得以鞏固。但是，他們仍然保留在北京工商局註冊的公司身分，以便在其他地方運作時使用。參與圈保留兩種註冊身分，是為了在執行時保有自主性與彈性。北京市民政局不太管參與圈在其他地方的工作，只要他們在幽靜區持續表現良好即可。

---

6 幽靜區是化名。

綠春街道的參與式方案

2008年，北京市規劃委員會設計出一套「社區城市規劃」試點方案，挑選三個區進行試點，包括幽靜區。委員會的幽靜區辦公室邀請參與圈負責人設計了一套參與式方法，鼓勵民眾參與社區發展規劃。北京市幽靜區領導批准了這個方法，並邀請居民和官員一起討論和規劃社區方案。幽靜區政府後來舉辦了一場推動公眾參與社區發展規劃的說明會，並且邀請城市規劃機構、綠春街道辦事處、[7]參與圈、社區居民委員會（後簡稱為居委會）與居民一起參與。為了日後的規劃和執行需達成共識，引入參與式方法是極為關鍵的。綠春街道的領導對於參與式方法充滿興趣，也認為這可以推行到社區治理，協助克服地方幹部與居民之間的隔閡。

綠春街道有七個社區，居民的組成非常多元，傳統模式無法滿足他們五花八門的需求。因此，幽靜區政府提供了一筆公共福利基金，下放給街道辦處理社區事務，居委會可以申請基金以支應費用。大部分申請福利基金的理由都是為了舉辦年節活動或是發放紀念品，這些活動一般屬於由上而下的動員，多為一次性的消耗，居委會負責組織和動員居民參加活動。然而，這些活動並未滿足居民實際的需求。為了回應此問題，綠春街道辦與參與圈合作開發了一個創新模式，填補上述供給與實際需求間的落差，

7　綠春街道是化名。

以改善社區治理(訪談記錄,金色社區居委會,2013年2月26日)。參與圈的負責人認為,參與式治理應該要促進政府、社區和社會組織之間的合作(訪談記錄,參與圈的負責人,2012年10月31日)。透過參與式治理,每個居民都可以在公共事務中有所發揮,鼓勵居民參與社區發展過程中的決策、管理、執行、監督以及共享利益。運用國家與社會的協作模式,地方治理就能夠提供以需求為導向的社區服務(訪談記錄,參與圈負責人,2012年10月31日)。

2008年底,參與圈應綠春街道辦之邀,進行社區活動室的參與式設計。參與圈協助綠春街道辦舉行一場邀請居民參與的公開會議,討論他們想要什麼類型的社區活動室。這場會議大約有100人來參與,包括街道辦人員、社區工作者、居委會、參與圈的工作人員還有約60位居民。會後,綠春街道辦選擇金色社區為執行參與式規劃的地點。[8]金色社區有一間老舊的社區活動室,但裡頭早已破舊不堪,需要翻新。其實過去曾整修一次,然而居民對結果並不滿意,活動室就此閒置,逐漸損壞。綠春街道辦不想重蹈覆轍,因此他們邀請參與圈協助執行新的規劃。

參與圈的實踐:搭建居民和地方幹部的溝通橋樑

參與圈首先召集相關的地方幹部和熱衷的居民,培訓他們認識和運用參與式方法。然後,參與圈和當地幹部舉辦了幾次開放式會議,徵求居民意見,據此確定了金色社區現有的資源和能

8　金色社區是化名。

量。與會者包括綠春街道辦、金色社區居委會的幹部、社區居民和參與圈的工作人員，共約60人。開會時，居民就活動室的問題進行討論和交換意見。隨後，參加者分成幾個小組進行問題討論，各組再向所有與會者講述小組討論的重點和結果。報告結束後，每個參與者有三張票投給他或她喜歡的提案，最後選出五個最受歡迎的提案。然後，與會者再分成五組，每一組討論如何執行其中一個提案，然後再向所有與會者報告。

第一次開放式會議之後，綠春街道辦人員、相關的地方官員、一些專家和參與圈召開會議，討論居民提案之可行性。綠春街道辦找了一家公司按照居民的要求提出裝修的草案並估價（約60萬人民幣）。所有參與者聚在一起討論並調整了裝修規劃。結果，調整後的裝修方案價格約20萬元人民幣，比該公司原先設計的方案低許多。

地方幹部與居民在裝修過程中因施工的噪音和混亂而出現衝突。參與圈和地方幹部一起主持了一場會議，邀請居民一起來解決問題。討論過後，居民慢慢理解造成混亂的原因，甚至自願去監工。最後，活動室按照居民的要求並且以合理的價格做了裝修。居民自己裝飾活動室，並訂定新的使用規則。由於他們的想法被採納，要求被滿足，他們也更願意使用活動室並維持內部的整潔。以前居民覺得活動室與他們無關，現在他們覺得活動室是「他們的」（訪談記錄，參與圈的專案經理，2012年11月9日）。

試點計畫運作順利，花了近一年半完成。參與圈認識到，為了延續居民的公共參與，應該將這個模式的目標放在把居民的需求轉換成具體的方案。因此參與圈引導和培訓地方幹部，學習如何根據居民的要求設計出方案。相較於之前舉辦的慶祝或娛樂活動，這樣的計畫更能持續也更能回應居民的需求。一旦居民的訴求得到滿足，地方幹部就能更加順利執行許多政策及開展服務。藉由這個試點計畫，增進了地方政府、居民和參與圈之間的信任，這也使得彼此有機會更進一步合作以改善社區治理。

地方議事圈：仲夏街道的黨政群共商共治模式

北京卓淨區的地方議事圈

北京另一個區採取了不同策略來面對類似的挑戰。2012年，卓淨區開展了一項名為「為民解憂」的計畫，處理和回應民眾的需求。[9]這項計畫致力於促進人民的福祉，例如提升生活條件和公共設施。2013年，一家媒體公司「地方議事圈」受邀和區政府合作開啟了這個計畫。地方議事圈在卓淨區宣傳部下註冊，發行一份社區報紙。其商業模式企圖結合商機、社區服務（企業社會責任）和政府宣傳（社區報紙），另一方面還要經營實體和線上的社區媒體。其媒體已經成功地涵蓋卓淨區的居民。

隨後，地方議事圈底下成立了一家社區服務的社會組織。這家機構在社區內有幾家服務中心，由地方議事圈向青少年、老年人和弱勢群體提供社會服務。機構在卓淨區民政局註冊，其資金

9　卓淨區是化名。

主要來自政府採購案。這個社會組織後來成為地方議事圈參與基層治理的主要平臺。

從參與式預算的試點到共商共治的治理模式

一開始，地方議事圈在行政區內執行了一項參與式預算的試點計畫，並且得到學術界的讚賞。但是，它的「獨立性」使得地方官員擔心由居民提出的計畫會難以掌控。因此，這個模式並未被採納。

有了上述經驗，「地方議事圈」修改了原本的模式，讓地方幹部和地方政府在過程中扮演更積極的角色，並制定相應的舉措。為了提升卓淨區民眾的參與，地方議事圈受邀去規劃一套程序，以鼓勵居民參與社區事務。為民解憂方案鼓勵居民參與並提出他們的需求。地方議事圈在參與式預算方面的經驗，不僅帶動居民的積極性，還為他們提供參與地方治理和一起實現方案的渠道。將為民解憂和參與式預算的經驗結合起來，就成為卓淨區「黨政群共商共治」的模式，這套共治模式獲選為「中國社區治理十大創新成果」。

卓淨區的幾個街道根據此模式開始實施某些程序。比方說，仲夏街道建立三級議事會，包括街道、社區與樓院，以改善地方治理。[10]議事會是根據共商共治四根支柱所設計：問需、問計、問政、問效（訪談記錄，地方議事圈工作人員，2014年9月4日）。共治的特

10 仲夏街道是化名。

點：「黨委領導、政府引導、多元參與、相互協商、資源整合、社會動員、社區自治」（訪談記錄，地方議事圈工作人員，2014年9月4日）。

共治模式的運轉

共治模式的整個過程包括四個主要階段。（1）蒐集需求並提出建議；（2）討論並排序提案；（3）執行；（4）評估。實踐的程序如下。首先，當地幹部通過樓院大會向社區內的每戶人家發放調查問卷。問卷包括「需求和理由」以及「建議」這些基本資訊。因此，居民可以藉由填寫調查問卷表達他們的意見。樓院大會是由當地幹部與居民舉行的會議。幹部在會議中收集居民意見，與他們聊天，以及排除那些可由居民自己處理的問題。其中的一些人就是所謂的「自管會」。

第二階段是社區大會，參與者包括居民代表、社會組織代表、區人大代表、區政協代表以及開發商代表。整體來說，約有25至35人參與社區大會，其間討論樓院大會蒐集來的提案，把提案分成兩類。假如居民的要求可以由社區黨委和居委會處理，社區的幹部就會自己解決。如果提案涉及具規模的公共需求與基礎建設，他們就會轉交到街道辦公室。

第三階段是街道大會，由社區代表（每個社區有六名代表）、區人大代表、區政協委員、社會組織代表和街道辦的代表所組成。街道大會共有約一百名代表參加，也被稱為百人議事團。議事團針對事情的緩急排定社區提案的先後順序，最後選擇約十件提案來執行。第四，街道辦的共治辦公室整理這些提案，並且分派到相關部門來執行。第五，街道大會的代表在隔年將會評估方案的執行。因此，當街道大會舉行的時候，代表將決定隔年要執行的方案，並且評估前一年執行的方案。

此種共治模式拉近地方政府的政策執行與居民的需求，改善地方幹部與居民之間的關係。更重要的是，它還促進並推動居民對社區治理的參與。居民從被動地接受公共服務，轉變成發揮能動性以改善公共服務的一群人。

此外，各提案競相接受審查時，出於公共性和急迫性，百人議事團通常排除富裕社區提出的娛樂、學習或文化活動等方案。考量到富裕社區的需求，街道辦從2015年開始設立了另一項名為「融合項目」的類別，鼓勵鄰里社區之間的合作與相互學習，文化、教育或娛樂活動都屬於這一類。融合項目與其他方案不同，主要由地方政府負責實施，因此是由社區之間彼此競爭來選出獲勝者。獲勝者會得到街道辦提供的預算，並負責執行項目。街道裡的其他社區也會參與活動，每個社區都可相互學習。跨社區的活動由當地黨政機關領導，交給一個社區主辦，由街道辦提供資金。這樣做的目的是在各街道黨委與政府的領導下，加強社區的凝聚力和穩定性。融合項目的執行由大會代表於年底進行評估。2015年執行的融合項目有四件，包括桌球賽、卡拉OK、跳蚤市場以及編織課。

地方議事圈的角色

地方議事圈設計了共治模式，也是其主要執行者。由於地方議事圈深入基層社區，能夠接觸基層政府官員，高度掌握民意以及擁有社區領袖的信任，因此它大概是唯一能扮演此角色的組織。

地方議事圈開發自己的智慧手機應用程式，把當地的店鋪、餐館和醫院，以及行政和社會服務的資訊串聯起來。這個平臺不僅能提供商業訊息，也能提供跟社區公共事務有關的新聞，後來還提供了一個虛擬的公共領域（public sphere），居民可以在那裡交流資訊與討論社區事務。

地方議事圈想方設法在「黨政領導」和「社會參與」之間取得平衡。在這三個階段中，幹部、居民或他們的代表都參與其中。其中最關鍵的是百人議事團，他們發揮了議題設定的權力。百人議事團的成員包括街道辦的官員，但並非多數。區人大和區政協的角色是半官半民；他們獲選通常經過黨支部同意，但他們在社會之中也有一定的代表作用。而如果將居民和社會組織的代表其視作社會的聲音，那麼社會代表在百人議事團的聲音就比政府代表還要強。

儘管如此，街道的黨政官員並不擔心無法控制地方議事圈。首先，地方議事圈是在區宣傳部註冊。其次，地方議事圈極具政治敏銳度，利用官方論述來說明為什麼應該將社會參與納入地方的治理。黨的領導始終得到保障。有了地方政府的信任，地方議事圈能夠在整個卓淨區複製參與式治理和公民參與的形式。第三，地方議事圈也很聰明，並不獨佔改革的功勞，而是將成績歸於當地黨政部門。這項改革最初是參與式預算的一種，但地方議事圈把名稱改為「黨政群共商共治」，由黨委來領導，改名之後的方案獲選為中國社區治理十大創新成果。因此，獲獎者不是地方議事圈，而是卓淨區人民政府。

這個改革確實培力許多居民以及地方議事圈。然而，地方議事圈的運作仍深深鑲嵌在地方的黨國機器運作之中。社區層面的公民參與活動是積極有活力的，而且地方議事圈成功實施了跨社區的改革，但一切都是在街道辦規定和監督的架構下。這樣的改革只能在有益於強化黨領導的前提下進行，在此前提之下改善地方治理。

分析與討論

帶來什麼改變？

社會組織提供了參與式方法，地方政府藉由這項專業技巧改善治理的品質並培養居民的信任感。社會組織是地方政府和社區居民之間的橋樑，有助於緩解緊張，化解衝突及縮小分歧。把參與式方法導入社區治理，是以另一種方式提供社會服務。不僅如此，地方官員和居民也藉著參與公共會議增進彼此的瞭解。這些會議為居民提供了一個理性討論處理衝突的渠道，使他們逐漸學會如何表達自己對公共事務的意見以及傾聽他人的想法。更重要的是，地方政府最初懷疑居民是否有能力參與解決社區問題，但是當官員親眼見到居民的變化之後，這些疑慮都一一消除了。藉由參與式的討論，弱勢群體或個人成為社區發展的積極貢獻者（訪問記錄，參與圈的負責人，2012年10月31日）。他們逐漸瞭解自己有助於改善社區治理。有了這種體悟，居民的行為就會從不滿的、被動的接受政府服務，轉變成社區裡積極的公民。地方政府看待社會組織和社區行動主義者的態度，也從將其視為威脅轉變成視為社區發展的夥伴（訪談記錄，金色社區居委會，2013年2月26日）。

以綠春街道的金色社區為例，綠春街道辦、金色社區居委會、參與圈還有居民皆有參與共治的動機。對於綠春街道辦以及金色社區居委會來說，他們的動機在於能夠達成任務以及更有效率地使用經費預算。參與圈的動機是實現自己進行社區培力的目標，建立與地方官員還有居民之間的良好關係，並且提高組織的聲望。居民的動機則在於參與社區治理的過程能夠表達他們的需求，並且得到地方政府的回應。

在第二個案例中，仲夏街道辦、基層幹部、社區居委會、地方議事圈、居民皆從共治中受益。對於仲夏街道辦來說，這表示預算可以有效率地運用以滿足居民的需求。這也強化了社區居委會的功能，他們能夠更有信心地與居民溝通。對於基層黨員幹部來說，黨群之間的距離或多或少縮小了。黨機器的功能也因新的共治模式而得到強化，因為它使黨扮演團結群眾的正面角色，同時是動員基層黨員的有用機制。此外，黨還能夠透過這個過程吸收社區裡的積極行動者。共治模式活化了群眾路線的策略，基層幹部和居民之間的關係也得到改善。居民的需求現在獲得滿足，預算分配的過程也變得更為透明。

地方議事圈在促進共治的機制設計上扮演重要的角色。它藉著政府採購擴大方案與影響力，因此與地方政府發展出正向的關係。地方議事圈不僅設計機制來填補基層黨政部門與居民之間的鴻溝，也提供居民與其他相關利益方一個虛擬的公共領域以傳遞與分享訊息。因此，生活條件與社區環境都有所改善，這也激勵社區居民參與社區共商共治。地方治理品質的改善鞏固基層政府的合法性。

從地方治理的規模來看，地方議事圈的成果略勝於參與圈。它建構了一套更為全面的機制，整合資訊的分享、溝通以及提供服務。此外，隨著三級議事會的建立，共治模式達成某種程度的制度化。共治易於採行，並可根據社區不同的脈絡和組成來調整。共治的基本邏輯是以良好的服務來取代控制，從而實現社會穩定的目標，並同時滿足居民的需求、社會組織的以及地方黨政的目標。

限制：蜂巢化（網格化）的行動主義

最終看來，社會組織的發展對基層政府來說是一把雙面刃。居民自我組織的能力有益於改善治理。然而，假如社會組織成為反對地方政府統治的集體力量，也可能成為問題所在。

針對第一個案例研究，參與圈培力社區參與公共治理，此事似乎有助於公民社會的發展。居民所受的鼓勵不只是要參與，還要自我組織起來。參與圈能夠直接動員居民且同時贏得基層政府的信任。在社區層面，這對於地方政府和社會來說是個雙贏的局面。在宏觀層面上，威權政體的政治宰制絲毫未變。隨著時間的推移，參與圈出名的地方變成他們導入了參與式方法，因此他們的工作也逐漸從方案的執行變成培訓。參與圈現在為地方官員和社會組織提供培訓課程，而大部分的方案資金來自政府採購。這表示參與圈現在比較不可能花時間在居民身上，而它作為基層政府與居民之間中介者的角色，似乎也變得較不重要。因此該組織所具備的專業與技巧既有助於其發展，同時也限制了其發展。從長期來看，與居民共事及一起實踐，將有益於社區賦權，提升居民自我組織的能力。但是，一旦參與圈專注在培訓，可能就只有透過一次性的活動去推廣參與式方法，而無法為長期賦權建立基礎。[11]

在第二個案例中，地方議事圈與基層政府成為夥伴，並依靠政府的採購開展工作。地方議事圈提供了技術和參與式方法，使得地方政府能夠進行統治。它的目標是帶來幸福並促進文明。它相信「貼近就是力量」(訪談記錄，地方議事圈工作人員，2014年9月4日)，這種信念類似於中國共產黨的群眾路線。因此，浮現了一個特有的合作利基(specialized niche)，藉此，地方議事圈和基層政府及黨的部門進行合作。地方黨國體系藉著地方議事圈的技巧與技術，對社會力量先發制人，引導其能量，用來改善基層治理的品質。政府委派給地方議事圈的任務是維持社會穩定。因此對於地方議事圈來說，偏離此原則而朝向民主改革是極為困難的。

11 據參與圈的工作人員說，因為人力不足，培訓課程結束後很難跟進學員的情況，而學員(如地方官員)一旦調離也不太可能保持聯繫。訪談記錄，參與圈工作人員，2013年3月1日。

這些案例都存在一些限制。首先，參與式討論相當耗時，而且取決於基層政府採用的意願。因此，它並不適用於社區以外的層級，因為要時常開會並不容易，而且要讓更多人參與審議討論也頗有難度。此外，社會信任也很難擴大到鄰里社區以外的範圍。一旦使用參與式討論，也就必須處理一些棘手的問題。

其次，在兩個案例中，參與式討論的程序既非由社會組織啟動，也不是由社區居民啟動，而都是由街道辦啟動。如前所述，參與式討論通常集中在解決棘手的問題。但是，它在日常生活中無法固定實施。因此，社會行動者無權設定改革的議程。

政府是不可或缺的推手。為什麼？假如社會組織主動貼近更多社區並啟動參與式討論，難道不能承接這個角色嗎？如果社會組織有自己的資源，難道不能利用這些資源來解決社區問題嗎？社會組織當然可以主動貼近更多社區，或利用自己的資源解決基層的問題。然而，這無法大規模進行，因為當社區居民看到街道和區政府人員一個也沒有出席，也就不會認真看待方案。社區的議題或問題一般來說需要的不僅僅是政府的資金，也需要各個政府部門的公權力，因此也就要有一個帶頭的政府官員進行協調與承諾。這是社會組織永遠無法取代與提供的功能。

即使偶爾出現罕見的情況，某社會組織以自己的資源和名聲解決問題，此時它依然受制於政府。社會組織僅可以在它註冊的行政區工作，因此跨區動員極為困難。不僅如此，每個社會組織每年都要接受年度審查，這關係到該組織是否能持續取得合法地位。

除了這些制度上的限制，也還有其他的不確定性。例如，假如和社會組織有往來的領導異動，已經得到授權的合作隨時可能劃下休止符。繼任者通常不願意維持原本的計畫，因此一切必須重頭來過（訪談記錄，參與圈的方案經理X，2012年11月9日）。此外，雖然提高政府採購社會組織服務的政策似乎有利於社會組織的發展，但現實卻更加複雜。一般來說，政府官員有可能會與參與圈、地方議事圈之類的社會組織接觸，社會組織會依照政府的需求擬定計畫，然後提出申請。一旦申請獲得批准，社會組織就可以實施計畫，而官員不會過度插手（訪談記錄，參與圈的方案經理H，2012年11月9日）。然而，有時官員接觸社會組織尋求創新的改革是為了自己的仕途，因此有可能相當短視。

而官員的另一種心態就是所謂的「甩包袱」。根據參與圈員工的說法，一旦社會組織接受政府採購，「看起來就是政府雇用我們去做一件原本該由地方政府自己做的事」。為了確保計畫的品質，政府官員往往會干預計畫的執行，或是要求第三方的審計機構介入。政府採購使得基層政府和社會組織之間的關係更像是雇傭關係而不是夥伴關係。對於參與圈的工作人員來說，政府採購的經驗都是弊大於利。他們因為寫提案和報告而筋疲力盡，幾乎沒時間做他們的專業要投入的事情（訪談記錄，參與圈的方案經理X，2012年11月9日）。

接受培力的居民也面臨嚴格的限制。起初居民希望也歡迎社會組織的介入，不過一旦社會組織成功扮演協調角色，居民與組織就會被限制在政府的社區資源分配模式裡面。如果居民或社會組織把行動擴展到社區之外，就有可能面臨地方政府的懲罰，像是終止政府經費與補貼。

因此，儘管在地方社區治理進化的過程中，地方黨國體系和社會之間存在各式各樣的互動，但政治權力並未在兩者之間重新分配。在我們研究的兩個案例中，地方政府和黨的部門在議題設定和決策仍佔據主導的地位。

結論：比較分析及其意涵

根據本書第二章的量化分析，在八個不同議題領域當中，社區治理議題領域在代表性、透明度和社會賦權這三個指標得到第一高分，在議題設定、綜合治理指數和政策結果變數方面得分第二；一般而言，社區和環境／公共衛生這兩個議題領域得到的分數都比較高。不過，本章案例所表現出的情況與第二章的整體結論並不完全一致。我們的兩個案例顯示在公共資訊的透明度確實有所提高，居民也獲得賦權。然而，無論是透過基層人大或政協，都沒有產生真正的代表性。反之。這些機構的代表是被找來篩選過濾提案。相比之下，議題設定的權力主要還是掌握在黨國手中。對於參與圈來說，是由街道辦決定把哪些問題委託給社會組織，交給居民討論。對於地方議事圈來說，雖然相關的社會組織幫助地方政府設計出共治模式的程序，也嵌入一些民主或參與式機制確保黨／政部門無法輕易決定應該要實施的方案，但無論是改革速度的快慢、規模的大小或討論的深度，街道黨委和街道辦仍然掌握主要的決定權。

根據我們的研究發現，社會組織顯然是地方政府和居民之間的橋樑，它們可以改變公共治理的樣態（modalities）。但地方政府和居民之間的權力關係並無變化。社會組織有助於緩和地方政府與社會之間的緊張關係。然而，社會組織和地方政府之間的信任取決於當時的情況（contingent），並不是無條件的（unconditional），兩者之間的合作更接近特例，而不是制度安排的。社會組織與街道辦之間的互動，以及社會組織與居民之間的聯繫，尚不能確定可長可久。儘管公眾的參與改善了地方治理的品質，但未必能增加居民的政治權利。即使居民受到賦權，積極參與社區公共事務，但這並不一定會轉化為更高層次的政治參與。因此，就算社會組織促進了社區內部團結，卻無法帶動更大範圍的社會凝聚。

社會組織幫助地方政府與居民溝通，並教他們如何透過審議解決爭議或衝突。參與式方法費時費力，可能不適合大規模進行；相關方案，主要是用來提高居民的生活條件、促進社區和諧，而不是處理公民權利。假如沒有基層領導的支持，這種參與式治理的形式就不可能持續。地方政府仍然主導著議題設定。社會組織、社區和街道辦之間的合作，絕對有助於緩和地方政府和居民之間的緊張。然而，這種模式並未從根本解決問題，特別是那些結構性或制度性的問題。此外，它不能有效地把代表權轉化為更高層次的決策權（利益表達），或是課責地方政府。

不同於民主國家中社會和國家彼此競爭的關係，中國的國家社會關係主要以互補和合作的形式互動，這有利於威權政體的存續。本章介紹的兩個案例，說明中國的地方政府如何藉著建立看似互補的夥伴關係，提供誘因，以便吸納社會力量，而社會組織則協助地方政府建立一個由下而上的基層治理機制。在兩個案例中，雖然社會力量可以自我組織，並以更多的自主性參與地方治理，但這並未削弱地方政府的政治權力。反之，社會參與在功能方面強化了地方政府的能力，同時強化他們對基層社區的滲透力。地方社會行動者的行動主義和自主性，似乎創造了「地方公民社會」的空間。然而，事實上，社會自主動能的存在與發展，只准限縮在一定的行政空間或議題領域內，並接受地方政府或黨政機關的贊助。我們把中國威權主義地方治理中的國家社會合作，定義為蜂巢化的公民社會。在這樣的社會中，跨區或跨議題的串聯受到限制，因為地方政府或黨政機關控制著議題設定，並有權更新或撤銷公民社會組織的註冊。因此，由下而上的社會自治以及公眾參與地方治理的進化，有利於威權主義的存續，而不是播下民主化的種子。

習近平主政期間，中國修訂和頒佈了一些涉及公民社會組織的法規和法律。2016年《慈善法》出臺，法律藉著制度、稅收和財政方面等誘因，鼓勵慈善組織的發展。中華人民共和國民政部於2016年發佈《民辦非企業單位註冊管理暫行條例》（徵求意見稿）。後來，暫行條例正式訂為《社會組織註冊管理條例》，為了和《慈善法》保持一致，「民辦非企業單位」也改成「社會組織」。這兩份文件顯示中共有意形塑社會組織，以便進行社會服務和慈善工作。此外，《中華人民共和國境外非政府組織境內活動管理法》(中國政府 2016b,《境外非政府組織法》)的頒佈也強化此一趨勢,並意味著社會組織的發展將更仰賴政府採購。這是因為境外非政府組織需要在「國務院公安部門和省級人民政府公安機關」下註冊,這是限制境外非政府組織運作的行政舉措。[12]中國共產黨利用上述政策來引導社會組織的發展,並把社會組織界定為助手。這樣做的目的是為了防止公民社會組織變成反對其統治的力量。由此看來,確保公民社會的種子在社區「蜂巢化」是一道有用的策略。

從長遠來看,社區範圍的蜂巢化公民社會是否能跨出去,連結他人擴大影響力,還有待觀察。如果整個社會或一個地區裡的各基層社區面臨共同的危機或衝擊,培力過的的蜂巢化公民社會可能比從未被培力的社區更願意採取行動。在這樣極端的情況發生前,蜂巢化的公民社會仍舊在威權統治的尺度內運作。此外,社會力量參與公共治理的空間,基本上取決於國家願意與社會分享多少資訊。以2019年底新冠肺炎的爆發為例,地方政府從一開始就決定控制資訊,並懲罰散佈警訊的醫生(周慧盈、朱建陵、楊昇儒 2020)。政府隨後操縱了相關訊息,而黨政部門則在社區指揮和執行相關的隔離工作(李瑤 2020)。在基層、社區層級,由於國家和社會有資訊不對稱的問題,除非地方政府的允許,否則社會力量很難處理這樣複雜的難題。在某些狀況下,地方政府允許

12 根據《中華人民共和國境外非政府組織境內活動管理法》第6條,國務院公安部門和省級人民政府公安機關,是境外非政府組織在中國境內開展活動的登記管理機關。另見〈業務範疇、業務主管機關清單〉(2016)。

社會力量參與一些活動，例如設計海報教育民眾居家隔離的知識（劉曉洋、朱麗晨 2020）。這與我們的發現一致，議題設定和資訊透明度是由地方政府所控制。跨社區協調志願性援助，協作治理，或資訊交換，全都被嚴格禁止。公共參與依然受制於中國黨國體制的影響，其參與的機制仍蜂巢化限縮在社區的層級。

參考書目

中國政府，1998，〈民辦非企業單位登記管理暫行條例〉，《中國政府網》，http://www.gov.cn/zhengce/2020-12/26/content_5574294.htm。

——，2008，〈北京市委市政府印發加強社會建設"1＋4"文件〉，《中國政府網》，http://www.gov.cn/gzdt/2008-09/27/content_1107627.htm。

——，2011，〈國民經濟和社會發展第十二個五年規劃綱要〉，《中國政府網》，http://www.gov.cn/2011lh/content_1825838_10.htm。

——，2016a，〈中華人民共和國慈善法〉，《中國政府網》，http://www.gov.cn/zhengce/2016-03/19/content_5055467.htm。

——，2016b，〈中華人民共和國境外非政府組織境內活動管理法〉，《中國政府網》，http://www.gov.cn/xinwen/2016-04/29/content_5069003.htm。

——，2016c，〈民政部就《民辦非企業單位登記管理暫行條例（修訂草案徵求意見稿）》公開徵求意見〉，《中國政府網》，http://www.gov.cn/xinwen/2016-05/26/content_5077073.htm。

李瑤，2020，〈東城1.17萬在職黨員衝鋒社區防疫一線〉，《京報網》，2月16日，https://ie.bjd.com.cn/5b165687a010550e5ddc0e6a/contentApp/5b1a1310e4b03aa54d764015/AP5e490765e4b0c4aab140f750.html?isshare=1。

周慧盈、朱建陵、楊昇儒，2020，〈武漢肺炎吹哨人李文亮病逝 中國掀言論自由呼聲〉，《中央社》，2月7日，https://www.cna.com.tw/news/firstnews/202002070150.aspx。

胡錦濤，2007，〈胡錦濤在黨的十七大上的報告〉，《共產黨員網》，10月15日，https://fuwu.12371.cn/2012/06/11/ARTI1339412115437623.shtml。

——，2012，〈胡錦濤在中國共產黨第十八次全國代表大會上的報告〉，《新華網》，11月17日，http://www.xinhuanet.com//18cpcnc/2012-11/17/c_113711665_8.htm。

匯智參與中心，2012，〈社區治理新實踐：北京市社區規範化建設〉，http://www.participation.cn/a/zhutiwenzhang/2012/0714/1465.html（連結失效）。

劉曉洋、朱麗晨，2020，〈北京市東城區：文創青年繪防疫宣傳插畫服務居民〉，《中國文明網》，2月11日，http://www.wenming.cn/dfcz/bj/202002/t20200211_5415713.shtml。

Fulda, Andreas, Yanyan Li, and Qinghua Song. 2012. "New Strategies of Civil Society in China: A Case Study of the Network Governance Approach." *Journal of Contemporary China* 21.76: 675–93.

Hsu, Jennifer Y. J., and Reza Hasmath. 2014. "The Local Corporatist State and NGO Relations in China." *Journal of Contemporary China* 2.87: 516–54.

List of Fields of Activity, Categories of Projects and Professional Supervisory Units for Overseas NGOs Carrying Out Activities in Mainland China. 2016. *China Development Brief.* http://www.chinadevelopmentbrief.cn/articles/the-list-of-fields-of-activity-categories-of-projects-and-professional-supervisory-units-for-overseas-ngos-carrying-out-activities-in-mainland-china/.

Saich, Anthony. 2007. "Citizens' Perception on Governance in Rural and Urban China." *Journal of Chinese Political Science* 12.1:1–28.

Shen Yongdong and Yu Jianxing. 2017. "Local Government and NGOs in China: Performance-Based Collaboration." *China: An International Journal* 15.2: 177–91.

Shieh, Shawn. 2009. "Beyond Corporatism and Civil Society: Three Modes of State-NGO Interaction in China." In *State and Society Responses to Social Welfare Needs in China*, edited by Jonathan Schwartz and Shawn Shieh, 22–43. London: Routledge.

Spires, Anthony J. 2011. "Contingent Symbiosis and Civil Society in an Authoritarian State: Understanding the Survival of China's Grassroots NGOs." *American Journal of Sociology* 117.1: 1–45.

Tang, Beibei. 2015. "Deliberating Governance in Chinese Urban Communities." *China Journal* 73: 84–107.

Teets, Jessica C. 2013. "Let Many Civil Societies Bloom: The Rise of Consultative Authoritarianism in China." *China Quarterly* 213:19–38.

Wang, Shizong, Di Fei, and Chengcheng Song. 2015. "Characteristics of China's Nongovernmental Organizations: A Critical Review." *Journal of Chinese Political Science* 20: 409–23.

Woodman, Sophia. 2016. "Local Politics, Local Citizenship? Socialized Governance in Contemporary China." *China Quarterly* 226: 342–62.

5 基層社群的抗爭與吸納：廣東南海的徵地衝突

陶逸駿

摘要

本章以廣東一個農村區域在土地管理和法律意識的演化，闡述中國威權治理下社會抗爭的可能性及限制。1990年代廣東省的農村土地股份制改革，在2000年代之初引起廣泛的基層糾紛。2005年，地方政府下令清理三山區域的農地，以便用於建設，村民發起了維權運動，對抗南海基層政權。村民把怨憤帶至北京的中央信訪部門，並尋求律師、非政府組織、知識份子和媒體的支持。三山村民和地方政府之間的衝突不斷升級，使得三山基層社會陷入治理危機。因應這個局面，南海區政府通過既有法規和強制手段展開「規制吸納」（regulatory inclusion）。衝突在2012年開始緩解，維權運動路線產生分化，2014年基層政府又一波抓捕，基本上壓制了這場持續近十年的抗爭。此後，當地經濟照樣「高速增長」，多次獲得中央和省內相關單位的「治理績效」表揚。倘若欠缺國家與社會關係的演化觀點，這場漫長而曲折的衝突，或許就難免被這些光采所掩飾。

位於珠江之濱，享有珠三角腹地優勢的「南海區」，是佛山轄下一個極為富庶的縣級行政區。改革開放以前，南海區域便座落著許多豐衣足食的農村，是嶺南地區一個擁有沃野良田的魚米之鄉。此外，由多條河道沖積而成的南海區，僅以一水之隔毗鄰廣州，濱江的天然港距珠江出海口也僅有數十公里，位置可謂得天獨厚。因而在中國經濟發展的大潮當中，南海幾乎總是處於風口浪尖，更甚於珠三角其他大多地區。

作為中國市場經濟和制度創新的前沿地區，南海自然成為改革試點的重要基地之一，「治理績效」也獲得上級許多表揚。然而，儘管產權改革是市場經濟的重要條件，但1990年代南海啟動的「農村土地股份制」試點，卻引起不少爭端。這些農村土地糾紛潛藏於基層集體經濟和權力結構，在2000年代劇烈爆發，而以「三山區域」尤為醒目。在2005年農地轉制潛藏問題浮現之後，三山區域幾個村的村民們，走上了漫長而曲折的維權之路。此後十年間，村民們不僅發動維權運動、多次與基層幹部發生群體性衝突、嘗試進京上訪，更積極廣泛地尋求外界各方力量支援與關注。這些力量包括維權律師、非政府組織、境內外學者、媒體記者等。許多外界行動者與村內維權農民結盟，進行長期抗爭。一時之間基層形勢風起雲湧，幹群關係劍拔弩張。圍繞著三山區域，南海基層社會似乎陷入了治理危機。

因應治理危機和困境，南海基層政權展開「規制吸納」，調動起既有法規、參與渠道，以及強制手段，進行了一連串策略運用和制度實踐。從2012年起，三山區域的土地維權衝突逐漸緩和、減退。維權社群內部的行動路線，在調整過程中的歧異分化愈加明顯。外界行動者也將注意力分往其他省份、城市。在2014年基層政權又一波壓制之後，時長已近十年的維權抗爭大致告一段落。與此同時，南海區不僅延續了高速經濟增長，並且使得針對土地股份制的「集體經濟組織改革」大獲好評，進而獲得省內很具指標意義的「地方政府創新獎」。2013年，中共十八屆三中全會文件基調下，隨著城鎮化、村改居的潮流，南海也順利引入了「網格化管理」等城鎮新型社會治理策略，展現基層秩序成效。[1]中央著名政策智庫學者將南海稱為一種代表前沿地區、響應中央路線的社會治理典型，在其社會格局當中，民間經濟長期相對自主、不盡仰賴體制資源、基層幹部也未及普遍滲透控制。而本章試圖闡述的正是故事的另一面：這些所謂「產權改革」和「治理績效」背後的農地管理及法律意識，伴生了大量社會衝突，並一同嵌入在體制結構當中。倘若欠缺國家與社會關係的演化觀點，這場漫長而曲折的衝突，或許就難免被各種光采所掩飾。[2]

---

1 由上海市政府在2013年發起的「網格化管理」，是指將一個城市的管轄範圍劃分為多個網格的城市管理模式。每個區（或縣）委派一名網格監督員，負責監督基礎設施及非法活動，並且透過數位化的城市資訊系統把一切問題直接報告給相關政府部門。之後，網格監督員再針對相關部門處理問題的情況做追蹤及評分。

2 本章案例資料來自作者在南海三山的田野記要（2012年11月、2014年10月、2015年4月）。

南海區的經濟與社會結構

位於珠三角的南海區，經濟發展具有先天優勢（Vogel 1990）。長期以來，南海的經濟規模和固定資產投資都位於前列，屢次排入「全國百強區」的前十名。由於市場經濟發達、外資投入活絡，整體而言，南海區的國有部門和計畫經濟色彩相對淡薄，一般群眾對於政權體制資源的依附也較不明顯。

除此之外，市場契約活動在南海也有長期發展，因此該地區對抽象性的法規體系產生較大需求。1980年代，隨著改革開放啟動，全國展開了「普法運動」、「普法教育」。從1985年起，全國人民代表大會常務委員會通過《在公民中基本普及法律常識的決議》，並連續實施「五年普法規劃」。在「一五」（1986～1990）普法期間，全國就有七億多公民參與學習了初級法律知識。處於改革開放前沿的廣東省，是最為熱烈響應的地區之一（中國國新辦 2008），連法學教育的「五院四系」之一、遠在四川的西南政法大學，都前來廣東省開班培訓。十多年後，不少廣東的「公民代理人」、「維權行動者」，都曾受過當時普法教育的培訓和薰陶。

市場背景需求和普法運動深化，使得珠三角部分地區的基層社群更具權利意識（right consciousness），面臨衝突糾紛時往往也更傾向走法制途徑維護自身權益。「百度指數」2013年7月上線，在該平臺以「維權」、「維穩」等關鍵詞進行搜尋，能夠發現，廣東省有最多一般群眾關注這些詞彙，甚至超越了上訪維權的終點、首都北京市，如圖5.1所示。在這個背景下，廣東省也是首

圖5.1　中國各省（市）維權相關關鍵詞搜索熱度

「維權」搜索前三名：廣東、江蘇、北京

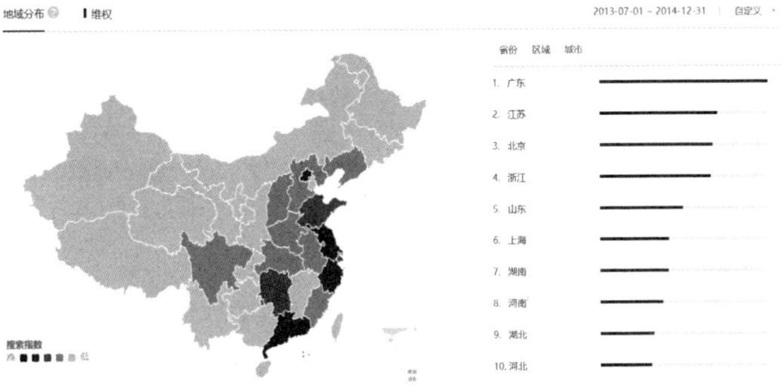

「信訪」搜索前三名：廣東、北京、河南

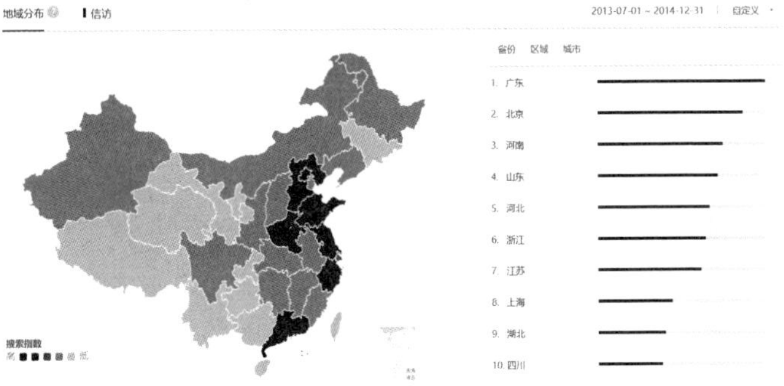

「維穩」搜索前三名：廣東、北京、江蘇

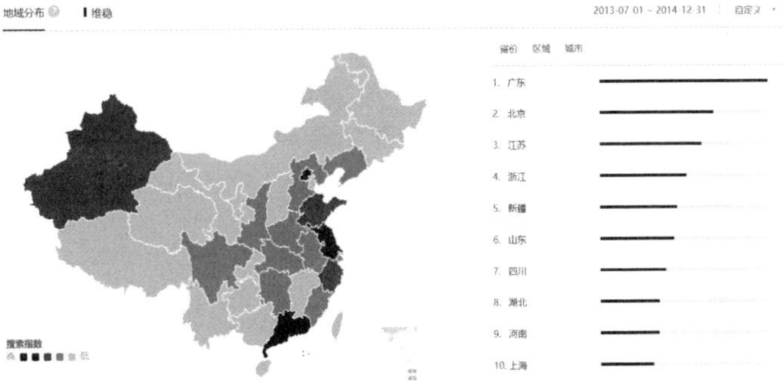

資料來源：「百度指數」截屏（資料期間為2013年7月至2014年12月）。

個「綜治維穩」落實到鄉鎮街層級的省份。2009年，廣東省各地成立「綜治信訪維穩中心」，並且開通「法治廣東網」，結合了「廣東省依法治省工作領導小組辦公室、南方報業、省委宣傳部、省委政法委、省人大常委會辦公廳、省高級人民法院、省人民檢察院、省公安廳、省司法廳、省法制辦」等多個部門的力量，試圖構築起一個常態管控的規制性（regulatory）「社會治理」機制。

依據抽象規制進行常態管控的社會治理機制，萌生於具有相對自主性的社會格局。這個社會格局構成了基層政權策略運用及制度實踐的場域，形塑了它面對的各種社群行動和社會力量。2015年，中共中央印發《關於加強社會主義協商民主建設的意見》，強調「重視吸納利益相關方、社會組織、外來務工人員、駐村（社區）單位參加協商」，或許可視為政權因應社會力量的一些思路及經驗總結。在社會層面的維權行動者，概分為兩種類型：一種是面對切身遭遇的「利益相關方」，另一種則是非切身遭遇的「利益無關方」。而這兩種維權者的行動決策，又可分為「協商」（consultation）及「抗爭」（resistance）。中國實踐語境下的「協商」過程，包括了「進入體制程序」、「參與」、「商議」、「溝通」、「反映」等，大致遵循著體制內「自上而下」的支配秩序。「抗爭」則著眼於這種體制支配秩序之外的行動。若其作為屬於「順從」、「妥協」、「圍觀」等被動而非協商亦非抗爭性的表態，則脫離了「維權行動者」範疇。

如表5.1所示，當村內基於切身遭遇的「利益相關方」決定抗爭，卻缺乏更多外界「利益無關方」支援抗爭，抗爭強度極為

表5.1　基層社群行動的構成與類型

		利益無關方			
		協商		抗爭	
利益相關方	協商	基層穩定	←	社群行動路線分歧	↑
	抗爭	低強度抗爭	→	高強度抗爭	

資料來源：作者自製。

受限。當許多成員傾向「協商」甚至「妥協」時，事態只能在「穩定」與「低強度抗爭」之間擺蕩。而若「利益相關方」一致採取抗爭，並積極廣泛尋求外界「利益無關方」投入支援抗爭，事態便趨向「高強度抗爭」。對於基層政權而言，當務之急是設法透過治理機制和強制力的行使，使社群行動脫離「高強度抗爭」。倘若順利消解大部分外界力量，社群行動回到低強度抗爭，「利益相關方」也將繼續面對協商、抗爭與求援的選擇；即使外界力量一時難以消解，如果「利益相關方」受到機制吸納，也將和堅持抗爭的「利益無關方」產生行動路線分歧，這為基層政權帶來進一步制度決策和強制力行使的有利條件。當本地行動者被吸納進入協商機制，外界人士支持或圍觀協商過程，基層也就回歸穩定秩序，成為所謂「基層治理績效」的一部分。

由此可見，基層治理要務之一，正是透過治理機制和強制力，使社群行動路線分化、退出抗爭、接受協商、趨於妥協。而在南海區抽象化、自主化的社會格局，以及相對完整的社會治理過程中，這種機制往往呈現為「規制吸納」(regulatory inclusion)。另一方面，這種治理關係，似乎也是諸種基層社會治理型態中最具政治張力的。幾乎可以假定：倘若即使在此類社會格局，社群行動和社會力量最終還是被體制機制所化解，而無法展現更大影響，那麼，其他地區、場域、情境中的社群行動和社會力量，更不易產生和擴散。因此，當以微觀治理推論宏觀政權體制在基層實踐的秩序和邏輯之際，抽象自主(abstract independence)背景下的治理案例顯得格外重要。這意味某些情境條件：假若高層政權及抽象自主社會格局都能持續穩定，則中國基層社會將大致保持穩定，基層社會各種危機和壓力暫時不致往上蔓延、引發更高層級的分裂與衝突。

廣東南海區呈現的正是這種「抽象自主」社會格局。此處基層社群對於體制政治經濟資源的依附性不高，人才、資源並不傾向往體制指令範圍內流動，基層社會一般具有相對較強的自主性和能動性。而這些社群的關係和行動型態，基於契約規制和權利意識，往往顯得較為「抽象化」。所形成的組織和發起的社會運動，不像烏坎村那樣以宗族和基層社會特殊關係為核心，而更可能訴求法令、法規等更具普遍性的規制。主導行動的核心成員，並非宗族耆老或仕紳領袖，而是知法、懂法的社群成員，甚至往往是「利益無關者」。這些特質與社會格局相互形塑，為基層社會治理帶來更大挑戰。

需要強調的是，即使廣東省和珠三角地區也並非全都屬於這種「抽象自主」的社會格局。然而，在一個市場規模寬廣、長期經濟蓬勃、社會自主性較高、人員及資本流動開放，更強調抽象契約規制和社群關係的地區，確實更為可能形成這種社會格局。沿海經濟發達地區，特別是傅高義所謂「先行一步」的廣東省，自然有更多治理場域屬於這種類型。這類地區出現的重大治理危機和治理過程，格外富含理論與實踐意義。簡言之，若以「抽象自主」社會格局作為參照基準，則珠三角固然有不少地區屬於此類，譬如本文關注的南海三山。然而，同樣擁有相對自主性，但宗族、派系與人情特殊關係仍佔主流的地區，呈現的將是不同的社會格局，相應治理機制和關係型態也因而不同。另一方面，同樣兼具自主性和抽象性的社會格局型態，如前述「百度指數」中往往也頗為醒目的浙江省許多地區，在大多情況下，體制外社群行動和社會治理的複雜程度，也不若廣東南海。農地衝突和治理策略，在廣東南海三山有著特別鮮明、完整、豐富而曲折的表現，因而這個案例值得我們從演化治理的面向，展開深入理解和分析。

農村土地市場化與股份制改革

1980年代經濟發展下的工業化趨勢和進程，為南海區乃至整個珠三角的土地使用帶來嶄新的需求與壓力。首先，「非農用」土地收益明顯提高，以致許多農民要求「改變農地農用現況」；其次，以往許多土地使用就缺乏嚴格的政策規範，十分隨意，使得市政建設更顯混亂。[3]1990年代初期，南海區的少數鄉村獨步全國，開始試點施行「農村土地股份制」，並由南海區基層黨政單位主導推展。至1993年，土地股份制大致已遍布整個南海區。這種土地股份制有兩項基本核心內容：第一，是進行「農田保護區、經濟發展區、商住區」的界定；第二，則是將集體財產、土地和農民承包權折價入股，並在股權設置、股紅分配和股權管理上制定章程，稱為「村憲法」(蔣省三、劉守英 2005, 56)。這些界定和規制成為農村土地股份制的基本框架，然而，正如蔣省三、劉守英所指出的：

> 隨著農村土地股份制的實行，以村委會和村民小組為單位享有對土地的集體經營權替代了以家庭為單位的土地承包權。土地使用者角色的轉換，使農村土地由過去的集體所有、農戶家庭分散承包，變成了集體所有、集體經營。所有權和經營權的又一次統一，使得農村土地又一次向集體經濟組織集中了(2005, 56)。

在中國鄉村基層政權的權力結構與政治過程普遍仍相對封閉的背景下，農村土地權利向集體經濟組織集中，不免為鄉村幹部提供了牟利、尋租(rent seeking)的強烈誘因。對於許多作為「代理人」的鄉村幹部而言，在這些誘因下面對農村土地股份化變革，「私賣土地」、「賤租土地」就成為理所當然的選擇。大量農村由此產生衝突，也有許多基層幹部因而被打倒，成為基層治理的「死

3　土地股份制在南海的推展，可參見蔣省三、劉守英(2005, 54-55)。

結」（舒泰峰、尹冀鯤、黎誠 2014）。事實上，在一段時期中被稱作「南海模式」的這套農村土地改革，委實在南海激化了許多矛盾（馬健 2008, 16-17）。這些矛盾不僅常使農民受到「代理人」的侵害（劉願 2008, 75-81），甚至反而促使制度倒退、趨向土地國有化，並直接導致「南海模式的終結」（劉憲法 2010, 69-132）。經濟學者們原本期望透過農村土地股份制進行「確權」，然而實際的後果並不是他們所能充分預期和解釋。以「土地股份制」進行確權的過程，本身有賴於體制程序連結公共協商、代表性決策，是種因地制宜的政治機制，也無疑需要結合與基層社會格局相應的治理機制類型。

而在「抽象自主」社會格局下，南海土地股份制使得基層政權面對的社群行動很快走向「組織性高、能動性高、擴散性高」的「高強度抗爭」。因為制度和人力資源的對比，以及法規條件背景，使得基層政權邊際成本較低的策略和機制乃是「吸納」社群核心特定人士。又由於抽象規則體系中的核心行動社群，一般由較具法制知識、權利意識與能動性的成員組成，而非對宗族、能人等基於特殊人際關係的直接擁戴、推舉，也因此這裡的吸納機制，不只透過基層特定關係網絡成員的交換與協商，而必須結合具法制意義的制度規範與程序，成為「規制吸納」的社會治理機制，其中較具代表性的包括司法制度中的訴訟代理程序，以及基層人民代表大會制度等。然而另一方面，核心行動社群倘若脫離了規制吸納機制進行維權，出現「跨域性」、「普遍性」等政治社會議題訴求傾向，意圖使「高強度抗爭」延續和擴散，也可能遭受格外激烈的分化與壓制。規制吸納的治理機制，互動運行環環相扣，而在南海的三山區域，從土地股份制的制度實踐、維權抗爭、社會治理，以及隨時出現的強制力壓制和排斥，為農村土地的衝突和治理，呈現出一幅相對清晰完整的圖像。

南海三山農地衝突事件

區域背景

三山區域位於廣東省佛山市南海區的「桂城街道」，面積大約有12.42平方公里，長期以來就分為「東區、中區、北區」三個區域。其中北區為珠江上的船戶組成，沒有固定的村集體編制。東區、中區形成兩個大隊（行政村），各自下轄四個自然村。這八個自然村總共有2,000戶左右，約有7,100多人，如表5.2所示。回望歷史，三山區域原有「陳、邵、王、崔」等大姓宗族，並建有祠堂。但作為場域開闊的近代移民社會，宗族規模畢竟有限。一旦區域經貿發達、交通便利、人口流動頻仍，三山區域的宗族和傳統社會關係更不顯眼。事實上，早在1949年中共建政

表5.2　南海三山區域村莊格局

區域	大隊／行政村	村民小組／自然村
三山區域（南海人民代表大會選區，應選一人）	東區	禾仰村、正街村、一西村、一東村
	中區	新填地村、南村、西江村、沖源村
	北區（未設大隊）	水上船戶

資料來源：作者田野記要。

之前，三山已經不存在宗族長老的角色。當地祠堂幾乎也都陸續遭受拆除，並且此後未再重建。生於1951年、後來在維權行動中扮演重要角色的村民郭伙佳，在1950年代末期所讀的小學，就是在拆除祠堂後所騰出來的土地上建造的。對於宗族意識薄弱，郭伙佳也有些感慨：「解放前就沒有族長了，要是現在還有族長，那遇到徵地就好辦了。」

農村土地股份制的效應與低強度抗爭

2005年初，三山當地幾個農村的村民陸續收到基層政府通知，稱村內土地將由南海區政府進行徵收，而村民們必須交出土地，配合填土施工。村民們向南海區政府及村幹部索要徵地相關文件，卻遲遲無法取得。透過種種途徑探詢，最後找關係請人「偷看」，才驚詫地得知：原來早在1992年3月——要求徵地的13年前，也就是「農村土地股份制」試點展開的同時——南海區國土資源局就已經和當時的鄉村領導幹部們簽署了一份《三山地區劃為城區預徵土地原則協議》（簡稱《預徵協議》），「預徵」了當地幾個農村的土地。而這份曝光了的《預徵協議》，也在2005年成為南海區國土資源局進行農村土地權利移轉的主要依據。對此，三山地區的村民們不願輕易善罷甘休。村民宣稱這份《預徵協議》全屬違法違規，並具體列舉理由：「第一、沒有南海縣人民政府的委託書；[4]第二、沒有法律的簽證；第三、沒有生效日期；更加重要的是沒有開村民大會，剝奪了三山區域村民的知情權，這份協議書沒有將任何的細節和文本告知三山區域的村民們。」三山村民理直氣壯地全面拒絕配合拆遷。從2005年3月開始，村民推派代表至各級政府單位上訪、申訴，先後接觸了廣東省人民政府、省人大、省檢察院、省公安廳、佛山市政府、市土地局、南海區國土局等單位。其中只有省公安廳略有形式上的回覆，其他各級單位則置之不理。

工程就這麼開始了。但每當南海區的基層政府試圖進入村內開工、填土，三山村民們就團團圍在土地四周，以肉身守護土地。直至2005年5月31日凌晨，區政府所派遣的警察、拆遷人員，以及各路身份不明人士——據說有些來自外省——總共多達數千人，在夜色當中突然大舉開進村內，封鎖周邊道路，發動突襲，強制佔領了土地。強制行動當中，農田果園悉數被夷為平地。許多村民在半夢半醒中起而抵抗，有些村民受困於包圍圈中，大聲呼喊口號。相當多村民在衝突中受傷。村民們經歷了彼此口中「感到悲憤無助的這一天」，共同意識到自身力量過於薄弱，亟需向各方力量求援。

積極求援下的高強度抗爭

2005年5月底暴力衝突過後，三山區域的村民們不僅繼續自力發動維權抗爭、多次與基層政府人員發生群體衝突、試圖進京上訪，並且積極廣泛地尋求各種外界力量的支援與關注。這些力量包括維權律師、媒體記者、非政府組織、境內外的學者、社會

4 1992年南海縣升級為「南海市」，2002年再納入佛山改制為「南海區」。

運動人士等，三山地區的徵地抗爭事件一時之間能見度大增，引起許多關注，抗爭強度似乎正在快速提升。然而外界支援力量很快逐一遭受威脅打壓。村民指出，2005年7月2日，一位來自美國的學者「行經」三山地區拍攝，遭到公安拘禁三小時；[5]同月，北京「仁之泉維權工作室」創始人侯文卓到三山調查、寫作，與農民交換意見，並參與維權工作，卻在7月23日遭到佛山市公安部門逮捕、留置、訊問。工作室其後受到全面打壓，侯文卓最終也被逼赴美；著名維權律師郭飛雄因參與三山維權，7月25日面臨警方追捕的威脅。至於「利益相關」而行動的村內村民，也不斷因「敲詐勒索罪」、「擾亂社會治安罪」、「故意毀壞財物罪」等各種名義受到拘留、逮捕、判刑。

三山維權試圖延續和擴散影響力，提高抗爭強度，但面臨來自基層政權的極大阻礙。直到2007年，外界人士的支援行動趨緩，村民的維權方式開始回歸並聚焦於體制內的司法體系。而此時為村民提供最多協助的人士，可能是陳啟棠（網名「天理」）。陳啟棠來自佛山，有地緣上的親近性，但屬於非切身的「利益無關方」；此外他也以這樣的身份關注支持許多其他省份、城市的維權事件。

5 村民說這位學者來自美國耶魯大學，名叫「戈曼（音譯German）」，許多新聞如是轉載，但網上查不到這個人的真實姓名身份。

體制內規制：公民代理訴訟

在高強度抗爭期間，許多「維權律師」與「公民代理人」等外界人士與村內維權農民結盟，提供諮詢援助，一方面支援三山村民對基層政權進行社會抗爭，另一方面，也協助村民採取行政訴訟的法律途徑。而當社會抗爭強度與擴散態勢受到基層政權嚴密打壓，法律途徑就成為三山內外維權者嘗試的重心。

中國基層社會長期以來就有「訟師、狀師」的角色，代理或輔助一般民眾進行官司訴訟。許多訟師以此牟利，在鄉土社會「非訟、無訟」的傳統民情中，不時帶來「訟棍」的不良形象。具抽象契約性質的訴訟代理制度，一直未能獲得長足的發展。近代中國逐漸引入現代法律體系之後，「律師」身份正式出現，但關於「訴訟代理人員」的規制仍有些混亂。1950年中共建政之初，中央人民政府司法部發布了《關於取締黑律師及訟棍事件的通報》，開始對於訴訟代理人員進行整頓。1954年，《中華人民共和國法院組織法》出臺，規定「被告人除自己行使辯護權外，可以委託律師為他辯護，可以由人民團體介紹的或者經人民法院許可的公民為他辯護，可以由被告人的近親屬、監護人為他辯護。」[6] 這項規定有其模糊之處，特別是「經人民法院許可的公民」一項。然而規定所產生的影響仍體現在三大訴訟法上，直至今日。

1979年7月通過、1996年3月修正的《中華人民共和國刑事

---

6 這條法律在1979年廢除。

訴訟法》第32條規定：「犯罪嫌疑人、被告人除自己行使辯護權以外，還可以委託一至二人作為辯護人。下列的人可以被委託為辯護人：（一）律師；（二）人民團體或者犯罪嫌疑人、被告人所在單位推薦的人；（三）犯罪嫌疑人、被告人的監護人、親友。正在被執行刑罰或者依法被剝奪、限制人身自由的人，不得擔任辯護人。」1991年4月通過、公佈的《中華人民共和國民事訴訟法》第58條規定：「當事人、法定代理人可以委託一至二人作為訴訟代理人。律師、當事人的近親屬、有關的社會團體、經人民法院許可的其他公民，都可以被委託為訴訟代理人。」1989年4月通過、公佈的《中華人民共和國行政訴訟法》第29條規定：「當事人、法定代理人，可以委託一至二人代為訴訟。律師、社會團體、提起訴訟的公民的近親屬或者所在單位推薦的人，以及經人民法院許可的其他公民，可以受委託為訴訟代理人。」

三大訴訟法當中，「親友」（而非「近親屬」）和「經人民法院許可的其他公民」的定義比較模糊，不過如此一來留下了一些空間，讓普通公民可以作為「公民代理人」為其他公民進行訴訟代理，儘管這個空間也有收緊的趨勢。經過修改，於2013年1月1日公佈的新民事訴訟法，最明顯的變動就是刪除了「經人民法院許可的其他公民」作為訴訟代理人的規定。新的《中華人民共和國民事訴訟法》第58條規定：「當事人、法定代理人可以委託一至二人作為訴訟代理人。下列人員可以被委託為訴訟代理人：（一）律師、基層法律服務工作者；（二）當事人的近親屬或者工作人員；（三）當事人所在社區、單位以及有關社會團體推薦的公民。」對於訴訟代理的資格身份有了較為明確的界定，然而，政權體制對這項身份界定也擁有了更為嚴格的掌控權限。

在南海三山徵地的維權開始之際，陳啟棠仍有機會以「公民代理人」的訴訟代理身份扮演重要角色。陳啟棠生於1959年，同樣住在佛山，但並非三山地區。據他自述，1980年代的普法教育中，他在廣東參加過西南政法大學的普法培訓班，獲得了基本的法律知識，雖然後來選擇經商，還曾經擔任某公司的總經理，但對於法政時事一直抱持熱情。1998年互聯網較為普及之後，陳啟棠在許多網絡論壇擔任版主、編輯、管理員等職務，撰寫了大量時政評論文章，並以「天理」為網名，活躍於網絡維權社群。他從2000年開始幫助基層群眾維權，2007年更參與發起維權性社會組織「中國公民維權聯盟」(簡稱「維權聯盟」)。[7]

2007年，向各界尋求支援的三山村民，聯繫上了甫成立的「維權聯盟」。「維權聯盟」主要在北京運作，但在許多省份都設有據點和義工，以閩、粵兩省最為活躍。全國大約有三、四百位律師和公民代理人參與其中，為有維權需求的基層群眾提供法律援助服務，原則上由當地義工無償服務當地維權群眾，若有跨域服務需求則酌收車馬費。由於三山區域村民慣用粵語，和外地人說普通話比較吃力，因此當村民聯繫上北京的「維權聯盟」之後，便由組織發起人之一、同在佛山的陳啟棠協助三山維權。陳啟棠

7 「中國公民維權聯盟」跟許志永的公盟（公民聯盟）不是同一個組織。因此簡稱為「維權聯盟」。兩個組織發起的核心成員不同，但有許多合作和往來，也彼此聲援支持。見https://www.nchrd.org/，查閱時間：2020/3/5。

瞭解三山徵地事件緣由後，便全心關注，隨著抗爭強度升高，投入程度也逐漸加深。從2007年4月26日開始，陳啟棠無償參與三山地區的農村徵地維權案件，協助村民進行大量法律文書工作，持續指導村民們與基層政府進行談判，並且擔任「公民代理人」，為村民向法院、法官爭取訴求。陳啟棠曾多次到市中級人民法院，處理七位村民因土地維權而遭判處的「敲詐勒索」案件，還曾代為寫信給南海黨政領導、中院法官，甚至時任國務院總理溫家寶。不僅如此，陳啟棠也引入自己的一些人脈資源，包括其他地區的公民代理人及維權律師，一同支援三山的維權運動。

透過公民代理和維權訴訟，陳啟棠看似取得了代表村民與地方政府協商的機會，而地方政府態度一時也有軟化的跡象。2007年中，佛山法院法官古加錦告訴陳啟棠說「已經把三山的案卷遞交給省高院，請天理先生在十七大期間靜下來，等開完十七大就給一個圓滿的答覆，這是好事，放心吧，三山會有一個好結果，十七大後三山是一個好的開始。」然而，村民仍舊沒有獲得滿意答覆。這些制度管道使得三山基層社群徒然消耗、延宕大量人力物力在協商和行政訴訟過程，嚴重斲傷了群眾進行資源動員的能量。維權經驗豐富的陳啟棠，很快就意識到了這個事實，因此沒有放棄繼續透過集體行動與社會抗爭的方式向基層政權施壓。2007年10月，陳啟棠「陪同」14位村民前往廣州諮詢「中央土地督察百日行動組」，進而協助一位因「敲詐勒索」被拘而患重病的村民保外就醫、爭取十萬元的醫療補助，並獲得基層幹部的允諾。但就在2007年10月25日，陳啟棠遭到逮捕，以「冒充警察招搖撞騙」的特別罪名，被判刑兩年半，至2010年2月始得出獄。

在基層政權各種規制程序及強制手段的交相運用下，三山地區維權路徑逐漸走向兩種型態：第一種，是進一步朝向其他體制內渠道，尋求維權機會；第二種則是試圖讓維權運動升級、激化、擴散，包括讓維權行動者進一步形成組織機制，並且與更多其他地區、案例和議題的維權運動產生聯結。陳啟棠協助村民從事第一種維權型態，但從未徹底放棄第二種，也期望村民能夠為第二種方式施力。然而，大多數的村民面對來自體制的恐懼和折騰，仍然越來越寄望第一種，而無力採取第二種。這兩種路徑呈現於不同的行動實踐，引發不同的迴響，當然，也面臨不同的際遇。在一波又一波的規制吸納之間，造成三山區域徵地維權運動逐步分化減弱的效果。

體制內規制：基層人民代表大會

三山的大多數村民，依然期望在體制內渠道尋求進一步的維權機會。名義上，中國人民直接行使權力的體制內正式渠道，最重要的或許就是「地方各級人民代表大會」。《中華人民共和國憲法》（2004）第2條規定：「中華人民共和國的一切權力屬於人民。人民行使國家權力的機關是全國人民代表大會和地方各級人民代表大會。」第3條：「全國人民代表大會和地方各級人民代表大會都由民主選舉產生，對人民負責，受人民監督。」第34條：「中華人民共和國年滿十八周歲的公民，不分民族、種族、性別、職業、家庭出身、宗教信仰、教育程度、財產狀況、居住期限，都有選舉權和被選舉權；但是依照法律被剝奪政治權利的人除外。」第97條：「省、直轄市、設區的市的人民代表大會代表由下一級的人民代表大會選舉；縣、不設區的市、市轄區、鄉、民族鄉、鎮的人民代表大會由選民直接選舉。地方各級人民代表大會代表名額和代表產生辦法由法律規定。」

1992年通過公佈的《全國人民代表大會和地方各級人民代表大會代表法》、1979年通過並經1982、1986、1995年三度修正的《全國人民代表大會和地方各級人民代表大會選舉法》、1983年通過的《全國人民代表大會常務委員會關於縣級以下人民代表大會代表直接選舉的若干規定》，以及1979年通過並經1982、1986、1995三度修正的《地方各級人民代表大會和地方各級人民政府組織法》，都對地方人大選舉事項進行了規定。《全國人民代表大會和地方各級人民代表大會選舉法》第34條更明確規定：「全國人民代表大會和地方各級人民代表大會代表的選舉，應當嚴格依照法定程序進行，並接受監督。任何組織或者個人都不得以任何方式干預選民或者代表自由行使選舉權。」單從憲法和法律條文本身來看，「各級人民代表大會」的確是人民行使政治權力的重要體制內渠道之一。人民代表大會選舉權和被選舉權的行使，似乎受到法律保障。各地人大選舉在特定期間內進行，譬如，在2011年7月1日到2012年12月31日期間，全國大多數「縣鄉兩級和城市區一級」的人大代表，都進行了換屆選舉。然而眾所周知，在日常實踐中，地方各級人大代表的選舉和被選舉權遭受政權體制壟斷、干預或壓制，乃是司空見慣之事。地方人大選舉的「獨立候選人」並不罕見，但極少不受威嚇打壓，甚至能夠成功當選。幾乎可以推想：能夠順利競選到底、如願當選者，乃是基層政權規制決策下的「個案」。而所謂「規制決策」無非是：有別於壟斷、干預和壓制的常態，將憲法及法律中早已有所規定，卻長期、普遍遭到擱置、荒廢的制度規則調動、激活起來，以應對基層社會治理所需。

從一開始，三山就有部分村民試圖透過較為溫和的體制內渠道進行維權，不斷研讀法律條文，並尋找對自身有利的證據。當然，陳啟棠等法律知識較為豐富的人士，持續提供不少協助。2010年，陳啟棠獲釋之後，仍不放棄為村民維權，但一時間也更傾向運用這些體制內工具。在討論之中，村民郭伙佳意識到《政府信息公開條例》已於2008年開始實施，因此就針對徵地批文申請政府信息公開。2010年3月，省國土廳果然公佈了19份批文。經過郭伙佳帶領村民們仔細比對，發現1997年12月底，省國土廳作出的這19份「涉案批覆」，同意南海三山區域農村徵地的「補辦手續」，同日、同項目多次審批，嚴重逾越了審批權限。據此，郭伙佳和陳啟棠帶領著村民前往法院，對省國土廳和區國土局提出行政訴訟。儘管獲得立案，但訴訟並不順利，又是一次司法訴訟渠道消磨抗爭力量的過程。然而，歷經這些過程的折騰，郭伙佳的勇氣、對於法律的識見，以及在整個三山區域的名望，都已備受肯定，並迅速成為三山兩個行政村共同擁戴的本地能人領袖。往日以售賣水果營生的郭伙佳，夫婦每月收入不到600元，家境頗為拮据，更不是村內名人士紳，只因為對維權相關法律的掌握比較到位，就受到村民們充分的信賴和付託。

2011年，在即將到來的區人大代表選舉中，三山區域擁有一個應選席位。被村民稱為「佳叔」的郭伙佳受到三山廣大村民的推舉，並由包括陳啟棠在內的幾位村內外熱心人士出謀獻策，思索競選策略、擬訂參選政見。郭伙佳回憶當時，坦率地說：「一開始是為了自己的利益，沒意識到是為大家。但被認為比較有擔當，因此就出來選了。」在2011年8月9日至13日推選期過後，郭伙佳便正式投入南海區人大代表選舉。

郭伙佳參選來勢洶洶。2011年9月13日公佈的另兩位女性候選人，一周後便由街道辦公室公佈退出競選。但9月21日，基層政府仍推派出另一位候選人「陳冠球」與郭伙佳競選。連日激烈的競選活動，以及懸疑的文宣攻防，使得「基層政府作弊」的耳語不斷。9月28日選舉當天，郭伙佳自己和親友還很謹慎地前往監票，在村民大多畏懼基層政府而不敢加入監票的情況下，郭伙佳等人嚴守在各投開票所的唱票現場，「連飯都不敢吃、廁所也不敢上」，就怕某一環節出了差錯，給予基層政府動手腳的可乘之機。總算熬到選舉結果出爐，在整個三山選區（大於兩個行政村）全部8,136位合格選民中，有8,021人參與了投票，其中有效票7,718票。三山村民積極參與，郭伙佳獲得了4,827票，得票率高達62.54%，陳冠球僅獲2,837票。郭伙佳以絕對優勢順利當選南海區人大代表。此一案例在境內外各界引起不少關注。郭伙佳和陳啟棠都表示：以往並不是沒有獨立參選人當選人大代表，但像姚立法這種「還是有背景的」，郭伙佳可能是第一個「維權人士當選人大代表」，甚至可以算是中國第一個「真正意義上的」民選人大代表。

然而頗值得玩味的是，基層政權也就「只讓」郭伙佳當選了區人大代表。事實上，維權村民中也有人嘗試參與村民自治選舉，但基層政權仍然透過策略運用，讓當選的全是「自己人」。儘管尚未頒佈完善的、正式的村委會選舉法，[8]至2012年3月，《村民委員會選舉程序》也才由民政部發佈，然而，無論是規程或立法草案，或是既有的《村民委員會組織法》，當中對於村民自治選舉都有類似的明確規定：「村民委員會主任、副主任和委員，由村民直接選舉產生。任何組織或者個人不得指定、委派或者撤換村民委員會成員。」換言之，村委會主任必須透過村民自治選舉，由村民直選。只不過在基層實踐中，往往存在各種遊走在法律邊緣甚至直接違法的「變體」。在三山地區，便有兩種實踐方式：第一種方式，自然就是村民法定一人一票直選村委會主任；第二種則是村民選出村民代表，再由村民代表選出村委會主任，亦即「間接選舉」。照慣例，要先開村民會議，才能使用第二種方式。但基層政權操作三山的村委會，刻意繞過村民會議程序，逕自要求村民代表選舉村委會主任。三山村民指出：「我們每次落敗都是這樣，縮小了人的範圍。更有利於他控制選舉結果。」幾乎可視為「上有政策，下有對策」的基層政權，對於村委會主任職位仍牢牢控制，當然，對「村黨支部書記」的掌握更是依然高效。這似乎可以看出，南

8 網上已有流傳《中華人民共和國村民委員會選舉法（草案）》的「立法建議稿」。

海區基層政權對三山的吸納機制，更願意借重基層人大制度。對於層級更低的村民自治制度，反倒仍舊寸步不讓。

無論如何，郭伙佳畢竟如願當選區人大代表了。郭伙佳當選後，感到「很榮幸，壓力也很大」。而村民們一般認為基層政府沒有意料到郭伙佳的當選，也覺得「很振奮」。不過郭伙佳很快也就發現，當選以後能做到的事極為有限，更未能在三山徵地維權事項上對基層政權產生更大壓力。南海區人民代表大會總共約有380多位代表，照規定，提出議案必須經由10人以上連署，自己一人只能提「建議」。郭伙佳指出：「（區人大代表）都是政府找出來的人，他們要提議案都不找我。」在提案程序等各種人大議程局限下，受到基層人大制度吸納的郭伙佳，和他所承載的村民期望，一起深陷於規制當中。另一方面，基層政權仍持續派人守候在幾位村內維權領袖住家附近，郭伙佳自不例外。郭伙佳日常行程遭到嚴密監控，很不滿地抱怨道：「他們都是日以繼夜在監視我。這是對我人大代表形象很大的損害，村民要跟我提意見都不敢來。」

「村民不敢提意見」正是監視的作用之一。到後來，村民的期望基本已被消磨殆盡，而郭伙佳也感到沮喪無力。每年提三四個「建議」，大多窒礙難行，或者被基層政權用為對三山村民威逼利誘的工具。例如，在2012年之前，南海區的農民在年滿60歲後，每月能獲得75元退休金，由村集體返還。2012年初，郭伙佳建議增加這項退休金，而南海區政府也在2012年8月將這項退休金提升到每月300元。其中仍有一半（150元）由村集體返還，另一半則由基層政府撥款。然而，南海區政府針對三山區域加上一條但書：承認徵地才可以領取基層政府撥下的150元。換言之，倘若三山區域村民在徵地問題上不願妥協，退休金就僅由75元增加到150元，仍只是村集體返還。這類綁手綁腳、處處刁難的細節，郭伙佳唯有照單全收。對於三山農村徵地事件，難以滿足村民當初的期望。當這些期望在區人大有如泥牛入海，也再無施力點動員更強烈的抗爭。畢竟，都已經難能可貴地有「自己人」當選人大代表了。

維權的分化與耗散

事實上，陳啟棠和三山村民蘇昌蘭等人，早已預見「規制吸納」機制對三山維權運動的化解功能。因此，他們一直並不滿足於公民代理訴訟和區人大代表的職權行使，而期望將事態動能擴張至其他更廣地區、更多議題。但正因如此，這些拒絕接受吸納的「懂法人士」將行動提升成「高強度抗爭」的嘗試，也持續受到基層政權格外強烈的壓制和拒斥。例如陳啟棠，自2000年開始協助基層群眾維權，2007年接觸三山徵地抗爭，期間多次作為公民代理人為基層村民進行訴訟，他遇到多次監控及恐嚇，但大多時候並未遭受系統性的暴力壓制，直到2007年10月正式被捕。而隨著三山事件逐漸受挫，社群行動路線產生落差。前文略述之「維權聯盟」，其行動路線後來便與村民們存在一些分歧。少數村民像蘇昌蘭，具有見識但立場也比較強烈。她意識到陳啟棠作為公民代理人，其法律專業水平有其局限，因此亟需積極向外爭取更多專業律師的支援。而對於郭伙佳，她自然認為其手段「太過溫和保守，遲早陷入被基層政權控制的處境」。

無論陳啟棠或蘇昌蘭，這類行動者的性質是外向的、目的超越維權本身、論述框構也更為抽象，因而能夠與「維權聯盟」彼此呼應。2006年，「中國公民維權聯盟」網絡沙龍論壇成立，2007年3月正式提出〈為維護中國人的權利而鬥爭——中國公民維權聯盟成立宣言〉。這份宣言由陳啟棠參與起草，經過十幾個人修改。「維權聯盟」剛成立時就有一百多人，並很快擴張，逐漸集結了數十位維權律師、許多公民代理人和熱心法律人士，當中比較活躍的成員大約有三四百人。當組織收到各地基層發生的維權案件，便派出義工出面進行法律援助。整個過程原則上是免費的，倘若當地沒有義工，而需跨域支援，也只酌收路費、車馬費。儘管本地義工更易遭受基層政權迫害，而異地維權大多送回原籍，然而許多情況下，還是需要本地人士出面。維權聯盟「鞏固當地群眾基礎」的企圖心，也在此流露出來。陳啟棠心裡明白，打官司很難獲勝。但擴大維權團體的影響力，最終有助於群眾維權。他坦言：「不是要打贏官司，而是要讓更多人知道（維權聯盟）。能達到目的就好，很多事不能講。像是廈門鼓浪嶼的城管事件。為了幫維權民眾解決事情，有些事就不能說出來」。除此之外，陳啟棠也承認他更長遠的「政治抱負」：「以後要是民主了，維權聯盟有一天會需要選票，這些票都會是我們的。」

跨域性、政治性的意圖，一旦在維權組織行動當中流露，基層政權對陳啟棠的手段也隨之丕變。2007年10月陳啟棠遭受警

圖5.2　維權行動者蘇昌蘭在三山，帶我去佳叔家的途中

資料來源：作者拍攝，2014年10月

方拘留，旋即遭監禁達兩年半之久，與「維權聯盟」的崛起自然有關。2010年出獄之後，陳啟棠一方面繼續協助三山地區維權，並支援郭伙佳的行政訴訟及人大競選，但另一方面，仍然不斷接

觸、支援與拓展「維權聯盟」在各地的活動。這個行動路線在郭伙佳當選人大代表、被吸納進入體制之後，顯得更為強烈。2013年2月27日，安徽維權人士張林的10歲女兒張安妮，在所就讀的合肥一所小學內，被四個國保人員強行帶走，隨後和父親張林一齊被關押在安徽蚌埠。三天後的3月2日，陳啟棠就在Skype發起「張林後援團」群組，商討援救張林父女的方式。2013年4月初，律師團和網民從全國各地趕到合肥，聲援張林父女，並要求讓張安妮復學。4月10日，有律師在張安妮的小學發起絕食抗議，並逐漸形成「絕食接力」。期間有網民到公安廳門口搭帳篷紮營，舉行「燭光晚會」、「街頭演講」。儘管4月16日遭到「清場」，但各種援救活動仍不斷進行。終於在同年9月，張安妮（與姐姐）在上海的美國領事館人員陪同下，自上海浦東機場飛往舊金山，並由美國女權運動人士擔任監護人，開啟新生活。維權人士家庭際遇滄桑顛簸可見一斑，而維權聯盟的組織動員、號召能力，也已深入政權的禁區。

2014年3月，陳啟棠由於張安妮失學的聲援運動，以及當時為另外某地訪民組成律師團的行動，被警方以「聚眾擾亂社會罪」拘捕。同年，又陸續由於在網上發表時評、擔任公民代理人，先後以涉嫌「危害國家安全罪」及「煽動顛覆國家政權罪」遭到正式刑事拘留和逮捕，判刑四年半，於2019年5月出獄。2014年10月，跟隨陳啟棠參與維權運動的村民蘇昌蘭，被公安從家中抓走，她因為在微信上轉發香港「佔中」的照片，也被以「煽顛」遭到調查。2017年3月，佛山中級人民法院將她判刑三年，於2017年10月釋放。兩人在服完刑出獄後，仍受到嚴密監控。以陳啟棠和蘇昌蘭等人為代表的三山「高強度」維權路線，在規制吸納機制和體制強制力交相運用的分化及壓制下，十年間逐步弱化，近乎土崩瓦解。

事件的過程動態

至此，或許可以將三山農地衝突事件劃分為五個階段。第一階段自1992年南海農村土地股份制試點開始，到2005年預徵協議曝光為止。在這一階段中，三山村民基本尚未意識到利益損失及維權需求，自然也談不上協商或抗爭。第二階段始自2005年3月，農地開發轉制導致預徵協議曝了光，開啟了以村內「利益相關方」為行動主體的維權運動。這時維權運動面對當地政府部門，以村民切身利益為訴求，村外人士尚未理解及支援抗爭，因而抗爭強度不高，並在2005年5月31日這個「三山黑暗的一天」輕易地受到了全面鎮壓。

遭到全面鎮壓後感到憤怒和焦慮的村民們，在積極向外求援中，開啟了第三階段。這個階段中的抗爭，由於其支援力量更加多元、廣泛，對基層政權有更大威脅性，因而也引起高度警覺和即時壓制。基層政權一方面進行壓制，另一方面也提供某些體制內的制度機制，包括行政訴訟和基層人大，引導村民進入協商的第四、第五階段。當然，一如中國政治中常見的協商過程，這個協商並沒有改變原始決策，其效果更接近於「給予意見抒發空間，緩解社群動員力量」。

表5.3　基層社群行動者及維權行動的進化

		利益無關方		
		協商		抗爭
利益相關方	協商	**基層穩定** 陳啟棠擔任公民代理人後 短暫穩定 第五階段： 外界人士受到壓制 村民選擇妥協	←	**社群行動路線分歧** 第四階段： 郭伙佳當選區人大代表 村民在消耗中傾向體制內協商 陳啟棠等仍期望高強度抗爭
	抗爭	**低強度抗爭** 第二階段： 2005年3月預徵協議曝光 2005年5月底被暴力鎮壓	↖ →	**高強度抗爭** ↑ 第三階段： 2005年被鎮壓後積極向外求援 維權以社會抗爭為主，衝突激烈至2007年4月陳啟棠擔任公民代理

資料來源：作者自製。

當「利益相關方」在這個過程中逐漸感到無力，「利益無關者」基於固有信念而懷疑與排斥這種收編吸納式的協商，則行動社群的分歧也隨之浮現。妥協的村民、激進的村民，以及訴求更為宏大的外界人士，彼此之間更難達成一致的想法與行動。一旦如此，基層政權將更有條件分化、壓制仍然嘗試抗爭者，社群內部僅有的低強度抗爭也將更加孤立無援。於是，基層社會在進行抵抗與社群分歧、部分接受協商後，又逐步回歸穩定，除非出現下一輪的內外結合抗爭打破現狀，但這是難以期望的。參照表5.1類型動態，從第二階段，亦即維權行動開始後的事態發展，可列入表5.3呈示。而各個箭頭所顯示的動態，正意謂著基層政權體制透過吸納及強制等方式實踐的治理機制。

結論

回顧三山土地衝突及權利意識的演化，揭示出各種相關的脈絡因素。首先，倘若不是南海區「抽象自主」的社會格局，三山村民未必能夠推派出維權代表，即使擁戴推選某個能人領袖，恐怕也不會是郭伙佳。而基層政權提供給郭伙佳的協商渠道，或許也不會在區人大。其次，當一個區域的基層社群關係具有更強烈的契約色彩、更薄弱的宗族意識，並且在長期市場規模擴張與經濟發展浪潮下，擁有較為完善的自主意識及自組織能力，那麼，當市場結構轉型激發社群行動和社會力量時，地方政府所採取的社會治理機制將著重吸納自主社群的行動核心成員，而吸納的形式則是抽象規制。規制吸納的治理機制，大體上是活化和運用既有法律規章和協商參與渠道。

2007年前後，三山地區徵地維權的事態走向「高強度抗爭」，幹群雙方衝突一時看似難有暫歇之勢。但「公民代理訴訟」機制已開始耗損基層社群動員能力，引發社群行動路線分化。2007年直至2011年前後，隨著陳啟棠等村內外人士使用體制內機制，南海區政府進行一連串的制度實踐和策略運用，包括提供基層人大制度渠道，加強壓制跨域、跨議題、政治性的維權力量。郭伙佳當選區人大代表後，反而承載了村民和基層政權之間的張力。

而維權社群內部分歧，也使得「公民代理人」、「利益無關方」和堅持高強度抗爭路線的村民逐漸在村內沉寂，行動重心分往其他省份、地區。行動手段進一步激化，群眾基礎窄化，似乎是別無選擇的事態。在幾波壓制之後，長達十年的激烈抗爭告一段落。於此同時，南海不僅延續了高速經濟增長，並且讓針對土地股份制弊端的「集體經濟組織改革」大獲成功，進而獲得省內很具指標意義的「地方政府創新獎」。2013年中共十八屆三中全會之後，還隨著城鎮化、村改居的主旋律，順利引入「網格化管理」等新型城鎮社會治理策略，展現基層政治經濟秩序成效。

這些基層社會治理績效背後，是交錯縱橫的「規制吸納」機制，以及體制強制力對於跨地域、跨議題維權行動的阻絕。南海三山作為一個充滿能動性、在邊際上具有更多政治可能性的案例，被穩妥地留在了體制能力範圍內。或許可以發現：這種社會治理型態，也為基層政權提供了強化控制政治社會資源的條件與誘因。治理績效提升的同時，政治社會與體制的關聯更加緊密。這就使得治理機制和社會格局同時出現演化，而演化方向，卻更近似於一種「全面監管」的治理型態。當社會經濟規模擴張、抽象化契約格局背景更加普遍，原子化人際關係中的社會治理，伴隨一種「全能化」內在危機的流散，使得微觀治理和宏觀政權體制的緊張關係，成為更加尖銳的議題。

參考書目

中國國新辦（中華人民共和國國務院新聞辦公室），2008，〈《中國的法治建設》白皮書〉，《新華網》，2008 年 2 月 28 日，http://news.xinhuanet.com/newscenter/2008-02/28/content_7687281_6.htm。

馬健，2008，〈南海模式：創新與困局——對南海土地股份合作制發展狀況的調查〉，《農村工作通訊（北京）》，17：16-17。

舒泰峰、尹冀鯤、黎誠，2014，《村治之變——中國基層治理南海啟示》，北京：北京大學出版社。

蔣省三、劉守英，2005，〈南海土地股份制的實質〉，蔣省三、韓俊主編，2005，《土地資本化與農村工業化——南海發展模式與制度創新》，太原：山西經濟出版社。

劉願，2008，〈農民從土地股份制得到什麼？－以南海農村股份經濟為例〉，《管理世界（北京）》，1：75-81。

劉憲法，2010，〈「南海模式」的形成、演變與結局〉，張曙光主編，《中國制度變遷的案例研究－土地卷（第八集）》：69-132，北京：中國財政經濟出版社。

Vogel, Ezra F. 1990. *One Step Ahead in China: Guangdong under Reform*. Harvard University Press.

第三部

環境與公共衛生治理

6 中國的愛滋治理：國家、社會與國際行動者的三方互動

王占璽

摘要

雖然中國政府在非典（SARS）之後啟動公共衛生部門的改革，但2019年底和2020年初爆發的新冠肺炎（CO-VID-19）提醒我們中國政府在傳染病控制上的不足。中國愛滋治理的軌跡讓我們可以深入理解2000年以來中國公共衛生的改革過程與結果。本章爬梳過去二十年來愛滋病治理的三個不同階段，追溯國家、公民社會和國際社會之間的三方互動在不同階段的變化。中國愛滋治理的演進揭示了外部行動者對國家—社會關係的潛在影響，以及威權統治的不穩定性和限制。當來自國際社會的外部行為者逐漸參與政策過程並且威脅到黨國對政治權力的壟斷時，國家會採取高壓手段保護其政治地位。然而，這種反應已經削弱威權政體在公共衛生治理上的表現。

前言

2003年非典爆發之後，中國政府著手改革公共衛生部門，

試圖打造一個現代化的疾病控制系統（L. Wang et al. 2019; Ming and Li 2015）。習近平在2017年中國共產黨第十九次全國代表大會的報告中宣佈實施「健康中國」的國家戰略。然而，2019年底和2020年初爆發的新冠疫情提醒我們，威權政權仍然難以偵測傳染病的爆發。中國愛滋治理的演進過程，讓我們可以深入瞭解過去二十年來公共衛生部門的改革過程及結果。

1990年代中期，中國政府認為愛滋病主要局限在中國西南省份的吸毒者、東南沿海省份的性工作者和城市的男同性戀者群體中。政府有信心可以管理好這個問題。但是，1995年愛滋病在中國中部農村的驚人蔓延，改變了國家和社會在此議題上的互動格局。接下來的二十年，隨著疫情的擴散，愛滋治理出現令人難以想像的發展。這些轉變並非只是中國政府自上而下對於新興公衛危機的回應；事實上，國家、社會和國際行為者之間複雜的三方互動，推動了界定及管理愛滋病的各種調整。

21世紀初，中國政府認為愛滋病是一個政治敏感的問題，需要以專制的方式管理。國家控制著愛滋病擴散的相關資訊，卻在預防和治療上毫無作為，並且把國家以外的行動者排除在問題之外。2002年底，中國政策出現一個重大轉變。新一任的國家領導人對於國際社會高聲倡議做出積極的回應。隨後幾年，參與中國愛滋治理的國際組織和中國政府建立起共治關係。不僅如此，基層愛滋病非政府組織作為一股自行組織（self-organizing）的社會力量，在國際支持下迅速發展，並取得參與國家政策過程的正式地位。2011年，隨著國際行動者的興趣減退，國家在政策過程和國家—社會關係之中，重新獲得主導地位，治理結構再次發生轉變。根據本書第一章和第二章勾勒的中國國家與社會關係的演化架構和類型學，隨著國家與社會行動者的策略差異會產生四種國家—社會互動的形式。而愛滋治理中的互動變化，清楚在不同類型之間轉換：從類型I（強硬國家／溫和社會）到類型IV（溫和國家／強硬社會），近年來又回到了類型I。

國家—社會關係在愛滋治理上的變化，在學界吸引了各種理論觀點的注意。有些研究強調社會力量如何在國家的制度架構內尋求機會，透過提供服務來發展生存策略（Cai and Zhang 2016; Gåsemyr 2017）。有些研究則關注社會力量在組織的過程如何受到國家控制（Gåsemyr 2016）。相比之下，有些研究則追溯國家與非政府組織之間的合作（Hildebrandt 2015），並探索社會力量對國際行動者的回應（Gåsemyr 2015; Long 2018）。此外，有一些研究透過組織理論中的資源依賴和組織生態學的觀點，說明愛滋病草根非政府組織的動態發展（Q. Wang and Yao 2016; Yu 2016）。最後一種方法則是研究疾病的威脅對國家—社會關係的影響（Lo 2018）。這些研究並未關注長期的過程，也未能捕捉到這個領域中不同部門之間的互動。

本章運用本書提出的演化架構，檢視過去二十年（約2000年以來）愛滋治理的三個不同階段，探索國家、公民社會和國際社會之間的持續互動。藉此，本文處理了以下問題：各部門之間互動方式為何？不同階段的互動結果為何？為什麼國家在特定時期願意與外部行動者分享權力改善治理，但後來又恢復了威權統治的策略？這種轉變對政權有何影響？

第一階段：威權途徑的愛滋治理（1995～2002）

愛滋病在1995年首次在中國中部農村出現。即使這發展成一場嚴重的衛生危機，但是當地政府隱匿疫情擴散的資訊，以逃避相關的政治責任。社會倡議者無力影響威權國家做出適當的反應。2002年底，由於國際社會的參與和國家領導人的交班，愛滋病的治理情況發生變化。直至那時，中國才承認愛滋病是一個公共問題。

河南農村隱匿疫情

1990年代初，中國中部農村出現「血漿經濟」，特別是河南省。地方政府建立血漿採集站，向農民購買血漿，再轉賣給製藥公司生產血漿產品。在豐厚報酬以及政府的動員下，數百萬人參加這項計畫。然而，採集過程中對衛生和安全標準的忽視，導致數十萬農民感染了愛滋病毒。

1995年，河南周口中國疾病預防控制中心的官員王淑平發現111名血漿提供者全部都感染了愛滋病毒。這是中國農村首度發現愛滋病。王向河南省政府發出一份緊急報告，但卻被禁止公開。王淑平把將血液樣本送交北京，並由衛生部確認，衛生部隨即要求河南省停止血漿採集產業。然而，河南政府持續進行血漿採集，讓採集站又運作了兩三年。此外，河南政府並未開展任何疫情調查與防治工作，像是告知感染人員，或是向衛生部回報傳染病的監控結果。接下來幾年，愛滋病在缺乏任何預防與治療的情況下持續在中國農村擴散，使得農村的感染率由35.9%達到73.9%（朱新義等2008）。1999年，河南農村開始出現大量農民發病與死亡。雖然衛生部知道愛滋病正在擴散，卻也無法說服河南政府面對問題。

1990年代末，由於河南政府隱匿疫情，愛滋問題只能依靠少數民間人士揭露，特別是高耀潔、萬延海與張繼承。高耀潔在診療過程中發現愛滋疫情的存在，並且透過長期的農村調查蒐集了大量資料。一開始，高耀潔也曾向政府部門反映，但並未得到正面回應，因此轉而透過媒體揭露疫情。1999年，萬延海在網上公開來自河南政府的一份內部文件，揭露河南政府在1995年已經知道愛滋疫情並且刻意隱匿。2000年，《大河報》記者張繼承發表兩篇專題報導介紹農村愛滋病的衝擊，也引起中國社會的重視。然而，河南政府的回應是壓制這些民間人士，並持續否認愛滋疫情擴散。

國際社會的關注與倡議

1990年代末期，抗擊愛滋病已經成為全球性議題，並且成為聯合國的重要議程。聯合國將此一衛生危機列入千禧年發展目標，並發展出一個全球愛滋治理的架構以便協調各國的資源及行動。這個架構包括一系列原則及理念，並且由聯合國愛滋病規劃署（UNAIDS）及全球基金（the Global Fund）作為主要的執行者。

在這個脈絡下，中國國內倡議者的努力吸引了國際關注。國際社會擔心中國政府缺乏能力及意願對抗愛滋病，並且認為中國對其愛滋危機的軟弱應對是不負責任的。中國的愛滋問題也在「中國威脅論」及「中國崩潰論」的脈絡下，被當作新興的風險因素。西方國家懼怕愛滋病可能阻礙中國的發展，並且逐漸成為周邊國家的衛生威脅。他們也擔心在中國因為愛滋擴散而產生的人權侵害。

2000～2003年，國際社會採取了一系列行動。首先是來自西方媒體與國際倡議組織的批判。紐約時報、人權觀察（Human Rights Watch）、無國界記者組織（Reporter Without Borders）批評中國政府在愛滋治理及相關人權議題上不負責任的作為。隨後國際組織也提出了警告與倡議。2002年，UNAIDS指責中國無力控制愛滋疫情在地方層次的擴散，並且警告愛滋病將成為主要的公共衛生威脅（UNAIDS 2002）。2003年，聯合國開發署（UNDP）示警，稱其千禧年發展目標工作上最緩慢的部分即是要在中國處理愛滋危機。控制全球愛滋防治財政資源的全球基金，連續兩次拒絕接受中國政府提出的申請，以抗議中國在農村愛滋問題上的不作為。UNAIDS除了喚起中國領導人及公民的關注，也持續在中國進行軟性倡議，例如2002年在北京召開第十五屆愛滋病大會（15th International HIV/AIDS Conference）。最後是全球領導人的遊說。2002～2003年，聯合國秘書長安南、美國前總統柯林頓先後訪華。他們公開警告中國愛滋問題可能快速摧毀中國的經濟改革成果，並且鼓勵中國政府加倍努力。

中國新任國家領導人採取的新態度

在2002年中以前，中國對愛滋危機少有作為，且拒絕接受國際社會的批評。新任國家領導人的上任成為轉折點。2002年末，胡錦濤及溫家寶發表了關於中國愛滋治理的關鍵講話。2002年10月，胡錦濤在接任總書記前夕，聲明「愛滋防治是關係我中華民族素質和國家興亡的大事」（胡錦濤 2003）。這是中國最高領導人第一次公開討論愛滋問題。2002年11月，溫家寶以新任國務院總理身份發表講話，承認地方政府的責任，並且強調愛滋治理的緊迫需要。他說：「愛滋病流行的實際情況可能比預料的嚴重，一些重點流行地區的防治工作很不適應，很不落實。必須……真正把這件關係民族根本利益的大事抓緊做好」（溫家寶 2004）。

中國領導人也進一步向國際社會做出承諾。在2003年9月的聯合國大會愛滋病高級別會議中，衛生部副部長高強代表胡錦濤提出：「中國政府已經意識到預防與治療愛滋病的高度重要性，將其視為涉及社會穩定、經濟發展、民族興衰與國家安全的戰略問題，並將其列為政府工作的最高優先任務」（Gao 2003）。

而在2004年，副總理兼衛生部長吳儀在講話中指出國際社會對中國政府愛滋政策轉向的影響：「當前防治愛滋病既有著廣大人民群眾的要求和企盼，也處在國際社會的密切關注之下。這種既有內力驅動又有外力拉動的局面，要求我們勇於直面疫情，……以更加開放務實的態度，加強國際交流與合作」（吳儀 2004）。

政府最高層態度轉變，將愛滋問題提升至中國政治議程上的首要位置。問題是國家領導人為何開始積極回應愛滋問題？謝淑麗（Susan Shirk 2007）指出，胡溫體制對國內社會問題的重視超過對國際壓力的回應。依據此種觀點，國家領導人之所以強化愛滋防治工作可能是要避免嚴重的公共衛生危機。但這並非領導人改變態度的唯一原因。

幾項因素顯示國際社會對中國國家領導人態度的轉變扮演重要角色。首先，中國的疾病監測系統過於薄弱，無法準確評估愛滋病的實際狀況。中國政府的官方數據顯示，2002年愛滋病毒感染人數從2001年的8,219人增加到9,732人，這表示增長速度比2000～2001年還慢（Sun et al. 2007; Wu et al. 2007）。這些數字所顯示的情況並不危急，所以國家領導人肯定是根據國際輿論來判斷中國愛滋病的嚴重性。第二，儘管吸煙和肝炎等公共衛生問題也需要解決，但政府選擇優先考慮愛滋病（Hesketh 2007）。第三，儘管吳儀的談話提到中國人民的期望和國際社會的關注，但當地的行動者並沒有權力或管道去影響政府態度，特別是高耀潔和萬延海在2002年仍遭到打壓。此外，許多人認為SARS的經驗會改變政府對公衛威脅的態度（Xue 2005）。但是，當國家領導人在2002年底開始把愛滋病治理提上議程，SARS尚未成為一個大問題。

新領導人的態度反映在他們的宏觀策略。江澤民主政最後幾年，中國面臨著各種國際壓力，例如與美國發生軍事衝突的威脅以及迫害法輪功受到的批評。在胡錦濤掌權期間，中國的目標是穩定國際關係以改善國內經濟。胡錦濤強調中國的「和平崛起」，並構建一個「負責任大國」的形象，以降低國際社會對中國的疑慮。在這種情況下，愛滋病是一個容易妥協的問題，中國藉此向世界展示善意。

結果

在國家領導人的明確意志下，2003年起中國政府開始推動多項政策來處理中國農村的愛滋病問題。在疫情監控上，中央政府開始強化基層疫情監控系統，並且對既有獻血農民進行大規模的疫情調查。在社會救助上，中央政府公佈「四免一關懷」、「五個一工程」兩項政策，前者為感染農民提供免費的醫療服務與額外的社會救濟，後者則為疫情密集的農村改善基本生活品質。[1]中國政府對愛滋問題的重視，也反映在財政投入的增加上。2002年中國愛滋防治預算僅為1.2億人民幣，2003年提高至2.7億，2004年再次提高至6.9億，以滿足新的治理政策的需求。（請見圖6.1）

另一方面，中國政府也強化與國際社會的合作及溝通，以爭取國際社會的信賴。2003年，一份關於中國愛滋疫情的評估報告，由衛生部、UNAIDS、世界衛生組織共同發表。這份報告是中國政府首次對外公開愛滋疫情的流行形勢與防治規劃，而且是中國政府與國際組織合作的產物。同時，全球基金向中國政府提

1 「四免一關懷」：提供免費藥物、免費諮詢和病毒篩檢、免費母嬰阻斷藥物、愛滋孤兒的免費義務教育，以及國家對感染者提供救助關懷。「五個一工程」：在感染者密集的村級重點防治區，修建道路、水塔、小學、孤老院與衛生所等五項公共建設。

圖 6.1　中國對於愛滋病治理的財政支持，2000～2010

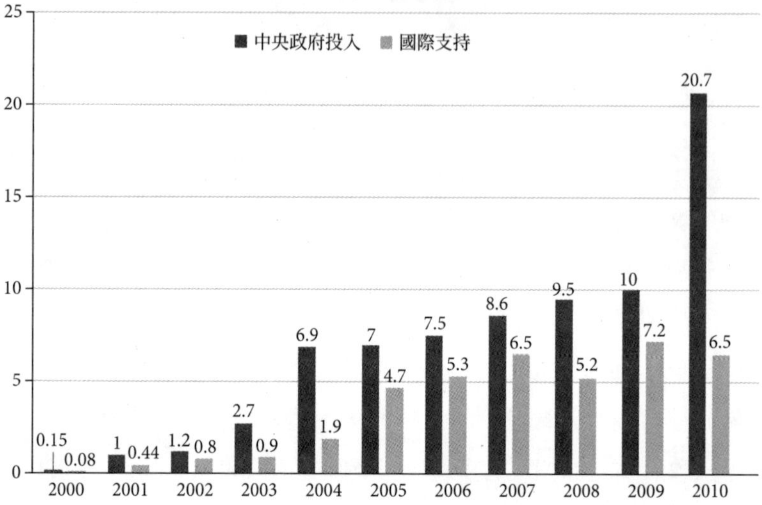

單位：億人民幣

資料來源：Wu et al（2007）；中國衛生部（2009, 2010）

供超過八億元人民幣的援助，主要用於農村疫情高發區域的愛滋防治工作。

第二階段：國際社會的共治與愛滋病NGO的發展（2003～2010）

隨著新任國家領導人的支持，2003年後中國的愛滋治理在參與者及治理結構上出現了重大的改變。諸多國際行動者藉著協助政府進行規劃、推動愛滋預防項目，以及提供可觀的資金支持，積極介入中國愛滋治理，於是在中國政府及國際行動者之間發展出一種共同治理的關係。對國家而言，一個非預期的結果是愛滋NGO在國際行動者支持下迅速的成長。

中國政府與國際社會的共同治理

2003年後，大量的國際行動者開始出現在愛滋治理領域，聯合國組織中，除了UNAIDS外，聯合國開發署、聯合國兒童基金會（UNICEF）、聯合國教科文組織（UNESCO）、國際勞工組織（ILO）等九個組織的駐華機構也分別與相關政府部門合作推動愛滋防治工作。美國、加拿大、瑞典等國紛紛成立以愛滋防治為目標的雙邊合作機制。此外，大量的國際NGO進入此一議題領域，以不同方式推動愛滋防治工作。這些新興的國際行動者帶來豐富的資源與先進的技術，並且對中國愛滋治理的政策規劃與實踐產生深刻影響。

國際行動者最直接的影響在於龐大的援助資金。2003～2009年間，中國政府的愛滋防治經費約為52.2億元，而同時期國際社會另外捐贈了31.7億人民幣——超過中國愛滋防治總經費的三分之一（圖6.1）。全球基金是最大的國際捐助來源，在2003到2010年間捐贈了18億元。值得注意的是全球基金另外針對瘧疾與肺結核防治向中國政府提供資金援助，截至2012年達到64億元。

然而，國際援助資金的實際影響其實更大。在資金缺乏的衛生系統，政府撥付的經費大多數必須投入在人事、機構運作。相對的，國際援助資金在使用上更能符合衛生部的實際需求，也強化了衛生部的行政影響力。2011年，一個著名國際NGO的中國地區負責人指出：「對衛生部來說，政府撥的錢是死的，國際援助的錢是活的。只有能夠活用的錢才能當作權力的工具」（訪談記錄，2010年10月）。

而藉由國際援助，衛生部也得以全面改善公共衛生系統的能力。2007年一名中層官員說明了國際援助對公衛系統的重要性：

> 在疾病控制領域，資金都很困難，如果有經費進來，會起很大的作用。愛滋病就是錢的問題，確實推進中國的公共衛生。……這錢可以改善很多問題，比如改善整個防疫站的條件或是各種各樣的培訓。在縣一級人員受到了連續的專業培訓，有沒有培訓就很不一樣。（訪談記錄，2007年8月2日）

事實上，國際援助幾乎涉入愛滋病治理的各個面向。比方說，衛生部在2010年發佈〈愛滋病防治項目管理方案〉，指出愛滋治理各領域的財政基礎在於「把中央與地方政府的預算與全球基金及其他國際組織的計畫整合起來」，也要求地方政府「完成國際合作項目所要求的任務」。

國際行動者也直接參與愛滋治理政策的制訂與實踐過程。在2003年後，中國政府開始依照國際組織的建議設定愛滋治理的階段性目標與工作議程，反映在〈中國2005年《愛滋病承諾宣言》報告〉、〈中國遏制與防治愛滋病行動計畫（2006～2010）〉等官方文件中。國際組織也積極回應，加強技術與行政上的支持。

2007年，聯合國各駐華機構共同發佈〈中國愛滋病UN聯合項目（2007～2010）〉（UNDP 2007），宣布與中國政府密切合作。這項計畫是為了落實「聯合國發展協助架構」在中國的目標，並支持〈中國遏制與防治愛滋病行動計畫（2006～2010）〉所發展出來的長遠願景與策略。

中國政府也與若干國際NGO建立夥伴關係，如柯林頓基金會（Clinton Global Initiative）及蓋茨基金會（Bill and Melinda Gates Foundation）。在2007年的訪談中，一位柯林頓基金會的資深工作人員解釋了這種關係：

> 比如說我們現在的chief（領導），他過去是美國總統的首席顧問，主導制訂柯林頓政府的愛滋病防治政策，現在也在幫中國制訂guideline（準則）。……這個基金會是與整個系統一起工作的，例如美國的專家會制訂政策的修改建議，並且在與WHO商討後，對衛生部提出具體的技術支持。對衛生部來說這是一個共同合作夥伴、shareholder的意見，他會去尊重。……某種意義來說這是一種比較高層次的政策倡導。（訪談記錄，2007年7月30日）

國際行動者的參與對於當時的中國政府意義重大，因為衛生系統亟欲擺脫過去隱匿疫情的負面形象，而國際社會的參與使得中國政府更能回應國際期望。此外，國際社會提供的資金與技術支持，一直在改善中國政府治理愛滋問題的能力，也強化了整個公衛系統。因此，衛生部高度重視國際社會的意見與觀感。

2005年發佈的聯合疫情評估報告是一個明顯的例子。中國政府在這份報告中公佈該年的估計感染者數量為65萬人，此一數據較前一年減少近20萬人，也引發外界質疑中國政府刻意低估疫情。然而，參與實際調查與報告撰寫的國務院愛滋病防治辦公室官員在2006年受訪時說明了其中的過程：

> 2005年的評估模型是依照WHO的建議重新調整過的，理論上應該比前一年更準；可是評估結果比前一年更少。其實我們也擔心國際上不相信我們，所以65萬已經是向上修正過的數字了，實際的統計模型結果比這個數字更低一截。（訪談記錄，2006年7月8日）

中國對國際影響持開放態度的另一個例子，則在於國內法規的迅速改革。2009年，UNAIDS開始呼籲各國放寬對愛滋病人的旅行管制。全球基金宣佈，對於拒絕愛滋病患者入境的國家，它將減少與其合作。中國政府在2010年做出回應，取消自1985年以來的相關邊境管制政策。中國是繼美國之後第二個回應這一呼籲的國家，顯示中國政府在此階段對於國際社會的期待相當敏感。

國際部門對公民社會的支持

國際部門涉入中國愛滋治理，其目標不僅在於協助中國政府改善疫情監控與防治工作，也要積極推動國內公民社會參與。

在90年代全球愛滋治理的理念發展過程中，已經將公民社會與感染群體的高度參與視為攸關防治成敗的關鍵動力，並且形成具體的行動原則與工作目標，亦即GIPA原則（Greater Involvement of People Living with HIV/AIDS）。[2]簡單來說，GIPA的目標是把相關的社會團體納入愛滋治理的政策過程，最終將他們納入決策機構（UNAIDS 1999）。

進入中國的國際行動者也依循此一規範，將推動社會部門的行動能力與參與空間視為重要的目標。2007年UNAIDS駐華辦事處的官員提到非政府組織的的重要性：

> UNAIDS在成立時，GIPA原則就是重要的宗旨之一，而UNAIDS實踐這個原則的方式主要透過引進與推廣GIPA的理念，並且扶持感染者組織的建立。……扶持NGO就是社會參與中很重要的一個部分。而中國社會參與中目前NGO是一個弱點，所以工作重心就轉到NGO身上。（訪談記錄，2007年8月26日）

在此一目標下，UNAIDS結合其他在中國活動的國際NGO，為中國愛滋NGO的發展提供經費支持與技術協助。例如長期關

2 根據UNAIDS的定義，擴大感染者參與原則（Greater Involvement of People Living with HIV/AIDS）的目標是實現感染者的權利與責任，包括參與影響他們生活的決定過程。擴大感染者參與原則在於強化應對愛滋病的品質與成效，對於社會進步與永續相當重要。

注公民社會發展的福特基金會，以及致力於生殖健康工作的瑪麗．斯特普國際（Marie Stopes International）都受到UNAIDS動員，積極支持愛滋NGO。在此一模式下，中國大約在2003年開始出現由感染者組成的愛滋NGO，包括「愛之關懷」、「紅樹林」、「愛之方舟」。這些早期創建的NGO在國際部門的鼓勵與支持下，進一步在基層社會培養更多以社區活動為主的感染者組織。

全球基金也在推動公民社會成長上扮演重要角色。為了確保公民社會有機會、有能力參與，全球基金規定各國申請的防治經費至少需有15%交付NGO執行，而且NGO在基金援助項目的決策過程中也要有足夠的代表性。這些規定普遍適用於所有接

圖6.2　草根組織能力建設研討會

資料來源：作者拍攝，遼寧瀋陽，2007年。

受援助的國家。而在中國，全球基金允許無法在政府註冊的草根NGO申請項目，使他們能夠直接開展實際工作。全球基金還啟動了「組織能力建設」項目，以培養愛滋NGO組織運作的技能。此外，由十個著名國際NGO成立、直接向中國草根NGO提供資金援助的「聯合基金」，以及蓋茨基金會，也在2007年建立一個五年四億元的計畫，透過政府的渠道資助愛滋NGO。

來自西方的國際行動者也積極支持以政策倡議與人權保障為目標的愛滋NGO。例如2002年萬延海因揭露疫情遭到逮捕，並在獲釋後至美國訪問。萬延海在美國取得美國民主基金會（National Endowment for Democracy）、開放社會基金會（Open Society Institution）的經費支持，在2003年底回到中國成立「愛知行」，在愛滋領域推動法律改革及人權保障。同時，愛知行也積極支持基層感染者成立社區型的NGO，並且支持他們以維權抗爭方式爭取群體的權益（圖6.2）。

愛滋NGO的發展與國家社會互動

中國政府已經準備好處理愛滋相關議題，並遵守大部分國際規範，卻沒預料到、也無法接受愛滋NGO的快速發展。為了回應國際上改善社會參與的訴求，官辦非政府組織（GONGO）在不同層面被動員起來處理愛滋病防治工作，但草根NGO卻沒有得到任何幫助。草根的愛滋病NGO幾乎全都不能夠合法註冊，這一點還是類似於中國其他領域的草根NGO。UNAIDS試圖說服衛生部和民政部接受社會參與，允許愛滋NGO註冊登記，但政府予以拒絕。全球基金要求政府向NGO提供財政支持，因此，2005年北京設立了「國家愛滋病防治社會動員經費項目」，但只資助已註冊的NGO，於是大多數草根愛滋病NGO被排除在外。

在國際組織與國際NGO的協助下，中國地方層次的草根愛滋NGO有機會迅速發展，也得到豐富資源。2003年以前，中國愛滋NGO不到10個，並有半數是政府支持的GONGO。而在2006年，愛滋NGO的數量已經超過100個，其中大部分是由感染者組成。截至2010年為止，全球基金受助清單上的愛滋NGO有將近一千個，大部分都是無法在政府註冊的「草根組織」。隨著數量的成長，這些愛滋NGO彼此之間發展出密切的連結。筆者在2007年調查了存在於85個非國家行動者之間、涉及密切聯繫及緊密合作的組織關係網絡，其中有草根NGO、國際NGO，還有其他國際團體（王占璽 2015；圖6.3）。

圖6.3　中國境內的愛滋NGO之溝通網路與合作網路

溝通網路　　　　合作網路

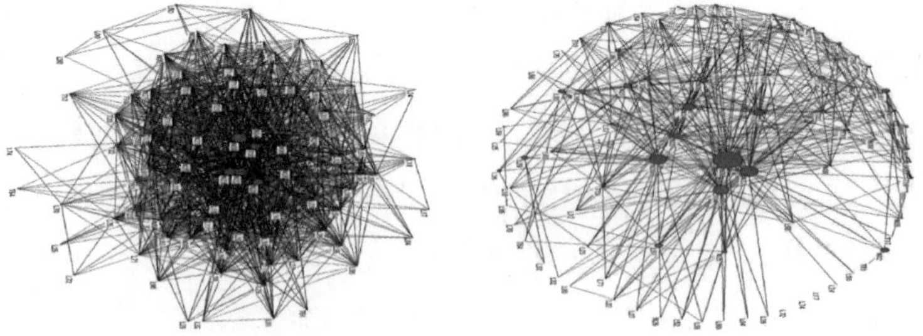

資料來源：王占璽（2015）。

請看圖6.3，圖中每個節點都是獨立的組織行動者，每條線都表示兩個組織之間有互動。左圖是溝通網路（communication network），節點之間的連線代表兩個組織固定交換資訊。至於右邊的合作網絡（collaboration network），節點之間的連線代表兩個組織在特定項目或任務中交換資源。平均而言，愛滋病領域的每個行動者與32個行動者分享資訊，並與十幾個行動者建立合作關係。此外，每個節點的大小和位置反映了它在整個網路中的重要性。UNAIDS在圖6.3中的互動規模（scope）比其他機構更大，並且維持著整個網絡的運行。進一步分析還顯示，國際行動者在網絡中的作用就像「層峰組織」（peak organization）（王占璽 2015）。

在密切聯繫的基礎上，愛滋NGO在2006年成立了三個組織聯盟，建立起跨組織的橫向聯繫與組織動員機制（表6.1）。

愛滋NGO的主要工作是投入各種救助與防治工作，並且投入維權抗爭或政策倡議活動。由於愛滋病NGO的日常運行還是要面臨許多的壓迫，它們在三個主要工作領域發展出對應的策略，以期在國家面前有更大生存空間。三個領域包括：愛滋救助

表6.1　三個愛滋NGO的組織聯盟

名稱	成立時間	發起組織	成員數量
中國愛滋病工作民間組織全國聯席會議	2006/05	愛知行	55
中國愛滋病病毒攜帶者聯盟	2006/11	愛之方舟	24
中國治療倡導網絡	2006/12	愛之關懷 紅樹林	不詳

與防治、政策倡議與維權抗爭、組織的橫向連結。

愛滋救助與防治。對於地方政府來說，取得國際行動者的援助，對於在社區啟動防治計畫相當關鍵。除了少部分專業組織（如中國性病愛滋病協會）外，大部分國家支持的GONGO如婦聯、工商聯，並不能深入感染群體，進行複雜的行為干預或治療倡導工作。而此種情況突顯出草根組織能夠在社區層次開展工作的優勢。雖然地方政府大多不樂意見到草根NGO的活動，以免地方上愛滋治理糟糕的程度因此曝光，但草根NGO能夠利用實際推展工作的成果，在地方爭取一定程度的政府承認。

這樣形式的政府承認是以資源交換為基礎的有限度合作。例如，河南新蔡縣的草根NGO在國際NGO支持下收容愛滋孤兒，而當地衛生局也在中央專項補助下開設孤兒院。然而，當地政府實際並未收容孤兒，而是以草根NGO的孤兒名單申請經費補助，並且將孤兒院的建築轉租給商店牟利。而當上級檢查或國際組織訪視時，便向草根NGO「借」孤兒應付檢查。而草根NGO則利用這種策略來換取地方政府的默許。

政策倡議與維權抗爭：追究血液安全問題中的政府責任，是愛滋NGO在政策倡議上的重點。而地方政府無法落實中央政府的救助政策時，也經常引起感染群體的不滿與抗爭。在愛滋議題上，中國政府並不特別容忍異議份子。積極的政策倡議人士如萬延海、胡佳、李丹，都長期受到安全部門的監控。2007年8月的一個晚上，我和李丹、萬延海一起吃飯。當時李丹正在籌劃三天後在廣州舉辦一場政策倡議活動，而晚飯結束後李丹便遭到安全部門逮捕軟禁，以阻止他前往廣州。

而更激烈的抗爭活動必然導致主事者被逮捕。然而，愛滋NGO能夠利用國際社會的聲援作為保護傘。例如2006年河南感染者組織的領導人李喜閣在北京上訪，因用鐵鍊鎖住衛生部大門而遭到逮捕。長期支持李喜閣及其草根NGO的愛知行，隨即透過國際媒體宣傳中國政府逮捕李喜閣的事情。三天以後，中國政府在國際關注下宣布釋放李喜閣。

組織的橫向連結：中國政府不願意見到社會力量進行跨區域動員與組織間的橫向連結。然而，在中國愛滋NGO的發展中，一個重要的特徵便是緊密的組織網絡。愛滋NGO建立橫向連結的管道是頻繁的組織間會議、培訓活動與項目合作關係。而這些活動的舉辦往往依託在國際機構的項目工作下，並且邀請國際組織、國際NGO與地方政府擔任共同主辦單位。中國政府與國際部門的緊密合作關係，使安全部門無法以「非法聚會」的名義阻止此類活動的舉行。就此，國際部門的支持為愛滋NGO的彼此連結提供了獨特的合法性。

NGO推動參與及資源分配

隨著國際社會的參與越來越多，中國政府漸漸地也越來越依賴國際資源，這也為公民社會參與政策過程開創新的機會。這一階段的兩個關鍵事件是中國國家協調機制的改革以及全球基金的暫停補助。前者為愛滋NGO和基層感染人群參與全球基金項目的政策過程提供了正式權力，而後者則使中國政府不再阻撓資金流向非政府組織。

中國與全球基金國家協調機制（country coordinating mechanism, CCM）**的改革**。全球基金的運作架構規定，每個接受捐款的國家都必須建立一套「國家協調機制」，作為最高的行政和監督機構。CCM負責規劃申請補助的國家項目，控制資金的分配、管理和監督。全球基金規定，CCM必須有政府、國際組織和公民社會的代表，且公民社會的代表必須在CCM中佔有40%以上的席位。在中國CCM，政府將公民社會的代表席次分配給GONGO，以確保一切事務都在國家控制下。公民社會既然無法派代表參加CCM，也就不能參與基金項目和資源分配的運作過程，而這種情況並不符合全球基金的要求。

自2003年成立以來，中國CCM一直因組織冗餘、不透明以及社會參與不足而受到批評。大多數國際行動者不承認GONGOs是真正的非政府組織，因此認定中國CCM並未遵守全球基金的規則。2004年，中國CCM的國際NGO代表——柯林頓基金會、救世軍（Salvation Army）和英國救助兒童會（Save the Children, UK）一同要求日內瓦的全球基金秘書處改革中國CCM。基金秘書處在調查後向中國CCM提交了一份改革計畫，要求中國CCM簡化結構，舉辦不同部門代表的選舉，並增加一個代表社區NGO的席位和一個愛滋病感染者組織的席位。

2006年3月，中國的CCM改組並選出新的代表。然而，愛滋NGO對此一結果並不滿意。愛知行和其他27個草根NGO向全球基金發出連署抗議信，質疑選舉結果，並抱怨中國CCM的章程仍然限制民間社會參與，因為章程規定兩個新部門的代表必須具有註冊身份。全球基金秘書處要求中國CCM在2007年之前重新選舉這兩個新部門的代表，並要求選舉結果要能充分反映相關團體的意見和利益。全球基金還警告，選舉的結果將影響到未來的補助。

根據這一要求，中國CCM成立特別工作組辦理新選舉。衛生部作為中國CCM中的政府代表，聲明：「雖然衛生部自願加入特別工作小組，但衛生部並未參加評估和實踐」（賈平 2009）。中國政府選擇不干預這次選舉，以免失去全球基金的補助。

新的選舉由UNAIDS辦理，有一套複雜的程序來確保選舉透明度和公正的代表性。首先，2006年11月在武漢召開一次會議決定選舉程序。會議允許108個愛滋草根NGO討論相關議題，包括選民和候選人的資格，劃分選區的方法，以及確保CCM代表反映選民利益的方法。各個愛滋NGO以投票方式決定了選舉程序。接下來，西安、北京和昆明也召開會議，以確保不同地區的NGO瞭解選舉方法，並鼓勵他們加入選舉。有超過170個草根NGO參加這些會議。第三，2007年3月舉行兩輪全國投票。兩個部門的多數人投票選出工作委員會，再由兩個工作委員會投票選出了兩名正式代表和兩名觀察員加入中國的CCM。在共產黨統治下的中國，這是首次非政黨組織透過公開與直接選舉選出全國代表，且公民社會的行動者在公共政策的政策過程中享有和政府平起平坐的地位。

全球基金暫停補助。雖然公民社會獲得前所未有的參與權力，但決策權仍在中國政府之手，資源分配也嚴重偏向官方部門，這違背了全球基金的規定，亦即接受補助的國家至少要把20%的資助撥給NGO。2010年5月，中國CCM的愛滋病毒帶原者代表、同時也是一個愛滋NGO的負責人——孟林，致信全球基金秘書處，抱怨中國政府未按照其接受補助的要求去支持NGO。這封信引起了全球基金的注意。

2010年7月，全球基金試圖與中國政府談判以改善上述狀況，但中國政府的反應冷淡。全球基金展開獨立調查，評估基金在中國各項目的表現和運作過程。兩位獨立調查員的報告證實，愛滋病草根NGO在資金和管理方面並未得到足夠支持。他們還發現其他問題，如資金遭到濫用、各項目運作缺乏協調。由於這些報告的緣故，2010年10月，全球基金暫停對中國愛滋防治項目的補助。六個月後，基金停止對中國的一切補助，抗議政府未採取相關行動來修補這些問題。

儘管北京在2010年把愛滋病相關預算增加一倍，但這是受到全球基金決定的影響。中國政府做出讓步，展現自己改善NGO情況的善意，衛生部部長陳竺召集特別工作組對相關問題展開調查，並會見NGO代表蒐集意見。政府隨後與全球基金達成協議，承諾給予NGO足夠的資金支持，並解決資金使用的問題。2011年5月，全球基金恢復對中國的補助。在這個過程中，全球基金行使財政影響力確保中國政府的順從。

結果

愛滋NGO在中國政府協調機制中的代表席次，讓公民社會和愛滋病病毒帶原者團體得以和政府平起平坐。這種權力並非來自中國政府或正式的政策過程，而是鑲嵌於全球基金在中國建立的制度架構。由於全球基金在中國愛滋治理中的關鍵角色，於是它有足夠的權力讓公民社會參與決定相關的政策制定和資源分配，並提高他們與政府的談判能力。

這種權力使愛滋NGO可以改善政策過程，保護自己的權利。例如，2008年3月，因為河南政府藥物儲備不夠，當地愛滋病感染者無法按時獲得免費的抗病毒藥物。人民要求基層政府解決迫切的醫療需求，但政府的回應並不友善。他們聯繫了河南的NGO領袖、中國CCM的觀察員段軍。段軍立即要求中國疾病預防控制中心解決此問題。隔日，中國疾病預防控制中心用空運向河南發送了3,500單位抗病藥物，並要求其他省份支援8,000單位，缺藥的危機在短短幾天內就化解。顯然，假如在中國CCM沒有這個席位，農村的愛滋病感染者不可能向中央層級的疾病預防控制中心表達他們的需求，並得到直接回應。

隨著中國與國際社會的合作持續深化，國際社會的影響力在2010年達到高峰。全球基金除了施壓要求中國政府遵守國際規範之外，還藉著暫緩補助，改變了政府對於支持NGO一事的態度。這本是NGO得以發展並改善國家與社會關係的契機。然而，事情改變之前，國際組織開始紛紛離開中國，使得愛滋治理的演化在未來五年朝向另一個方向發展。

第三階段：國家重新取得控制（2011～2015）

2011年後，國際和國內環境出現重大改變。一開始，隨著全球基金退出中國，國際社會對中國的態度也出現變化。習近平上臺之後，著手加強社會控制，努力削弱或切斷國內的社會行動者與國際支持者之間的聯繫。這些改變導致愛滋病治理結構回到國家主導的模式。

國際社群的改變

全球基金的退出。在前一階段，全球基金在中國愛滋治理中發揮關鍵作用，尤其是促進NGO的參與。但是2011年，全球基金不再資助中國的項目並退出中國，理由有二。

首先，全球基金大多數捐助者是西方發達國家。2007至2008年的全球金融危機衝擊西方國家的經濟，降低它們支持全球基金和其他國際計畫的意願和能力（WHO 2009）。相比之下，中國維持較高的經濟增長，至2010年已成為中上收入的經濟體。因此，國際社會開始質疑，中國為何在愛滋防治與其他醫療問題上仍獲得龐大的國際補助。全球基金其中一個創辦者周啟康（Jack Chow）指出，中國乃是全球基金第四大受援國的此一事實，根本不符合中國的經濟實力、對國際社會的貢獻程度以及其真正的健康需求。此外，中國正與撒哈拉以南非洲最貧窮的國家爭奪有限的資金。周啟康（2010）警告這正在侵蝕全球基金的財政基礎。同時，國際社會也期待中國承擔更多的國際責任，正如俄羅斯在2006年從國際援助的受援國轉變為捐助國時一樣。受到主要捐助方和公眾輿論的壓力，全球基金逐漸改變資助的決定。

其次，全球基金對中國政府毫無效率的工作和濫用資金感到失望。在中央政府層次，2009年麥肯錫全球研究院（McKinsey Global Institute）的報告指出，中國的基金項目在缺乏中央協調的情況下各自為政，不同的官僚部門之間並無合作。地方政府把全球基金的補助看成一筆額外預算，並不按照基金的規定去使用這些補貼（Huang and Jia, 2014）。此外，中國的中央和地方政府毫無興趣提高NGO的參與程度，讓他們協助籌措項目資金與執行項目。整體而言，這些問題妨礙全球基金項目在中國的成效與表現，使得全球基金失去在中國投資的信心和意願。

全球基金於2011年5月恢復向中國的捐款，但金額幾乎不到過去的一半。六個月後，全球基金決定把中國和其他G20高收入國家排除在援助名單之外，並在未來三年內結束既有的項目。全球基金提議幫助中國確保其制度架構持續發揮作用，但遭到中國拒絕。因此，隨著全球基金的退出，它在中國的影響力也快速消退。

其他國際非政府組織對中國的態度改變

全球基金退出標誌中國愛滋治理演化的一個轉折點，因為許多國際NGO同樣減少對中國國內NGO的支持。著名的愛滋病倡議者萬延海在2012年受訪時說：「近年來，國際NGO不再堅持民主、人權和社會參與的價值，並減少對國內愛滋病NGO的支持。反之，他們轉而順從國家的意志，確保他們在中國的生存空間」（訪談記錄，2012年6月15日）。

國際NGO改變態度的理由有三。首先，有一些國際NGO對於愛滋NGO的表現不滿。愛滋NGO的發展速度超過其他領域的NGO，但是它們的運作狀況從未達到國際NGO要求的水準。例如，蓋茨基金會資助國內的愛滋NGO對高危人群做HIV檢測，並發獎金給做血液檢測的人，以便吸引NGO以及潛在的感染者。然而，這項計畫受到批評，因為有一些NGO與受試者認為這是一個簡單賺錢的方法，一天做好幾次檢測。2009年《紐約時報》報導這個故事，並批評國內的NGO和基金會（Jacobs 2009），這樣的報導使得愛滋NGO及國際支持者的形象大壞。蓋茨基金會促進NGO參與的計畫於2012年結束，之後他們在中國的目標轉向發展醫療技術，不再支持公民社會。

其次，全球基金撤出也使得其他國際NGO難以支持中國公民社會。許多國際團體都在特定部門努力。例如，救世軍專注於農村扶貧，而瑪麗．斯托普斯國際則專注於改善生殖健康。他們之所以加入支持國內NGO，是根據全球基金在中國建立的制度架構；或者他們是靠著全球基金的補助獲得額外資源，為國內的NGO開展工作。全球基金退出後，儘管他們仍然願意支持國內的愛滋NGO，但是卻少了必要的制度環境及外部資源。

國際NGO受到中國政府的壓力越來越大，特別是2007年中國CCM的改革之後。一個國際NGO的負責人在2007年受訪時說：「國安辦公室多次要求國際NGO報告工作計畫以及我們和國內NGO的互動。雖然這並未威脅到我們的生存，但我們感到的壓力越來越大」（訪談記錄，2007年8月20日）。

這和中國其他國際NGO一樣，處理愛滋治理問題的NGO也面臨不清楚的監管環境，並且必須處理好與政府的關係。隨著政府逐步施壓，其中一些組織也逐漸減少對公民社會的支持。

國際社群的態度改變，明顯減少國內愛滋NGO的資源和制度空間。2011年後，愛滋NGO的數量迅速減少。有一些NGO領袖轉而下海經商，還有一些則是移居海外。

國家層面的改變

中國對全球基金退出的回應。大約從2010年起，中國面臨國際社會的施壓以及國際援助的不確定性，尤其是全球基金暫停補助對中國愛滋病項目。儘管有此變化，但中國政府仍然履行抗擊愛滋病的承諾，並得到國際社會的積極回應。2010年9月，溫家寶承諾在未來三年內把中國對全球基金的捐款提高到1,400萬美元。政府也增加對愛滋治理的財政投入。

當時另一個重要因素是醫療改革。2009年，中國著手深化醫療和衛生系統的改革，把政府的醫療支出從2009年的4,816億元增加到2015年的12,530億元（Meng et al. 2015）。雖然愛滋病的防治並非醫療改革的重點，但它仍從醫療衛生的總體預算增加中得益。

圖6.4　中國對於愛滋治理的財政支持，2011～2015

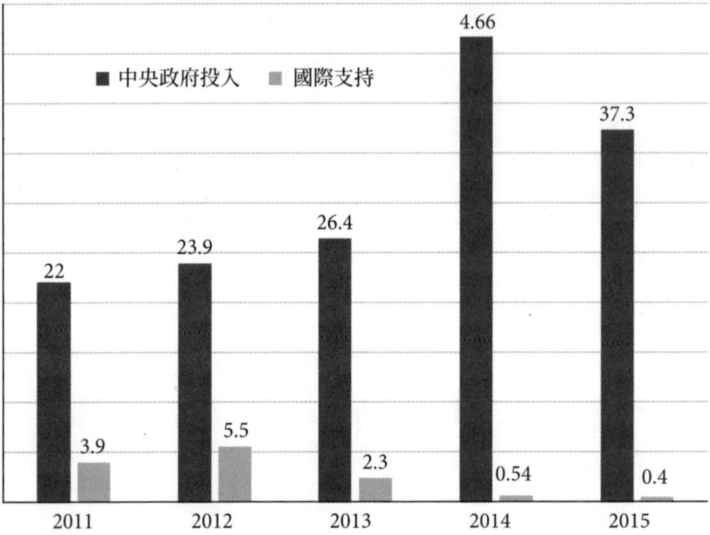

資料來源：中國國家衛生和計劃生育委員會（2015）、馬英鵬等（2016）。

2011年，中央政府對愛滋治理的投入達到22億，是前一年的兩倍。2014年，中央政府投入達到46.6億元；與此同時，國際援助下降到5,400萬（僅占愛滋治理整體支出的1.1%；圖6.4）。隨著防治愛滋病的支出迅速由國家主導，國際社會在愛滋治理中的影響力迅速下降。

習近平時代的國家治理戰略。胡錦濤時代的後期，愛滋防治的治理結構出現改變，2012年習近平主政後加快改變的速度。相較於胡錦濤時期，習近平對NGO採取更嚴格的立場，尤其是接受國際援助的NGO。2015年至2016年，政府在全國逮捕多名維權律師，也分別在北京及廣東抓了幾名女權運動者和工人組織的負責人。政府指控這些人勾結外國勢力，破壞社會穩定。習近平在2016年頒佈《境外非政府組織境內活動管理辦法》，加強對國際NGO的直接控制。法律要求境外NGO的各項行動都要獲得政府批准，防止他們在未獲得政府許可的情況下與國內NGO合作或是給予支持。顯然，中國政府想要防止境外勢力透過資源補貼及行動的支持來加強社會力量，而這正是愛滋治理和其他類似的政策領域所出現的局面。

雖然愛滋NGO在2012年之前就已經迅速減少，但習近平的壓制行動給殘存的社會服務團體帶來更大的壓力。少數國際NGO在2012年之後仍在資助國內社福團體，但這種關係也在2017年之後變成非法。中國政府加強對愛滋病倡議者的監控以防止抗議活動。河南一名作家和愛滋病維權人士抱怨：「雖然我幾乎已經從愛滋病議題退下來，但公安或國保還是每個禮拜都上門，問我和誰聯繫，打算外出去哪，還有我打算做什麼。假如我出遠門幾天，他們會在我回來的隔天就來找我」（訪談記錄，2017年7月20日）。

中國政府仍然允許NGO參與愛滋治理，但要在政府體制下工作。2015年，政府成立新的官方基金：中國社會組織參與愛滋病防治基金（China AIDS Fund for Non-Governmental Organizations），讓國家更容易控制愛滋NGO的資源匯集和分配。該基金把各項國際援助整合到一個官方資助機制下，並設立統一渠道把資源分配給各個愛滋NGO。2016年，新基金的第一輪項目向近千個NGO發放補助。其中半數是由護理師與病人在醫院成立的、支持愛滋病患的NGO，另外一半則是由地方衛生部門成立的GONGO或是同性戀群體在社區成立的NGO。這些組織對於愛滋病的防治都有實質貢獻，然而，它們按政府的計畫運作，不再從事權利保護、法律宣導或參與愛滋病政策。

結果

近年來，已經沒有富影響力的國際行動者或國內倡議團體參與中國的愛滋治理。2010至2012年之間愛滋治理的經費來源發生劇烈變化，再加上習近平主政下強化政府控制，國家重新獲得主導地位，並在「國家購買服務」的模式下重新打造國家與社會關係。因為國家控制了外部資源，中國的愛滋NGO面臨與其他健康慈善團體相同的情況，普遍受制於國家給予的空間和限制（Huang 2019）。獨立自主的社會力量和外部行為者退出之後，政府再次掩蓋住一些問題，如濫用資金、未妥善處理病毒帶原者需求，以及新發現的感染方式。公民社會在實踐中的參與仍然有限，並被排除在政策過程之外。

分析與結論

自21世紀初以來，中國的愛滋治理以一種循環的方式演化。第一階段，中國政府採取傳統的威權方式：對疫情的控制毫無作為，隱藏訊息並且無視國內和國際行動者的呼籲。在第二階段，愛滋病的治理模式向利益相關者開放。國家允許國際社會影響政策，並開始依靠國際援助來處理愛滋病和其他醫療問題。國際支持也有助於愛滋NGOs迅速發展。受到國際社會的壓力，中國政府最終被迫允許公民社會參與政策制定。然而，當國際行動者退出中國之後，隨著國家能力的增強，愛滋治理又回到國家主導的模式。

中國愛滋治理的變化如此極端，因此從方法論上來說可以看作一起重要案例，有助於我們理解中國國家社會關係的變化，以及韌性政體的彈性及限制。

多層次與進行中的互動

在多階段的演化過程中，國家、公民社會和國際社會的三方關係隨著時間推移而出現許多變化。這反映出三者間的關係本質上並不穩定：情況可能迅速往一個方向發展，然後再急轉直下往另一個方向。如果採取單一的靜態模型將難以解釋國家與社會關係的演變，又或是無法評估國家及社會究竟是強或弱。從歷時性（diachronically）的角度審視國家與社會的互動，有助於理解每個行為者的意圖、能力和機會，並且理解他們的策略互動如何形塑在不同階段出現的暫時性結果。

轉型過程的動態變化意味著多層次的互動。最高層次是中國與國際社會的互動，也就是國際社會對中國的期望和影響，以及中國配合的意願。中間層次是在中國的國際行動者（如全球基金）和特定政府部門（包括衛生部）之間的互動，反映出雙方的能力和意圖。最底層的是愛滋NGO和周圍的政治環境，包括衛生部和地方政府。高層次的互動推動愛滋治理的變化，並從一個階段延續到下個階段。在較低層次的互動，行動者的意圖、能力和機會受到既有環境條件所限，而環境又不斷受到上一層次的互動所形塑。底層和中層的過渡並不完全由高層的互動所決定，而是因行動者的互動結果而固化（crystallized）。不論在哪一個層次，若行動者追求改變，他們都會利用眼前的機會並調動環境中的資源，以影響其他行動者，使其在反覆接觸時的態度及行為產生變化。這是一個持續的動態過程：每一步的結果都影響著下一次互動的條件。

國際社群的影響力

21世紀前十年，國際行動者普遍支持特定國內NGO與社會行動者利用國際規範來說服中國政府。在本文案例中，國際行動者改變中國對國內社會問題的態度，擴大它們在國家和系統層面的影響，並幫助國內NGO取得參與政策所需的地位。這種罕見的事態顯示出，在此種情境下，國際社會可以影響中國政府與中國的國家社會關係。

國際社會擁有可觀的規範性、制度性及財政資源，而國家渴望得到國際認可。在愛滋治理的不同階段，國際行動者的策略行動以及他們和國家的互動，都影響到具體結果。第一階段結束時，國際社會的倡議工作清楚傳達出國際社會對中國的期望，引起新一代中央領導人的關注和正面回應。高層互動使愛滋治理進入第二階段，此時的互動發生在中層。政府機構（如衛生部）負責愛滋病的治理，但沒有什麼行政權力或財政資源，不得不依賴國際資源提高自己的能力。這種情況下，國際組織（如全球基金）很有條件和衛生部討價還價，而全球基金利用這股力量，促使衛生部提供公民社會參與的權力，並給予充足的財政支持。這些改變都是透過基金的策略行動所實現，如調查、抗議和暫停撥款。

然而，這個案例也說明國際社會獲得的成果是有限且不穩定的。即使在第二階段，國際社群希望把外部規範和制度引入中國，但卻受到政治現實的阻撓。衛生部以及其他政府部門和地方政府都不願意改變原本的做法，並且持續抵制國際影響，拖延國際社會期冀的變化。2011年後國際對中國的影響衰退，這一點提醒了我們，國際行動者在中國的角色並不穩定。當高層發生進一步變化時，國際行動者會放棄他們在中國的努力，留下國內的社會行動者去面對自己的國家。

社會行動者策略行動的力量

愛滋NGO的成長對中國政府來說是一個非意圖的結果。假如缺少國際支持，社會部門不可能出現前述第二階段的發展。然而我們不應該忽視公民社會的角色。社會行動者雖然面對國家的壓制，卻動員了國際資源推動國家變革，這反映出一個脆弱社會部門的堅強性格。在第一階段，高耀潔跟萬延海等社會倡議人士成功吸引國際社會對中國愛滋問題的關注。當國際行動者在第二階段開始參與愛滋治理時，愛滋NGO在國際支持下發展壯大，儘管他們仍然要與缺乏善意的政府打交道，也要為地方政府提供愛滋病防治服務或是利用國際保護，來擴展自己相對於國家的運作空間，進而提升自身的組織化與抗爭能力。愛滋NGO努力爭取正式地位以參與政策並取得資源。公民社會的行動者積極啟動改革議程，並且動員國際支持以改變他們與國家的關係。換句話說，國家與社會關係並非單方面由國家所決定，而是鑲嵌在雙方的互動過程中。但是當國際行動者撤回支持，上述成就並不能保證愛滋NGO的地位。進入第三階段時，隨著國際行動者的離開，社會行動者迅速衰退。留下來的愛滋NGO別無選擇，只能服從於國家，依靠政府資源。公民社會並沒有足夠的力量在少了國際支持的情況下自行發展。

威權韌性與調適

大約從2000年開始，非國家行動者在愛滋治理政策過程中的角色有時擴大有時縮小。例如，中國政府在特定情況下會把政策過程中的權力分享給利益相關者，但這種變化事實上並不穩定。國家變革的彈性和局限，可歸因於政權的幾個面向。

首先，在本文案例中國家領導人的態度是必要條件。假如沒有胡錦濤和溫家寶的支持，衛生部不可能擅作主張加強與國際社會合作。國家領導人的態度反映出他們的性格及其在特定時期的策略目標。胡溫藉著解決國內社會問題來追求國際的認可，於是創造出一個政治空間，使衛生部與國際社群可以密切互動。隨後，習近平根據自己的策略目標重塑政治空間，如排除國際行動者對中國內部事務的干預。即使全球基金未自行離開，習近平顯然也不會允許這樣一個有影響力的外部行動者在中國繼續以同樣的模式運作。也就是說，威權韌性取決於國家領導者。

其次，國家主要代理人的偏好也很重要。本文案例的主要代理人是衛生部，他們原本缺乏處理衛生危機的行政權力和財政資源。隨後，中國的政治氣氛隨領導更替而出現變化，使得衛生部有機會藉著國際社會提高其治理能力和行政權力。因此，衛生部允許外部行動者加入政策過程並展現影響力。這種資源的依賴甚至改變衛生部對公民社會的態度。但是在其他領域，假如主要的國家代理人替換為更強大的實體（如公安部），結果就會截然不同。

彈性受到政治慣性（inertia）的限制。即使有中央領導的支持與政府部門的讓步，所能採取的彈性仍受限於其他官僚部門。在第二階段，儘管衛生部逐漸接受公民社會的影響力，但民政部並不接受，而且NGO的空間也受到安全部門和地方政府的威脅。國際行動者努力改變政府行為之舉，也受到政府內部的反彈所阻擋。即使是一個特定領域的國家代理人或一個國家領導人，也很難克服結構性障礙，像是濫用資金、部門間缺乏協調、以及無意向公民社會分享權力。或許，限制政權適應能力的最穩定的因素不是領導人的意願或特定代理人的偏好，而是鑲嵌在威權官僚體制中的觀念和習慣。

問責有限。自2010年以來，有一些地方官員因愛滋治理上的腐敗而受到懲處，但是1990年代末掩蓋愛滋疫情一事仍未受到調查。當時李長春和李克強先後擔任河南省委書記，本應承擔責任。但兩人後來都被選為政治局常委。實際上，基層官員要為過失扛起責任，但高層卻免於政治責任。這呈現出政治穩定和統治集團的利益仍是優先的。

最後，威權政體的社會管理模式缺乏效率。愛滋NGO迅速發展，並在國際支持下要求參與，這些事情為中國統治者上了寶貴的一課，國家現在認為要防範於未然。習近平主政之後，社會行動者與國際上的聯繫被視為嚴重威脅政權穩定，《境外非政府組織法》禁止國際對國內NGO的直接支持。除了這些堅定的策略外，國家還加強對社會部門的資源控制。隨著國際行動者的角色改變，以及國家加強控制，非國家行動者的施壓減少，國家回應社會需求和分享政府權力的意願也隨之下滑。儘管國家願意給予社會行動者有限的渠道參與政策，但它並不允許隨著社會參與而出現進一步的政治變動。

整體而言，本文案例提醒我們，中國的國家社會關係既非同質（homogeneous）也不穩定，一切取決於特定問題脈絡和不同行動者之間的持續互動。即使在同一個特定領域，除了國家的偏好之外，國家和社會的互動也在起作用。此外，每個階段的互動都會帶來非預期的結果。最後，演化式治理的分析架構捕捉了不同行動者以動態方式呈現的利益及策略，如此一來提供具有洞察力的視野，讓我們深入瞭解國家與社會關係的轉型機制。

疾病的威權治理

當國際和社會行動者試圖參與愛滋治理，他們的基本目的是希望改善中國政府疾病防控的透明度、效率、公平性和問責制。然而在習近平時代，黨國幾乎在所有的政策領域中都重新壟斷政治權力，並且壓制外部行為者的生存和參與空間。儘管政府的疾病防控體系在過去二十年有所改善，但2019年底和2020年初爆發的新冠肺炎疫情卻清楚地提醒人們，威權政體在管控傳染病方面能力有限。

當獨立的外部行動者只被允許在外圍監督和參與疫情監測，中國政府發佈公衛資訊的速度和準確性可能會受到高層政治的影響，因而降低國內社會和國際社會的信任。同時，如果沒有社會力量的幫助，表示中國政府要依靠強制手段來遏制疫情擴散。面對不當的監管或不適當的治療方式，公眾缺乏影響公共政策的渠道。此外，在黨國自上而下的資源動員過程中，非政府組織無法像2008年汶川（四川）地震後那樣發揮援助功能。

最終，在缺乏社會支持和信任的情況下，（另一場）公衛危機的威脅就會逼近。新冠肺炎對於經濟、社會和健康的衝擊更勝非典，也削弱習近平領導下中國共產黨的正當性。究竟黨國體制是要採取鎮壓策略維持政治權力，或是允許社會參與以提高治理的品質，這仍然是威權主義下演化治理的核心困境。

參考書目

中國國家衛生和計劃生育委員會，2015，《2015年中國艾滋病防治進展報告》，http://www.unaids.org.cn/cn/index/Document_view.asp?id=875。

中國衛生部，2009，〈陳竺部長出席第五屆中國艾滋病防治國際合作項目經驗交流會〉，《新浪網》，11月24日，http://news.sina.com.cn/o/2009-11-24/103616659429s.shtml，查閱時間：2022/10/20。

——，2010，〈衛生部印發艾滋病等重大疾病防治管理方案的通知〉，《中國政府網》，9月17日，http://big5.www.gov.cn/gate/big5/www.gov.cn/gzdt/2010-09/17/content_1704656.htm，查閱時間：2022/10/20。

王占璽，2015，〈社會網絡分析與中國研究：關係網絡的測量與分析〉，《中國大陸研究》，58(2)：23–59。

朱新義、崔兆麟、黃祚軍、朱伯健、汪寧，2008，〈中原地區某村既往有償獻血人群艾滋病發病和死亡規律〉，《中華預防醫學雜誌》，42(12)：906–10。

吳儀，2004，〈抓住時機積極探索，全面推進艾滋病防治工作〉，中國疾病預防控制中心性病艾滋病預防控制中心編，《中國艾滋病防治政策文件匯編》：10-30，北京：國務院防治艾滋病工作委員會辦公室。

胡錦濤，2003，〈國家主席胡錦濤對艾滋病預防工作的指示〉，《中國艾滋防治信息》，38：1。

馬英鵬、于冬藝、辜嶸、呂柯，2016，〈2010-2015年我國艾滋病防治經費投入狀況分析〉，《中國艾滋病性病》，22(12)：991–93。

溫家寶，2004，〈全社會共同努力，有效預防和控制艾滋病〉，中國疾病預防控制中心性病艾滋病預防控制中心編，《中國艾滋病防治政策文件匯編》：1-5，北京：國務院防治艾滋病工作委員會辦公室。

賈平，2009，《萌芽中的民主：2006-2007年中國草根非政府組織代表選舉報告》，北京：中國全球基金觀察項目。

Cai, Yongshun, and Jing Zhang. 2016. "Niche, Connections and NGO Operation in China." *Journal of Chinese Governance* 1.2: 269–83.

Chow, Jack. 2010. "China's Billion-Dollar Aid Appetite." *Foreign Policy*, July 19. http://www.foreignpolicy.com/articles/2010/07/19/chinas_billion_dollar_aid_appetite.

Gao Qiang. 2003. "Speech by Executive Vice Minister of Health, Mr. Gao Qiang, at the HIV/AIDS High-level Meeting of the UN General Assembly." http://un.china-mission.gov.cn/eng/lhghyywj/smhwj/wangnian/fy03/200309/t20030922_8416110.htm.

Gåsemyr, Hans Jørgen. 2015. "Twenty Years of Mobilising around AIDS in China: The

Main Actors and Influences behind Organisational Growth." *Asian Studies Review* 39.4: 609–27.

———. 2016. "Networks and Campaigns but Not Movements: Collective Action in the Disciplining Chinese State." *Journal of Civil Society* 12.4: 394–410.

———. 2017. "Navigation, Circumvention and Brokerage: The Tricks of the Trade of Developing NGOs in China." *China Quarterly* 229: 86–106.

Hesketh, Therese. 2007. "HIV/AIDS in China: The Numbers Problem." *Lancet* 369.9562: 621–23.

Hildebreadt, Timothy. 2015. "From NGO to Enterprise: The Political Economy of Activist Adaptation in China." In *NGO Governance and Management in China*, edited by R. Hasmath and J. Y. J. Hsu, 121–35. London: Routledge.

Huang, Yanzhong. 2019. "At the Mercy of the State: Health Philanthropy in China." *VOLUNTAS: International Journal of Voluntary and Nonprofit Organizations* 30: 634–46.

Huang Yanzhong and Jia Ping. 2014. "The Global Fund's China Legacy." International Institutions and Global Governance Working Paper, Council on Foreign Relations.

Jacobs, Andrew. 2009. "H.I.V. Tests Turn Blood into Cash in China." *New York Times*, December 2. http://www.nytimes.com/2009/12/03/health/policy/03china.html.

Lo, Catherine Yuk-ping. 2018. "Securitizing HIV/AIDS: A Game Changer in State-Societal Relations in China?" *Globalization and Health* 14.1: 50.

Long, Yan. 2018. "The Contradictory Impact of Transnational AIDS Institutions on State Repression in China, 1989–2013." *American Journal of Sociology* 124.2: 309–66.

Meng Qingyue, Yang Hongwei, Chen Wen, Sun Qiang, and Liu Xiaoyun. 2015. "People's Republic of China Health System Review." *Health Systems in Transition* 5.7.

Ming Xu and Shi-xue Li. 2015. "Analysis of Good Practice of Public Health Emergency Operations Centers." *Asian Pacific Journal of Tropical Medicine* 8.8: 677–82.

Shirk, Susan. 2007. *China: Fragile Superpower*. Oxford: Oxford University Press.

Sun, Xinhua, Ning Wang, Dongmin Li, Xiwen Zheng, Shuquan Qu, Lan Wang, Fan Lu, Katharine Poundstone, and Lu Wang. 2007. "The Development of HIV/AIDS Surveillance in China." *AIDS* 21: S33–S38.

UNAIDS. 1999. "From Principle to Practice: Greater Involvement of People Living with or Affected by HIV/AIDS (GIPA)." UNAIDS. http://data.unaids.org/Publications/IRC-pub01/JC252-GIPA-i_en.pdf.

UNDP. 2007. "United Nations Development Programme at Work in China: Annual

Report 2007/2008." UNDP. http://www.undp.org/content/dam/china/docs/Publications/UNDP-CH-AR-Publications-Annual-Report-20072008.pdf.

Wang, Li, Zhihao Wang, Qinglian Ma, Guixia Fang, and Jinxia Yang. 2019. "The Development and Reform of Public Health in China from 1949 to 2019." *Global Health* 15.1: 45.

Wang, Qun, and Yanran Yao. 2016. "Resource Dependence and Government-NGO Relationship in China." *China Nonprofit Review* 8.1: 27–51.

WHO. 2009. "The Financial Crisis and Global Health." WHO Information Note 2009/1. http://www.who.int/mediacentre/events/meetings/2009_financial_crisis_report_en_.pdf.

Wu Zunyou, Sheena G. Sullivan, Wang Yu, Mary Jane Rotheram-Borus, and Roger Detels. 2007. "Evolution of China's Response to HIV/AIDS." *Lancet* 369.9562: 679–90.

Xue, Bin. 2007. "HIV/AIDS Policy and Policy Evolution in China." *International Journal of STD and AIDS* 16: 459–64.

Yu, Zhiyuan. 2016. "The Effects of Resources, Political Opportunities and Organisational Ecology on the Growth Trajectories of AIDS NGOs in China." *VOLUNTAS: International Journal of Voluntary and Nonprofit Organizations* 27.5: 2252–73.

7 非零和賽局：中國的國家社會互動和反垃圾焚燒廠運動

徐斯儉、王敬智

摘要

自2009年開始，中國發生了多場居民反對政府在住宅區附近建造垃圾焚燒發電廠（以下簡稱焚燒廠）的運動，而這些運動是否影響或扭轉威權的政府決策，引發了各界的關注。對於這些反焚燒廠運動的研究往往有一個共性，也就是聚焦於抗議者和地方政府之間的第一輪互動，因而過分強調國家與社會在這個階段出現的零和特質，也即「一方要建，一方不讓建」。而根據對北京阿蘇衛和廣州番禺兩場反焚燒廠運動的探究，本章作者提出以下觀察：首先，如果採演化動態式的觀察視角，反焚燒廠運動之中的國家與社會互動未必屬於零和。第二，國家和社會行動者採取的策略種類和時序，大大影響兩者互動的最終結果。第三，兩方的政策論述不僅是用來壓倒對手的工具，也可以用來吸納對手的主張。所以，只要有適當的互動出現，中國的國家和社會行動者在處理公共治理議題上進行合作並非不可能。

根據世界銀行（World Bank 2005）的報告，中國已在2004年取代美國，成為世界上製造最多城市垃圾的國家，世界銀行還估計2030年中國的城市垃圾量將進一步增加為2004年的1.5倍。垃圾的爆炸性增長導致中國出現「垃圾圍城」現象，如何適當處理快速工業化和城市化所產生的廢棄物，已成為中國地方政府最急迫的問題之一。2007年，中華人民共和國國務院頒佈《十一五國家城市垃圾無害化處理設施建設指南》，指出由於東部沿海地區土地不足，垃圾掩埋不能再作為處理城市垃圾的主要方法，而必須把垃圾焚燒納入作為必要的政策選項。既然中央已明確決策，地方政府便開始「大幹快上」興建焚燒廠，中國也就迎來了一個「垃圾焚燒大躍進」時期（于達維 2012）。

由於中國的威權體制，一般人缺乏對公共事務發聲的有效管道，所以地方政府既不會就興建焚燒廠與居民協商，也不會告知居民焚燒廠開始運作後的潛在風險，遑論建立進一步的監管機制，這是造成反焚燒廠運動在中國頻發的主因。自2006年北京居民組織了一場反對在六里屯地區興建焚燒廠的運動以來，中國的反焚燒廠運動開始此起彼落，有些成功阻建，有些則無疾而終。研究這些案例的學者認為，儘管中國不具備有效的民主機制，但社會行動者卻可能影響公共政策。例如，陳曉運（2012）指出，G市的反焚燒廠運動藉著網路作為動員平臺，發展出「去組織化」的運動策略，因此能避免國家壓制。強森（Thomas Johnson 2013）比較北京六里屯、阿蘇衛以及廣州番禺的案例指出，三場反焚抗爭之所以成功促使地方政府停建或緩建焚燒廠，很大部分原因是因為抗爭者在議題框構（issue framing）的層面上，提出了一套有說服力的替代性敘事（alternative narrative）和政策建議，來挑戰既有政策。此外，抗爭者將不滿情緒的層次提升，使其超越地方利益受損的範圍，而指向更廣泛的公共利益和環境保護的政策倡議。如此一來，他們成功避免被貼上自私的標籤，且佔據道德制高點和主導議程設定，因此能夠迫使政府低頭。梁景文與許英（Graeme Lang and Ying Xu 2013）在比較北京六里屯和廣州番禺兩場反焚燒廠運動後，則強調抗爭者的關係網絡和「政治機會結構」兩項因素。六里屯居民通過人脈得到專家和環保官員的支持，而番禺則因為居民不少人本身是媒體從業者，因此受到媒體大量關注。而兩場運動的時間點都遇上國際盛會：六里屯的抗爭發生在2008年北京奧運會前，而番禺抗爭發生在2010年廣州亞運會前，對於兩地政府來說，維穩的壓力顯然也是他們願意讓步的關鍵。

若從政策過程的角度來考察反焚運動，過去用來描述中國政府決策的破碎威權（fragmented authoritarianism）模型的確如毛學峰（Andrew Mertha 2009）所說已經鬆動；決策過程原本是從上而下且單向，如今在政策執行的層次已有越來越多由下而上的政策倡議（policy initiatives），過去被排除在外的行為者有機會與資源在政策過程內發揮影響力。班雅明（Malte Benjamins 2014）以發生在北京的反建南宮焚燒廠一案為例，說明即便中國是威權體制，但一些體制外的行為者已經可以通過與其他行為者結盟的方式來影響政策執行。在這個案例中，中國環保非政府組織（Non-Governmental Organization, NGO）在無法影響政府建廠決定的情況下，轉而對該項目投資方的德國復興信貸銀行（Kreditanstalt für Wiederaufbau, KfW）進行遊說和媒體施壓，促使其重新考慮對該項目的投資，藉此間接向北京市政府施壓。雖然最後此案因為這些NGO和德國復興信貸銀行的政策偏好不同，因此未能形成有效的政策聯盟，但卻也顯示中國的反建焚燒廠運動不一定僅能靠群眾動員或議題框構才能奏效，還可以透過具備議價權力（bargaining power）甚至否決權力（veto power）的行為者，藉由與其結盟，借力使力影響政府決策。

這些研究對個別反焚燒廠運動成敗的解釋固然有所不同，但都存在以下幾點限制。第一，他們多將分析重心放在社會行動者的策略與行為，把國家視為僅會被動回應的角色。第二，部分研究只呈現事件的片段，因此忽視了行動者在較長互動過程中為了回應對方行動所做的策略調整。第三，部分研究將依變項設定的過於狹窄，把國家與社會關係視為「零和賽局」，僅關注反焚燒廠運動是否能夠改變國家的政策立場，也就是停建焚燒廠。反之，本章試圖指出當社會成功影響國家的政策立場時，其原因可能是來自於雙方的合作，而非只有一方出招一方接招的對抗過程。

本章將反焚燒廠運動分成不同階段，動態分析不同階段兩方行動者採取的策略，並解釋一方的策略如何影響另一方採取的策略；當其中一方的策略使得另一方更傾向合作而非對抗，結果更有可能是雙贏。接下來，作者將個別分析北京和廣州的案例，最後對這兩個案例進行比較，並試圖詮釋本研究對於理解中國威權體制下的動態治理，代表何種意義。

北京阿蘇衛反垃圾焚燒廠運動

阿蘇衛城市垃圾綜合處理中心位於北京市昌平區小湯山鎮阿蘇衛村附近，它是一個垃圾填埋場，負責處理來自北京東城區、西城區、昌平區及朝陽區的城市垃圾。該中心可處理的城市垃圾數量從最初的1,500噸增加到後來的近7,000噸，一度是北京最大的垃圾處理場。由於北京快速城市化，垃圾大增，填埋場容量很快耗竭了，北京市政府便打算建造垃圾焚燒廠以解燃眉之急。想當然爾，焚燒廠的預定位置及相關資訊並未清楚向當地民眾公開。

第一階段：衝突抗爭

2009年7月底，附近的小區業主在小湯山鎮政府大廳偶然發現《北京阿蘇衛生活垃圾焚燒發電廠工程環境影響評價公示》，經由人際及網路宣傳後，建廠預定地附近幾個小區業主決定行動起來反對焚燒廠興建。他們先向小湯山鎮政府反映，為何一個規模如此大且有環境風險的項目在興建前，未曾廣泛告知並諮詢廠址附近居民？但鎮政府未給予明確回應。接下來他們試著到北京市環保局上訪，官員接見時暗示他們找錯單位，因為環保局是市政府的下屬單位，雖然負責批覆焚燒廠環評，但那只是走過場的形式，並沒有實質意義（訪談記錄，2013年1月）。

在循制度化途徑與政府溝通卻無效的情況下，業主們決定「非制度化」地表達反建的意願。他們在8月1日遊行，隊伍內總共58輛車，每輛車上都貼著「堅決抵制二噁英危害」[1]的標語，在可能被焚燒廠影響到的區域巡遊。結果，在「車遊」結束後當天晚上，業主旋即接到小湯山鎮鎮長的電話，表示政府願意與業主溝通，希望他們隔日派20位居民代表前來鎮政府。

8月2日，北京市政市容管理委員會（以下簡稱市政管委）的官員、昌平區副區長、鎮政府領導以及清華大學負責環評的人員到了現場與業主代表進行座談。針對垃圾掩埋場臭味擾人的問題以及焚燒廠環評公示不夠公開的問題，業主提出了質疑，相關單位承諾將改善這些問題。座談後，主管北京市垃圾處理的市政管委的確採取了措施整治垃圾掩埋場的臭味，環評公示也於8月14日被刊登在《北京日報》上。就政府的角度而言，他們已經正面回應業主們的意見，但在業主看來，那場座談的目的不過是「做工作」和「維穩」，政府只選擇一些能立即改善的問題加以回應，根本沒有要認真要跟他們溝通並處理反建的意見。

眼見政府只是做一些臨時性調整和修補性回應，而業主們到政府各單位上訪又被互相推諉，且爭取媒體報導也收效不大，於是業主們決定利用北京市政府舉辦「2009年北京環境衛生博覽會」的機會到場抗議，爭取政府高層和社會大眾的注意。當然他們也知道在中國的政治背景下，發起遊行伴隨著一定的政治風險，所以他們依據《中華人民共和國集會遊行示威法》向北京市公安機關遞交了遊行申請書，其中載明了遊行目的、時間、地點、

1　二噁英即Dioxin，臺灣一般譯為戴奧辛。

路線和人數等細節，但公安機關拒絕接受申請，也拒絕出具不予受理申請的書面證明（訪談記錄，2011年12月15日）。在無法取得官方准許的情況下，業主再一次「非制度化」地表達意見。9月4日當天。他們動員上百人到了會場，舉著「反建阿蘇衛，保衛北京城」之類的各式標語橫幅抗議。業主原本盤算，只要不喊口號不妨礙會議進行，政府應該會睜一隻眼閉一隻眼。但他們沒估計到的是，時值中國建國60週年國慶前夕，時機敏感，即便他們自認溫和理性且毫無政治意圖，還是被北京市公安取締，十多名業主當場被捕拘留，還有一些業主事後遭到警方傳訊，業主將此稱為「九四事件」。

第二階段：業主從從抗爭轉向說理，政府從鎮壓轉向接觸

「九四事件」是阿蘇衛反建焚燒廠行動的第一個轉折點，不少親身體驗到政治風險為何物的業主退出，而留下的人也開始反省，這種直接跟政府對著幹的「非制度化」反建行動，是不是真的能夠有效影響政府。在試過接觸政府和對抗政府兩條路後，反建業主嘗試走另外一條路徑：爭取垃圾處理上的話語權。他們換位從政府的角度思考，畢竟每個人的日常生活都生產垃圾，如果只是單方面的要求政府不蓋垃圾焚燒廠，等於是不負責任地把垃圾問題丟回給政府和社會。所以，對焚燒廠的最負責且最正當的「抵抗」應該是幫政府找其他出路，也即為政府提供除了焚燒外的可行政策選項（policy alternatives）。

因此，幾個業主組成了「奧北志願者小組」，[2]收集國內外關於垃圾處理技術和政策的資料，以中國具體國情做為出發點，提出了一份《中國城市環境的生死抉擇——垃圾焚燒政策與公眾意願》的民間報告（以下簡稱《生死抉擇》）。《生死抉擇》主張，中國當前從垃圾處理後端切入、以焚燒做為唯一出路的垃圾政策，正在造成一場生態災難，因為在未分類前就逕行焚燒垃圾，必然帶來嚴重的環境汙染。所以《生死抉擇》建議，應該採取諸如「機械生物垃圾處理技術（MBT）+ 垃圾衍生燃料（RDF）」[3]模式，垃圾先用機械分撿，取出能回收的部分，再將高熱值的部分加工成RDF，以作為現有能源設施的燃料，而剩下的不可回收且不適燃燒的部分，則製成有機質肥料運送到北京周邊地帶用於改造沙漠。業主們將這份報告寄送給相關政府部門、兩會代表及學者專家，並經由個別的人際網絡遞交到「政府高層」手裡（訪談記錄，2013年1月）。雖非出自於專業人士之手，但《生死抉擇》提出了一套言之成理的替代方案，因而獲得了外界不少的好評跟注意，其中也不乏業界人士的肯定。不過，單憑一份研究報告來說理，就會影響到政府決策嗎？他們並未得到任何主管垃圾業務單位的

2 取名奧北，是因為阿蘇衛正好在北京奧運相關場地及建築的北邊，包括奧運村、奧運森林公園、鳥巢和水立方。

3 機械生物垃圾處理技術（mechanical biological treatment, MBT），其包括機械和生物處理兩個部分，機械部分是以利用機械設備來分選和篩分垃圾中可燃燒的部分，如塑膠、紙張、木材等，生物部分則以耗氧降解和厭氧發酵將垃圾中的有機質製成肥料或燃料。「垃圾衍生燃料」（refuse derived fuel, RDF）指的是，將垃圾分類中可燃燒的部分加工成燃料，以供工業設施或公共設施使用。

正式回覆。

另一方面，「九四事件」後，北京市政府建廠的態度雖沒有轉圜，但「做工作」的努力卻沒少。市政管委在阿蘇衛設立了一個接待點，由主管垃圾業務的固廢處副處長坐鎮，為來訪者的提問做出回答並聽取他們意見。但在業主看來，這種舉措還是「摸頭」，因為他們的許多要求都未被允許，包括與主張焚燒的學者對話、要求參觀垃圾填埋場等等；官員做的只是向他們宣傳垃圾焚燒的好處以及保證焚燒廠運作的安全，根本無意誠心溝通或考慮他們的訴求（訪談記錄，2013年1月）。就像一位市府官員說的，即便是這種對居民的宣傳和保證，也應該在項目決定之前做才可能有用，等到居民都上街抗議了才做根本是徒勞無功，因為雙方早已沒有互信基礎。[4]

事件演變至此，不難看出無論是北京市政府以及阿蘇衛的業主，都希望對方理解自己的立場，以尋求一個雙贏的解決方案。但官方雖有滿嘴道理卻苦於無法取得民眾的信任，民眾則無法在政府內找到一個信得過的意見輸入口，因此雙方雖然都做出了許多努力與嘗試，但還是無法進行有效溝通。

第三階段：政策企業家的出現及官民互信的建立

解鈴還需繫鈴「人」，最後官民雙方之所以能搭上線，乃是由兩位關鍵人物的出現。一位是業主的意見領袖黃小山（網名

4　此人即下文提及的王維平，見湯湧（2010）。

「驢屎蛋」），另一位則是市政管委的垃圾處理專家王維平。兩人在12月同時接受一檔電視節目邀請，黃小山做為「反燒派」代表出席，而王維平則作一個「主燒派」專家應邀到場。由於難得能與市政管委的官員同臺，黃小山認為這是一個與政府搭上線的好機會，他便趁著錄影空檔與王維平交換了聯絡方式，並邀請他前往阿蘇衛與居民溝通，王也當場應允。王維平先後五、六次造訪阿蘇衛與居民們交換意見，並將《生死抉擇》和民眾訴求上達給市政府的領導，黃小山也因著王維平牽線，得以進入市政管委與官員們交流看法（訪談記錄，2011年12月）。至此，雙方終於各在對方陣營找到了彼此信得過的信使（messengers），經由信使的傳話和引介，官民之間終於擺脫各說各話的平行困境，開始建立有效的溝通聯絡管道。

雙方的良性互動為接下來的合作打下了基礎。隔（2010）年，北京市政管委打算組一個垃圾處理技術團隊赴日考察，在黃小山的爭取及王維平的建議下，當局決定邀請黃小山以「市民代表」的身份加入考察團。對政府來說，他們認為業主反對垃圾焚燒是因為誤解了焚燒技術，這種誤解源自於片面吸收網路和媒體上的錯誤資訊，而要消除誤解的最好方式就是帶他們去實地瞭解外國的垃圾焚燒，黃小山因此做為市民代表雀屏中選（訪談記錄，北京，2013年2月2日）。對包括黃小山在內的阿蘇衛業主來說，經過半年多來的反建努力，他們意識到光憑幾個小區的力量難以和政府正面衝突與抗衡。因此，他們實際上比北京市政府更需要這一次的「官民和解」機會。就像黃小山說的：「作為阿蘇衛地區的居民，我們疑惑過、悲憤過、抵制過、示威過、抗議過、上訪過。但是，在垃圾處理的問題上，我們很快意識到應該與政府有關部門建立對話管道」（文靜2010a）。

此外，黃小山也有另一層盤算，無論這一場考察最終能否改變政府蓋垃圾焚燒廠的決定，但某種程度上已使反建行動立於不敗之地，因為在他和媒體合力為政府戴上「民意政府」或「開明政府」等形象高帽後，政府已經不可能在不考慮阿蘇衛居民意見的情況下興建焚燒廠（訪談記錄，北京，2011年12月15日）。

該考察團於2010年2月22日出發，花10天的時間走訪日本跟澳門的垃圾處理相關單位和技術設施。出發之前，政府和以黃小山為首的業主們都從「技術導向」的角度看待這一場考察。前者要向市民及市民代表展示，焚燒做為一種處理垃圾技術，在國外早已廣泛獲得應用，而且依法管理及運行的焚燒廠並不會給附近居民帶來生活上的困擾，希望這些事實能夠教育民眾、糾正他們對垃圾焚燒的錯誤認識（訪談記錄，2013年2月）。黃小山則是帶著為垃圾焚燒尋找替代方案的目的成行，阿蘇衛業主的共識是未經分類的混合垃圾不能直接焚燒，政府最少應該採取《生死抉擇》建議的RDF技術。因此，黃小山說自己出發考察前「滿腦筋都是RDF，這也是我們提出來要去瞭解的一個新技術，究竟是什麼，最急迫想去看現場」（李立強2010）。

也就是說，當時官民雙方對於從末端下手處理垃圾是有共識的，雙方的歧異僅是技術工具的選擇問題，也即一方偏好建立大型焚燒廠來直接焚燒垃圾，另一方則認為混合垃圾不可直接焚燒，而是應該對垃圾進行二次處理後，再依其特性決定其用途，或者回收再利用，或者製成肥料，抑或者加工成RDF以供暖或發電。從這方面看來，北京市政府從原本的堅決焚燒，到願意和業主溝通並出國考察焚燒外的其他技術，阿蘇衛業主則從堅決反焚燒，到能接受RDF這種把垃圾加工成燃料的方式，不能不說這是雙方因為溝通發展出信任及相互妥協的結果。

第四階段：官民合作

考察期間，日本政府和民眾在垃圾分類上的嚴謹和成效令黃小山印象深刻，使得他開始轉向從源頭或前端來思考垃圾處理，並且最終拋棄了著重後端處理技術的思維。「考察前，我堅決反對垃圾焚燒。但考察後，我思考無論是填埋、焚燒、高溫汽化、厭氧發酵、RDF技術等等處理方式，都不是最重要的，良好的垃圾分類和前、中端處理才是最重要的」（李天宇 2010a）、「如果前端的處理、分類做好了，後面即使實行垃圾焚燒，大家也不會這麼擔心了，如果中國的垃圾焚燒廠能做得像日本現在這樣，我也願意住在它的隔壁」（湯湧 2010）、「我們要將注意力、政府要將財力和精力，集中到垃圾前端和中端的處理上」（李天宇 2010b）。

思維的轉向使得黃小山回國後得出了一個「垃圾不分類，堅決不焚燒」的結論，他稱自己從原本的「反燒派」變成了「主燒派」（訪談記錄，北京，2011年12月15日）。「二二二考察」成為阿蘇衛反建行動的第二個轉折點。一方面，在原本是技術之爭的歧異中，「從後端到前端」的思維轉向讓黃小山搶佔了話語高地，因為即便是主張垃圾焚燒的北京市政府，也不得不同意「垃圾焚燒必須以垃圾分類為前提」的論點在技術上相當有正當性，既有助於垃圾減量和資源化，又能減少焚燒垃圾帶來的環境汙染風險。二方面，在阿蘇衛業主和媒體為北京市政府戴上的「傾聽」、「開明」或「對話」等形象高帽下（李天宇 2010c；文靜 2010c），黃小山「垃圾焚燒必須以垃圾分類為前提」的倡議變得更加不可拒絕，因為一個「傾聽民意的政府」怎麼可能不同意這麼一個利國利民的雙贏方案呢？

阿蘇衛業主原本的反建策略之一，就是要求政府以垃圾分類取代垃圾焚燒，在「九四事件」發生後不久，就有一些業主開始在自己的小區推行垃圾分類，希望以示範效果吸引外界及媒體的注意。但「以垃圾分類取代垃圾焚燒」的主張，只能說是一種抽象的呼籲，不像《生死抉擇》提出的具體可行替代方案，而是把問題踢回政府一方，無助於解決垃圾問題。但「垃圾焚燒必須以垃圾分類為前提」的倡議不同，黃小山把垃圾分類嫁接到了政府原本以焚燒為主的垃圾政策上，垃圾分類的目的不是取代垃圾焚燒，而是讓垃圾更有效率且更無汙染地焚燒。再加上這倡議出自於一個經官方認證認定的「市民代表」，北京市政府不得不認真考慮如何回應。不僅只是口頭提議，黃小山還付諸行動，幾個參與反建行動的小區在他的牽頭下，召開了會議討論成立「阿蘇衛生活垃圾分類組織委員會」，在各小區內嘗試進行垃圾分類。然而，黃小山知道僅由民間人士唱獨腳戲的垃圾分類行動是不夠的，必須繼續為這個行動添上官方色彩，所以他還邀來了包括北京市市政管委固廢處副處長在內的市府官員，這些官員表示將從政策、資金和技術上，全力支持居民自主分類行動。黃小山也透過反建運動以來培養的媒體人脈，讓媒體記者到現場採訪這場會議，他

圖7.1 黃小山在納帕溪谷社區建立了一個名為「綠房子」的垃圾分類站，並掛出牌子感謝北京政府的幫助。

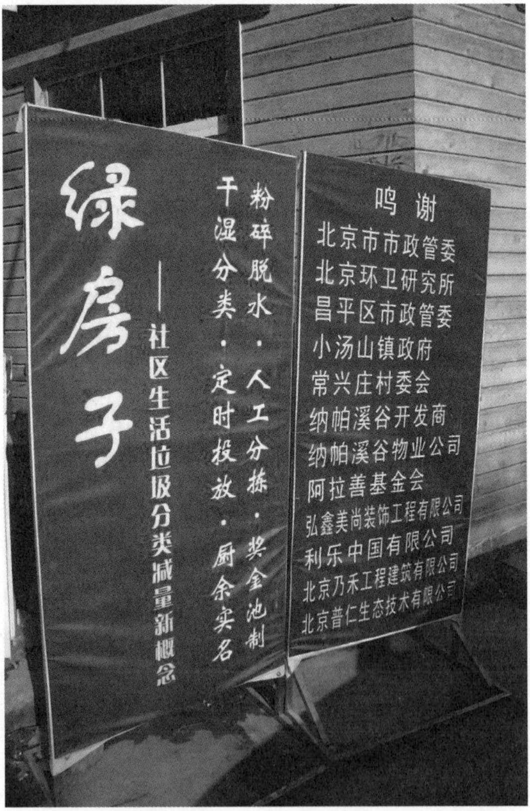

資料來源：作者拍攝。

事先為到場官員簡報計畫的重點，再為不習慣接受媒體採訪的官員提點可能會被問到的問題及回答重點，儼然成了北京市政府的新聞聯絡人（訪談記錄，北京，2013年1月24日）。在他的運作下，這場籌備會為北京市政府開明及親民的形象又添上一筆，並使得官方首次鬆口考慮阿蘇衛焚燒廠是否興建。出席該會的市政管委固廢處副處長鄧俊表示，如果居民垃圾分類能成功降低垃圾量，那麼阿蘇衛焚燒廠是否興建仍是未知數（文靜2010b；饒沛2010）。

在雙方的良性互動下，原本業主不得其門而入的北京市垃圾處理設施，包括高安屯垃圾焚燒廠以及南宮垃圾處理廠在內，都被政府一一開放給他們參觀。當然，這不代表北京市政府改變了以焚燒為主的垃圾政策主軸，但可以肯定的是，國家和社會的關係能從原本對抗衝突走向後來的對話協商甚至合作，首先必須歸功於經由多次互動而來的彼此理解。在與業主的接觸中，北京市政府瞭解到他們所對話的對象不是刁民，而是一群有理有據維護自己權益的民眾，他們的要求合理合法，他們的建議與行動亦有利於政府對垃圾問題的處理。而阿蘇衛業主經過與政府多次互動溝通，加上對垃圾問題更加深入瞭解，即便對興建焚燒廠仍然有所疑慮，但多少也能理解北京市「垃圾圍城」的問題迫在眉睫，主管官員並非刻意與民為敵，而不過是在其位謀其政而已。

廣州番禺垃圾焚燒發電廠抗爭事件

2009年9月23日，是廣州市政府每月一度的例行接訪日，包括市長、區長及局長等市府領導都必須公開接待群眾來訪，並接受記者訪問。當天，市環衛局和園林局的局長不約而同地被記者問及市政府打算在番禺區大石街會江村興建垃圾焚燒發電廠之事。他們一個表示，雖然項目環評仍在進行，但徵地工作已部分完成，應該十一國慶後就可以動工建設，一個則表示，對焚燒垃圾會產生二噁英的疑慮不過是杞人憂天。但這兩人顯然沒有料到，該報在訪問他們之前早預做好焚燒廠興建的整版報導，官員的評論不過是拼圖的最後一塊（訪談記錄，廣州，2011年8月27日）。於是，官員幾句與記者間的尋常問答成為隔天報紙的頭版頭條，不僅引起其他媒體大幅跟進報導，利害相關的市民也因此採取了一系列的維權行動，為反建廣州番禺垃圾焚燒發電廠事件正式拉開了序幕。

在被公開報導之前，關於番禺區要興建焚燒廠一事，其實已經在預定廠址附近小區的業主論壇上引起零星的注意及討論，而事件之所以用這種方式進入公眾視野，是因為有不少廣州媒體的記者就居住在這幾個小區。地理上親近性除了讓他們更易接近消息來源外，還有不可否認的，賦予了他們利害相關的動機去關注這件事。媒體一開始就扮演反建焚燒廠運動的發動者，以及持續作為之後官民互動的中介角色，是番禺一案與阿蘇衛一案最大的不同之處之一。

第一階段：以媒體為中介的官民互動

經由媒體披露後，廠址預定地附近的小區業主發起了一系列反對興建焚燒廠的行動。業主製作反焚傳單，在番禺區人流密集處發送，同時向路過民眾解釋焚燒廠可能帶來的健康危害及環境風險。在小區內有人收集反建焚燒廠的簽名，送交政府主管機關及負責環境的單位。同時，業主自發組成「垃圾焚燒考察團」，實地考察曾獲得「廣東省市政優良樣板工程」的李坑垃圾焚燒發電廠。但相當諷刺的是李坑居民深為垃圾焚燒的臭味所苦，而且據他們表示，焚燒廠開始運行後，村子因癌症而死亡的人數便逐年增加。這些考察後的所見所聞被張貼到小區的業主論壇，激發並凝聚了業主們「今日李坑，明日番禺」的反建共識。此外，業主也循制度化管道向政府表達意見，例如至政府機關上訪或是撥打政府提供的蒐集意見電話。

值得注意的是，幾乎所有業主的反建行動，在廣州的主要媒體中都獲得了相應且正面的報導，相對於他處的反焚事件來說，番禺一案所獲得的媒體關注和支持皆不比尋常。一方面這得益於上述提及的記者和維權業主之間的身份重疊，但另一方面更為關鍵的是結構因素，也即廣州市的媒體市場極度競爭。涉及市民切身利益以及勾人眼球的官民衝突特別受媒體青睞，因為有助於衝高發行量、收視率或點擊量來為媒體爭取廣告收入（陳懷林2000）。而這種競爭尤其表現在廣州市的報業市場上，該市有三份名列世界百大發行量的報紙，[5]其中的兩份市場報——《南方都

5　廣州日報排行20，日發行量為185萬份，南方都市報排行30，發行量140萬份，新快報排行排行59，發行量90萬份，見人民網（2010）。

市報》及《新快報》——彼此競爭激烈，即便是做為廣州市委機關報的《廣州日報》，也以思想活躍和言論開明著稱，與其他只會為黨喉舌的官方媒體迥然不同（周燕群、幸培瑜 2004）。高度競爭及市場化的媒體環境、題材的高度新聞性，加上記者與反建行動的親近性，讓番禺的反建行動處於廣州媒體關注的中心。

當時番禺業主和廣州媒體對市府的質疑主要有三：一是根據2002年《中華人民共和國環境影響評價法》規定，項目環評報告未經批准前不得建設，為何本案的環評程序尚未完成，官方就已開始徵地及準備開工，是否是「先上車後補票」？二是選址的標準及依據；政府選擇在原本的垃圾填埋場上興建焚燒廠，雖省去一部份的徵地工作，但顯然未考慮該地環境容量（environment capacity）問題，更何況該址緊鄰人口稠密的居民區，潛在風險的影響範圍極高。三是焚燒是否真是處理垃圾問題的最好方式？民眾與媒體都對垃圾焚燒的環境風險及能否效監管有所疑慮，此時政府應該先推動垃圾分類等相關政策配套，而不是直接蓋焚燒廠。

對於這些質疑，一開始只有個別官員零星回應，廣州市政府則拖了一個多月，直到10月30日才召開對外解釋的新聞通報會。在該會上，針對未環評就徵地和準備開工的問題，官員首先改口「環評沒有通過前絕不開工」，且要求民眾相信政府絕不會上一個汙染項目。其次，對於如何選址的問題，則表示番禺區的土地資源稀缺，該地已經是最符合各項條件的決定。第三，至於對於垃圾焚燒可能產生汙染的疑慮，該會則請來了四位專家為焚燒廠背書，保證焚燒的技術和監管條件都已經成熟，可以有效控制二噁英的產生，甚至還有一位專家表示「烤肉產生的二噁英比垃圾焚燒高1000倍」，要居民不要有無謂非理性的恐慌。

新聞通報會的「釋疑」可以肯定是失敗的。首先，政府要釋疑的對象有二，即利害關係人（stakeholders）的番禺居民跟媒體記者，但通報會不僅沒邀請居民代表，甚至連記者入場都被嚴格管控，會議的公正性和透明性一開始就令人質疑。其二，發佈會的內容猶如「一言堂」，現場只見官員與專家一面倒地為焚燒廠的安全性背書，因此會後就被批評，政府不過是在利用行政資源和專家為垃圾焚燒的合法性辯護。其三，無論是官員說政府不會上汙染項目，還是專家保證垃圾焚燒的安全可行，這些說法在官民不存在互信的前提下，只能是一種無效的宣傳。此次的新聞發佈會向反建業主和社會大眾傳遞的，與其說是保證垃圾焚燒可行且無害，不如說是一種「政府決策不容置喙」的態度。[6]

北京市政府在面對阿蘇衛業主的反對行動時，主動設立專門「接訪點」向反對者解釋垃圾焚燒的作法，雖不一定就能取得他們的同意或信任，但至少讓人感覺政府對人民的意見表達有所回應。但當番禺業主要求召開能面對面溝通的座談會時，當局的回應卻是環評中自有讓公眾參與的階段，有意見的人可以通過這既

---

6 隔天《新快報》的社論是這麼寫的：「這個會並不僅僅是『通報』——如果是這樣的話，它已經假定了自己是正確的，那麼垃圾焚燒項目就不應該存在爭議，即使存在爭議官方也可以對利益相關者從一開始就關上大門，但實際上官方也知道這樣做極其無理⋯⋯。這種權力的傲慢只能讓公眾在對政府的信任危機中越來越失去耐心」（新快報 2009a）。

定渠道來表達，沒有必要舉辦座談會這種額外的程序。在一般的情況下，這種照章辦事的作法或許問題不大，但當外界的反對與壓力已經排山倒海，且質疑的已不限於焚燒廠是否興建，還有垃圾焚燒的可能風險、政府決策是否合法等更為廣泛的層面時，公眾意見的層次與廣度都已非環評的公眾參與渠道能負荷，此舉顯然大大錯估了形勢。

不只如此，負責環評的華南環境科學研究所，經業主上網翻查「舊帳」後發現，近年來該單位所經手的廣東省境內垃圾焚燒廠環評，最後幾乎都得出項目可行的結論（阮劍華、劉正旭 2009）。所以，如果連唯一的意見表達渠道都只是走過場，顯見廣州市政府從來就不打算重新審視該項目，所有的工作似乎都是為了應付外界質疑的緩兵之計，番禺居民的理性維權，不可能從制度上產生讓雙方都能接受的結果（新快報 2009b）。

原本官民之間的不信任，在此次新聞發佈會後繼續累積，並且很快就得到了實際數據佐證。以焚燒廠預定地附近村民和業主為調查對象，廣東省省情調查研究中心在11月5日公佈了《番禺區生活垃圾焚燒發電廠規劃建設民意調查報告》（以下簡稱《番禺民意調查》）。其所揭露的訊息有以下幾個重點，其一是在回收的1,550份有效問卷中，有96.2%的人知道番禺要興建焚燒廠，可見此事的確引起各方高度關注。其二，有97.3%的人不滿意政府在此前過程中公開信息的工作。其三，有98.3%的人不相信政府對焚燒廠的保證，即該廠所採焚燒技術只會釋出微量可控的二噁英，也絕不會影響周邊居民生活。其四，在廣州市政府希冀用來解決爭議的環評問題上，有83.9%受訪者認為焚燒廠環評不應該通過，所以即便環評最後通過了，也只有1.5%的人完全信任此一結果。最後，有97.1%的受訪者表達了反對興建該焚燒廠的態度（肖萍等人 2009；祝勇、徐剛、史玉梅 2009）。同日，中共番禺區黨委機關報《番禺日報》頭版刊登了一篇名為〈建垃圾焚燒發電廠是民心工程〉的報導，番禺區70多名人大代表表示「番禺垃圾番禺處理」是大家的共識基礎，他們「大力支持政府加快推進垃圾焚燒發電廠這項民心工程的建設」（丁山海 2009）。

第二階段：因官民隔閡導致的抗爭

原本「垃圾焚燒危害可控」的官方說法，顯然無法說服廠址附近的居民及媒體，於是廣州市政府的論述主軸轉為強調「番禺垃圾番禺處理」。廣州市副市長蘇澤群表示「別想著番禺的垃圾拿到其他區去消化」、「誰家都有垃圾，誰都不願意垃圾發電廠放在自家附近；誰家都用電，誰都不願意變電站建到自己所在的小區；誰家都會死人，誰都不願意自己住的地方靠近殯儀館」（新快報 2009c；楊桂榮 2009）。這種說法一方面以鄰避抗爭來定義業主的反建行動，將其動機描述為出於狹隘自利且不負責任的心態，自己產生垃圾卻不願意自己處理垃圾，另一方面則將政府形塑為公共利益的代表，興建垃圾廠的決策是從城市管理大局出發的考量，不能因為局部人的反對而損及廣州市民的整體利益，興建焚燒廠在所必行，現在唯一可以討論的便是在哪裡興建。

在11月22日針對焚燒廠爭議召開的第二次新聞發佈會上，

廣州市政府打算強渡關山的態度更為明確。對於垃圾焚燒的安全疑慮，廣州市政府副秘書長呂志毅在會上重申，焚燒廠所採的是不會對環境和人體產生影響的高規格技術，只是因為政府宣傳不夠以及媒體上的誤導訊息太多，導致很多人不瞭解實際情況，才會出現這麼多的非理性恐慌和反對。至於有人提議以垃圾分類取代垃圾焚燒，呂則表示分類只能減量，最終分類後的垃圾仍舊需要處理，而這個處理方式仍舊是焚燒，認為分類就能完全解決垃圾問題只是一種「烏托邦式」的想法。至於當記者提及《番禺民意調查》中97.1%的反建民意時，呂志毅回應表示他沒看過該份報告，而且環評自有程序及要求更為嚴格的公眾參與，言下之意是那壓倒性的民意不值得參考。第二次新聞發佈會的結論可以歸納為：興建焚燒廠不僅有中央政策支持，也符合廣州土地稀缺的實際情況，因此，未來廣州將堅定不移地推動垃圾焚燒，而且不只番禺區將建焚燒廠，從化、增城和花都等區也都要建焚燒廠。

如此的強硬表態，等於完全無視之前番禺業主透過各種方式表達的意見，不僅對反建民意視若無睹，還將他們對垃圾焚燒的疑慮歸咎於不瞭解實情，將反對行動歸咎於非理性的恐慌。這種技術官僚式的傲慢大大激怒了這一群以城市白領為主體的反對者。第二次新聞通報會的次日是11月23日，湊巧便是主管垃圾管理業務的廣州市城管委的接訪日，此一制度性的意見表達渠道，給了業主把那97.1%的反建民意實體化的合法機會。於是，他們利用電話、簡訊、業主論壇或新浪微博等方式來宣傳和動員，希望所有反建焚燒廠的人都能在這天前往城管委上訪表達意見。[7]

11月23日當天雖是上班日，仍有上千名番禺居民奔赴城管委，不到上午9點便將接訪點擠得水洩不通，由於接訪的程序繁瑣和進度緩慢，多數人不得其門而入，因此群眾便自發「散步」前往廣州市政府前聚集。散步過程中，他們一路高舉「反對垃圾焚燒，保護綠色廣州」等標語，喊出「尊重民意」、「抵制垃圾焚燒」、「領導出來接訪」、「要求對話」等口號。過程中雖有員警維持秩序，但業主們的行為極為自制，因此雙方未發生任何嚴重衝突。廣州市政府在被聚集人群圍困後，向群眾要求選派五名代表進入市府與領導對話協商，但在場的人隨即異口同聲拒絕了該要求，並喊出了最能代表整場反建運動的一句話：「我們不要被代表」。人群在市府前聚集到下午2點半左右開始慢慢自動疏散，最後整個行動和平落幕，且據說現場沒有留下任何一片垃圾。

因為1123事件，這場以城市中產階級為主體的反建焚燒廠運動吸引了全國的目光，中央及他省媒體紛紛湧入廣州追蹤這件事的來龍去脈，「理性」和「公民」成為最常用來形容這場反建行動的兩個詞彙。這時，不僅中國民眾和媒體聚焦廣州，甚至連中央政府都在關注廣州市政府要怎麼處理這件事，這對市府當局形成了莫大壓力。[8]

---

7 城管委主任李廷貴在11月9日就曾表示，將會召集城管委內相關部門出席該月23日的接訪日，來針對垃圾處理方式和番禺垃圾焚燒發電廠一事蒐集民意，所以業主自那時就開始動員群眾前往上訪。

8 根據作者訪談的紀錄，中央政府當天就已收到從內參渠道送達的1123事件報告，並持續通過這個渠道關注事情發展，惟中央政府在整場事件中並未插手干預或施壓廣州市政府（訪談記錄，廣州，2011年9月5日）。

但讓廣州市政府更為被動的是，負責承建焚燒廠的廣日集團被廣州媒體陸續盯上，先是《新快報》在12月2日踢爆廣州市副秘書長呂志毅有親人在廣日任職（新快報2009d; 2009e），二天後《南方都市報》又揭露本業是電梯生產的廣日，不僅不具處理垃圾的經驗與資格，其取得廣州市垃圾處理特許經營權的過程也沒經過公開招標程序，且更啟人疑竇的是，廣州市城管委領導的座車竟還由廣日提供（林勁松等人 2009；南方都市報 2009a; 2009b）。這些新聞猶如壓死駱駝的最後一根稻草，暗示著廣州市政府與廣日集團之間有著千絲萬縷關係，與財團有掛勾嫌疑的政府無法代表公共利益，原本為焚燒廠辯護的官方說法已經失去了道德基礎和民眾信任。

在這種內外交迫情勢下，番禺區政府只好在12月10日宣佈暫緩垃圾發電廠專案選址及建設工作，並啟動有關垃圾處理設施選址的全民討論，焚燒廠的建設被推遲到了亞運會後的2011年。但業主們顯然對這種空頭支票不甚信任，其中一位羅建明（網名「巴索風雲」）在網路上公開邀請番禺區區委書記譚應華，到他所居住的麗江花園與業主就焚燒廠一事面對面交流。此事經媒體報導後獲得了譚應華的回應，他親赴麗江花園與業主們座談，並於會上對在場業主及媒體宣佈該焚燒廠已「正式停建」。自此，廣州番禺垃圾焚燒發電廠抗爭取得了第一階段的「勝利」。

第三階段：因抗爭強化的官民隔閡

不過，隨著反建運動的階段性勝利而來的卻是一陣冷卻期，雖然官民雙方迭有互動，卻始終未能真正對上話。期間廣州市政府雖然也曾像北京市政府一樣，邀請兩位番禺反焚的「明星」業主前往澳門參觀焚燒廠，但官民卻未能像阿蘇衛一樣建立起互信基礎與溝通渠道。[9]

這一方面是因為廣州市政府隨後的各項舉措，都讓業主們都深感自己仍被排除在決策過程外。在1月份「廣州垃圾處理政府問計於民」的網路意見徵詢活動中，番禺業主作為焚燒廠興建的利害關係人和主要反對者，只能與其他民眾一樣上網反映意見，而2月份召開的專家諮詢會更是完全未公開，他們事後才經由媒體得知該會的結論是廣州市垃圾處理將「以焚燒為主、以填埋為輔」。

另一方面，業主為保持媒體關注，採取的行動不免帶有刺激性或衝突性，最典型的就是巴索為了提醒政府垃圾分類的開展迫在眉睫，所以「送鐘」到城管委。這類行動雖能在媒體博得版面，卻是以讓政府面子掛不住為代價，其或許能給政府形成一時的壓力，但長期來說卻無益於雙方互信的累積。[10]因此，當廣州市城管委在2011年選擇麗江花園做為垃圾分類的試點時（圖7.2），早就在該小區推行並宣傳垃圾分類一年多的業主們甚至沒有被通

9 業主們普遍以「我只代表我自己」和「無組織有紀律」兩點來定義此次反建運動，因此他們特別強調這是一場沒有領導人的運動，有的只是一些個別在媒體上比較出風頭的「明星」業主，例如巴索風雲、櫻桃白或阿加西等。

10 之所以「送鐘」，是為了提醒相關單位時間不等人，但卻也跟「送終」同音，因此就有業主認為，「送鐘」這種所謂的行為藝術，在政府看起來不過是搗亂，無益於官民之間的互動（訪談記錄，廣州，2011年8月25日）。

圖7.2　巴索和其他番禺業主在河濱花園社區開展垃圾分類項目

資料來源：作者拍攝。

知，顯見雙方很有隔閡（訪談記錄，2011年8月）。

在事件沉寂一年多之後，幾位積極的業主還是只能透過每月23日接訪日這個途徑，繼續嘗試與政府溝通並追蹤事件發展，但他們在接下來的決策過程中仍舊沒有被諮詢或告知進度。所以當廣州市政府於2011年4月12日決定重新啟動焚燒廠興建程序，並宣佈將原本的選址方式從一個備選地址改為從五個備選地址中挑出一個，業主們依舊是透過媒體才得知這個消息。[11]雖然政府

11　五個備選地點仍包含原本遭到業主反對的大石鎮會江村，其他四個分別是沙灣鎮西坑尾、東湧鎮三沙、欖核鎮八沙和大崗鎮裝備基地。

仍公佈電話、網站、電郵和信件等方式讓民眾表達意見，但這些方式的功能都只是單向地蒐集資訊，顯見當局仍無意與異見者進行雙向溝通。

做為中國改革開放的前沿地帶，廣州的社經發展在中國一向領風氣之先，而政府對待不同聲音的態度，更可以說是在所有地方政府中最為開明包容的，但為何此次在處理番禺反焚事件的表現上卻顯得異常地僵硬和官僚？究其根本，一個重大原因是這場運動靠媒體成事。由於抗爭業主需要媒體來傳達跟放大他們的意見，而媒體則需要業主不斷的行動來創造事件的新聞價值，雙方的結盟使得業主慣於經由媒體向政府表達意見，而媒體的轉達又通常是以對政府工作提出質疑的方式呈現，這讓政府在媒體版面上時常顯得被動與顢頇。這種「業主→媒體→政府」的間接互動方式，使得政府總是淪為失分及形象不佳一方，因此廣州市當局更傾向於與業主保持一定距離，而非直接與其接觸或建立溝通管道，因為在媒體「監督」下的官民互動可能成為對官方不利的證據。

第四階段：政策企業家的出現與僵局破解

這種政府與反建行動者間缺乏直接互動的局面，直到陳建華2012年出任廣州市市長時才改變。作為新一任的市長，陳建華與前任市府處理番禺焚燒廠所引起的爭議毫無關係，所以無須承擔此前留下的政治包袱，這使得他具有主動作為的空間。因此，他上任後，先是在2012年5月召開了一場垃圾處理工作座談會，名義上是邀請學者專家為負責垃圾業務的官員講課，在不改變前任市府定下的「以焚燒為主、以填埋為輔」原則下，將當前具體工作的重點置換為「先分類、回收、減量，後無害化焚燒、填埋、生化處理」。數天後，他以「問需於民、問政於民、問計於民」為名召集了另一場座談會，13位社會各界的「市民代表」獲得邀請與會，而三位長期參與番禺反焚行動的業主也列名其中。在陳建華主動伸出橄欖枝的情況下，番禺反焚業主總算能和廣州市當局公開地進行對話。不只主動與反焚業主破冰和解，陳建華也一改過去政府在媒體前只能被動接招的劣勢，不僅兩次座談會都廣邀記者參加，自己更轉守為攻接受媒體的專訪（徐海星 2012）。為回應陳建華的「問計於民」，《南方都市報》和《廣州日報》也分別在微博上分別發起「給市長捎話」和「垃圾圍城怎麼辦邀您獻策」的活動，將網民意見整理後轉送給廣州市政府參考。原本造成政府和民眾之間不信任的媒體，在陳建華的操作下反而成為他推動「垃圾新政」的宣傳工具。

在政策論述上，陳建華則不延續之前那種要求番禺民眾必須「捨小家，為大家」的說詞，轉而強調垃圾處理雖是政府應提供的公共服務，但也必須仰賴每一位市民來配合政府的工作，因此「垃圾分類人人有責」，並自創「能賣拿去賣，有毒單獨放，乾濕要分開」的分類口號，請媒體廣為宣傳。原本造成廣州市垃圾困局的官民互相指責，即反建行動者指責政府對垃圾只想一燒了之，而政府則指責反建者是事出於自私鄰避心態，陳建華的新論述則跳脫了這種惡性循環。一方面他重申垃圾處理是政府不可推卸的責任，二方面則指出唯有在民眾配合政府工作的前提下，廣州市垃圾圍城的問題才可能解決。這套新論述在原本敵對的雙方之間創造出了合作空間，國家與社會不再處於敵對與零和的關係，而是一種可以且必須相互合作的夥伴關係（partnership）。

在解決國家與社會對峙的矛盾後，廣州市政府於7月10日召開了「生活垃圾分類處理部署動員大會」（以下簡稱「動員大會」），號召全市市民打一場垃圾處理的「人民戰爭」，宣示要「堅定不移推行垃圾分類，努力把廣州打造成為垃圾處理的城市典範」。在「動員大會」上，陳建華向各區政府下達了「責任書」：番禺、花都、從化、增城、南沙五個區要實現垃圾「自產自消」，無論是通過減量、焚燒或是填埋等方式，五區必須實現本區垃圾本區解決的目標；越秀區和海珠區等老城區，由於沒有多餘的空間建垃圾處理場地，所以主要目標是實現垃圾分類；至於白雲和蘿崗兩區，由於腹地較為廣大，所以必須擔起建設垃圾處理平臺的重任，協助消化老城區的垃圾（曾妮 2012）。但另一方面，陳建華也宣佈，四座各自位於番禺、花都、增城和從化四個區的垃圾焚燒廠也必須於今年動工建設（黃少宏、朱子煜 2012）。一邊宣佈堅定不移的推動垃圾分類，一邊宣佈垃圾焚燒廠非建不可，陳建華完整的垃圾政策規劃和兩手都硬的策略，讓廣州的反焚運動頓時失去反對的基礎與正當性。

雖然全面反對垃圾焚燒的訴求沒有被政府接受，但番禺反建焚燒廠運動不能說是不成功的，不僅番禺焚燒廠最後遷建至他址，而且在陳建華作為一個政策企業家的操作下，廣州市從

2012年開始全市鋪開了垃圾政策的新試驗，成為中國第一個傾全市之力推動垃圾分類的地方政府。

儘管陳建華推進蓋焚燒廠的進度，但社會上並沒有太多反對意見，而陳接受了番禺業主最初提出的垃圾分類和回收構想，也使抗爭者失去進一步爭論的道德正當性。陳建華甚至進一步吸收過去的反對意見，成立城市廢棄物處理公眾諮詢監督委員會，並邀請幾位原番禺業主領袖（其中包括巴索）、記者和專家參加，使得批評和建設性的意見有表達的制度性管道。此外，廣州市政府也允許巴索註冊一個社會組織，並委託這個新組織研究廣州垃圾分類和回收的進展和障礙。

結論：個案比較

自2012年以來，本章所述的兩個案例後續發展大相逕庭，因為涉及的政策企業家背景明顯不同。陳建華於2016年從廣州市長的位置上退休，但他的垃圾處理政策並沒有被繼任者大幅改變。然而，陳建華在推動垃圾分類同時進行回收利用，雙管齊下的策略只能說是部分成功：焚燒廠已經建成，但垃圾分類和回收利用的目標卻落後於計畫。

不同於廣州的陳建華，阿蘇衛的黃小山並無一官半職；因此，他影響政策制定的能力來自議題框構以及引起媒體關注。一旦其他新聞事件吸引公眾的目光，黃小山就失去了對抗北京市政府的籌碼。因此，阿蘇衛焚燒廠在2015年再度開工興建，唯一的區別在於項目的名稱：他們把「焚燒」一詞從項目名稱中刪除，現在的名稱是「阿蘇衛循環經濟園區」。正如毛學峰（2008）的觀察，中國的社會行動者需要利用媒體報導來改變政府決策，而這也代表一旦媒體對某個案子失去興趣，政府就有可能收回原先的讓步。

從動態治理的角度來比較這兩個案例，對中國反焚燒廠運動中國家和社會之間的互動可以看得更清楚。與其它研究不同，本文認為國家與社會關係不僅只有零和一種可能，還有其他的可能性，而且如果國家和社會的對抗局面持續，僵局就難以被打破，任何一方都不可能滿意結果，最終可能雙方皆輸。

然而，由於國家和社會之間缺乏建立信任的制度基礎，因此要建立雙方之間的信任，需要機會也需要創意。從兩個研究案例中可以發現，要促成國社合作主要依賴逐步的非正式互動與政策企業家的出現兩個因素。在國家與社會的互動過程中，北京的個案要比廣東的個案更成功。黃小山透過電視上曝光還有政府組織的海外參訪，一步步與北京市政府官員王維平建立信任。有了這段人脈，雙方能夠建立起合作關係。相比之下，在廣州的個案，國家和社會行動者雖然也有好幾次互動的機會，但雙方始終無法發展出信任。番禺業主透過媒體放話批評政府，也意味著雙方關係難以修復。北京個案中的政策企業家是社會行動者，即業主的領袖黃小山，而在廣州則是一個政府行動者，也就是市長陳建華。

本章還有一點與過去研究不同，也即強調國家和社會所採取的策略和行為並非憑空出現，而是從互動中產生。比方說，在北京的案例中，由於黃小山在媒體給政府戴「形象高帽」，也就是刻意營造政府正面形象，政府也就被引誘到一個更願意合作的位置。相比之下，當廣東的業主領袖和媒體把政府貼上負面形象，政府也就不大願意與當地的社群互動。同樣，當陳建華把垃圾分類和回收納入他的政策議程，原來反對建造焚燒廠的番禺業主變得比較不反對在偏遠地區建廠的政策，而且願意與政府合作，承接一些外包的研究案。

本章也強調政策論述的重要性。政策論述與議題框構相似，它不是關於講述不滿或運動本身，而是為各方互動創造空間和基礎。在這些個案中，成功的論述有以下特點。首先，它不僅吸引民眾的興趣，還為另一方創造一個建設性的立場或正面的形象。第二，它既不否定也不駁斥對方的立場，而是試圖將其吸納。第三，行動者，無論是國家或社會，通常會把新的論述告訴媒體，使媒體可以將其放大到民眾面前，藉此佔據一個道德制高點，取得相對於另一方的有利位置。

在威權體制下，例如中國，國家和社會之間的信任本來就相當脆弱。比較政治學許多研究都指出，社會對國家的不滿會向政權發出一項信號，即是應該施行鎮壓。即便如此，本研究說明不滿情緒如果伴隨著適當的互動，也可以促進對話，降低國家和社會之間的相互猜疑，為雙方在公共治理問題上的合作創造機會。

至於本書第二章所提出治理結果的四個指標（回應、透明度、意見表達管達和社會賦權），這兩個案例中國家行動者的行為模式非常相似。北京和廣州的地方政府最終回應了當地居民的要求，並試著讓決策過程更加透明，但他們毫無意願要對社會行動者進行賦權，讓他們成為共同治理的夥伴。這兩個案例之間有一個明顯區別，那就是廣州的政策企業家陳建華市長，成立了城市廢棄物處理公眾諮詢監督委員會作為臨時的意見表達管道，但北京個案沒有這種條件，因為黃小山缺少官方權力來啟動類似的平臺。

然而，自習近平於2012年掌權以來，這兩個案例中所見到的國家與社會正面互動，並沒有在中國擴散開來。2019年6月28日，在湖北武漢爆發的反焚燒廠運動中，數千名抗議的市民與公安爆發一連數天嚴重的暴力衝突。在武漢個案裡，我們看不到像阿蘇衛和番禺的多階段互動，反之國家更依靠監控技術和鎮壓手段來結束抗議活動。顯然，習近平主政下的政權寧願採取單向的國家行動，也不願意和社會上的利害關係人協商解決問題。同時，自2012年以來，促進官員與公民之間溝通的意見表達渠道，像是媒體與非政府組織，大多數都面臨更嚴格的管控，又或者是遭到壓制。相較於胡錦濤時期，中國已經從互動治理轉向施展黨國的專制權力（despotic power）。不幸的是，2019年底武漢的新冠肺炎爆發後，從中央政府與地方政府僵化的回應看來，中國政府顯然有嚴重的回應失靈及政策失準，而接下來數年的專斷與不恤民意的防疫政策所帶來的生命財產損失，在在顯示從互動治理轉向、僅依靠專制權力，並非明智之舉。

參考書目

丁山海，2009，〈建垃圾焚燒發電廠是民心工程〉，《番禺日報》，11月5日，第A1版。

人民網，2010，〈2010年世界付費日報發行量前百名〉，11月16日，http://media.people.com.cn/BIG5/40606/13225351.html。

于達維，2012，〈垃圾焚燒大躍進〉，《財新新世紀》，1月6日，http://china.caixin.com/2012-01-06/100357993.html。

文靜，2010a，〈阿蘇衛居民赴日考察垃圾處理〉，《京華時報》，2月22日，第007版。

———，2010b，〈「驢屎蛋」被居民質疑「越俎代庖」〉，《京華時報》，3月22日，第008版。

———，2010c，〈垃圾圍城下的「焚燒」突圍〉，《京華時報》，6月27日，第006版。

阮劍華、劉正旭，2009，〈番禺說不會組織業主座談〉，《新快報》，11月4日，第A05版。

肖萍、劉正旭、徐剛、史玉梅，2009，〈建議政府高度重視民意〉，《新快報》，11月5日，第A06版。

李天宇，2010a，〈考察日記：垃圾處理重在前端〉，《新京報》，2月28日，第A09版。

———，2010b，〈考察團「取經」歸來 官員出言謹慎〉，《新京報》，3月4日，第A14版。

———，2010c，〈阿蘇衛居民眼中的政府轉變〉，《新京報》，3月10日，第A17版。

李立強，2010，〈想看日本市民怎麼倒垃圾〉，《新京報》，2月21日，第A06版。

周燕群、幸培瑜，2004，〈廣州：領跑中國報業的傳奇〉，《招商周刊》，50：42-43。

林勁松等人，2009，〈原環衛局副局長座駕 借廣日集團的〉，《南方都市報》，12月4日，第A07版。

南方都市報，2009a，〈做電梯的廣日集團如何進軍垃圾處理產業的？〉，12月4日，第A08版。

———，2009b，〈廣日集團又是如何取得垃圾特許經營權？〉，12月4日，第A10版。

祝勇、徐剛、史玉梅，2009，〈周邊居民超過九成不信不滿不贊成〉，《南方都市報》，11月5日，第AⅡ04版。

徐海星，2012，〈垃圾處理全程都可陽光運行〉，《廣州日報》，5月23日，第A2版。

陳曉運，2012，〈去組織化：業主集體行動的策略——以G市反對垃圾焚燒廠建設事件為例〉，《公共管理學報》，9（2）：67-75。

陳懷林，2000，〈試析中國媒體制度的漸進改革：以報業為案例〉，《新聞學研究》，62：97-118。

曾妮，2012，〈全城戰垃圾各區領任務〉，7月11日，《南方日報》，第A08版。

湯湧，2010，〈阿蘇衛的「垃圾參政者」〉，《中國新聞週刊》，3月號：33。

黃少宏、朱子煜，2012，〈番禺花都增城從化4座焚燒廠年底前動工〉，7月11日，《南方日報》，第A08版。
新快報，2009a，〈垃圾廠「新聞通報會」一開始就無視公正〉，10月31日，第A33版。
———，2009b，〈不組織番禺居民座談會再次失信於民〉，11月4日，第A02版。
———，2009c，〈蘇澤群：番禺垃圾就應該在番禺處理〉，11月10日，第A08版。
———，2009d，〈市府副秘書長闢謠：胡說八道〉，12月2日，第A11版。
———，2009e，〈政府應力證垃圾焚燒項目無利益勾連〉，12月3日，第A02版。
楊桂榮，2009，〈蘇澤群：番禺垃圾只能就地處理〉，《羊城晚報》，11月10日，第A07版。
饒沛，2010，〈阿蘇衛居民探討垃圾分類自治〉，《法制晚報》，3月22日，第A03版。
Benjamins, Malte P. 2014. "International Actors in NIMBY Controversies: Obstacle or Opportunity for Environmental Campaigns?" *China Information* 28.3: 338–61.
Johnson, Thomas. 2013. "The Health Factor in Anti-Waste Incinerator Campaigns in Beijing and Guangzhou." *China Quarterly* 214 (June): 356–75.
Lang, Graeme, and Ying Xu. 2013. "Anti-Incinerator Campaigns and the Evolution of Protest Politics in China." *Environmental Politics* 22.5: 832–48.
Mertha, Andrew. 2008. *China's Water Warriors: Citizen Action and Policy Change*. Ithaca, NY: Cornell University Press.
———. 2009. "Fragmented Authoritarianism 2.0: Political Pluralization in the Chinese Policy Process." *China Quarterly* 200: 995–1012.
World Bank. 2005. "Waste Management in China: Issues and Recommendations." Urban Development Working Paper no. 9, East Asia Infrastructure Department, World Bank. http://www-wds.worldbank.org/external/default/WDSContentServer/WDSP/IB/2006/03/23/000160016_20060323131109/Rendered/PDF/332100CHA0Waste1Management01PUBLC1.pdf.

第四部

經濟與勞動治理

8 分權與差序型勞動政策治理：中國《勞動合同法》在珠三角的實施情況

鄭志鵬

摘要

本章從演化的本體論出發，追蹤珠三角兩個政策聯盟（policy coalition）的互動對中國《勞動合同法》實施過程產生的影響。第一個是臺商與地方政府的聯盟；第二個是農民工和中央政府的聯盟。臺商和地方政府之間的長期合作，直接導致2008年至2014年期間《勞動合同法》的低度管制（underregulation），特別是社會保險的覆蓋率。然而，這種低度管制在2014年遭到打破，當時工人在廣東東莞世界最大的鞋廠裕元發動罷工。起初，中央政府打算捍衛工人的利益，要求臺商改善他們的社保覆蓋。然而，中央政府也利用這次罷工提高政府在工人眼中的正當性，同時把握機會把外資轉移到內陸。中國的勞動體制此後發展成雙軌制，裕元和其他外資工廠被要求全面落實《勞動合同法》，但本地廠商則無須面對類似的政府期望。本章揭示中國勞動政策治理的分權與差序格局。裕元罷工後，臺商和地方政府之間的聯盟變得越來越不穩定。臺商並未

> 如中央政府預期，將工廠遷往內陸，卻逐漸外移到東南亞。從中央黨國的角度來看，原本的作為是要加強實施工人福利，而外資逃離是一項始料未及的副產品。

本章研究2008年全球金融危機後，中國《勞動合同法》在珠三角一帶的實施情況。這部法律對於中國的外人直接投資（FDI）產生明顯影響。外資，包括臺商，[1]逐步重新評估中國身為世界工廠的角色，再加上成本考量與爆發重大抗爭（包括2010年富士康工人自殺事件與2014年裕元集團的大規模罷工），也讓臺商開始重新思考西進或遷徙海外的可能性（鄭志鵬、林宗弘2017）。在此同時，本地的私營工廠也逐步被納入臺商所控制的供應鏈（鄭志鵬2016）。《勞動合同法》的實施可能會在國家、資本和勞工之間產生一種新的互動模式。本章以《勞動合同法》在製造業，尤其是外資的落實情況，分析中國國家與社會關係的轉變。

為什麼可以用《勞動合同法》來探討中國的國家與社會關係？答案就在中國國務院2004年公佈的《中國的社會保障狀況和政策》。中央政府在文件中明確表達對社會政策的態度：

> 社會保障是現代國家的社會經濟制度之一。……中國政府從國情出發，堅持以人為本，高度重視並積極致力於社

1 自1990年代以來，臺商一直是中國FDI的前五名。雖然香港在FDI一直排第一，但香港的部分資本其實來自於臺灣的轉投資（鄭志鵬、林宗弘2017）。

> 會保障體系的建立和完善。《中華人民共和國憲法》明確規定，國家建立健全同經濟發展水平相適應的社會保障制度。中國政府把發展經濟作為改善民生和實現社會保障的基本前提。……中國的社會保障體系包括社會保險、社會福利、優撫安置、社會救助和住房保障等。社會保險是社會保障體系的核心部分，包括養老保險、失業保險、醫療保險、工商保險和生育保險。

這份文件的前言有兩處關鍵。首先，它說明中國不僅以國家的經濟發展為先，而且社會政策也會被視為一項手段，要用來解決經濟發展衍生的問題。因此，社會保障體系的建立是國家整體發展戰略的一部分，也可以用來為國家建立合法性。第二個意涵在於社會保險是社會保障體系的重點。因此，本章通過《勞動合同法》的核心問題之一，社會保險的覆蓋率，檢視中國的國家與社會關係。

本研究探討2008年至2018年這十年間的三個問題：（1）中央政府為什麼在2008年頒佈《勞動合同法》？（2）為什麼《勞動合同法》在臺資企業的工廠未能得到充分遵守，尤其社會保險覆蓋率呈現低度管制的情況？（3）2014年裕元鞋廠的罷工對《勞動合同法》和國家－社會關係有何影響？為了回答上述問題，我在珠三角針對主要是臺商控制的出口導向型鞋廠進行田野調查。本文選擇鞋業的理由在於，中國在2017年是世界上最大的鞋類出口國，全球近58%的鞋子是中國製造（APICCAPS 2018）。此外，鞋廠雇用大量的農民工。因此，研究製鞋業可以深入瞭解《勞動合同法》的實施情況，以及中國國家與社會關係的變化。

文獻回顧：中國社會政策發展的觀點

對於中國社會政策在後毛澤東改革時期的發展，存在以下幾種不同觀點。首先，功能取向的觀點強調社會政策的產生是為了回應經濟轉型引發的社會問題（Duckett 1997; Guan 2005; Saunders and Shang 2001）。比方說，由於軟預算約束和鐵飯碗的政策，中國共產黨改革國有企業以提高效率。然而，這種經濟結構的調整導致國有企業的大規模下崗工人失業以及國家支持的社會福利體系瓦解，勞資衝突也日漸成為中國社會抗爭的主要類別（陳志柔 2017）。因此，《勞動合同法》作為國家社會政策的一環，被認為是中央政府試圖規範勞資互動和解決勞資衝突的一項嘗試。國務院發佈的《中國的社會保障現況和政策》便是反映功能主義的觀點。然而，這種觀點無法解釋政策實施的方法，也無法理解政策制訂與執行結果之間為何存在落差。

第二種研究觀點稱為地方政府（local state）取向，此觀點強調不同的地方政府在社會政策上的作為。比方說，沿海省份的地方政府有大量財政資源，扮演創新的角色創造社會福利制度，尤其是養老保險。社會保障的地方化不僅影響中央的社會政策制定，也改變中國社會福利的空間政治（施世駿 2009）。這種觀點源於地方政府法人主義（local state corporatism），強調地方政府促進農村工業增長的作用（Oi 1999; Y. Peng 2001; Walder 1995）。地方政府的這種角色未必像他們所假定的如此正面。沿海地區有許多地方政府為外資提供有利的政策，如稅收減免、便宜的土地和寬鬆的環境監測。有一些腐敗的地方官員甚至犧牲工人的社會福利，以便向外資尋租，特別是犧牲農民工的保障（鄭志鵬 2008）。我的研究發現地方政府可能會選擇不遵循《勞動合同法》，只因為它損害地方資本的積累和地方官員的私利。這種現象代表著中國特色的社會福利體系，地方政府在其中的角色比中央政府更為關鍵。地方官員是負責執行國家社會政策的最終行動者。

第三種觀點稱為公民身份差序（differential citizenship），比起前兩種觀點，公民身份差序能更有效地解釋社會政策的發展。公民身份差序關注農民工因戶口制度受到的差別待遇，特別是在社會福利方面（吳介民 2011; Solinger 1999）。接收農民工的城市根據戶口制而使用城鄉二元體制，不允許農民工享有城市的公共財，創造一種有利於資本積累的高壓勞動體制。已有不少關注中國外資工廠的經驗研究證實這些工廠的勞動條件存在違反人權的情況（Chan 2001; C. Lee 1998; Lin, Lin, and Tseng 2016; Pun 2005）。雖然中國的工廠體制因為脅迫工人的行為而被歸為專制類型，[2]但中央政府仍於2008年與2011年頒佈《勞動合同法》和《社會保險法》來保護工人。也就是說，公民身份差序的觀點無法解釋為什麼《勞動合同法》在2008年出現，也無法解釋為什麼珠三角的地方政府在2014年之後才完全實施這項政策的規定。

總而言之，以上三種觀點並不充分，因為它們過於以國家為中心，而社會行動者則是被描述得過於軟弱，無法帶來任何社會變動。這些觀點也無法解釋《勞動合同法》對臺商工廠的監管不力還有裕元罷工事件，以及這些情況的潛在原因為何導致中央和地方政府對外資和本地工廠的差別對待。正如大多數探討亞洲社會政策的研究顯示，國家（不論是發展型或威權）被認為是影響社會政策形構與轉變的主要行動者（李易駿、古允文 2003; Holliday 2000）。

然而，國家並非不受拘束，而且總是鑲嵌在社會之中，正如比較福利體制研究對於國家與社會互動所提出的看法（Esping-Anderson 1990; Haggard and Kaufman 2008; Skocpol 1992）。有一些關注中國國家社會關係的研究甚至認為，中國新興的公民社會逼使國家權力讓步（Howell 2007; Mertha 2009; Saich 2000），或者認為它們之間的關係在地方治理上是相互依賴（Spires 2011）。反之，有些學者則是看到國家對社會的持續支配（Thorton 2013; Unger and Chan 2008）。然而，無論是國家中心還是社會中心的觀點，都未能充分注意到地方政府在執行中國政策治理過程中的重要角色。

自從社會主義中國成立以來，地方政府如何執行政策一直是討論中國共產黨治理方式的關鍵議題（劉雅靈 2017; C. Lee 2007; C. Lee and Zhang 2013; Lieberthal and Lampton 1992; Oi 1989）。由於1980

2 根據布若威（Michael Burawoy 1979）對壟斷資本主義下勞動過程的研究，勞動體制有兩種：一種是基於脅迫的專制型，另一種是基於甘願的霸權型。大多數關注中國勞動體制的研究認為，中國的外資工廠屬於專制型，唯一的例外是彭昉（2007）的研究。

年代初期的財政分權（Oi 1992）和1994年的分稅制改革（劉雅靈 2010），中央和地方政府之間的矛盾不斷惡化。這兩項財政政策也為地方官員提供了制度上的誘因，要去發展自己的財政資源與積累資本。地方政府參與經濟的理念型有四種，分別是創業型、侍從型、發展型和掠奪型，源於地方政府對市場化的到來還有財政和行政權下放的各種回應（Baum and Shevchenko 1999）。例如，創業型模式是指地方政府藉著成立自己的企業，或與其他企業合資，直接參與營利活動。地方政府法人主義的概念就屬於創業型，2000年代之前，這種模式經常見於長三角的農村。侍從型是地方政府參與經濟的另一種模式，是指地方政府與私營或外資之間存在一種共生侍從主義（symbiotic clientelism）：地方政府向企業家提供執照、稅收優惠、資源使用權並且保護他們不受掠奪者的侵害，以換取回扣、好處和利潤。這種強調「關係」的模式，常見於東南沿海省份（吳介民 2019；鄭志鵬 2008; Wank 1999），包括珠三角。值得注意的是，「共生侍從主義」往往犧牲有效的政策治理，且最終破壞國家的制度權威（Baum and Shevchenko 1999）。然而，當地方政府和企業家所處的制度環境遭到外部因素改變，如中央政府的干預（Wu 1997）和工人的抗議（陳志柔 2015），兩者之間的非正式關係就變得不甚穩定。因此，當我們要檢視中國社會政策的執行時，針對國家與社會的互動，包括地方政府的角色，有必要採取更為動態的方法。因此，以下的討論採取了演化架構來分析中國勞動法規發展的三個階段。

第一階段：為什麼在2008年制定《勞動合同法》？

中國政府於2008年頒佈《勞動合同法》之前，工人面對的是1995年制定的《勞動法》。[3]這是中國有史以來首度頒佈法律來規範勞動關係，而這項法令也為其他的勞動和社會政策立下標準。然而，1995年的《勞動法》實施成效不彰。因此，中國政府隨後頒佈《勞動合同法》，解決因《勞動法》內容不恰當而引發的越來越多勞動爭議。比方說，儘管《勞動法》規定老闆必須與員工簽訂勞動契約，但由於懲罰的代價不高，這規定遭到刻意忽視，並導致勞動爭議事件頻傳。1995年至2007年期間，中國勞動爭議平均每年增加約25%（Gallagher et al. 2015, 215）。《勞動合同法》則規定，員工在工廠工作一個月後，如果老闆未與他們簽訂勞動契約，應向勞動者支付二倍的工資。工作超過一年的員工，如果老闆尚未與勞動者簽定契約，視為用人單位與勞動者已經簽立無固定期限的勞動合同。《勞動合同法》打算提高懲罰的代價，增加勞動契約的覆蓋率。它的主要目標是使勞動爭議的解決有所依據。然而，《勞動合同法》卻進一步導致勞動爭議的大幅增加。例如，勞動爭議的數量從2009年的約90萬件，增加到2012年的近160萬件（Gallagher et al. 2015, 215-16）。本書第十章也提出類似的觀察。除了地方官員對法律規定有不同解釋之外，2008年的全球金融危機也造成勞動爭議急遽增加。眾多的勞資爭議都和遣散

3　這項法律於1997年適用於外資工廠。

費及欠薪等影響農民工的問題有關。《勞動合同法》的頒佈為勞資雙方提供了一個更為正式的談判管道。

勞資爭議逐漸增加，引起人民對國家發展策略的質疑。自1978年經濟轉型以來，中國走進資本主義已經超過三十年。這段時間來，中國藉著外貿和外資與世界經濟體系緊密鑲嵌。源源不決的便宜土地與寬鬆的社會及環境政策，使得中國搖身一變成為世界工廠。自2000年以來，收入不平等、社會福利體系不足以及環境問題造成的社會不穩定，迫使中央政府重新思考扮演世界工廠所要付出的代價。2006年開始的「十一五計畫」是中央政府經濟政策的轉折點。

根據十一五計畫，中央政府重新界定發展的內容，目標是從幾個重要面向改變經濟的增長。首先，經濟增長的動力原本是工業和數量上的擴張，此後動力將轉為依靠結構優化和升級。第二，它將從消耗大量資源轉變為提高資源利用的效率。第三，它將從依靠資本和要素的投入，轉變為依靠科技和人力資源的改善。因此，高資源消耗和低產出的產業成為不受歡迎的對象。廣東省「騰籠換鳥」的政策，也就是以高技術低汙染產業取代傳統製造業，可視為是在回應十一五計畫。此外，計畫也強調經濟和社會平衡發展的必要性，這意味著經濟增長不應該以犧牲公民的社會福利為代價。《勞動合同法》也就是政策追求經濟和社會平衡發展的產物。此外，2008年的稅制改革也是十一五計畫其中一個目標，把外國企業繳納的所得稅從17%提高到25%，把本地企業繳納的所得稅從33%調降為25%。與外資相同的所得稅率提高了中國企業的競爭力，並影響《勞動合同法》的實施。對於外國投資者來說，中國偏袒外資的政策正式畫下句點。

整體而言，中央政府決定頒佈《勞動合同法》是出於兩項理由。一是需要規範勞資的互動，並把勞動爭議正式化（formalize）；另一個是把資本家，特別是外國投資者，從沿海地區轉移到內陸，加速內陸的經濟發展。後者是中央政府沒有明說的隱藏意圖，不過騰籠換鳥的政策已經讓管理資本的目的一覽無遺（C. Cheng 2008）。總之，《勞動合同法》更清楚指出勞動合同的條款，而這些條款在過去的《勞動法》存在模糊空間。表8.1指出1995年《勞動法》和2008年《勞動合同法》在勞動契約必備條款的差異。新勞動合同法第17條規定，勞動合同必須具備的條款主要

表8.1　勞動合同必備條款內容比較

勞動合同法（2008）	勞動法（1995）
1. 用人單位的名稱、住所和法定代表人或主要負責人	無
2. 勞動者的姓名、住址和居民身分證或者其他有效身分證件號碼	無
3. 勞動合同期限	勞動合同期限
4. 工作內容和工作地點	工作內容
5. 工作時間和休息規定	無
6. 勞動報酬	勞動報酬
7. 社會保險	無
8. 勞動保護、勞動條件和職業危害防護	勞動保護和勞動條件
9. 法律、法規規定應當納入勞動合同的其他事項	無

有九項，其中第1、2、5、7、9項雖然也出現在《勞動法》各項條文之中，但並未列入勞動契約必備條款。2011年實施的《社會保險法》進一步讓《勞動合同法》更有效促使用人單位提供社會保險。因此，政府負責社會保障的局處和部門，現在可以向不願意承擔工人社會保險的企業，收取高達三倍的保險費。

根據臺灣《商業週刊》（蕭勝鴻 2007）的報導，全球代工龍頭富士康集團總裁郭台銘曾親自飛到廈門與當時國務院副總理吳儀會面，討論即將制定的《勞動合同法》。中央政府正式回答《勞動合同法》不可能延後實施。

第二階段：評估《勞動合同法》的實施情況，2008～2014

到了2010年代，臺商（珠三角的主要外資）開始重新評估中國作為世界工廠的吸引力，並思考移往內陸或遷至海外的可能性。除了《勞動合同法》之外，全球金融危機也導致「臺商大逃亡」（呂國禎、尤子彥 2008）。本研究其中一位鞋業受訪者估計，東莞有近40%的臺資鞋廠在2008年的金融危機中倒閉。因此，全球金融危機和中國管制體制轉變，特別是《勞動合同法》的實施，似乎影響中國對臺商和其他外國投資者的吸引力。即便如此，《勞動合同法》的頒佈並不等於得到落實，留在珠三角的大量臺商工廠，並未完全遵守《勞動合同法》。

2010年10月1日，當東莞一家大型臺資鞋廠的總經理被問及公司如何因應《勞動合同法》時，他的回答相當耐人尋味：「勞動合同當然每個人都簽了，不簽怎麼可以，但是誰規定每個都要保社保？」這段話清楚點出對臺商與外資企業來說，新勞動合同法實行的問題核心不在勞動合同簽訂率，而是在社保覆蓋率。這是因為社保覆蓋率直接涉及生產成本。當我追問總經理公司如何規避為每個員工購買社保，他的回答是：

> 東莞的地方政府有90%都被（臺商）收買了……沒有任何一家企業可以負擔得起所有工人的社保費，老實說，我們公司只有10%左右的人加入社保，當然有些地區像是長三角那邊，地方政府規定的社保覆蓋率要有40%～60%，高過珠三角的30%～40%。不過他們（筆者按：設廠在長三角的臺商）說的話也不能完全相信……而且負責簽訂合同的（筆者按：人力資源局），與負責加入社保的單位（筆者按：社會保障局）不一樣啊！所以不互相衝突。（訪談記錄，2010年10月1日）

這段話說明了，地方政府協助隱瞞臺商的不法行為。自1990年代初期以來，珠三角臺商與地方官員結盟一直是個「公開的秘密」（鄭志鵬 2008；鄭陸霖 1999; Hsing 1996; Wu 1997）。地方政府的關鍵作用是幫助臺商解決市場的不確定性並建立壓制型勞動體制。因此，地方政府並不依規定要求全面的社會保險覆蓋。地方官員對於臺商工廠執行《勞動合同法》的情況，一直是「睜一隻眼，閉一隻眼」。這表示他們藉此可以從臺商那裏獲得「管理費」

或「服務費」，金額大小取決於雙方交情。

社會保險覆蓋率的問題需要進一步討論、釐清。中國的社會保障體系中存在五種社會保險：養老保險、失業保險、醫療保險、工傷保險和生育保險。這五種保險的覆蓋範圍各不相同。醫療保險和工傷保險的覆蓋率通常為100%，尤其是在外資工廠，因為這兩種保險對勞動力再生產至關重要，而且費用並不高。養老保險的覆蓋率最低，因為它的費用是五種保險中最高的，老闆和員工共同支付的社保金有將近90%是用來支付養老保險。那位總經理口中公司10%社保覆蓋率的說法，主要是指養老保險。這種說法同樣適用於中國其他沿海地區，包括珠三角和長三角。

以2010年9月的東莞社保制度為例，市政府收取工廠裡每名工人人民幣287.2元的社保費。其中老闆需要支付185.2元，員工則是付102元，兩者的比例是6.5:3.5。如果我們假設這家臺商鞋廠有一萬名工人，那麼根據《勞動合同法》，它每個月需要支付1,852,000元人民幣。但既然社保覆蓋率是10%，最後它只需付185,200元人民幣。即使把其餘四種覆蓋率較高的保險列入計算，臺商與地方官員的結盟仍為這家鞋廠省下大筆資金。這說明為什麼國家主導的《勞動合同法》在地方上的執行不力。

東莞市政府的社保制度有明顯的階層化特徵，特別是醫保。市政府把醫保分為兩類：金卡和銀卡。持金卡的員工可以得到較好的醫療待遇。比方說，他們可以到更高等級的醫院就診，醫療報銷的額度也比較好。只有在國有和市屬企業工作的員工才有資格拿金卡。外資企業、私營企業和鄉鎮企業的員工則歸到銀卡。

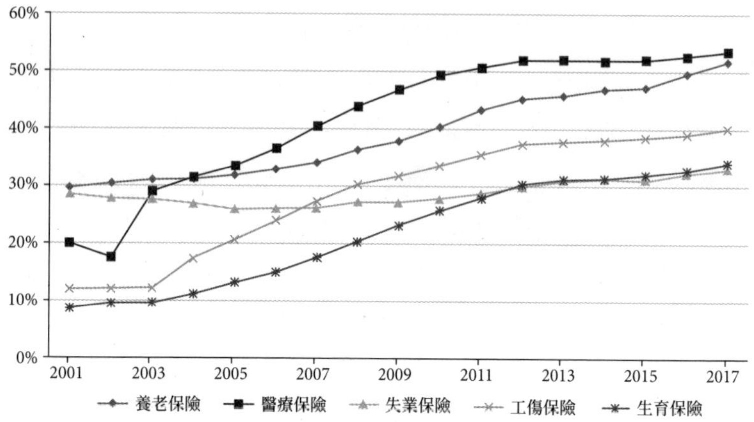

圖8.1　中國工業和服務業五項社保覆蓋率，2001～2017

資料來源：林宗弘（2013）；中國國家統計局（2018）。

對於東莞市政府來說，2000年開始的醫保分層有助於吸引外資，因為金卡為企業帶來的開銷遠遠高於銀卡。2013年，金卡工人與銀卡工人的醫保差額為156.38元。[4]這進一步說明外資和地方政府之間的結盟。因此，臺商工廠的醫保覆蓋率會比較高。

圖8.1顯示《勞動合同法》在全國的低度管制情況。2009年，第二產業與第三產業的養老、醫療、失業、工傷和生育保險覆蓋率分別為38%、47%、27%、32%和23%。2007年，這五項社保的覆蓋率為34%、40%、26%、27%和17%。兩組數據顯示，覆蓋率並未隨著《勞動合同法》的實施而大幅增加。雖然各項社會

4　分層的醫療保險制度已於2013年底取消。然而，如果外資企業、私營企業和鄉鎮企業的工人想要加入更高一級的醫療保險，仍然需要得到企業的批准。這也使得企業有權為工人做最終決定。

保險的覆蓋率從2008到2017年之間一路增加，但到了2017年還是約有一半的工人未加入社保。工傷、失業與生育保險的覆蓋率甚至低於40%。

對於臺商來說，導致《勞動合同法》低度管制的另一個因素是全球商品鏈的延伸。為了因應全球金融危機和中國管制體制的轉變，參與國際分工的臺商OEM與ODM工廠開始向本地的私營企業下訂單，以求在珠三角生存（C. Cheng 2014）。

由於社會主義經濟轉型使得投資環境充滿風險，加上地方官員猖獗的尋租活動，這一切對於臺商極為關鍵。因此，有一些在中國投資的先鋒部隊，像是臺商，選擇了飛地經濟（enclave economy）的投資模式。臺商在地方官員的幫助下，透過「假合資」的模式把代工廠與所在國家混亂的環境隔開（鄭陸霖 1999）。臺資工廠在地理空間上集中是可以預期的結果。當我在2004年走訪一家東莞大型鞋廠時，我注意到有一排淡橘色的房子圍繞在工廠四周。稍後，我瞭解到這些房子是零件廠和加工廠，也就是鞋廠的供應商和承包商，這些工廠都是臺灣人所有。工廠集中的原因在於，假如其中有一家工廠與當地官員發生糾紛，彼此有個照應。臺商也會在下班之後到臺灣人開的餐廳應酬，唱卡拉OK與打高爾夫球，以解思鄉之苦。中國的環境既陌生又不穩定，使得臺商之間產生彼此信任的密切關係，於是本地工廠當時很難打進臺商的生產網絡（C. Cheng 2014, 48）。

這種情況在2008年發生變化，臺商開始把當地工廠納入生產網路，而所採取的策略分為外包和廠內承包。[5]儘管吸收不同族群背景的新夥伴可能引發各種技術與文化問題，但是臺商可以透過這兩種策略，把實施《勞動合同法》的成本轉移到當地工廠。有一位臺商經理解釋這樣做的原因：

> 廠內承包不僅解決訂單不穩定的問題，還能夠繼續控制工廠內部的主要生產活動。此外，這項策略還能減少因《勞動合同法》、國際買家驗廠和中國勞動力供應缺口而造成的巨大勞動成本。關鍵在於，臺灣出口導向型製造業通過廠內承包，納入新興的本地工廠，能夠應付中央奔向小康社會的要求。[6]近年來，地方政府也很努力推動他們控制的地區走向小康。（訪談記錄，2011年11月28日）[7]

外包則是經濟行動者之間分攤風險的一種策略，它有助於臺商擺脫經營血汗工廠的指控。重要的是，不熟悉OEM的本地工廠如何通過國際買家的審查？做為外包廠，臺商的關鍵角色是協助他們的承包商滿足買家的要求。例如，他可以根據買家規範勞動標準的公司行為準則，預先審查當地的合作夥伴。他們要求協力廠注意童工和社保問題，而這也是國際買家最近稽查的重點。他們也要承包商在稽查期間讓童工請假一周，並準備「正確的」

5 相較於眾所皆知的外包（即把工作承包給外部供應商），廠內承包是指從外頭找一整個團隊來廠內工作。

6 十一五和十二五是中央政府用來邁向小康社會的指導方針。

7 訪談內容已在另一本書的章節中談到（鄭志鵬 2014, 53）。

社保檔案備查。本地工廠通常以金錢等獎勵賄賂工人，請他們針對社會保險配合回答「正確」的答案。我在2012年7月10日訪問一家當地工廠的經理說，他用了許多方法解決社保覆蓋率的問題，比如在勞檢鬆散的小地方蓋一座工廠。

國際買家對於臺商在當地工廠的所作所為心知肚明，但他們卻是睜一隻眼閉一隻眼。此外，不同類型的國際買家也有不同的人權標準。由於採購價格的原因，品牌大廠，如Nike、Adidas以及Nine West，要比沃爾瑪、Target和J.C. Penney等零售商更嚴格執行工廠稽查。地方政府似乎也是這樣做，他們對臺商和其他外資工廠的勞動檢查，比對本地工廠更一板一眼。臺商透過外包策略，從製造商轉為貿易商，以滿足《勞動合同法》的要求。總之，臺商、地方官員和國際買家一起造成《勞動合同法》的低度管制。中央政府執行法律的能力在這個階段受到限制。

工人在這個階段的情況又是如何？根據我的田野調查，大多數農民工，也就是社保體系預期的受益者，並不想要購買養老保險，即使雇主要求他們買也不買。儘管中央政府一直透過設立個人帳戶改革養老金，但各省在養老保險上的差異，使得個人帳戶的轉移問題重重。工人並不相信管理社保基金的地方政府不會吞了他們的養老金。此外，下一個雇主購買保險的意願可能較低。因此，大多數農民工寧願把工資放在自己的口袋，也不願意加入社保。

第三階段：2014年裕元鞋廠罷工對《勞動合同法》的影響

1988年投資珠三角之前，成立於1969年的寶成鞋業是裕元集團的母公司。當時，它就是一間規模超過一千個工人的臺灣鞋廠。中國的廉價勞動力和土地，使得1990年在臺灣證券交易所上市的寶成發展為全世界最大的鞋廠，底下的子公司裕元則於1992年在香港證券交易所上市。2014年，寶成全球員工人數達到約40萬人，總收入為2,440億新臺幣。同時，它生產了3.07億雙鞋子，占全球運動鞋和運動相關市場的兩成。寶成的主要買家是Nike、Adidas、Reebok、Asics、New Balance、Puma、Converse、Salomon與Timberland。寶成的生產基地包括中國、越南和印尼，儘管自2008年以來，中國在三者中的領先地位一直在下滑，尤其是2014年裕元公司罷工後。

為什麼2014年的罷工如此關鍵？因為國家和地方的工會爭取工人權利的力量相當薄弱，罷工一直是中國農民工對工廠表達不滿的主要策略。裕元罷工的獨特之處在於抗議的目標，因為這是第一次針對社保和住房公積金的大規模罷工（圖8.2）。[8]有超過四萬名工人加入這場罷工，時間從2014年4月5日到4月26日，持續了近一個月。這是近年來中國最大的罷工之一。裕元罷工後，珠三角其他臺商工廠也出現類似的事情，包括為知名國際品

8　五種社會保險和住房公積金在中國稱為「五險一金」。

圖8.2　東莞裕元鞋廠的罷工。橫幅上寫著：「還我社保，還我住房公積金。東莞寶成（裕元）違法可恥。」

資料來源：《博訊新聞網》，2014年4月15日，
https://boxun.com/news/gb/china/2014/04/201404150033.shtml。

牌生產高端時尚女鞋的興昂鞋廠。興昂在全球鞋業被譽為鞋后，與裕元的鞋王地位平起平坐。

罷工期間，工人表示裕元並未替他們購買社保，又或者買了，基數也低於他們的實際工資，尤其養老保險更是如此。有很長一段時間，裕元在東莞市平均月工資的基礎上為工人購買養老保險，而裕元工人的實際工資往往高於平均月工資。其他臺商也是這樣做，有些工廠甚至用最低工資作為工人養老保險的購買基數。重點是，《勞動合同法》實施之前，大部分的臺商工廠並未替工人購買社保。地方政府則是故意視而不見。從2008年到2014年，東莞養老保險覆蓋率在30%到40%之間。此外，裕元並未替大多數工人提供住房公積金。雖然國務院在2002年公佈《住房公積金管理條例》，但是地方官員用自己的理解來解釋與執行這項規定，而他們不像關注社保那樣在乎住房公積金。這些情況加總起來導致裕元的罷工，但這並未解釋為什麼罷工發生在裕元，而不是其他的臺商工廠，還有這場大規模的罷工竟然可以持續三個禮拜之久。以下我提出兩個可能的解釋：

首先，過去的十年中，資深工人占裕元工人的大宗，有超過一半的工人在裕元工廠幹了十年以上，有些人甚至在那工作了近二十年。這與大多數臺商工廠截然不同，那些工廠的工人比較年輕，流動率較高。根據《社會保險法》的規定，如果工人繳納保險超過十五年，就可以領取養老金。這表示裕元工廠的許多工人在幾年內就有資格領取養老保險。因此，他們比中國沿海地區的工人更關注養老保險。

第二，裕元身為全球最大的製鞋企業，一直是東莞市政府眼中的模範生。罷工一開始，裕元就找上市政府，協商該如何回應工人的要求（陳志柔 2015）。裕元在國際買家的施壓下，傾向於全盤接受工人的要求，把實際工資作為養老保險的基數，並提供百分之百的社保覆蓋。然而，東莞市政府並不同意裕元的提議，因為當地官員擔心這種作法將對其他外資工廠產生重大影響，兩者意見不一致使得罷工又拖了好幾天。

隨著新華社和英國廣播公司（BBC）報導此事，本次地方層級的罷工已經上升為全國性和國際性的勞動爭議，東莞市政府也改變態度。從4月19日起，地方官員開始積極處理罷工事件。最重要的是，中央政府要求東莞市政府和裕元儘快解決罷工問題。人力資源和社會保障部發言人在4月25日的新聞發佈會上表示，裕元公司在社會保險方面確實存在違法行為，如此發言很明顯代表罷工已經接近尾聲。人力資源和社會保障部要求裕元公司達成100%社保覆蓋率，並在工人提出申請時，補償不足的社會保險和住房公積金。最終，東莞市政府所面臨的問題已經從階級矛盾轉為維穩。罷工之後，市政府制定新的社會保險政策，要求養老保險的覆蓋率要等於工傷保險，而工傷保險是當時臺商工廠各種保險之中覆蓋率最高的社保類型。中央訂定《勞動合同法》和《社會保險法》意在全面提高社保覆蓋率，而東莞市政府最終有效回應了這項要求。

裕元的罷工對當地勞動政策的治理產生影響。東莞市政府要求裕元、裕元供應商以及其他大型外資工廠，全面執行《勞動合同法》，包括100%的勞動合同和社會保險覆蓋率。他們也必須為工人提供住房公積金。2015年7月10日，我到東莞做訪談時，裕元一家供應商向我抱怨，當地官員檢查工廠勞動條件的頻率更勝以往，而且沒有事先通知，裕元的其他供應商也面臨類似情況，這表示臺商工廠不能再找藉口。地方政商關係好，對他們來說已不再管用。近年來，地方政府更看重維穩，而不是資本家的利益，尤其是涉及大規模社會抗爭之際。此外，地方政府的收入來源逐漸從企業轉向房地產（Hsing 2010）。有一些地方官員甚至要求企業離開，他們才能夠回收土地。這顯示資本家的利益不再是地方政府的優先考量。

一般來說，農民工對於拿到住房公積金的興趣大於養老保險。以裕元的事件為例，後來只有777名工人提出申請買回養老保險，而這只占所有工人的一小部分。這個結果完全在意料中，因為工人自己必須繳納一部分金額，而這會花掉他們不少錢。此外，工人在退休前不能提取養老金，因此至少需要等15年才能領。反之，住房公積金隨時都可以拿出來興建、購買和維修房屋。裕元一家供應商說，廠裡申請住房公積金補償的農民工人數，比申請養老保險補償的人還要多。

裕元的罷工也影響了珠三角其他臺商工廠。最初，臺商工廠應地方官員2014年下半年的要求，把社保覆蓋率從30～40%提高到50～60%。這些地方官員還對臺商宣佈，社會保險覆蓋率應在第二年年初達到100%。然而，地方官員直到2017年之前並沒有進一步的行動。當我在2017年7月13日訪問東莞，有一位臺商受訪者解釋：「東莞市政府各部門的電腦系統最終都整合為一套，因此在社保覆蓋率方面，臺商不再有灰色地帶。」政府要求臺商為每位新員工購買社保。[9]但是臺商在東莞的本土外包工廠，仍然享受著東莞市政府和國際買家的勞檢假期。內陸的工廠也得到相同的待遇。這說明中國的勞動政策治理存在差序（differential），我把它稱為勞動體制的雙軌制。這種制度不僅存在於外資和本地工廠之間，也存在於沿海和內陸之間。這套體制直接提升本

9 有關住房公積金的地方勞動政策治理，仍然存在著灰色地帶。東莞市政府在這個問題上保持「睜一隻眼，閉一隻眼」。

地工廠的競爭力，並迫使臺商轉向西部內陸地區。

結論：政策結盟的演化

《勞動合同法》實施之後出現兩個政策結盟。一是臺商和地方政府的結盟，另一個則是農民工和中央政府的結盟。臺商和地方政府自1990年代以來的長期合謀，直接削弱2008年之前《勞動法》實施的效果，並導致2008年至2014年期間《勞動合同法》的低度管制。國際買家也默許眼前的情況。裕元罷工事件是改變現狀的關鍵節點（critical juncture），工人和中央政府一起出力使《勞動合同法》確實執行。即使如此，這場結盟也是同床異夢，因為雙方各有目標。對於工人來說，《勞動合同法》最終發揮的效果勝過1995年的《勞動法》。中央政府得以提高政權的正當性，他們針對此議題的行為與東莞市政府大相逕庭；《勞動合同法》對他們來說可能只是手段而不是最終目的，中央政府試著利用罷工重新掌握權力，以便凌駕於臺商與地方政府的結盟。並且進一步把外資遷移到內陸。這呼應本書第九章的研究發現。因此，《勞動合同法》成為中央政府十一五計畫或騰籠換鳥政策中用來管理資本的其中一環，勞動體制的雙軌制就是證明。

本研究證明國家與社會的互動在中國勞動政策治理上相當複雜。國家與社會關係中的「國家」，通常指的是中央政府（Evans 1995; Evans, Rueschemeyer, and Skocpol 1985; Skocpol 1979; Tarrow 2011）。自社會主義時期以來，中國地方政府一直也是主要的行動者。如前所述，1978年經濟改革之後財政分權進一步賦予地方政府權力，使得地方政府成為相對自主的代理者。因此，分權的政治體系成為中國威權政體的一大特色。政權的這項特點肯定會衝擊勞動政策的治理。如果未能掌握此一背景，也就不可能瞭解地方政府與臺商之間的結盟，執行《勞動法》與《勞動合同法》打折扣的原因與手法。

雖然政治體制的分權削弱了中共的基礎行政能力，[10]但弔詭的是，分權使得社會抗爭地方化，從而為中共創造了保護傘。以裕元的罷工事件為例，臺商和東莞市政府對《勞動合同法》和《住房公積金管理條例》的執行不徹底；因此，地方政府而非中央政府才是農民工抗議的主要對象。中央政府變成農民工和第一組結盟（臺商與地方政府）之間的仲裁者，儘管政策是它負責制定的。中央和地方政府在政策治理上的分工，有助於解釋中共統治下的政權穩定（C. Lee 2007; Tang 2016）。蔡永順（Yongshun Cai 2010）對於中國社會抗爭的成敗分析進一步說明，集體反抗的機會往往來自於各層級政府間的分歧。裕元罷工也證明了這一點。弱勢農民工的集體行動，使得中央施壓要求東莞市政府在臺商工廠落實《勞動合同法》。不僅如此，一旦中央政府認為地方政府無法處理社會抗爭，他們也會開始限制地方政府原本「上有政策、下有對策」的作法。因此，集體抵抗對於中國國家與社會關係的變化非常關

10 基礎行政能力是曼恩（Michael Mann 1984）用來描述國家滲透公民社會，並且實施政治決策而不遭遇自下而來的反抗的能力。

鍵，因為它可以「引入」中央政府的干預。最重要的是，本研究也強調臺商和地方政府的結盟在國家與社會互動扮演的中介角色。此外，本研究還證實農民工與中央政府之間有可能互賴。

在分權和差序勞動體制之下，國家－資本－勞工的互動接下來會有什麼變化？由於《勞動合同法》和雙軌制的勞動體制，臺商和其他外資正在撤離中國。從2018年裕元的生產比重來看，越南現在上升到第一位（45%），印尼排在第二位（37%），中國則落到第三（18%）（潘羿菁 2019）。臺商和沿海地區地方政府之間的結盟並未瓦解，但卻變得越來越不穩定。最終，外國投資者並沒有像中央政府預期的那樣向西移向內陸。中央政府意識到事態的變化。2018年2月28日，國務院臺灣事務辦公室推出了「惠臺31項政策」重新吸引臺灣投資；然而，效果並不顯著（林宗弘、沈秀華、鄭志鵬 2019）。此外，中美貿易戰和COVID-19的蔓延使得臺商和外資加速撤離中國。當中國經濟增長進入較溫和的「新常態」階段，阻止外資從製造部門出逃將是一項難題。

參考書目

中國國家統計局，2018，《中國統計年鑑2002-2018》，北京：中國統計出版社。
中國國務院，2004，《中國的社會保障狀況和政策》，http://www.gov.cn/gongbao/content/2004/content_62994.htm。
吳介民，2011，〈永遠的異鄉客？公民身份差序與中國農民工階級〉，《臺灣社會學》，21：51-99。
____，2019，《尋租中國：臺商、廣東模式與全球資本主義》，臺北：國立臺灣大學出版中心。
呂國禎、尤子彥，2008，〈中國變了，臺商大逃亡〉，《商業週刊》，1071：140-147。
李易駿、古允文，2003，〈另一個福利世界？東亞發展型福利體制初探〉，《臺灣社會學刊》31：189-241。
林宗弘，2013，《中國大陸社會安全制度與變革之研究》，臺北：行政院大陸委員會。
林宗弘、沈秀華、鄭志鵬，2019，《中國大陸推動對臺31項措施與各地發布有關教育類具體措施實際情形及對我之影響與因應建議》，臺北：行政院大陸委員會。
施世駿，2009，〈社會保障的地域化：中國社會公民權的空間政治轉型〉，《臺灣社會學》18：43-93。
陳志柔，2015，〈中國威權政體下的集體抗議：臺資廠大罷工的案例分析〉，《臺灣社會學》30：1-53。
____，2017，〈有效治理的桎梏：當代中國集體抗爭與國家反應〉，《臺灣社會學》，33：115-166。
彭昉，2007，〈計時趕工的霸權體制：對華南一家加工出口臺資廠的勞動體制研究〉，《臺灣社會學》14: 51-100。
劉雅靈，2010，〈中國準計畫行政體制：鄉鎮政府從企業經營到土地收租的軟預算財政〉，《臺灣社會學刊》45: 163-212。
____，2017，《自上而下的改革：中國地方經濟發展的路徑分歧》，臺北：巨流。
鄭志鵬，2008，〈市場政治：中國出口導向製鞋產業的歷史形構與轉變〉，《臺灣社會學》，15：109-163。
____，2016，〈外生的中國資本主義形成：以珠江三角洲私營企業主創業過程為例〉，《臺灣社會學》，31：141-191。
鄭志鵬、林宗弘，2017，〈鑲嵌的極限：中國臺商的「跨國資本積累場域」分析〉，李宗榮、林宗弘主編，《未竟的奇蹟：轉型中臺灣經濟與社會》：612-644，臺北：中央研究院社會學研究所。
鄭陸霖，1999，〈一個半邊陲的浮現與隱藏：國際鞋類市場網絡重組下的生產外移〉，

《臺灣社會研究季刊》35：1-46。

潘羿菁，2019，〈寶成蔡佩君示警：越南已無便宜工資了！〉，《財訊》，583：92-94。

蕭勝鴻，2007，〈勞工成本將增五成，郭台銘急見吳儀〉，《商業週刊》，1035：62-63。

APICCAPS (Portuguese Footwear, Components and Leather Goods Manufacturers' Association). 2018. *World Footwear Yearbook*. Porto, Portugal: Portuguese Footwear, Components and Leather Goods Manufacturers' Association.

Baum, Richard and Alexei Shevchenko. 1999. "The 'State of the State.'" In *The Paradox of China's Post-Mao Reforms*, edited by Merle Goldman and Roderick MacFarquhar, 333-360. Cambridge: Harvard University Press.

Burawoy, Michael. 1979. *Manufacturing Consent: Changes in the Labor Process under Monopoly Capitalism*. Chicago: The University of Chicago Press.

Cai, Yongshun. 2010. *Collective Resistance in China: Why Popular Protests Succeed or Fail*. Stanford: Stanford University Press.

Chan, Chris K. C. 2010. *The Challenge of Labour in China: Strikes and the Changing Labor Regime in Global Factories*. New York: Routledge.

Cheng, Chih-peng. 2014. "Embedded Trust and Beyond: The Organizational Network Transformation of *Taishang*'s Shoe Industry in China." In *Border Crossing in Greater China: Production, Community and Identity*, edited by Jenn-Hwan Wang, 40-60. London and New York: Routledge.

Duckett, Jane. 1997. "China's Social Welfare Reforms for a Market Economy: Problems and Prospects." In *The China Handbook*, edited by Christopher Hudson, 262-275. Chicago: Fritzroy Dearborn.

Esping-Anderson, Gosta. 1990. *The Three Worlds of Welfare Capitalism*. Princeton: Princeton University Press.

Evans, Peter. 1995. *Embedded Autonomy: States and Industrial Transformation*. Princeton: Princeton University Press.

Evans, Peter, Dietrich Rueschemeyer, and Theda Skcopol, eds. 1985. *Bringing the State Back In*. Cambridge: Cambridge University Press.

Gallagher, Mary, John Giles, Albert Park, and Meiyan Wang. 2015. "China's 2008 Labor Contract Law: Implementation and Implications for China's Workers." *Human Relations* 68(2): 197-235.

Guan, Xinping. 2005, "Chinas' Social Policy: Reform and Development in the Context of Marketization and Globalization." In *Transforming the Developmental Welfare*

State in East Asia, edited by Huck-ju Kwon, 231-256. New York: Palgrave Macmillan.

Haggard, Stephan and Robert R. Kaufman. 2008. *Development, Democracy, and Welfare States: Latin American, East Asia, and Eastern Europe*. Princeton: Princeton University Press.

Holliday, Ian. 2000. "Productivist Welfare Capitalism: Social Policy in East Asia." *Political Studies* 48: 706-723.

Howell, Jude. 2007. "Civil Society in China: Chipping Away at the Edges." *Development* 50 (3): 17-23.

Hsing, You-Tien. 1996. "Blood, Thicker than Water: Interpersonal Relations and Taiwanese Investment in Southern China." *Environment and Planning A* 28:2241-2261.

____ 2010. *The Great Urban Transformation: Politics of Land and Property in China*. Oxford: Oxford University.

Lee, Ching-kwan. 1998. *Gender and the South China Miracle: Two Worlds of Factory Women*. Los Angeles: University of California Press.

____ 2007. *Against the Law: Labor Protests in China's Rustbelt and Sunbelt*. Berkeley and Los Angeles: University of California Press.

Lee, Ching-kwan and Yonghong Zhang. 2013. "The Power of Instability: Unraveling the Microfoundations of Bargained Authoritarianism in China." *American Journal of Sociology* 118(6): 1475-1508.

Lieberthal, Kenneth G. and David M. Lampton. 1992. *Bureaucracy, Politics, and Decision Making in Post-Mao China*. Berkeley: University of California Press.

Lin, Thung-hong, Yi-ling Lin, and Wei-Lin Tseng. 2016. "Manufacturing Suicide: The Politics of a World Factory." *Chinese Sociological Review*, 48(1): 1-32

Mann, Michael. 1984. "The Autonomous Power of the State: Its Origins, Mechanisms and Results." *European Journal of Sociology* 25(2): 185-213.

Mertha, Andrew. 2009. "'Fragmented Authoritarianism 2.0': Political Pluralization in the Chinese Policy Process." *China Quarterly* 200: 995-1012.

Oi, Jean. 1989. *State and Peasant in Contemporary China: The Political Economy of Village Government*. Berkeley and Los Angeles: University of California Press.

____ 1992. "Fiscal Reform and the Economic Foundations of Local State Corporatism in China." *World Politics* 45: 99-126.

____ 1999. *Rural China Takes Off: Institutional Foundations of Economic Reform*. Berkeley, CA: University of California Press.

Peng, Yusheng. 2001. "Chinese Villages and Townships as Industrial Corporations:

Ownership, Governance, and Market Discipline." *American Journal of Sociology* 106(5): 1338-1370

Pun, Ngai. 2005. *Made in China: Women Factory Workers in a Global Workplace*. Durham: Duke University Press.

Saich, Anthony. 2000. "Negotiating the State: The Development of Social Organization in China." *The China Quarterly* 161: 124-141.

Saunders, Peter and Xiaoyuan Shang. 2001. "Social Security Reform in China's Transition to a Market Economy." *Social Policy & Administration* 35 (3): 274-289.

Skocpol, Theda. 1979. *States and Social Revolutions: A Comparative Analysis of France, Russia and China*. Cambridge: Cambridge University Press.

____ 1992. *Protection Soldiers and Mothers: The Political Origins of Social Policy in the United States*. Cambridge: Harvard University Press.

Solinger, Dorothy J., 1999. *Contesting Citizenship in Urban China: Peasant Migrants, the State, and the Logic of the Market*. Berkeley: University of California Press.

Spires, Anthony J. 2011. "Contingent Symbiosis and Civil Society in an Authoritarian State: Understanding the Survival of China's Grassroots NGOs." *American Journal of Sociology* 117 (1): 1-45.

Tang, Wenfang. 2016. *Populist Authoritarianism: Chinese Political Culture and Regime Sustainability*. New York: Oxford University Press.

Tarrow, Sidney G. 2011. *Power in Movement: Social Movements and Contentious Politics*. (Revised and Updated Third Edition) Cambridge: Cambridge University Press.

Thornton, Patricia M. 2013. "The Advance of the Party: Transformation or Takeover of Urban Grassroots Society?" *The China Quarterly* 213: 1-18.

Unger, Jonathan, and Anita Chan. 2008. "Association in a Bind: The Emergence of Political Corporatism." In Jonathan Unger, ed. *Associations and the Chinese State: Contested Spaces*. Armonk, NY: M.E. Sharpe. Pp.48-69.

Walder, Andrew. G. 1995. "Local Government as Industrial Firms." *American Journal of Sociology* 101: 263-301.

Wank, David. 1999. *Commodifying Communism: Business, Trust, and Politics in a Chinese City*. Cambridge: Cambridge University Press.

Wu, Jieh-min. 1997. "Strange Bedfellows: Dynamics of Government-Business Relations between Chinese Local Authorities and Taiwanese Investors." *Journal of Contemporary China* 6: 319-346.

9 以工人之名治理外資：富士康工人自殺事件後的黨國與勞資關係

林宗弘

摘要

富士康在中國的經驗使我們瞭解，威體體制下不同層級的政府，如何利用工人的騷亂來馴服外資，並實現國家發展的優先目標。當一家重要的外資發生工人事件、如自殺或抗議時，中央和地方政府會把握良機，以保護工人之名大肆宣揚勞工問題。這是黨國機構向外資管理階層傳達產業政策變化的訊息。一旦管理階層遵守勞動法規與產業政策，中央和地方政府會藉著淡化問題或壓制抗議者來支持公司。其他外資，特別是同一省份的公司，也因此認知到政策的變化。根據中華徵信所中國大陸研究資料庫所收錄的一千大臺商資料，以工人之名推動產業政策剛開始似乎奏效。然而，中央到地方的政府、外資和國內工人之間的演化互動，卻產生意想不到的結果，包括越來越多的工人騷亂和資本外逃。富士康工人的自殺事件並未顯示出威權主義的韌性，而是表明中國政府往往為了自身的利益懲罰勞資雙方，而不是維護外資或國內工人的利益。

2010年5月，CCTV4播出深圳農民工一連串自殺的新聞，震驚社會大眾。新聞播出的前一年來，中國和全球媒體揭露在富士康廠內至少有24起工人自殺事件。富士康是臺灣鴻海集團的一員，也是世界上雇用最多工人的民間製造業公司，旗下有為蘋果公司生產iPhone和iPad的大工廠（Kraemer, Linden, and Dedrick 2011）。消息一出引發更多工人自殺事件，輿論對富士康在中國的管理和工人權利的譴責撲天蓋地而來。這個連鎖反應使得官方媒體在2010年6月後封鎖一切和新的自殺案件有關的訊息（Lin, Lin, and Tseng 2016）。

那年夏天，當中國媒體首次曝光並試圖淡化富士康工人自殺的問題時，來自中國、香港和臺灣二十所大學的師生組成研究團隊，深入調查工廠裡的勞工問題（Ngai, Chan, and Selden 2013）。本章作者也參與那次研究計畫。儘管人們普遍關注勞動條件，但臺灣的研究小組利用人脈接近富士康的管理層，試圖揭露內部人員的觀點（Lin, Lin, and Tseng 2016）。

富士康的管理層在受訪時普遍表示，中國政府刻意披露工人自殺事件，這是一場預謀，意在對公司進行政治懲罰。自2008年以來，廣東省新一屆領導班子要求進行產業升級並提高最低工資標準，兩項要求都迫使富士康改善勞動條件。鴻海董事長郭台銘不顧廣東省政府的期望，公開批評當地政策，而且不吝於展現自己的政商關係，包括他與薄熙來之間的交情——時任重慶市委書記的薄熙來之後因醜聞而被中國共產黨嚴懲（曾瑋琳 2012）。我們對公司高管的訪談顯示，他們認為富士康是遭到國營媒體所構陷。有一些人認為，富士康的自殺率未必高於其他工廠，但事件遭到披露主要是因為富士康在政治上「押錯寶」(Lin, Lin, and Tseng 2016)。

然而，陰謀論並無法解釋富士康工人自殺事件背後的管理責任問題。筆者先前的研究顯示公司內部組織要為這場悲劇負責(Lin, Lin, and Tseng 2016)。此外，富士康遷往內陸省份的過程中，始終受到大多數地方政府的歡迎；政治上押錯寶無法解釋這種現象。然而，富士康的個案研究和深度訪談給了我們一些線索，說明中國政府如何約束外資遵守產業政策，以及公司如何回應這些政策。本章的個案研究表明，政府為了根據產業政策管理外資工廠，打著保障工人的名義對企業實施懲罰，但是在爭議過後，勞工權利幾乎毫無改善。富士康管理層和工人在事件發生前後的經驗，乃是研究中國國家、外資和工人互動的翔實案例。

富士康研究的新觀點

富士康工人自殺事件激發了學術界和公眾關注中國世界工廠的勞動條件。既有文獻(以下稱富士康研究)從三個角度分析了富士康的自殺事件：涂爾幹派觀點(Durkheimian)、馬克思主義觀點(Marxist)以及國家與社會關係。從涂爾幹派來看，研究指出富士康工人的心理疏離、社會支持的缺失、情緒疲憊等自殺的原因。隨機分派員工宿舍打散了同鄉社會網絡，交友不易可能導致富士康工人的心理疏離，使一部分工人陷入憂鬱症，甚至自殺(楊友仁 2014; Z. Li, Lin, and Fang 2010; Yang 2014)。從馬克思主義的角度來看，高壓管理和惡劣的工作和生活條件，可說是工人自殺和反抗的原因(Lee 1998; Ngai and Chan 2012; Ngai and Lu 2010; Selden and Wu 2010; Smith and Ngai 2006; So 2003)。最近有一項研究指出，全球品牌導入破碎化與專制的生產體制，乃是造成工人自殺的原因。馬克思主義者可能會把自殺事件視為中國工人階級意識上升的指標。然而，富士康的工人受到行動主義者的網路所動員，他們的賦權(empowerment)展現在抗議活動，而抗議活動在自殺事件之後(而非之前)增加了(Lin, Lin, and Tseng 2016)。其他研究則聚焦在知識份子和非政府組織(NGO)參與富士康調查計畫和相關抗議活動的角色(Cairns and Elfstrom 2014; Hao 2014; He and Huang 2014)，以及蔓延到其他全球品牌公司的抗議活動(Chunyun Li and Liu 2018)。馬克思主義與國家社會關係文獻呈現對中國日益增長的階級意識與勞工抗議的關懷(Lin, Lin, and Tseng 2016)。然而，相較於對中國勞工運動的樂觀立場，非政府組織和左派學生行動主義者，近年來遭遇黨國的強力鎮壓，其活動已難以為繼(J. Chan 2019)。

富士康研究主要關心勞動條件，但大多忽略自殺發生期間與之後，黨國的模糊角色以及地方政府的回應。中國政府產業政策不斷變動，呈現在官方媒體的態度上，富士康管理層儘管避免公開指責政府，還是不情願地配合政策，政府也轉而壓制訊息。黨國矛盾的角色顯而易見，例如在2010年之前，富士康也發生過跳樓事件，但未能引起媒體的興趣。此外，黨國允許媒體刺激公眾關心了三周，然後就協助公司淡化整個問題(曾瑋琳 2012)。正如鄭志鵬在第八章中同樣的觀察，中央和地方政府與勞工和臺商在中國勞動法修改的背景下進行合縱連橫，但國家有自身的利益與自主性。

本章從另一個角度剖析富士康自殺事件後的經驗，挖掘出威權體制令人困惑的角色。針對中共威權統治的研究發現，中央和地方政府吸取了其他發展型國家的經驗，以政策為工具獎勵外資的投資（Bolesta 2012; Knight 2014; Nee, Opper, and Wong 2007）。學者也察覺，地方政府和外資討價還價時，通常利用稅收減免、便宜徵收來的農地以及由政府人力資源單位提供的廉價勞力，作為政策工具或個人恩惠（Landry 2008; Naughton 1995, 2007）。然而這些研究大多忽略了，中國政府也可以用政策工具對外資進行懲罰。當中央和地方政府追求產業升級和產業遷移，如果政策激勵的手段有其限制或不足，他們還能做什麼？

從富士康以及其他臺商的研究，讓我們深入瞭解威權政府（中央或地方）如何利用勞工議題來懲罰外資，以驅使資本服從其國家策略。富士康的案例表明，這種懲戒可能遵循一連串的標準作法。首先，當一家領頭的外資企業出現勞工糾紛、自殺或抗議時，中央和地方政府常能抓住機會，以工人之名宣傳勞工糾紛。第二，黨國機構向公司管理層通報產業政策的變化。當管理層遵循產業政策，無論是否心甘情願配合，中央和地方政府可以淡化問題或支持資方，以此來維持公司運轉。中國有句諺語說：「殺雞（富士康）儆猴（臺商）。」其他外資企業，特別是同一省份的外資，也接收到這一政策信號。接下來，其他外資也可能跟隨龍頭企業，依照政府指示變更投資決定。因此，中國共產黨把勞工問題作為政治籌碼管理外資，同時促進其發展目標。裕元鞋廠的罷工（本書第八章）以及沃爾瑪超市工人的抗議活動（J. Chan 2019），也出現類似情況。本章說明勞工問題的演化，如何成為黨國監管外資的政策工具，並評估此種策略的相對有效性。

從2010年到2014年之間，我們的研究團隊訪問了四十多名在富士康工作的工人和管理人員。這些員工有中國人、臺灣人和美國人，大多數都在富士康位於深圳和成都的廠區工作。其中至少有三分之一的人在不同年份接受了兩次以上的訪談（Lin, Lin, and Tseng 2016）。此外，我們還從中華徵信所的中國大陸研究資料庫中搜集資料，其中包括臺商一千大的公司資訊，在富士康工人自殺事件前後，追蹤富士康和其他臺資企業在中國的投資情況（CCIS 2019）。根據田野訪談和企業層級的資料，富士康和其他臺商集團的確遵循產業政策，這是胡溫時代（2002～2012）改善勞資關係治理工作的成果。

雖然以工人之名實施的產業政策看似成功，但從演化的角度來看，（中央和地方）政府、資本和勞工之間的互動，帶來非意圖性的結果，其中包括越來越多的工人抗議和資本外逃。在習近平主政期間，黨國轉而鎮壓活躍的工人非政府組織和中國南方的勞動糾紛（Franceschini and Lin 2019; Kuruvilla 2018）。在2013年中國經濟衰退和iPhone 6生產週期開始之後，富士康和蘋果公司有退出中國的跡象，把投資轉移到日本和東南亞（Lin and Hu 2019），同時回到美國設廠（BBC News 2017）。

富士康勞工問題的個案研究表明，中國共產黨並未成功協調資本和勞工的利益（Cheng Li 2012），而是表現出更強的國家自主性和國家能力，懲罰勞資雙方。然而，國家越強硬，資本外逃和勞工抗議的風險也越高，因而使得政治更不穩定。不同於中國審議威權（deliberate authoritarianism）與韌性威權所涉及的獨裁者理性選擇理論觀點（Bueno de Mesquita et al. 2003; He and Warren 2011; Mertha 2009; Nathan 2003），本書觀察現實權力變化的的歷史制度論觀點認為，政治精英的意圖和制度變化，往往會導致其不願看到的非意圖後果，此一觀點可能更適合解釋中國中央和地方政府對勞工議題的演化式治理、還有資本和勞工的持續抵抗（Lieberthal and Oksenberg 1988; Tsai 2006）。

以工人之名形塑富士康的投資

在二十一世紀初爆發富士康工人自殺事件，事件發生在中國政府發展政策的獨特脈絡之下，值得說明。為了平衡沿海和內陸地區的發展不均，中國政府推動了幾項發展計畫，例如2002年的西部大開發戰略和中部崛起計畫（Goodman 2004）。這些計畫的效果令人懷疑。2005年之前，在與沿海省份競爭中，某些內陸省份所吸引到的外資逐步下滑，如貴州、廣西和寧夏。研究指出北京中央政府試圖通過超大型計畫（如貴州的西電東送）重新對該省的經濟進行集權，反而導致西部地區外資減少。強化中央對經濟的控制，消磨了外資對改革的信心（Oakes 2004）。

2006年，中國政府在第十一個五年計畫裡重申沿海省份的產業升級和西部省份的發展計畫（中國政府 2006）。2008年1月，中央政府實施新的稅法，把外資的所得稅率從17%提高到25%，而將本地企業的所得稅率從33%降低到25%。改革後的稅收制度，意在為本地公司提供與外國公司競爭的平等機會。《勞動合同法》於2008年出臺，緊接著是《社會保險法》（2010年1月），中國中央政府藉著改善工資和勞動條件擴大內需（本書第十章；鄭志鵬 2014），但中國經濟很快受到全球金融危機引發的出口蕭條所傷。為了維持經濟高速增長，中國政府在2008年11月宣佈打算增加消費以及城市基礎設施的公共投資，以擴大內需（Pei 2011）。

經濟危機激發幾個地方政府推動政策試點。其中最著名的實驗就是時任廣東省省委書記汪洋提出的宣傳口號「騰籠換鳥」。官方政策清楚載於《關於產業轉移和勞動力轉移的決定》，旨在透過一系列新規定促進產業升級，並把勞動密集型和高汙染工廠驅逐出珠江三角洲（Jacobs 2012）。然而，計畫一開始缺乏給外資和基層幹部的足夠誘因。廣東最大外資富士康的老闆郭台銘公開質疑騰籠換鳥的可行性，並遊說其他人向汪洋施壓，要求修改或推遲計畫（蘋果日報 2008）。為了完成蘋果公司的iPhone和iPad訂單，富士康並未依循規定清空籠子；反之，從2008年到2010年之間，還增加在深圳的員工人數（曾瑋琳 2012）。

如前所述，大多數受訪的富士康管理階層皆認為，工人墜樓事件的曝光是汪洋的政治報復，他在事件發生時公開敦促富士康改變管理風格。儘管陰謀論的說法難以確認，但受訪者提到自殺事件爆發後，他們與地方政府討價還價的過程。有一位經理提到：「深圳市政府的調查人員說，我們可以在當地（指自殺事件主要發生地深圳）保留一些收益，卻要我們別保留這麼多生產線。墜樓事件發生後，如果你們還把裝配流水線留在深圳，人民會怎麼想？」（田野筆記C6）。

根據中央和地方政府派出的調查組建議，富士康從2010年6月開始把工廠遷往中國內陸地區。一些「專案」，像是根據富士康工廠新地點命名的河南專案與成都專案，由管理層和地方政府推動。專案是以一百天為期限建立新工廠的計畫，滿足從深圳遷出的產能，它們基本上符合蘋果公司的產品（當時的iPhone 5和5S）要求和期限。在富士康最困難的時候，當時正嶄露頭角的重慶市委書記薄熙來公開支持該公司，並承諾在2010年7月為重慶專案提供土地和工人。

在習近平上臺前的中共派系鬥爭裡，汪洋和薄熙來分別被視為代表兩極化的新自由主義與左派經濟意識形態、分屬共青團與「太子黨」的政治派系。有趣的是，過去傾向改革開放的汪洋以左派保護勞工權利之名而對富士康施加懲罰。薄熙來失勢卸任重慶市委書記前，掀起一場打黑運動，擴大福利的公共支出，維持GDP的增長，並開展恢復文革價值觀的紅色文化。薄熙來鼓吹平等主義的價值觀還有重慶模式，使他成為中國新左派——這群知識份子和政策精英對市場改革和社會不平等日益嚴重感到失望（Jacobs 2012）——眼中的明星。諷刺的是與新左派主張相反，薄熙來歡迎因為血汗工廠而惡名昭彰的外資富士康到重慶投資，這種恩惠被認為是汪洋懲罰鴻海的補償。

薄熙來並非唯一接受富士康投資的地方領導人。鄭州的河南專案是富士康最先生產iPhone和iPad的新工廠，工廠於2010年8月開工。次年，河南專案的員工增加到十四萬。成都廠則是富士康在四川省另一個重大投資項目，2012年為止雇用超過十六萬名工人（曾瑋琳 2012）。2011年接受採訪的成都市發改委和勞動局的地方幹部表示，根據市政府的承諾，他們用盡政府的組織能力盡快提供土地和工人，以滿足富士康新工廠的需求。由於當地幹部的賣命和農民工違法超時加班，富士康成功從工人自殺事件的醜聞中恢復，新廠產能及時滿足市場對蘋果手機節節高昇的需求，並成功挽留它的主要客戶蘋果公司（Mishkin 2013）。

儘管郭台銘在2012年2月初，也就是薄熙來被解除職務之前，公開會見並支持薄熙來（蘋果日報 2012），但這一令人質疑為「押錯寶」的政治決定並未阻礙富士康在中國的新投資。我們可以從富士康淨銷售額（營收）的變化，清楚看出生產線投資的流向。本研究利用中華徵信所（CCIS 2019）中國一千大臺商資料庫，追蹤2009年至2015年富士康在不同省份的淨銷售額變化。如圖9.1所示，2009年之前，富士康的營收主要集中在廣東省。從2010年的自殺事件到2013年，如圖9.2所示，集團營收從廣東擴散到中國西部和中部，包括河南、四川、重慶、湖北、廣西和山西。富士康設新廠的地點、範圍和速度不能用薄熙來和汪洋之間的權力競爭或各種陰謀來解釋。假如沒有中央政府的默許，自殺事件的曝光不會這樣收放自如，在全中國重新設廠的專案不可能成功。

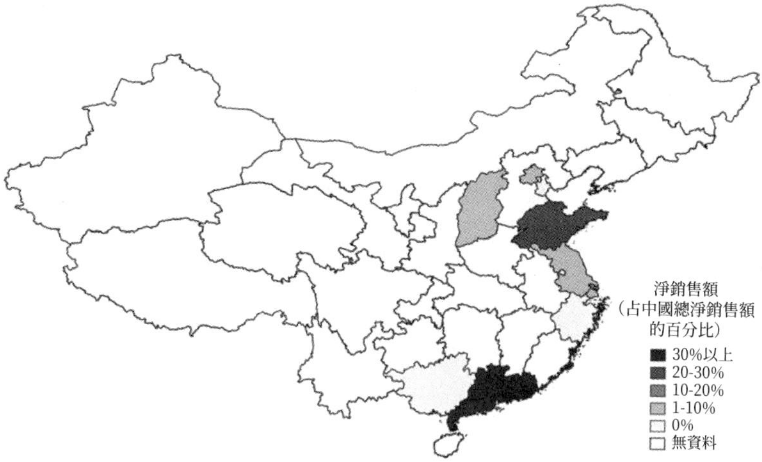

圖9.1　富士康子公司淨收入的地理分佈情況，2009

資料來源：CCIS（2019）。

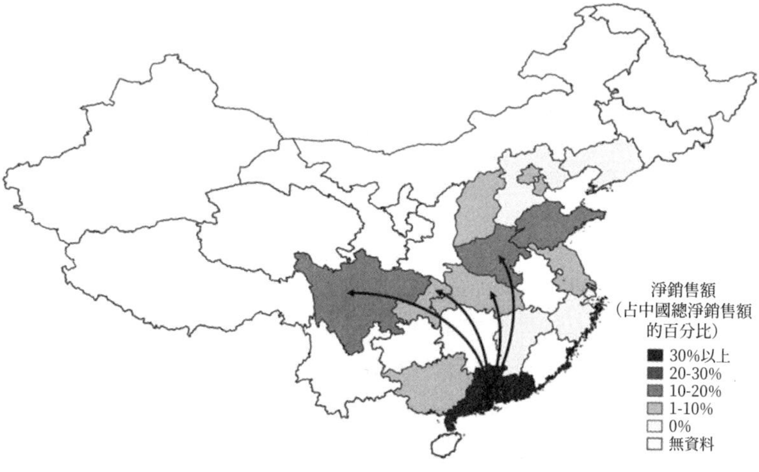

圖9.2　富士康子公司淨收入的地理分佈情況，2013

資料來源：CCIS（2019）。

富士康為了遷廠調整了內部分工（Lin, Lin, and Tseng 2016）。有一位為蘋果公司工作的工程師說：

> 富士康團隊主要與美國的工程師合作，帶回原型機與所有生產準則，然後在深圳的龍華打造試點生產線，並確保生產線的穩定和產品品質令人滿意。由於深圳的工資和成本不斷增加，團隊從2010年10月起將大規模生產線重新安排到成都專案。但仍有少數產品和一些關鍵零組件是在龍華組裝。（田野筆記A1）

新工廠周圍的產業集群顯示，富士康為了降低成本，遷徙生產線配合當地供應商，而根本未考慮工人的情況。比方說，富士康決定在成都生產主機板，因為一些供應商就在成都（Lin, Lin, and Tseng 2016）。

然而，管理階層把同一生產線上的整批員工從深圳轉移到其他省份時遇到困難。大多數工人不大願意搬到比較落後的內陸省份，這些地方與他們的家鄉差不多。為此公司試著依新廠與工人家鄉的距離重新安排。例如，來自湖北的農民工被公司勸說換到湖北武漢專案的新生產線上（Lin, Lin, and Tseng 2016）。從深圳來的工人可能被升為新生產線的領班或主管，督導從當地勞務仲介機構招聘的新人。這些策略並無法立即解決新工廠的缺工問題。在地方政府的斡旋下，富士康與一些職校合作，把數千名學生工人帶入工廠（Chan 2013）。在地方政府的支持下，富士康有效地克服缺工的問題，並在2012年把公司的員工人數提高到史無前例的129萬人。

產業政策變化下的臺灣資本流動

工人跳樓自殺事件在網際網路和大眾媒體上引起民眾對臺灣企業軍事化管理的批評，火不只燒到富士康，也包括大多數臺資工廠。隨後的發展和勞工政策，震驚其他臺商團體。首先，富士康的回應，包括提高基本工資和社會保險，改變了勞動市場以及工人對工資和工作條件的期待，特別衝擊珠江三角洲一帶的整體勞動條件。第二，富士康的生產線重新佈局，造成中國電子業供應鏈的資源與地理上的重新分配。第三，中國沿海地區新的產業和勞工政策，使得其他臺資企業集團跟隨富士康的腳步進入內陸。

除了富士康事件為其他臺商樹立榜樣之外，省與省之間不同的法定最低工資也是中國政府的籌碼。如圖9.3所示，東部地區（特別是深圳）的官方最低工資通常比西部還高。深圳和東莞從2008年開始提高最低工資，但蘇州和西部省份的最低工資直到2010年仍未改變。因此，東部和西部的工資差距在2010年之前拉開。這種工資差距對臺商是一大誘因，他們的勞動密集以及外包製造工廠極度依賴低工資的農民工。當臺商的投資轉移到中國內陸時，這些省份的最低工資在2013年開始追上中國沿海地區。

證據表明，富士康受到懲罰以及國家政策的變化，有效地重塑臺商的投資。本研究使用中華徵信所（CCIS 2019）資料庫，整

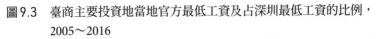

圖9.3　臺商主要投資地當地官方最低工資及占深圳最低工資的比例，2005～2016

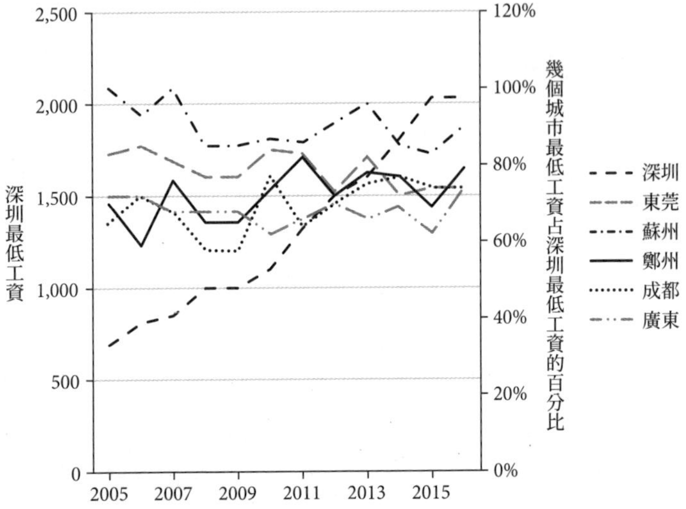

資料來源：2005～2016年中國各省調整最低工資標準的公告。

理2004年至2017年期間每家公司的時間序列資料，追蹤臺商的資本流動。每年前一千大企業的淨銷售額和就業人數，按照企業登記的省份進行彙總，然後再按照中國官方的地理分類，把各省資料再彙集成六大區域：華北、東北、華東、華中、華南和西部。因此，圖9.4和圖9.5所示的結果可以用來分析臺資企業整體的遷廠情況。

圖9.4是前一千大臺商在中國六個主要地區的營收變化，圖片顯示營收在2012年之前不斷增加。從2010年到2012年之間，雖然中國華東和華南的企業不斷發展，但是華中、華北和西部省

圖9.4　一千大臺商在中國各地區的營收淨額，2004～2020

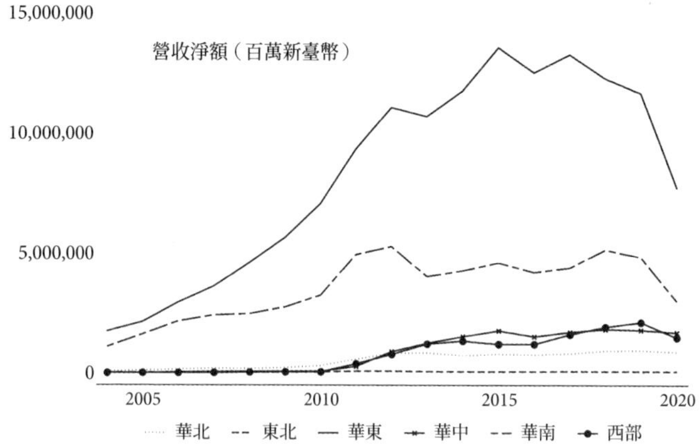

資料來源：中華徵信所，臺商一千大資料庫。

圖9.5　中國前一千大臺商雇員數，2004～2020

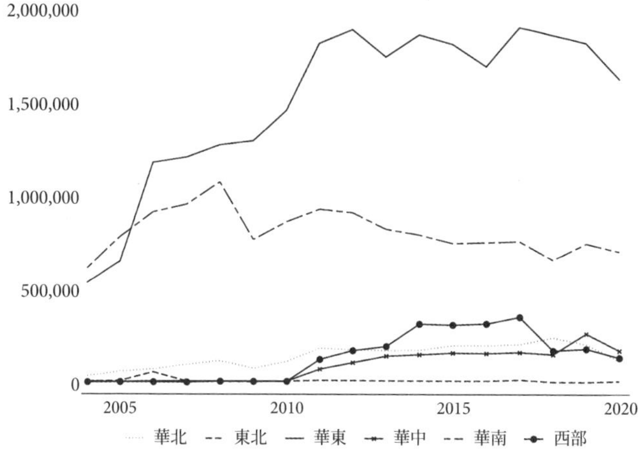

資料來源：中華徵信所，臺商一千大資料庫。這些數據是從每年前一千大臺商資料整理而來。公司的匯總數字按先按各省分開，然後依照中國官方的地理區域彙集成六個主要區域：華北、東北、華東、華中、華南、西部。

份的營收快速升高，這說明了臺商的遷徙。正如官方資料所顯示，中國經濟增長放緩，影響了2012年至2013年臺商的淨銷售額，但在2014至2019年逐漸恢復並且停滯。

圖9.5顯示了就業區域的型態變化，要觀察六個地區一千大臺資企業遷廠情況，這可能是更有用的指標。臺資企業的員工數迅速增加，尤其是華東地區，在2005年超越華南地區。資料顯示臺資企業用人情況在六個地方重新洗牌，如2008年後約有30萬工人從華南地區遷出。受2012年經濟低迷的影響，臺資企業從東部省份轉移15萬名左右的工人。相比之下，富士康工人自殺事件發生後，包括富士康在內的臺資企業紛紛遷往華中、華北和西部省份，並在2010年至2013年期間增聘了約40萬名工人。臺商受到中國經濟下滑和工資增長的高度影響。除了西部的省份外，他們在中國聘用工人的人數自2013年以來一直停滯不前。近年，臺商雇用的工人總數逐漸下降，這表明臺商有撤離中國的趨勢。

非意圖性的後果：工人抗議和資本外逃

儘管自2010年以來，富士康事件和中國勞工政策影響臺商投資，但以工人之名制定的產業政策，卻帶來非意圖性的結果。臺商面對公眾的批評，馬上採取了一些策略防止工人自殺。例如限制加班時間（尤其是蘋果公司的生產線）、禁止領班在廠間使用語言霸凌，並且在工廠和宿舍樓的周圍裝上安全網防止跳樓者摔死。此外，富士康把一般工人的基本工資提高到略高於當地政府規定的法定最低工資。比方說，深圳富士康工人的基本工資從從2010年到2012年之間，由900元升到1,200元，然後再調高到2,000元。為了維持事業群的收益、壓制總工資成本上升，大多數生產線以降低工程師的獎金來發放給操作員的獎金。自殺事件發生後，低階的中國工程師、主管和領班，經常抱怨他們的工資減少。

一直到跳樓自殺事件曝光前，公眾並不清楚成立於2007年3月的富士康工會，是由郭台銘的特助擔任主席（Ngai and Chan 2012）。事件發生後，工會公佈了一個電話號碼，讓工人打電話表達不滿。我的受訪者說，有些工人表達住宿條件的問題，使得宿舍條件得到改善。有一些關心生產線管理不合理的人，則是遭到解雇（田野筆記C21和C22）。以成都專案為例，當地政府幫助工會蓋了一些配有健身房、游泳池和網吧的文明「青年公寓」，表示他們注意改善勞動條件，但工人們抱怨說他們長時間工作，根本無暇享受這些設施。個別樣板如成都廠有些許進步，但除此之外，後續報告顯示農民工的工作和生活條件與深圳廠類似（Chan, Pun, and Seldon 2020）。評估鴻海集團勞動條件是否改善有其困難。然而，新的國家政策挑戰了富士康的管理權威。對於多年來一直受到管理階層打壓、心生不滿的工人來說，這是一場政治機會（Elfstrom and Kuruvilla 2014）。

減少加班時間和提高基本工資後，生產線上的工人開始表達更多的不滿，發起更多混亂的罷工和暴動。正如一些探討中國

「叛亂陷阱」(insurgency trap)的研究所說(Friedman 2014; Gallagher 2014),這種集體抵抗的特點與制度化的勞工運動不同。首先,率領抵抗的通常是中國領班和低階工程師,在加班限制下他們的收入和獎金減少了,因為要分配給工人。其次,有一些糾紛的發生顯然是由於要配合蘋果公司的急單,必須長距離重新配置勞動力(Lin, Lin, and Tseng 2016)。此外,自殺事件的曝光不僅顯示中國政府產業政策朝令夕改,也顯示欠缺中央和地方政府政治支持的管理權威所存在的弱點(至少是暫時的弱化)。富士康工人從自殺事件中學到的是,如何讓大眾媒體參與進來造勢,並運用國家勞動法規抵抗管理層(Elfstrom 2019)。由於富士康迅速重新安排生產線和技術工人,有經驗的工人抗爭領袖把工人的集體行動從東部省份擴散到西部省份(Zhang 2015)。

本研究透過媒體新聞和網站,整理並分析2010年至2016年期間發生的19起工人集體行動(延伸自Lin, Lin, and Tseng 2016)。這些糾紛大多是起於限制加班導致收入減少、農民工從最低工資較高的沿海省份大規模重新安排到最低工資較低的內陸省份而減薪、或農民工與當地警衛在新工廠的管理衝突。例如,2012年1月,湖北有300名憤怒的工人在加薪和補償遭到拒絕後,跑到某個車間樓頂威脅要集體自殺(Fu 2017)。其中一位是我們原先在深圳的受訪者:他被調回湖北,基本工資也跟著減少,對此不滿而帶頭抗議。2012年6月在成都,有些忿忿不平的外省員工阻止本地警衛抓捕一名來自他們家鄉的偷竊疑犯,最後雙方大打出手而演變成打砸工廠的暴亂,最後有些工人還放火燒了廠房。2012

年9月底在太原，1,000名工人發起騷亂，因為大部分來自湖南的農民工反對當地警衛幫派式的管理。2013年9月，煙臺也發生了類似的暴力騷亂。

郭台銘在2012年初公開支持薄熙來，但富士康的管理人員說他們的董事長押錯寶，習近平取得中共最高領導權，並在接下來兩年以反腐名義暴力清洗薄熙來的黨羽。從2013年底開始，富士康迅速把產能由重慶專案轉移到其他新投資的省份。由於政治與投資策略改變減少營收，影響了員工的工資和加班費，特別是低階中國工程師和領班的工資。由於重慶工廠停止裝配線並減少加班時間，引發好幾次野貓式罷工（wildcat strike）。

2013年富士康生產線的第一波重新安排後，抗議活動的次數和規模達到頂峰（見本章最後的附表9.1）。先前的富士康研究探討知識份子和非政府組織在調查和改善中國勞工權利中的作用，但這些知識份子和非政府組織並未公開聲援富士康工人的罷工和騷亂；他們為了自己的生存，傾向保持適當距離。自2013年以來，官方媒體封鎖了這一連串集體行動和自殺事件後的相關新聞報導，而公司也試圖掩蓋這些事件。然而，富士康的工人問題大部分都已經在網際網路和海外媒體曝光。中國工人開始針對外資（如日本的本田和臺灣的裕元）發起類似的野貓式罷工或合法的集體勞資糾紛，不論是頻率和地點都有蔓延及增加（C. Chan 2010, 2012; C. Chan and Hui 2012; Chen 2015）。

中共派系鬥爭的政治動盪和內陸省份的高交通成本，帶來新一波的工廠重新配置，這一次可就不遵循國家的指示了。富士康營收的變化和工人的抗議表明，第二波工廠重新配置的浪潮從2013年開始。如圖9.6所示，在2015年，富士康在鄭州、山東、江蘇和廣東等基地暗地頻繁投資，而不是投資到廣西、重慶或成都等地。這把富士康的營收分佈從西部省份再一次轉回到東部沿海省份。此外，不斷變化的國家政策和勞工抗議也嚇壞了已經在考慮離開中國的臺商。

有臺灣的新聞報導指出，由於營運成本增加，至少有三分之一的臺商破產，大多數老闆選擇逃離中國（Cheng 2014）。比方說，在蘋果公司同意下，富士康加速在印度馬哈拉斯特拉邦（Maharashtra）的投資計畫，預計可以創造一百萬個工作機會。2015年，富士康宣佈收購世界第十大電視製造商以及日本第三大手機製造

圖9.6　富士康子公司的淨收益，2017

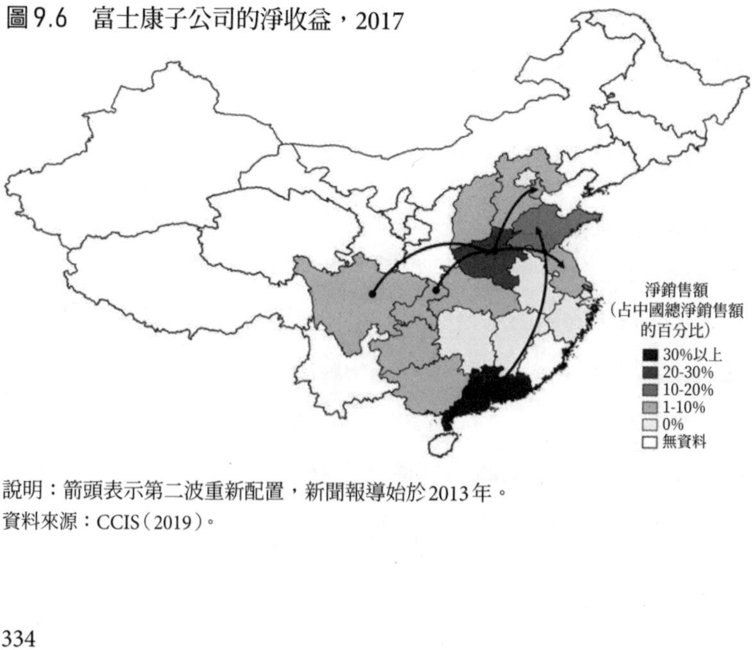

說明：箭頭表示第二波重新配置，新聞報導始於2013年。
資料來源：CCIS（2019）。

商夏普公司，藉此取得先進的面板技術。由於擔心富士康的資本外逃，2017年5月，中國總理李克強在鄭州工廠見了郭台銘，要求富士康公開承諾將工廠繼續留在中國。

2017年7月27日，美國總統川普與郭台銘一起宣佈了一項在威斯康辛州投資一百億美元的設廠計畫。這家工廠預計一開始要聘3,000人。川普把功勞歸於富士康「令人難以置信的投資」，符合他振興美國製造業和「使美國再次偉大」的宣示（BBC News 2017）。富士康突然宣佈在美國投資，不僅反映製造業回歸美國本土的趨勢，也反映出全球電子供應鏈從中國全面性的資本外逃現象。富士康在日本、印度和美國的新一輪大規模投資表明，公司管理層對中國經濟政治前景的信心持續下降。

討論和結論

多年來，中國的中央政府和一些地方政府都表示要在東部沿海地區追求產業升級，並把勞力密集型產業轉移到內陸地區，但政策效果參差不齊。有一些重要的外國投資者，如郭台銘，已經公開挑戰這些發展計畫。外國資本家並不依賴政府資金與國內市場，威權體制要如何確保他們和政府合作？中央和地方政府揭露勞資糾紛，改善勞動法規的執行情況，有可能是因為勞動力短缺、勞工抗議不斷增加，更重要的是要重塑外資佈局的誘因。

本章以富士康為例，說明黨國體制的產業政策隨時間推移所產生的意外影響。2008年政策變化後，富士康管理層最初不大願意遵循廣東的產業升級計畫和省領導汪洋制定的勞動法規。2010年，富士康工人跳樓自殺的醜聞被中央政府控制的大眾媒體平臺——中央電視臺——曝光。這起事件向富士康的高層發出強烈的政策信號，使得他們決定在西部省份迅速擴大投資，尤其是移動到和汪洋分庭抗禮的薄熙來所領導的重慶和四川等地。

比起廣東對勞工問題的公開譴責及國家干預，富士康在西部省份受到歡迎，當地政府心甘情願成為土地和工人的掮客。儘管富士康最初在政治上選錯邊、站錯隊，但最終並未受到多大影響。西部省份張開手臂迎接富上康的到來，而富士康也留住了主要客戶蘋果公司。

據受訪者稱，富士康幾間大廠的工作和生活條件都有改善。然而自殺事件和層出不窮的罷工，並未迫使中國的專制政權允許工人採取集體行動，或全面改善勞工權利，勞工NGO隨後遭到無情的鎮壓。因此，本案例研究表明，揭露富士康的自殺事件是一種政治策略，目的是要誘使外資配合黨國的發展計畫。我們也可以在其他外資大廠的勞資糾紛中找到相同的模式；但是這些勞資糾紛的解決，不能視為中國勞權狀況的實質改善。相反地，我們應該將此視為黨國以工人之名驅動產業政策的信號。

富士康工人自殺事件可以說是「殺雞（富士康）儆猴（其他臺商）」的成功實例。東部沿海省份的工資水準和社會保險覆蓋率不斷提高，而西部省份較低的工資水準以及地方政府主動仲介工人，成為對外資重新佈署的推力與拉力。東部和西部地方政府的勞工政策彼此矛盾，我們相信這得到中央政府默許。因此，

2010年自殺事件之後統計資料顯示，其他大型臺商遵循國家發展計畫到中部和西部投資，管控臺商的策略看似奏效了。

根據本書提出的理論架構，國家和外資之間的演化互動說明威權國家的自主性和國家能力的優勢。然而，反覆收放的勞工政策給政府帶來了一些非意圖性的後果。工人自殺事件發生後，富士康不斷改善工資水準和勞動條件，但隨著工廠從東部擴散到西部，工人在野貓式罷工與依法集體勞資爭議中也變得更加活躍。活躍的勞工抗議活動驚動了中央和地方政府，出面鎮壓勞工NGO和罷工。當產品線進入iPhone 6的生產後，富士康加快在印度、日本和美國的投資計畫。中美貿易戰爆發之後，臺資加速逃離中國，整個電子產業的營收在2018年開始下降。即使國家以懲罰政策來規訓資本與勞工，一時之間看似有效，但中共僵固而非韌性的威權主義現在受到許多風險的嚴厲挑戰，包括經濟趨緩、資本外逃和勞工糾紛。

當中共的體制變得更不具有韌性，也許政治生存風險更大的時候，中國這座世界工廠要如何確保投資？自2018年12月以來，富士康受到中美貿易戰關稅增加以及相關措施的影響。2019年春天，郭台銘辭去富士康董事長，並宣佈參加臺灣總統大選。郭台銘作為富士康的最大股東，整個家族掌控公司的董事會，他的大動作並未吸引到足夠臺灣選民，他們懷疑郭台銘參選的動機是為了保護自己在中國的資產。在競選期間，郭台銘因富士康自殺事件遭到非政府組織行動主義者和臺灣大眾媒體的批評。雖然郭台銘在國民黨初選敗下陣來，鴻海集團在美國的工廠營運規模不如預期也遭到質疑，但在疫情期間及時介入兩岸BNT疫苗的採購過程。這些行動向北京展示了鴻海集團在臺灣與美國的政治影響力，或許能暫時防止中共對富士康再次輕舉妄動。

自1949年建國以來，中共政權以「無產階級」之名進行過許多政治鬥爭，真正的工人階級通常未因此獲得利益，這種名實不符的鬥爭方式，在可預見的未來顯然還會繼續下去。富士康戲劇性的經驗說明，當中國朝向一個更不具韌性的威權政體演化，即使北京更願意鎮壓工人運動以換取外資的穩定發展，外資還是會面對越來越高的經濟不確定性、越來越大的地緣政治變動風險，外資將持續陷入「富士康兩難」（Foxconn's dilemma）——是要展示忠誠，或者逃離中國？

附錄表9.1　富士康工人集體行動的新聞事件，2010～2016

日期	地點	人數	活動
2010年11月	佛山	6,000–7,000	富士康工人抗議工資太低，並反對隨工廠遷往中國內陸省份。他們要求高層管理人員提高工資，但卻受到威脅。有一位匿名的工人說，公司發通知警告員工不要罷工，否則他們會丟掉工作。另一名工人說，他們的月薪比原先資方答應的低。
2012年1月	武漢	150	富士康工人威脅集體自殺；其中一人是受訪者。這些工人在武漢三層樓的工廠屋頂上僵持兩天，最終被富士康的管理人員和地方官員哄騙下來。當管理人員把大約600名工人重新分配到一條為臺灣宏基電腦生產主機外殼的新車間之後，抗議活動在1月2日爆發。
2012年1月	煙臺	1,000+	富士康煙臺的工人因為工資差距而發動罷工。有一位高層管理人員解釋說這是一項新規定所引起。儘管所有的工人被提升為E1級（富士康正式員工的最低級別），他們並未得到相應的工資。其中一名工人表示，所有工人的工資將在9月提高到1,750元。
2012年1月	江西	1,000+	1月11日，大約一千名工人發起抗議。他們於1月10日在工廠舉行罷工抗議低工資、加薪不均、供餐菜色糟糕和管理僵化。其中一名工人說，公司要求從每個人薪資扣除9元餐補，另從工資中扣除80元。據報導，有一些工人在示威期間遭到逮捕。
2012年3月	山西太原	數百	山西太原A9廠數百名工人因為工資調整而罷工。一些工人表示只針對管理人員和技術人員調工資。尤其是E1級工人並未得到好處。
2012年4月	武漢	100+	為了抗議低工資，約有100名工人聚集工廠屋頂上威脅要跳樓。據一位匿名工人說，這些工人都是在DT2個人電腦外殼部門工作。合併了深圳和煙臺的DT2工廠後，武漢管理層開始管制加班時間，同時要求員工增加產量。因此，收入減少了。

日期	地點	人數	活動
2012年6月	成都	1,000+	當兩名警衛在追捕一名小偷並大聲找幫忙時，一些怨恨警衛的工人聚集起來干涉。大約1,000名工人從宿舍裡扔出垃圾桶、凳子、洗臉盆、鞭炮和啤酒罐，破壞工廠設備造成混亂。工廠的管理人員報警，有一些工人遭到逮捕。
2012年9月	山西太原	2,000+	來自不同省份的富士康工人調動到太原以達成iPhone 5發佈的生產期限。有匿名消息來源聲稱由工人對加班規定的調整不滿引起。騷亂源於湖南工人和警衛爭吵。湖南工人遭到毒打，其他工人聽到吵鬧聲後也加入聲援，砸毀了工廠的所有安全設施，並點燃保安的電動自行車，至少有10人喪生。淩晨2點，當地員警和防暴警察趕到現場，毆打並拘留工人。騷亂的嚴重性促使富士康將工廠關閉一天，工廠周圍2公里內的交通受到管制。
2012年10月	鄭州	3,000-4.000	中國勞工觀察（China Labor Watch）報告稱，由於鄭州富士康品管要求過於嚴格而發生暴亂。由於iPhone 5用戶抱怨外殼脫落，蘋果公司指示富士康解決這個問題。因此，富士康對外殼採取相當嚴格的品管。引發暴動的另一個可能因素是要求在假日工作。車間工人發動罷工，抗議品質檢查不合理。罷工期間，工人和稽查人員發生爭吵和拳腳相加，引發事件。
2012年11月	深圳	5,000	自由時報報導，深圳龍華區發生一起工人暴動，其中約5,000名工人聚集在廠區，抗議警衛欺負工人。然而，富士康宣佈這場衝突不是暴亂，而是個人賭博引發的一場糾紛。
2013年1月	北京	1,000+	約1,000名工人聚集在一家餐廳，要求高層主管回應年終獎金拖欠一事。由於工廠並未直接了當回答，工人們罷工到半夜。當地政府調派警察來控制場面。
2013年6月	深圳龍華	3,400+	群創集團在5月停工一個月。據知情人士透露，至少有3,000名工人被重新安置；然而，他們拒絕重新分到不同工廠。反之，員工要求公司裁員，讓他們獲得現金補償。

日期	地點	人數	活動
2013年7月	深圳	200	消費與電腦事業群的200名工人沒按時上班。他們直接跑到工會總部，大喊「給我們漲工資！」有一位參與罷工的工人對記者說，富士康為某一部門的技術人員提高20%的工資，但其他人並未得到相同幅度的加薪。此外，年度獎金也沒能按時發放。另一個因素是富士康限制加班時間；但是他們的總工資也減少了。
2013年7月	佛山	1,500+	約1,000名工人聚集工廠大堂，拒絕上崗，他們說富士康並未遵守最初的合同，繼續推遲下班時間。
2013年9月	煙臺	300–400	中秋節期間，富士康的煙臺廠因為兩名女工在網吧吵架，引起大規模打鬥。200多名來自貴州的工人毆打來自山東的工人。雖然軍警出動平息騷亂，但第二天又爆發了暴力事件。報告稱這次暴亂造成3人死亡，至少20名工人受傷，並導致數百人被捕。
2013年12月	重慶	100	工資和加薪不公平引發爭議，導致近100名重慶富士康工人罷工，持續兩天。
2014年3月	天津	1,000+	有一些富士康的生產線和工人從鄭州搬到天津，但管理層答應的工資和福利卻未能兌現。1,000多名從鄭州遷來的工人發動罷工，但遭到當地警衛的毆打。兩天後管理層履行工資和福利的承諾才平息罷工。
2014年6月	重慶	800+	800多名重慶富士康工人捲入遣散費的爭議。工廠打算停止筆記型電腦的組裝。然而，有消息說作業員並未領到足夠的遣散費，而工程師卻得到了。
2015年9月	龍華	50	大約有50名富士康龍華廠的工人組織集會手持標語，表示管理層把他們的住房公積金拿去賄賂，但抗議活動的16名積極份子很快就遭到解雇。

資料來源：本表參考Lin, Lin, and Tseng（2016）並補充資料而成。

參考書目

中國政府，2006，〈中華人民共和國國民經濟和社會發展第十一個五年規畫綱要〉，http://www.gov.cn/gongbao/content/2006/content_268766.htm，查閱時間：2022/10/06。

曾瑋琳，2012，〈治理世界工廠——以富士康為例〉，新北：國立臺北大學社會學系碩士論文。

楊友仁，2014，〈社會疏離與勞動體制——深圳富士康新生代農民工的都市狀態初探〉，《臺灣社會研究季刊》，95：57-108。

蘋果日報，2008，〈會江丙坤 郭台銘為臺商請願〉，4月28日，http://www.appledaily.com.tw/appledaily/article/headline/20080428/30495032/，查閱時間：2013/09/10。

——，2012，〈薄熙來高調會面郭台銘〉，2月26日，http://hk.apple.nextmedia.com/international/art/20120226/16103459（連結失效）。

BBC News. 2017. "Trump takes credit for Foxconn's 'incredible investment.'" BBC News, July 27. http://www.bbc.com/news/business-40732035.

Bolesta, Andrzej. 2012. "China as a Post-Socialist Developmental State: Explaining Chinese Development Trajectory." PhD diss., London School of Economics and Political Science.

Bueno de Mesquita, Bruce, Alastair Smith, Randolph M. Siverson, and James D. Morrow. 2003. *The Logic of Political Survival*. Cambridge, MA: MIT Press.

Cairns, Christopher, and M. Elfstrom. 2014. "Strikes, Social Media and the Press: Why Chinese Authorities Allow or Suppress New and Old Media Coverage of Labor Disputes." Paper presented at the American Political Science Association of the 2014 Annual Meeting, Washington, DC. August 28–31.

Chan, Chris King-Chi. 2010. "Class Struggle in China: Case Studies of Migrant Worker Strikes in the Pearl River Delta." *South African Review of Sociology* 41.3: 61–80.

———. 2012. "Class or Citizenship? Debating Workplace Conflict in China." *Journal of Contemporary Asia* 42.2: 308–27.

———. 2013. "Contesting Class Organization: Migrant Workers' Strikes in China's Pearl River Delta, 1978–2010." *International Labor and Working Class History* 83 (Spring): 112–36.

Chan, Chris King-Chi, and E. S. I. Hui. 2012. "The Dynamics and Dilemma of Workplace Trade Union Reform in China: The Case of Honda Workers' Strike." *Journal of Industrial Relations* 54.4: 653–68.

Chan, Jenny. 2019. "State and Labor in China, 1978–2018." *Labor and Society* 22: 461–75.

Chan, Jenny, Mark Selden, and Pun Ngai. 2020. *Dying for an iPhone: Apple, Foxconn, and the Lives of China's Workers*. Chicago: Haymarket Books.

Chen, Chih-Jou Jay. 2015. "Taiwanese Business in China: Encountering and Coping with Risks." アジア研究 60.3: 31–47.

Cheng, Chih-peng. 2014. "Embedded Trust and Beyond: The Organizational Network Transformation of Taishang's Shoe Industry in China." In *Border Crossing in Greater China: Production, Community and Identity*, edited by Jenn-Hwan Wang, 40–60. London: Routledge.

China Credit Information Service (CCIS). 2019. "Databases Online." CCIS. http://www.credit.com.tw/creditonline/en/service3.asp.

Elfstrom, Manfred. 2019. "A Tale of Two Deltas: Labour Politics in Jiangsu and Guangdong." *British Journal of Industrial Relations* 57: 247–74.

Elfstrom, Manfred, and Sarosh Kuruvilla. 2014. "The Changing Nature of Labor Unrest in China." *ILR Review* 67.2: 453–80.

Franceschini, Ivan, and Kevin Lin. 2019. "Labour NGOs in China: From Legal Mobilisation to Collective Struggle (and Back?)." *China Perspectives* 1.3: 75–84.

Friedman, Eli. 2014. *Insurgency Trap: Labor Politics in Postsocialist China*. Ithaca, NY: ILR Press.

Fu, Diana. 2017. "Disguised Collective Action in China." *Comparative Political Studies* 50.4: 499–527.

Gallagher, Mary E. 2014. "China's Workers Movement and the End of the Rapid-Growth Era." *Daedalus* 143.2: 81–95.

Goodman, David S. G., ed. 2004. *China's Campaign to "Open Up the West": National, Provincial-level and Local Perspectives*. Cambridge: Cambridge University Press.

Hao, Zhidong. 2014. "The Role of Intellectuals in Contemporary China's Labor Movement: A Preliminary Exploration." *International Perspectives on Social Policy, Administration, and Practice* 1: 239–53.

He, Alex Jingwei, and Genghua Huang. 2014. "Fighting for Migrant Labor Rights in the World's Factory: Legitimacy, Resource Constraints and Strategies of Grassroots Migrant Labor NGOs in South China." *Journal of Contemporary China* 24.93: 471–92.

He, Baogang, and Mark E. Warren. 2011. "Authoritarian Deliberation: The Deliberative Turn in Chinese Political Development." *Perspectives on Politics* 9.2: 269–89.

Jacobs, Andrew. 2012. "As China Awaits New Leadership, Liberals Look to a Provincial Party Chief." *New York Times*, November 5. http://www.nytimes.com/2012/11/06/

world/asia/liberals-in-china-look-to-guangdongs-party-chief.html?_r=1.

Knight, John B. 2014. "China as a Developmental State." *World Economy* 37.10: 1335–47.

Kraemer, Kenneth L., Greg Linden, and Jason Dedrick. 2011. "Capturing Value in Global Networks: Apple's iPad and iPhone." UC Irvine Working Paper. http://economiadeservicos.com/wp-content/uploads/2017/04/value_ipad_iphone.pdf.

Kuruvilla, Sarosh. 2018. "Editorial Essay: From Cautious Optimism to Renewed Pessimism: Labor Voice and Labor Scholarship in China." *ILR Review* 71.5: 1013–28.

Landry, Pierre F. 2008. *Decentralized Authoritarianism in China: The Communist Party's Control of Local Elites in the Post-Mao Era*. Cambridge: Cambridge University Press.

Lee, Ching Kwan. 1998. *Gender and the South China Miracle: Two Worlds of Factory Women*. Berkeley: University of California Press.

Li, Cheng. 2012. "The End of the CCP's Resilient Authoritarianism? A Tripartite Assessment of Shifting Power in China." *China Quarterly* 211: 595–623.

Li, Chunyun, and Mingwei Liu. 2018. "Overcoming Collective Action Problems Facing Chinese Workers: Lessons from Four Protests against Walmart." *ILR Review* 71.5: 1078–105.

Li, Zhang, Zhang Lin, and Wan Fang. 2010. "Study on the Effect of Job Insecurity on Emotional Exhaustion: An Example of Foxconn Jumping Incidents." Paper presented at the 2010 International Conference on Management Science and Engineering (ICMSE), Melbourne, Australia, November 24–26.

Lieberthal, Kenneth, and Michel Oksenberg. 1988. *Policy Making in China: Leaders, Structures, and Processes*. Princeton, NJ: Princeton University Press.

Lin, Thung-Hong, Yi-ling Lin, and Wei-Lin Tseng. 2016. "Manufacturing Suicide: The Politics of a World Factory." *Chinese Sociological Review* 48.1:1–32.

Lin, Thung-Hong, and Bowei Hu. 2019. "Subcontractors' Dilemma: The Expansion of Taiwanese Firms 2002–2015." *International Journal of Taiwanese Studies* 2.2: 199–229.

Mertha, Andrew. 2009. "'Fragmented Authoritarianism 2.0': Political Pluralization in the Chinese Policy Process." *China Quarterly* 200: 995–1012.

Mishkin, Sarah. 2013. "Apple Builds Relations beyond Foxconn." *Financial Times*, May 14. http://www.ft.com/cms/s/0/b3ef10b4-bca1-11e2-9519-00144feab7de.html.

Nathan, Andrew. 2003. "Authoritarian Resilience." *Journal of Democracy* 14.1: 6–17.

Naughton, Barry. 1995. *Growing Out of the Plan: Chinese Economic Reform, 1978–1993*. Cambridge: Cambridge University Press.

———. 2007. *The Chinese Economy: Transitions and Growth*. Cambridge, MA: MIT Press.

Nee, Victor, Sonja Opper, and Sonia Wong. 2007. "Developmental State and Corporate Governance in China." *Management and Organization Review* 3.1: 19–53.

Ngai, Pun, and Jenny Chan. 2012. "Global Capital, the State, and Chinese Workers: The Foxconn Experience." *Modern China* 38.4: 384–410.

Ngai, Pun, Jenny Chan, and Mark Selden. 2013. "The Politics of Global Production: Apple, Foxconn and a New Generation of Chinese Workers." *New Technology, Work and Employment* 28.2: 100–115.

Ngai, Pun, and Huilin Lu. 2010. "Unfinished Proletarianization: Self, Anger, and Class Action among the Second Generation of Peasant-Workers in Present-Day China." *Modern China* 36.5: 493–519.

Oakes, Tim. 2004. "Building a Southern Dynamo: Guizhou and State Power." In *China's Campaign to "Open Up the West": National, Provincial-Level and Local Perspectives*, edited by David S. G. Goodman, 153–73. Cambridge: Cambridge University Press.

Pei, Minxin. 2011. "China's Ticking Debt Bomb." *Diplomat*, July 5. http://thediplomat.com/2011/07/chinas-ticking-debt-bomb/.

Selden, Mark, and Jieh-min Wu. 2010. "The Chinese State, Suppressed Consumption and Structures of Inequality in Two Epochs." Paper presented at the conference Authoritarianism in East Asia. Southeast Asia Research Centre, City University of Hong Kong.

Smith, Chris, and Ngai Pun. 2006. "The Dormitory Labour Regime in China as a Site for Control and Resistance." *International Journal of Human Resource Management* 17.8: 1456–70.

So, Alvin Y. 2003. "The Changing Pattern of Classes and Class Conflict in China." *Journal of Contemporary Asia* 33.3: 363–76.

Tsai, Kellee. 2006. "Adaptive Informal Institutions and Endogenous Institutional Change in China." *World Politics* 5.9: 116–41.

Yang, Daniel You-ren. 2014a. "A Tale of Foxconn City: Urban Village, Migrant Workers and Alienated Urbanism." In *Villages in Urban China: Migrants and Urbanized Villages in Chinese Cities*, edited by Fulong Wu, Fangzhu Zhang, and Chris Webster, 143–63. London: Routledge.

Zhang, Wu. 2015. "Protest Leadership and State Boundaries: Protest Diffusion in Contemporary China." *China Quarterly* 222: 360–79.

10 政府強化勞動立法的非意圖性結果

方琮嬿

摘要

改革期間，中央政府越來越常回應工人所追求的法律權利及保護，但工人也採取更多抗爭。本章對於中國勞動政策的演化分析顯示，讓工人權利法制化程度提高之舉，意外引發更多衝突。黨國體制對工人要求的法律保護有更多回應，但對於無法進入政治過程的工人來說，國家並未妥善執行新法律。廣東的案例顯示，儘管他們的行為限於地方，而且往往協調不足，但工人的抗議已成功推動地方政府進行勞動立法。這項發現呼應本書的主旨，也就是國家與社會是一種互動關係，並說明政治上弱勢的社會行動者真正影響黨國體制的情境。

本章探討中國國家與工人之間不斷演化的關係，以及這組關係對威權治理的影響。自從中國在1980年代初邁向市場經濟，幾億人從農村轉移到城市新建的工廠與工業部門，帶動城市的經濟快速成長。從1978年至1990年代中期，大規模的國內遷徙，帶給中國15～20%的GDP成長；勞動力的投入、人力資本的積累、勞動力重新配置，自經濟改革開始以來，已經占到GDP增長的近70%（Cai and Wang 2008）。

整個後毛澤東時期，中國政府越來越能夠回應工人的要求與需要。1994年，全國人民代表大會常務委員會通過《勞動法》，這是中國第一部全面處理職場問題的法律。2007年6月，全國人大通過《勞動合同法》和兩部相關法律。同時，中國共產黨也建立起一套完善的勞動爭議解決體系。《華盛頓郵報》等觀察家認為《勞動合同法》是里程碑，代表中國工人的重大勝利（Cha 2008）。整體而言，這些法律似乎改變中國勞資之間的正式關係，使得中國的勞動標準可以和許多歐洲先進工業化國家相提並論（Allard and Garot 2010）。

進一步檢視法律後顯示，中國工人對國家勞動政策真正影響依然有限。1994年第一部《勞動法》通過，人大代表和勞工運動者爭取制訂更多法規。全國人大又費了十年才通過《勞動法》和其他兩部法律。立法過程一直由全國人大、勞動部、官方工會（中華全國總工會）和研究勞工的學者主導。《勞動法》草案出臺後曾徵求過工人的意見，但並未有證據說明他們的意見影響了最終版本（Chou 2011）。同時，自1990年代中期以來，勞動糾紛和罷工的次數不斷增加，顯示工作環境變得更為複雜爭吵不斷。整體而言，自市場改革開始以來，國家與工人關係的主要特色是政府立法的柔性策略和工人抗議強硬手段。隨著時間發展，勞資關係的衝突更多，國家對工人的回應也增強，但是法律的發展在工人之間激起更多不滿，使得他們持續對國家的勞動政策過程行使有限的權力。中國共產黨自稱是無產階級的真正代表，諷刺的是，國家和勞工之間這種極少政治互動的模式，竟成為當代中國工作場合的特徵。

許多研究都試圖解釋中國工作場所各種勞資衝突的樣態。有些學者調查工作場所裡誘使工人參與勞動抗爭的因素（Chen 2002; Hurst 2012），而另一些學者則認為國家制度是勞資衝突的根源（Gallagher 2003; Lee 2003）。通過個案或區域比較進行的微觀勞資衝突研究指出，工人的集體行動尚未帶來重大的政治或經濟變革（即政治自由化）。本章採用本書的分析框架，也就是國家與社會是一種互動關係，並認為社會可以影響國家政策，即使一些社會行動者由於遭到邊緣化而在政治上顯得無力，只能發揮有限的影響力。確切地說，國家整體發展重點是影響勞動政策的主要力量。正如本書第八章和第九章所示，2000年代初期，國家以勞工政策為名義迫使外資遷往內地。但對勞工和國家關係的研究表明，工人的行動也很重要。勞工的行動主義，即使缺乏協調，也引來國家的回應和政策的改變。現有的研究有個基本共識，中國政府很善於防止沸沸揚揚的勞工騷亂破壞國家的統治，並且視情況以主動或被動的方式回應，包括策略上的不作為（strategic inaction）。正如李靜君與張永宏（Ching Kwan Lee and Yonghong Zhang 2013）所言，勞動爭議仲裁委員會等國家法律官僚機構會吸收和分解工人騷動，而工人「按法律官僚機構的規則行事」，求得物質上和象徵意義的讓步。本章顯示雖然國家到目前為止一直在抵擋工人的騷動，但為了阻撓工人倡議而設立的機構，卻意外增加勞工的不滿和衝突。

本文對市場改革以來國家與工人的關係做了演化觀點的分析，說明儘管工人對勞動政策的影響有限，國家依然回應工人的需求。我們的第一個論點認為，工人的誘因和組織能力影響他們對抗國家的行動策略；這些因素決定了工人表達不滿的方式，以及他們要求補償的對象。接下來，本章論證勞動立法分幾個階段。一個一個階段最終促成勞動立法，但國家立法行為的理由卻各不相同。無論國家的行為動機為何，通常都是為了防止工人騷亂，而工人對於立法的反應則是更進一步的抗爭。最後，本章著重介紹廣東的情況，證明工人騷亂是廣東省政府在2000年至2010年期間改善勞工立法的重要因素。這場鬥爭裡頭雙方的互動，說明中國勞動政策發展的獨特性，以及工人依然缺乏政治影響管道的現實。

中國工人：特點、表達不滿以及對國家與工人關係的影響

中國勞工是破碎的（fragmented）。相較於其他工人，農民工面臨獨特的問題，影響著他們如何表達自己的不滿，以及向誰尋求補償。中國語境下的「勞工」包括了工人、工會和非政府組織（NGO）。這些群體經常表現出不同甚至相互衝突的利益。此外，中國不允許成立獨立的工會。所有工會都隸屬中華全國總工會，

亦即由中國共產黨嚴格控制的官方工會組織。中華全國總工會及其下屬分會經常被批評為代表黨的利益而非工人的利益。勞工非政府組織在中國的一些地區（如北京和廣東）一直相當活躍，他們鼓吹勞工權利，促使一些國家行動者把這些非政府組織納入政策討論，化解雙方的緊張關係。例如，自2012年以來，廣東省通過一系列法規促進公民社會的發展。這些措施包括簡化註冊程序、非政府組織能力建設，並及把社會服務外包給勞工和其他類型的草根非政府組織（中共廣東省委、廣東省人民政府2013）。自1990年代初以來，越來越多的人離開農村的老家到中國欣欣向榮的都市打工。這些農民工到處流動，沒有城市戶口，使他們和孩子無法獲得重要的醫療和社會服務。因此，與城市工人或國有企業下崗工人相比，農民工的處境更加不穩定。農民工得不到工會支持，也缺乏參與政治的管道。此外這些工人居無定所，無法與勞工非政府組織和其他工人建立密切聯繫，而這對集體行動至關重要（訪談勞工非政府組織代表，深圳，2013年4月10日）。農民工的特點和他們缺乏其他行動者的支持，相當程度說明了為什麼他們的抗爭多半表現出自發性、分散性且是基於物質（如工資、社會保險）而非基於權利（如組建獨立工會的權利）（Lee 2003）。

在這種情況下，國家必須對工人的抗爭之舉有所回應，即使這些行動毫無協調，但因為個人不滿可能會影響其他工人，並造成擴散效果（例如第九章中討論的富士康工廠自殺事件）。工人衝突很少演變成持續、跨地區、大規模的抗議活動，但它影響社會和經濟的長期穩定，反過來又挑戰了黨國的統治。因此，即使工人的不滿並未立即威脅到政權，國家也會做出回應。事實上，正是因為威脅並非迫在眉睫，國家才會以一時的、零散的政策來應付勞工的不滿和騷動，而這些政策並無法防止工作場合的權利遭受侵犯。一位有改革意識的工會領袖用一個比喻來描述國家政策：「我們意識到勞資衝突一觸即發，工人的合法權利需要得到更好的保護。我們希望成為火災警報器，可以向執法者通報工作場所的違法行為和工人的不滿情緒，但到目前為止，黨只允許我們扮演消防員的角色。」（訪談工會領袖，杭州，2010年1月27日）

中國勞工政治轉向法律的動因

中國勞動政策的演化可以分為幾個階段。中國共產黨的總體目標是保有對工作場所的控制（Gallagher 2003），但引領國家轉向法律的理由在各個階段有所差異，以下說明各階段涉及的行動者、所使用的策略以及由此產生的互動。

第一階段：國家退出工作場合與工人的異化

中國的經濟改革和後續發展徹底改變勞動關係。為了促進市場經濟，政府允許外資投資中國，並且允許國有企業私有化，放寬人口流動的限制。這些政策導致勞動力市場的私有化。國家允許老闆和工人針對就業條件談判，而不是替個人安排工作並且定下工資。中國共產黨引入並推進勞動合同制度，雇主在工廠裡有了自主權。反之，一度擁有鐵飯碗和工廠福利的工人，眼睜睜看著自己與雇主的談判能力下滑（Gallagher 2003）。然而，國家並未放棄全面控制勞工。中國的工會仍然依附於中國共產黨。由於前述發展，工人已經獲得法律上（de jure）的個人權利，但他們的集體權利仍受到明顯的壓制。藉著本書所導入的分析框架，中國政府對勞工的整體策略是軟硬兼施，包括先發制人（工會控制和壓制集體權利）和政策吸納（通過法律和爭端解決提供法律上的個人權利），以保有對勞工的控制。

第二階段：地方政府對勞動法執行不力

地方政府負責國家政策的執行，但他們對經濟發展的關注，經常使得他們不願意完全服從中央政府保護工人利益的政策。改革初期，中國經歷財政分權，中央政府藉著給予預算權並和地方政府簽訂各種分稅合同，讓地方有更大的財政權（Shirk 1993）。這些制度上的改革導致地方政府積極發展經濟。地方政府獲得分配與保留財政預算的權力，因此會追求經濟的成長，以增加本地稅收（Montinola, Qian, and Weingast 1996; Oi 1992; Zhuravskaya 2000）。此外，政治上的集權——中央抓緊對地方官員的人事任命——刺激有心大展鴻圖的地方官員發展地方經濟，以滿足國家對經濟增長的要求（周黎安 2004; Blanchard and Shleifer 2001）。外部投資和工業化被認為是發展的關鍵，地方政府急於滿足企業雇主的需求，對其提供受管理控制的廉價勞動力（Cooney 2007; Ngok and Zhuang 2009）。工會在這段時間仍然無足輕重，尤其是在中國共產黨允許國企進一步私有化之時。工會對工人的福利並無太大影響，一旦出現問題，企業裡的大多數工會支部往往偏向管理層。此外，國家原本透過戶口制牢牢掌握人口還有工人組織，此時稍微放鬆，讓農村剩餘的勞動力支持沿海工業區，造成工人保護不足與社會不平等的問題持續蔓延。農民工在沒有戶口的城市討生活，無權享受各項社會服務，也容易遭到驅趕（China Labour Bulletin 2013）。地方政府為了經濟快速增長，故意犧牲工人的權利和利益，導致明顯的社會不平等（P. Huang 2011）。因此，經常有地方官員默許企業無視勞動法規和標準（見本書第八章）。

第三階段：工人不滿與勞工衝突增加

由於工人缺乏實質性的個人與集體權利，工廠裡違背勞工權利的情況屢見不鮮。許多工人依靠非法與合法手段表達自己的不滿。整體的氛圍是以壓制打消集體行動，因此工人罷工、街頭抗議和其他暴力事件並不常見，但工人還是參與了一些激進的行動（Chan 2001）。有些工人從事非法活動，例如成立地下工會和幫派。由於在中國涉及這類活動的風險要比民主國家還高，因此工人參與這些活動是一個強力訊號，表示工人對於中國政府的集體不滿，尤其是針對地方政府，因為眾人認為地方政府有權力及責任處理工人需求（Y. Cai 2003）。另外，工人也可以選擇向地方政府申訴，因為在1993年建立了一套爭端解決機制，分為三個步驟來進行：公司調解，地方仲裁以及民事法庭的訴訟。勞動局取代企業裡的黨組調解或仲裁爭端，而工會則扮演著想像中工人代言人的角色。1993年之前，只有國有企業實施爭議的解決機制，

圖10.1　地方勞動爭議仲裁委員會解決的勞動爭議，2001～2018

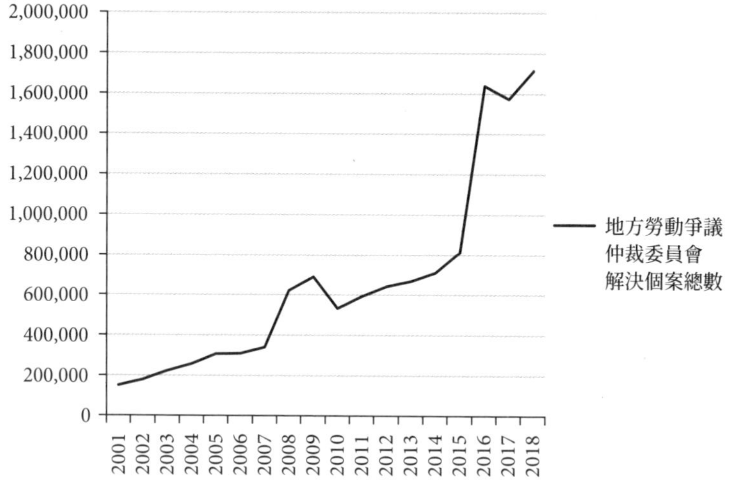

資料來源：China Labour Bulletin（2009, 2012, 2013, 2014, 2018a, 2018b）

但在那之後，這套機制也用於私營和外資企業（郭君、李文華 1994; Gallagher 2003）。對工人來說，透過法律機制表達不滿的成本較低，因為大大減少了組織集體行動的必要性，也較不容易受到壓制。然而，對大多數工人來說，仲裁的成本仍然相當高。法律勞動爭議機制的存在和發展，凸顯工人對管理層和地方政府的集體不滿情緒增加。

勞資爭議與勞工衝突在這段時間增加，顯示勞動爭議機制未能妥善處理和解決工人的不滿。如圖10.1所示，在2001年大約有15萬起案件是由地方的官僚機構解決，也就是勞動爭議仲裁委員會，六年後，數字增加到35萬件。民眾抗議也就是所謂的「群體性事件」在2000年代也有所增加。中國社會科學院報告指出2006年大約發生六萬多起群體性事件，2007年則是超過八萬起。[1]工人的對策是採取強勢策略；勞工權利受到侵犯的普遍現象，以及缺乏足夠的管道抒發內心的不滿，迫使工人主動上街抗議，伸張權利。

第四階段：第二波立法

工人的反應，包括前一個階段所描述的群體性事件和街頭抗議，促進第二波勞工立法。儘管這些工人事件仍然限定在地方，但東歐共產主義政權被勞工運動推翻的經驗提醒著中國共產黨，工人的騷亂有可能挑戰政權的控制。這有一部分也是因黨的領導層改變政策使然。胡錦濤上臺後，「和諧社會」以及「以人為本的全面、協調的可持續發展觀」被寫進黨的文件，意味著國家重心由全面優先考慮國內生產總值的增長，轉移到兼顧社會議題的經濟發展（中共中央委員會 2003; 2006）。「協調的可持續發展」也反映出黨想要落實產業升級，尤其是把勞動密集型產業從沿海省份轉移到內陸省份，並且終止改革開放以來外資一直享有的優惠待遇（見第八章）。政策重點的改變使工會可以在企業內部擴大影響力。

從二十一世紀初開始，全國人大通過一些法律強化工人的個

1 遺憾的是，難以查出2000年代晚期之前的勞工抗議事件數目，因為所有官方消息來源皆未記載，而關於勞工抗議的新聞報導也很零散，難以分析。此種情況之下「群體性事件」是我們的次佳選擇，因為許多抗議事件是由勞資糾紛引發的。見汝信、陸學藝、李培林（2008）與候力強（Liqiang Hou 2014）。

人權利，並且簡化爭端解決的過程。充滿爭議的《勞動合同法》針對1994年的《勞動法》做了幾項重大修訂。首先，它要求雇傭關係開始時，必須簽訂書面的勞動合同。《勞動合同法》規定老闆如果在雇傭關係開始一年內未能簽署書面合同，應被視為和員工簽了無固定期限的勞動合同，必須付給工人兩倍的工資（《中華人民共和國勞動合同法》第14條，第82條）。其次，針對連續工作滿十五年且距離法定退休年齡不足五年的員工，法律禁止用人單位與他們解除合同（《中華人民共和國勞動合同法》第41-42條）。工會在新法中取得工作上重大事項的協商權。凡是涉及薪資、工時、休假、安全條件、保險和福利、培訓、紀律或任何涉及聘僱條件的管理決定要建立或修改時，都要先和工會或工人代表協商（《中華人民共和國勞動合同法》第4條）。《勞動爭議與調解仲裁法》認為，調解是解決爭端過程的關鍵一步，並對調解過程做出詳細規定。如果企業內部出現勞動爭議，老闆或員工都可以請求協助調解。調解的服務可由企業指派勞動爭議調解委員會，或是鄉鎮或街道辦提供（《中華人民共和國勞動爭議調解仲裁法》第10條）。

中國共產黨在這個階段的立法，反映出它想要化解衝突。《勞動合同法》有一些支持工人的條款，減少了雇主在雇用和管理工人方面的彈性，但法律只賦予工會對工廠問題的協商權，而非強迫雇主低頭的權力（中華全國總工會官員訪談記錄，2009年11月20日，北京）。[2]《調解和仲裁法》給予工會的任務乃是為工人提供法律諮詢援助、作為調解人或仲裁人參與爭端解決過程，但並未令其單獨代表受害工人，這意味工會的職責仍是平衡工人和老闆的利益。集體協商與罷工的權利在西方社會普遍被視為工會的核心功能，但中國的法律依然不怎麼容許或直接禁止工會發揮這些功能。共產黨立法議程的本質和範圍顯示，黨國之所以建立一套爭端解決機制，用意在於防止大規模的工人抗爭打亂工廠的生產力以及挑戰地方政府。具體而言，黨國把工人的不滿情緒引向爭端解決機制，安撫並且孤立了工人，而不是保護和代表工人。中共在這個階段實施一種政治吸納和消耗的弱勢策略，削弱勞工衝突。

第五階段：新勞動法的實施失當

儘管新勞動法通過，減少工人解決勞動爭議時所面臨的障礙，但整個體系仍有幾個問題。首先是高度官僚化。解決糾紛的過程由勞動官僚機構主導，特別是勞動爭議仲裁。仲裁委員會設在地方勞動局內部，主席由勞動局的代表擔任。地方勞動爭議仲裁委員會名義上獨立運作，但行政工作實際上高度依賴勞動局。此外，仲裁委員會的預算並非自主，無法支付仲裁委員工資。因此，仲裁委員會在資源上高度依賴地方政府（Cooney 2007）。

資源限制是整個體系另一個問題。1995年，仲裁委員會有

2　在《勞動法》第一版初稿，工會和職工代表大會對工作規定有否決權。但是在後來的草案中，由於企業界的反對，還有勞動部及全國人大代表的意見，這樣的建議遭到修改。中華全國總工會訪談記錄，北京，2009年11月20日。

11,292名仲裁員，2006年有增加到23,000人。然而，這段時間的案件數急劇增長，從1996年的34,159件增加到2006年的502,048件（Chen 2020）。杭州市勞動部門一名曾擔任仲裁員的受訪者抱怨：「杭州的仲裁委員會，甚至是縣一級，都是人手嚴重不足。我們試著多聘請一些兼職的仲裁員，但還是應付不過來」（杭州勞動部門訪談記錄，2009年9月8日）。許多仲裁委員會缺乏資金，無法有辦公空間和設備來處理爭議。

整套制度缺乏獨立性和資源，使工人處於相當不利的位置。由於仲裁委員會缺乏資源並渴望減少工作負擔，他們會用各種藉口拒絕案件。如果工人不能清楚指出老闆是誰（通常發生在欠缺書面合同的情況下），工人來自重組或是私有化的國企，又或是案件超過六十天的申請時限，案件就會遭到拒絕（Cooney 2007）。張彤禾（Leslie Chang）的書《工廠女孩》（*Factory Girls*）描述了主角所經歷的勞動爭議解決過程，正體現出中國工人透過爭議解決機制求助時面臨的阻礙。她先去了廣東省勞動局，面對長長的排隊人龍，每一位勞動局的工作人員旁邊至少有六個工人包圍。為了取得公司的文件，勞動案件首先要得到勞動局的受理。因此，主角走遍市、縣的勞動局，發現每個單位提供的資訊和指示都不一樣。當她總算收齊必要的文件，她發現申請仲裁的表格太過複雜，於是只好放棄（Chang 2008）。這段故事充分說明整套制度如何避免處理工人的大量投訴。

即使仲裁委員會受理案件後，工人仍然會遇到許多困難。仲裁員對工人充滿偏見，因為仲裁委員會靠的是地方政府的資金

圖10.2　部分沿海地區勞動爭議仲裁結果偏向工人的情況，2003～2011

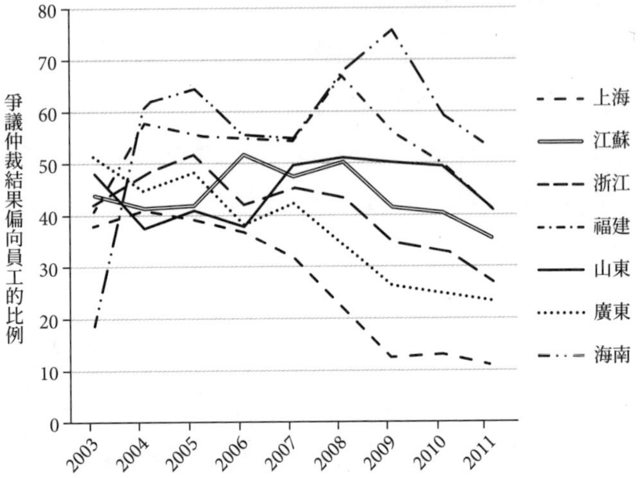

資料來源：*China Labor Statistical Yearbook*, various years.

和其他支持。由於地方政府希望維持經濟增長，因此他們更想要滿足企業的要求，提供有彈性又寬鬆的勞動力市場，而非保護工人的權利。因此，他們避免採取有利於工人卻有可能造成雇主疏遠的行動。圖10.2顯示，2008年之後，主要沿海省份的工人在勞動爭議上獲得有利裁決的百分比下降了。圖10.1和圖10.2一起看，表現出一種趨勢，即是中國的地方政府轉而採取爭端解決機制，尋求爭端解決的工人數目增加了，有利於工人的裁決案件卻變少了。此一制度除了偏向於支持商人之外，它的結構也使工人處於不利地位。爭端解決過程相當冗長，一個案件從仲裁到起訴至少要一年時間（Chen 2020）。工人必須投入時間、精力和金錢來蒐集證據以及出庭；但是，假如雇主敗訴，他們還可以上訴，推遲付款或脫產（Cooney, Biddulph, and Zhu 2013）。由於這種結構上的偏斜，那些依靠爭議解決程序的人，往往是掌握更多資源的技術工人而不是一般的非技術工人（Thireau and Hua 2005）。因此，整套制度等於是排除了無技術的農民工，因為他們無力負荷整個過程。這套制度演化出一個負面的反饋回路（negative feedback loop）：勞動爭議遽增擴大系統的負擔，因為勞動局無法妥善解決爭議，使得大規模勞動衝突發生的可能性增加。

第六階段：勞動衝突增加是勞動立法非意圖性的結果

勞動關係立法的目的是削弱而不是強化工人的整體權力，但最終的法律和制度卻在無意中引發更多勞工衝突。2001年至2016年期間，勞動爭議的次數由仲裁委員會處理的案件數量來看是激增。雖然2010年後總數有所下滑，但2011年後再次上升（見圖10.1）。工人通過爭端解決機制表達他們的不滿，並且上街頭抗議。2010年6月，廣州南海本田汽車廠的工人發動大規模罷工，要求加薪。這場行動引發全國各地仿效。罷工或中國媒體所說的「停工」在南海事件後變得更加普遍。根據《中國勞工通訊》的資料，2014年7月有235起罷工事件，比2013年的同期的158起多出49%，也比2012年第二季度的84起多出180%（*China Labour Bulletin* 2014）。

針對勞工所制訂的法律可能促成勞工衝突激增。整體經濟放緩、農民工短缺、工資上漲和其他經濟因素有可能增加工人的不滿，並鼓勵工人加入抗爭（P. Cai 2014; *The Economist* 2015）。同時，新法令簡化爭議解決的過程，使更多工人尋求仲裁。勞工NGOs、勞動局以及工會在2007年《勞動法》（尤其是《勞動合同法》）通過之前和之後積極宣傳法令，提高工人的權利意識，使得工人更有可能尋求爭端解決並參加罷工。[3]

第七階段：立法強化國家與控制，加深勞動衝突

2014年後，黨國對公民社會的態度發生巨大變化。雖然這段時間的立法涉及整個公民社會，但也對勞工產生影響。2014年至2016年間，國家通過了一系列安全相關的法令，縮緊對境外非政府組織的控制（ChinaFile 2017）。2016年《慈善法》釐清了國內非政府組織的監管框架，2016年《境外非政府組織境內活動管理法》要求外國非政府組織在公安部門和官方批准的「中國合作夥伴」處登記。2016年法案的通過被視為進一步打擊非政府組織，因為這兩條法案掃除了法律模糊空間，使得非政府組織不再有灰色地帶，使得境外組織難以在中國合法運作（Hsieh 2017; Kaja and Stratford 2016, 2）。地方政府對於勞工也變得更為打壓。2015年全國各地的非政府組織有許多都被關閉；12月，廣東幾個勞工

3 有一些政府和非政府機構已經使用撲克牌來推動《勞動合同法》。他們會在街上或在他們主辦的的會議上，向農民工發放卡片（每張卡都有一個常見的問題和答案、圖片和其他有用的資訊）。透過撲克牌可以有效宣傳法律，因為許多農民工根本沒時間詳讀法令，而是經常打撲克牌。請見〈十名律師現場解讀勞動合同法〉，http://wznews.66wz.com/system/2007/12/02/100452271.shtml。

非政府組織也遭到公安部門突擊檢查。非政府組織的工作人員甚至被逮捕或受到貪汙及其他罪行的指控（Chan 2018, 8; Franceschini and Nesossi 2018, 122; Lee 2017）。事實上，中國政府雙管齊下，一方面維持國家控制的機構（地方勞動爭議仲裁委員會、工會），另一方面把公民社會的行動者邊緣化。這一階段國家的整體做法形成軟硬兼施的策略，針對非政府組織和勞工行動主義者強硬，針對工人則是柔性，其目的是進一步分化勞工運動，並且把工人的不滿情緒引向國家控制的機制，強化社會（也就是政治）的穩定。

這與前一階段類似，試圖削弱勞工的立法和地方政府行動，實際上引發更多衝突。如圖10.1所示，從2015年到2018年，勞動爭議的件數急劇上升。此外，罷工事件的數量在2016年和2017年快速下滑，但在2018年又出現反彈（表10.1）。事實上，2018年的罷工事件超過2011年至2014年之間的總數。勞動立法有部分促成2015年後勞資爭議增加但罷工事件暫時下降的分叉模式（bifurcated pattern）。2015年之後，中國的經濟持續走下坡，對於就業和工人補償產生負面影響，導致勞動投訴和工人轉向仲裁委員會尋求補償的情況增加。高壓的法令有可能暫時成功遏制罷工，但在2018年罷工再次增加。這說明由於表達不滿的渠道有限，工人被迫使用更極端的方式來表達他們的挫折感，並要求資方做出讓步。其次，儘管2015年至2017年間罷工事件的數量減少，但《中國勞工通訊》觀察到罷工變得更加「複雜」，它們變得更有組織性，目的性更強，利用最新的社交媒體和通訊技術，而且持續時間更長，給企業和地方官員帶來更大的壓

表10.1　中國的罷工事件次數，2011～2018

	罷工次數	與上年相比的差異百分比（%）
2011	184	
2012	382	107.61
2013	645	68.85
2014	1,358	110.54
2015	6,675	391.53
2016	2,664	–60.09
2017	1,258	–52.78
2018	1,702	35.29

資料來源：China Labour Bulletin（2019）。

力（China Labour Bulletin 2018a）。這些發展顯示，此一時期通過的法案無意中觸發更有效的集體行動。勞資衝突短期內不大可能減少。2019年12月，湖北省武漢市發現一種新型冠狀病毒，隨後感染了數萬名中國公民，並在2020年初傳播到許多國家。這場大傳染造成了中國經濟的嚴重停滯，有一些分析家認為，新冠病毒的爆發可能會迫使公司和投資者把生產線遷出中國（Bremmer 2020; E. Huang 2020）。如果出現大規模失業，而公民社會和政府的工會仍然處於邊緣，工人只能透過抗議表達不滿，從而對中國共產黨的統治構成更多挑戰。

廣東省的個案：1990～2018

國家面對個人、無序的勞工行動時，很少做出政策上的回應，可是一旦出現擾亂社會穩定、影響工作場所生產力的騷亂，國家就會做出更多的回應。廣東省的案例說明無序的勞工動亂產生的影響。

長期以來，廣東一直被認為是中國勞工騷亂的熱區，也是最早經歷勞動關係越來越複雜與抗爭越來越多的省份之一。1995年，廣東省有3,200起勞動爭議，是全國爭議數量第二多的省份。1997年，廣東省勞動爭議數量上升到24,704起，而其他市場改革試驗區，即江蘇和浙江，分別只有2,493和2,496起。1998年，廣東的爭議數量達到28,813起，而江蘇和浙江分別是8,413和3,536起。雖然沒有系統性介紹勞工抗議的報告，但媒體的報導讓我們窺見這些地區的抗議規模。香港的非政府組織「中國勞工通訊」根據中國與外國媒體的報導，整理了一份2007～2008年100起勞動抗爭與相關活動的清單，其中有26起發生在廣東（*China Labour Bulletin* 2009）。

自21世紀初以來，保障工人的權利和福利，一直是廣東省領導的施政重點之一。廣東省政府在第十個五年計畫中（十五），把失業列為社會穩定發展的主要障礙，提出改善就業和社會保障服務來解決這項問題。計畫還寫到另外三個目標：改善監管機制（勞動立法和落實，特別是勞動法規的執行和監督），改善勞動合同制度，以及改善爭端解決機制（廣東省人民政府 2001）。省委領導在2005年發佈《中共廣東省委、廣東省人民政府關於構建和諧廣東的若干意見》，一年後又頒佈《中共廣東省委關於貫徹〈中共中央關於構建社會主義和諧社會若干重大問題的決定〉的實施意見》。

在這些文件中，廣東省政府把農村「流動人口」視為影響社會穩定的問題之一，並把改善爭議解決機制當成廣東省政府的主要目標。改善勞動法和監管機制的實施，尤其是為勞動監察和爭議解決小組增加人員及採購其他資源，被認為是主要目標。另一個目標則是建立更多工會組織，在企業內部成立工會支部並吸收工會會員；如果實現，可以改善工人的保障（廣東省人民政府 2005）。

廣東不僅是勞動衝突的熱區，也是勞動立法的先驅。廣東的地方政府把勞動立法作為處理勞動關係變化的主要手段，許多在廣東省發起的地方法規，後來都被其他地方政府所採用（深圳工會幹部訪談記錄，2009年6月15日）。廣東有兩項立法成為其他省份的仿效對象，分別是1996年出臺的《廣東省企業勞動合同條例》以及2001年出臺的《廣東省工會勞動監督條例》。廣東的地方政府也訂立創新的勞動法規。例如，深圳市總工會參與《深圳市實施〈中華人民共和國工會法〉辦法》的起草工作，並於2008年修訂與通過。這份辦法不僅使用「集體談判」取代「集體協商」一詞，而且還有一條獨一無二的「公開譴責」條款。辦法第51條規定，假如企業收到勞動部門的警告後仍不改正，上級工會支部可以公開譴責該公司侵犯員工的合法權利或是違反《工會法》及實施細則（以及相關的情況）（深圳市人民代表大會常務委員 2008）。然而，2008年之後，廣東地方政府似乎對於保護工人的權利和福利不再感興趣，也未通過重要的法規來促進工人的權利。此外，當工人試圖保障自己合法權利時，也面臨更大的阻礙。2018年5月，深圳佳士科技在企業內部成立工會，以因應不斷惡化的工作條件。儘管工人法律上有權建立和參與企業工會，但佳士科技的工人面臨著官方的嘲諷、公安的拘留以及政府的其他鎮壓行動（Hui and Friedman 2018）。此外，勞工非政府組織成為這起事件的代罪羔羊。黨媒新華社聲稱，佳士事件的罪魁禍首是深圳一家非政府組織以及一家在香港的民間組織（Pringle and Chan 2018）。佳士事件進一步證明，近年來國家雙管齊下的策略，採取強硬手段把非政府組織及相關勞動活動邊緣化（即使是官方的工會也被禁止發揮合法功能），使得工人沒有太多選擇，而只能依賴地方勞動爭議仲裁會員會制度渠道，或是走向罷工與勞動抗爭等非常手段。

分析

在改革期間，國家政策以及勞工制度因工人的騷亂而演化。1990年代，政府透過爭議解決的策略（受理工人的申訴然後調解或是仲裁），以管制工廠的關係，這就是所謂的柔性吸納。但是，工人採取罷工等集體行動回應，這就是抵抗的強硬策略。工人的回應迫使國家採取一套新的勞動法，並改進爭議解決的機制。國家試圖吸納工人，但勞工騷亂依然不斷，這從不斷增加的爭議和抗議事件可知。換句話說，儘管國家依靠柔性吸納策略，但工人卻以強硬的抗議和其他形式的勞資衝突作出回應。立法似乎是國家的主導策略，而衝突則是工人的主要策略。

考察中國政府，便可以知道為什麼國家以吸納為主要策略。

中國共產黨是一個缺乏合法性和社會信任的威權政權，它必須回應一個日益複雜且多樣的社會。政府已經放鬆對全國經濟的控制，因而允許社會成員有一定程度的自主性，但它仍然拒絕讓社會成員有更多的政治代表性，並且一再重申國家的控制（Linz 2000）。針對勞工問題，立法和隨之而來法律上個人權利的擴大，反映出中國共產黨試圖壓制勞工騷動。由於工會依然受到中國共產黨牢牢掌控，工人仍然沒有太多集體權利可以用來爭取政治代表權並參與政策的制定。共黨對於社會壓力的回應仍然有限，因為中國共產黨最終並不打算把社會完全吸納到治理體系之中。

地方上的政策落實影響了中國共產黨對工人的吸納。黨國破碎化（fragmentation）的情況影響了中國的勞工穩定程度，因為北京中央的利益在某些方面與地方政府的利益存在分歧。因此，國家經常被迫以一種前後不一和矛盾的方式行事。儘管《勞動法》的規定全面保障了工人的個人權利，但它並沒有得到充分的執行，因為容許低工資有助於招商引資，符合地方政府利益。

中央到地方政府的利益分歧持續，影響了2000年代的政策實施。儘管通過了三部重要的勞動法規，並且改善爭議解決機制，但地方政府依然把經濟利益置於工人的利益之上。因此，工人仍然難以表達他們的不滿，或是通過勞動爭議解決機制獲得公平的補償。儘管如此，地方政府還是開始解決工人的要求，雖然是偶一為之。地方政府是肩負多重任務的行動者，必須兼顧經濟增長和社會穩定的目標，因此，如果工人行動影響到社會穩定，地方政府就被迫要保護勞工的利益。1990年代到21世紀的廣東，說明勞資衝突對立法發展的正面影響。

本章的研究發現對於中國共產黨有其意涵。若要成功吸納工人，黨就必須給予工人權利參與政策制定。然而，作為一個威權政體，國家仍然不願意給予工人政治代表權，也沒有能力迫使地方政府嚴格遵守中央政策。因此，黨只能採取特別的政策應對措施，提高工人在社會治理中的影響力，並提供工人向國家施壓解決他們不滿的管道。然而，工人缺乏政治上的權力，無法遊說地方政府執行勞動法，因此地方政府將繼續依靠軟硬兼施的策略來對付工人和勞工組織。這種策略性的作法使地方政府能夠在經濟增長和社會穩定之間取得平衡。在2015年之後，工人由於無法取得足夠的政治代表性，並且察覺到自己表達不滿的管道更加有限，變得更加不信任國家，甚至更堅定地想靠自己來取得物質上和象徵性的讓步。因此，他們必須依靠工人暴動表達內心的不滿。有了經驗之後，工人已經組織起更有效的抗議活動，如罷工。在這種情況下，國家與勞工關係的對立動態不太可能改變，儘管勞動的立法顯然是往有利的方向演進。

參考書目

中共中央委員會，2003，〈中共中央關於完善社會主義市場經濟體制若干問題的決定〉，http://big5.www.gov.cn/gate/big5/www.gov.cn/gongbao/content/2003/content_62494.htm，查閱時間：2022/11/22。

——，2006，〈中共中央關於構建社會主義和諧社會若干重大問題的決定〉，http://big5.www.gov.cn/gate/big5/www.gov.cn/gongbao/content/2006/content_453176.htm，查閱時間：2022/11/22。

中共廣東省委、廣東省人民政府，2013，〈關於進一步培育發展和規範管理社會組織的方案〉，http://yunanqu.gdnpo.jmeii.com/info1/InfoContent/12701/23948.html，查閱時間：2022/11/22。

汝信、陸學藝、李培林，2008，《2009年中國社會形勢分析與預測》，北京：社會科學文獻出版社。

周黎安，2004，〈晉升博弈中政府官員的激勵與合作：兼論我國地方保護主義和重覆建設問題長期存在的原因〉，《經濟研究》，6：1-8。

郭君、李文華，1994，《勞動法與勞動爭議實用手冊》，北京：中國檢察出版社。

深圳市人民代表大會常務委員，2008，〈深圳市實施《中華人民共和國工會法》辦法〉，http://www.sz.gov.cn/zfgb/2019/gb1117/content/post_4949690.html，查閱時間：2022/11/22。

廣東省人民政府，2001，〈廣東省國民經濟和社會發展第十個五年計劃綱要〉，http://www.gd.gov.cn/gkmlpt/content/0/136/post_136058.html#5，查閱時間：2022/11/22。

——，2005，〈廣東省委、廣東省人民政府關於全面推進平安和諧社區建設的意見（節選）〉，http://www.ss.gov.cn/fsssmzj/gkmlpt/content/2/2198/post_2198422.html#4615，查閱時間：2022/11/22。

Allard, Gayle, and Marie-Jose Garot. 2010. "The Impact of the New Labor Law in China: New Hiring Strategies for Foreign Firms?" *Revista Direito GV* 6.2: 527–40.

Blanchard, Olivier, and Andrei Shleifer. 2001. "Federalism with and without Political Centralization: China versus Rus sia." *IMF Staff Papers* 48: 171–79.

Bremmer, Ian. 2020. "How the Coronavirus Epidemic Could Upend the Global Economy." *Time*, February 6. https://time.com/5778995/coronavirus-china-global-economy/.

Cai, Fang, and Dewen Wang. 2008. "Impacts of Internal Migration on Economic Growth and Urban Development in China." In *Migration and Development across Borders: Research and Policy Perspectives on Internal and International Migration*, edited by Josh DeWind and Jennifer Holdaway, 247–73. New York: IOM International

Organization for Migration and the Social Science Research Council. http://essays.ssrc.org/acrossborders/wp-content/uploads/2009/08/ch11.pdf.

Cai, Peter. 2014. "Is a Labour Shortage Looming in China?" *China Spectator*, February 21.

Cai, Yongshun. 2003. "Collective Ownership or Cadres' Ownership? The Nonagricultural Use of Farmland in China." *China Quarterly* 175: 662–80.

Cha, Ariana Eunjung. 2008. "New Law Gives Chinese Workers Power, Gives Businesses Nightmares." *Washington Post*, April 14. http://www.washingtonpost.com/wp-dyn/content/article/2008/04/13/AR2008041302214.html.

Chan, Anita. 2001. *China's Workers under Assault: The Exploitation of Labor in a Globalizing Economy*. Armonk, NY: M. E. Sharpe.

———. 2018. "The Relationship between Labour NGOs and Chinese Workers in an Authoritarian Regime." *Global Labour Journal* 9.1: 1–32.

Chang, Leslie. 2008. *Factory Girls: From Village to City in a Changing China*. New York: Spiegel & Grau.

Chen, Feng. 2002. "Subsistence Crisis, Managerial Corruption and Labour Protest in China." *China Journal* 44: 41–63.

———. 2020. *The State and Labor in Contemporary China: Institution, Conflict and Change*. Hong Kong: Chinese University of Hong Kong Press.

ChinaFile. 2017. "Fact Sheet on China's Foreign NGO Law. The China NGO Project." ChinaFile. http://www.chinafile.com/ngo/latest/fact-sheet-chinas-foreign-ngo-law.

China Labour Bulletin. 2009. "Going it Alone: The Workers Movement in China (2007–2008)." *China Labour Bulletin*. http://www.china-labour.org.hk/en/files/share/File/research_reports/workers_movement_07-08_print_final.pdf.

———. 2013. "A De cade for Change: The Workers' Movement in China, 2000–2010." *China Labour Bulletin*. http://www.clb.org.hk/en/sites/default/files/File/research_reports/Decade%20of%20the%20Workers%20Movement%20final_0.pdf.

———. 2014. "Strikes and Worker Protests Gain Momentum in China as Economy Stutters." *China Labour Bulletin*. http://www.clb.org.hk/en/content/strikes-and-worker-protests-gain-momentum-china-economy-stutters.

———. 2018a. "The Workers' Movement in China: 2015–2017." *China Labour Bulletin*. https://clb.org.hk/sites/default/files/Workers%20Movement%202015-17%20full%20text.pdf.

———. 2018b. "Labour Relations in China: Some Frequently Asked Questions." *China Labour Bulletin*. https://clb.org.hk/content/labour-relations-china-some-frequently-

asked-questions.
———. 2019. "Strike Map." *China Labour Bulletin*. https://maps.clb.org.hk/strikes/en.

Chou, Chelsea Chia-chen. 2011. "When Does an Autocrat Compromise with Social Forces? The Politics of Labor Policy Reform in China, 1978–2009." Ph.D. diss., Cornell University.

Cooney, Sean. 2007. "China's Labour Law, Compliance and Flaws in Implementing Institutions." *Journal of Industrial Relations* 49: 673–86.

Cooney, Sean, Sarah Biddulph, and Ying Zhu. 2013. *Law and Fair Work in China*. London: Routledge.

The Economist. 2015. "Out Brothers, Out!" *The Economist*, January 31. http://www.economist.com/news/china/21641275-guangdong-province-pioneers-new-approach-keeping-workers-happy-out-brothers-out.

Franceschini, Ivan, and Elisa Nesossi. 2018. "State Repression of Chinese Labor NGOs: A Chilling Effect?" *China Journal* 80: 111–29.

Gallagher, Mary E. 2003. *Contagious Capitalism: Globalization and the Politics of Labor in China*. Princeton, NJ: Princeton University Press.

Hou, Liqiang. 2014. "Report Identifies Sources of Mass Protests." *China Daily*, April 9. http://www.chinadaily.com.cn/china/2014-04/09/content_17415767.htm.

Hsieh, Shawn. 2017. "Putting the Overseas NGO Law in Perspective." NGOs in China, March 12. http://ngochina.blogspot.tw/2017/03/.

Huang, Elaine. 2020. "Apple Supply Chain Disrupted by Novel Coronavirus, Expediting the Flight of Foreign Investment from China." *CommonWealth Magazine*, February 11. https://english.cw.com.tw/article/article.action?id=2655.

Huang, Philip C. C. 2011. "China's Neglected Informal Economy: Reality and Theory." *Modern China* 35.4: 11–12.

Hui, Elaine, and Eli Friedman. 2018. "The Communist Party vs. China's Labor Law." *Jacobin*, October 2. https://www.jacobinmag.com/2018/10/china-communist-party-labor-law-jasic.

Hurst, William. 2012. *The Chinese Workers after Socialism*. Cambridge: Cambridge University Press.

Kaja, Ashwin, and Timothy P. Stratford. 2016. "China Implements New Charity Law." *Covington: Global Policy Watch*, November 1. https://www.globalpolicywatch.com/2016/11/china-implements-new-charity-law/.

Lee, Ching Kwan. 2003. "Pathway of Labor Insurgency." In *Chinese Society: Change,*

Conflict, and Resistance, 2nd ed., edited by Elizabeth J. Perry and Mark Selden, 73–95. London: Routledge.

———. 2017. "After the Miracle: Labor Politics under China's New Normal." *Catalyst* 1.3: 92–115.

Lee, Ching Kwan, and Yonghong Zhang. 2013. "The Power of Instability: Unraveling the Microfoundations of Bargained Authoritarianism in China." *American Journal of Sociology* 118.6: 1475–508.

Linz, Juan J. 2000. *Totalitarianism and Authoritarian Regimes*. Boulder, CO: Lynne Rienner.

Ministry of Human Resources and Social Security of the People's Republic of China. 2002–2019. *China Labor Statistical Yearbook (2001–2018)*. Beijing: China Statistical Press.

Montinola, Gabriella, Yingyi Qian, and Barry Weingast. 1996. "Federalism, Chinese Style: The Political Basis for Economic Success in China." *World Politics* 48.1: 50–81.

Ngok, Kinglun, and Wenjia Zhuang. 2009. "Labor Inspectorate Regime in Transition in Contemporary China: An Integrated Research from the Perspective of Governance." *Journal of Public Administration* 5.

Oi, Jean C. 1992. "Fiscal Reform and the Economic Foundations of Local Corporatism in China." *World Politics* 45.1: 99–126.

Pringle, Tim, and Anita Chan. 2018. "China's Labour Relations Have Entered a Dangerous New Phase, as Shown by Attacks on Jasic Workers and Activists." *South China Morning Post*, September 19. https://www.scmp.com/comment/insight-opinion/article/2164817/chinas-labour-relations-have-entered-dangerous-new-phase.

Shirk, Susan. 1993. *The Political Logic of Economic Reform in China*. Berkeley: University of California Press.

Thireau, Isabelle, and Linshan Hua. 2005. "One Law, Two Interpretations: Mobilizing the Labor Law in Arbitration Committees and in Letters and Visits Office." In *Engaging the Law in China: State, Society, and Possibilities for Justice*, edited by Neil J. Diamant, Stanley B. Lubman, and Kevin J. O'Brien. Stanford, CA: Stanford University Press.

Zhuravskaya, Ekaterina V. 2000. "Incentives to Provide Local Public Goods: Fiscal Federalism, Russian Style." *Journal of Public Economics* 76: 337–68.

第五部

社會與宗教治理

11 中國反家庭暴力運動中的國家與社會互動

伍維婷

摘要

本章探討1988年至今，婦女團體自組織如何藉由與國家的策略互動，在反家庭暴力的運動中爭取政治空間。本文運用過程追蹤研究法（diachronic process-tracing），發現女權主義者為了性別運動的生存不斷向政府施壓，要求政府部門協商，運動者並從黨國的互動回應中學習新的策略。這一個演化和互動的過程，為女權主義者提供了機會，深化她們參與形塑法律改革，並且使地方政府新法律提供的保護得以實施。中央和地方各級政府與女權幹部之間的夥伴關係，使得女權主義者取得的進步明顯大於其他團體。儘管黨國不斷騷擾婦女團體，但她們的政治遊說還是帶來有意義的法律改革。

2003年3月，中共全國人民代表大會的三十名代表提出《家庭暴力預防和干預法》。這是中國立法史上前所未有的時刻，因為它是第一個由非政府組織提出的立法提案，標誌著國家和社會組織之間可能存在的新關係。同時，參與推動立法的婦女團體們也持續受到黨國的騷擾。

反家庭暴力的運動中，紅楓婦女心理諮詢服務中心、北大婦女法律服務中心和同語選擇了不同的策略，以擴大倡議的政治空間。每個團體的策略都代表組織者與國家互動不同的切入點。紅楓中心選擇了合作策略，而北大婦女法律服務中心採取更為激烈的對抗政府。同語加入反家庭暴力的運動，則是利用政治機會結構打開一扇門，發展其組織能力。

組織者努力擴大中央政府所設下的可行動邊界，這可說是一個政治自由化的互動過程。特別是，組織者如何判斷中央政府對其努力擴大邊界的反應，是每個團體在選擇策略時的主要決定因素。因此，政府的策略彈性與否，會顯著影響國家和社會行動者之間的關係走向。各團體選擇特定策略的原因，除了出於預測政府對政策和行動的反應，也在於各組織所處的不同發展階段，以及藉由觀察其他組織與國家的互動學到的經驗。

本章首先摘要反家庭暴力運動的發展，並指出1995年的聯合國第四次世界婦女大會為這場運動的出現創造政治機會，縮短國際社會和中國婦女團體之間的差距。從那時起，西方來的詞彙，如「家庭暴力」、「性別平等」和「非政府組織」，以及與行動主義有關的資源，都得到中國婦女團體的採納。接下來本文將對每個組織選擇的策略做出時序分析，將分析重點放在由此帶來的政治機會或限制。田野研究發現兩個要素影響行動主義者的可用策略：一是組織的發展階段，二是行動主義者對政府回應的預期。分析這些組織策略顯示出有些策略既創造了政治機會，也帶來了限制。同時，研究三個婦女團體在反家庭暴力運動中所選擇的策略，證實了我的論點：合作策略可能造成組織自主程度較高，而對抗策略則導致賦權程度較高。性別團體的策略選擇有效打破反家庭暴力原本被設定的公私領域之分，方能促成反家庭暴力運動的成功。

婦女團體的簡要介紹

本研究中三個性別權利倡議團體分別是紅楓婦女諮詢服務中心、北京眾澤婦女法律服務中心（原為北大婦女法律服務中心）和同語。紅楓中心是由王行娟等人在1988年成立（見圖11.1），宗旨是為城鄉的婦女、兒童及家庭提供心理諮詢和社會服務，同時也開展以性別為主的研究與政策倡導工作。紅楓中心是在中國成立的第一個婦女草根團體。

北京眾澤婦女法律服務中心是由郭建梅等人在1995年成立，主要透過志願者律師替弱勢群體進行法律訴訟，爭取權益。該中心有三個主要任務：提供法律援助、保障婦女權益和促進性別平等。該團體是中國第一個以提供法律援助為主的社會公益組織，並且已經代理了來自全國26個省份的數以千計的案件，其中部分案件是直接控告政府部門。

同語由徐玢於2005年成立，儘管成立時間較晚，但它是中國最早為女同性戀、男同性戀、雙性以及跨性別倡議的多元性別

圖11.1　紅楓婦女諮詢服務中心創辦人

資料來源：作者拍攝。

權利團體（LGBTI）。根據同語的網站（Tongyulala.org），「同語旨在通過社群培力、公共教育、援助服務和政策倡導，推動公共對多元性別的認知、消除歧視和暴力，爭取平等權益」。作為一個在北京的女同性戀團體，同語自成立以來就面臨著雙重邊緣化的處境，一方面同性戀的汙名在中國社會仍然非常普遍，另一方面大多數人依舊將同性戀與愛滋病聯想一起。制度壓迫也加強了對同性戀的汙名。

同語大多數志願者都是20多歲，訪談中筆者能感受到，儘管他們加入同語前甚至都不知道社會運動為何，但她們對女性同性戀運動有著強烈的熱情。她們多數是學生，因此只有在課餘時才來為同語工作或參加相關活動。與老一輩女同志群體不同之處在於，她們大多都已經出櫃，並且認為她們應當與異性戀享有相同的公民權利。

第一階段（1988～2000）：社會行動優先並設定議程

本節呈現國家與社會組織互動的三個階段，依據婦女團體組織能力的變化來劃分。此外，「國家」是指不同的政府部門，包括代表黨的中華全國婦女聯合會、代表中央政府的司法部門、地方婦女聯合會和地方政府。

在第一階段，社會行動者提出倡議，制定議程。本章將1988年至2000年定為第一階段，因為紅楓中心成立於1988年，中國法學會反家暴網絡成立於2000年。紅楓中心在1992年設立了第一條全國性婦女熱線，這條熱線也接到關於家庭暴力事件的諮詢。然而，中心在成立之初並未成立一個解決家庭暴力問題的專門小組。在這一時期，社會仍將家庭暴力視為家庭事務，政府機構也尚未關注這一類問題。

王行娟回憶說，1994年某個夜晚她接到一通電話，從此喚醒她鄭重關注家庭暴力受害者處境。有個政府部門的工作人員打電話給王行娟，詢問紅楓中心能否收容一名剛從家裏逃跑出來的婦女，並到中心投訴她愛人家暴。「紅楓中心沒能向這名婦女伸出援手」，王行娟懊悔地說（訪談記錄，2013年3月18日）。當時，全中國沒有一間家暴受害者庇護所。這次失敗迫使王行娟著手處理家暴問題。紅楓中心開始研究家庭暴力發生的各種背景以對抗家庭暴力。

1992年：第一次公開討論家庭暴力問題

一直到1992年，媒體才首次出現有關家暴的新聞報導。有一位叫皮小明的女律師發表了〈家庭暴力白皮書〉。在幾次嘗試失敗後，《中國婦女報》總算同意刊登這份文件。同年，紅楓中心開辦第一條婦女熱線，開始接受有關家庭暴力的諮詢。

1992年10月1日，全國人大通過了《中華人民共和國婦女權益保障法》，法律既沒有提到家庭暴力，也沒有任何保護的命令可以限制家暴者接觸他們的受害者。在這段時間，國內和國際婦女團體努力使人們意識到家暴問題的嚴重性，並且帶來一些進展。然而直到1995年的聯合國婦女大會，才不但讓婦女團體開始瞭解家庭暴力的議題，更為反家暴運動創造了政治機會。

政治機會：1995年聯合國婦女大會

大多數研究者都認為，1995年在北京舉行的聯合國第四次世界婦女大會是關鍵，它激發中國婦女團體的倡議和組織能力（例如朱愛嵐〔Ellen Judd〕2002）。這次會議和隨之而來的「非政府組織論壇」（Nongovernmental Organization Forum）將西方的「非政府組織」介紹到當代中國的論述。[1]同時，這場會議也使中國的婦女團體受到國際捐助者的注意。

因為這次會議，中國政府承認大會閉幕時通過的《北京宣言》和《行動綱要》(Beijing Declaration and Platform for Action, BPFA)。BPFA讓家暴問題引起政府和媒體的關注。防止婦女受暴是BPFA的十二個議程之一。

根據訪談記錄和實地觀察，我發現婦女大會為婦運行動者創造了政治機會，得以組織起來反家暴，因為它不只讓政府關注此議題，也把國際社會的資源帶到中國。福特基金會(Ford Foundation)是眾多把贊助資源轉向婦女團體的國際捐助者之一，它在反家暴運動中扮演要角。

反家暴網絡的形成

現年80多歲、為婦女權利奮鬥二十多年的王行娟回憶起她和郭建梅組建反家暴網絡的原因：

> 郭建梅和我經常合作。當時，我們發現很多組織從事家庭暴力問題，但他們之間毫無合作。因此，我們建議成立一個聯盟。我們邀請陳明俠(後來成為反家暴網絡的創始人)加入，因為我們知道網絡需要有人幫助註冊，而且我們希望在這場反家暴運動中團結更多的人。(訪談記錄，2012年7月16日)

1　並不是說婦女大會之前沒有社會組織。然而「非政府組織」這個詞直到該會議才引入中國，其他許多涉及社會組織與性別議題的詞也是一樣。

關於婦女團體之間的合作，王行娟進一步解釋：

> 自1995年聯合國婦女大會以來，我們一直合作處理家暴問題。郭建梅、謝麗華（《農家女百事通》創始人）和我共組一個處理家暴問題的工作小組。我們把非政府組織和政府的貢獻納入，但事實上，主要是非政府組織一直在努力解決家暴問題。（訪談記錄，2012年7月16日）

反家暴網絡的建立依賴國際社會的資金，包括聯合國開發計畫署（UNDP）、瑞典國際發展合作署（Swedish International Development Cooperation Agency）和荷蘭樂施會（Oxfam Novib，荷蘭國際發展合作組織）。

國際社群的角色

中國婦女團體反家暴行動最關鍵的發展是成立反家暴網絡。1998年，福特基金會資助四名婦運行動者到印度參加會議，包括王行娟。這次會議聚集全亞洲女性非政府組織的代表，一起討論性別暴力。臨行之前，福特基金會提醒與會者，希望他們回國後能繼續從事這方面的工作。

反家暴網絡的主要創始者陳明俠談到，他們在會議期間討論了一個工作計畫，用以對抗性別暴力，決定把重點放在家暴問題，因此，反家暴網絡於2000年6月成立。[2]王行娟和郭建梅也是網絡的創始人。

國家與社會在此階段的排序

此一時期，是由社會方面設定議程來處理家暴問題。婦女團體採各種策略喚醒國家和廣大社會對此問題的關注，包括提供社會服務、做研究，最重要的是組成聯盟。在國際社會的支持下，婦女團體逐漸引起國家注意。在這個階段，主要的國家行為者是全國婦聯。

國家的反應：全國婦聯

全國婦聯成立於1957年。1949年之前，中共成立中華全國民主婦女聯合會，負責監督婦女工作。全國婦聯的任務是代表中國共產黨，到官僚體系的各個層級執行黨的政策。這意味著全國婦聯的主要任務是協助黨維持社會穩定，而不是促進婦女的利益。

婦女團體和全國婦聯在這個階段的互動如下。紅楓中心的努力引起國際婦女團體的注意，並同意中心在聯合國婦女大會主辦一場討論家暴的研討會。然而，全國婦聯的代表拒絕參加這次研討會，並指責紅楓中心損害國家形象。全國婦聯官員告訴王行娟和國際婦女團體的代表，「中國並沒有家暴事件」（訪談記錄，2013年3月18日）。

2　反家暴網絡的網站已經不在。

第二階段（2000～2009年）：社會取得重大進展，地方政府共同實施

第二階段的反家暴運動從2000年一直到2009年。這個階段的婦運行動者相當積極主動，進行許多倡議工作，並與地方政府合作。最重要的是，婦女團體在立法過程取得明顯進展。2003年3月，30名全國人大代表提出《反家庭暴力與干預法》，這是中共歷史上首度由非政府組織向全國人大提出修法版本的倡議。

事實上，婦女團體已經在立法過程努力了很長一段時間。在2003年的立法之前，有個進步標誌是修訂婚姻法。2001年4月28日，全國人大常委會宣佈禁止家庭暴力，家暴的受害者可以訴請離婚。然而，「家庭暴力」並未有定義，也沒有清楚指出違法行為的處罰。除了宣傳反家庭暴力法之外，婦女團體還試圖與地方政府建立合作關係，並實施預防家暴的理想模式，以下分析每個行動者在第二階段的策略。

紅楓中心

紅楓中心在這個階段採取三種策略：組成聯盟、提供社會服務以及與地方政府合作。紅楓中心與北京婦女法律中心、中國婦女大學和陝西省婦女和家庭研究會一起在2000年成立中國反家庭暴力工作小組，為北京+5（Beijing+5，第四屆世界婦女大會加五年）會議做準備，這場研討會由聯合國主辦，其間將回顧1995年會議以來事情的進展。

除了和其他婦女團體合作，紅楓中心還為家暴受害者提供社會服務。2004年3月8日，紅楓中心開通第一條防家暴熱線。中心與北大婦女法律中心、全國婦聯法律部和反家庭暴力網絡合作，協助家暴受害者。

紅楓中心在這個階段的主要策略是與地方政府建立合作關係。2001年，中心與天津市婦聯合作，開展「天津市某社區的家庭問題社區干預計畫」的試點。紅楓中心為了這項計畫展開三個項目服務當地婦女：婦女熱線、半邊天家園（任務目標在建立零家暴事件社區）和婦女法律服務站。

紅楓中心與天津市婦聯之間的合作關係並非例外，婦女團體盡一切力量在各個省份開展符合其理念的家暴防治模式，這種合作策略為紅楓中心帶來政治機會和限制。例如，儘管這個計畫讓紅楓中心有機會增加相對的自主能力，但天津市婦聯在2006年決定終止這個項目，使紅楓中心的自主程度相對下降。

北大婦女法律服務中心

北大婦女法律中心在此階段的兩個主要策略，一是代理具象徵意義的案件，二是喚醒司法系統對家庭暴力的關注。2002年，法律中心改變其組織作風，決定針對代表嚴重社會問題的案件提出訴訟。針對有象徵意義的案件興訟與建立聯盟，乃是北大婦女法律服務中心兩個主要策略，可以創造政治機會，並且擴大倡議工作的政治空間。

代理象徵性案件為法律中心創造政治機會，律師把保護家暴受害者一事在西方所受到的重視引入中國司法系統（人民網2003），並透過重要的案件強調家暴問題的嚴重性。董珊珊事件就是其中一例。[3]

董珊珊婚前就已受到當時的男友施暴，結婚後丈夫更施展嚴重的家暴。她求助於公安，但公安無法提供任何實質幫助。董珊珊後來只能自力救濟，嘗試逃離自己的家。然而，她的丈夫仍然找到了她，董珊珊最終被丈夫家暴致死，她的丈夫卻在第一次入獄時只被判處有期徒刑六年六個月。

當時，大多數媒體都對此表示憤慨，認為法官判刑太輕。司法系統的報紙甚至就此事發表了一篇特別報導，指出公安及法官不願意執行現有政策是導致此悲劇最主要的原因。[4]北大婦女法律服務中心的一名律師代理此案件。在田野訪談中，此名代理案件的律師表示，北大婦女法律服務中心用此案件來提醒法官和專家們，現有法律系統所能提供給受害者的保護不足（訪談記錄，2012年7月18日）。

此外，北大婦女法律服務中心也為法律體系的夥伴提供培訓課程，提高他們對家暴受害者的敏銳度。同時，法律中心還與地方婦女聯合會舉辦這些訓練課程，招募幫手執行現有的家庭暴力

3 董珊珊死亡時26歲。她和家人在幾個月內就通報八次家暴，但警方無法給予太多幫助。董珊珊試圖逃跑獨自生活，但她無法逃離丈夫。她的丈夫在法庭上說，不記得自己踢了她多少次，最後一次施暴時就是不停踢她。法庭指控他犯了暴力罪。

4 請見：http://news.eastday.com/s/20100809/u1a5381742.html。

法監督要求。正如一位地方婦聯的主任告訴我，「郭建梅為我們的法律系統舉辦培訓項目時，我幫她邀請所有公安部門、檢察部門和人民法院的領導來參加。」（訪談記錄，2017年4月7日）。

同語

這個階段又出現一個新的行動者：2005年成立的同語。相較於紅楓中心和北大婦女法律服務中心，同語不但較為年輕，更缺乏與國家或其他婦女團體的聯繫。因此，這個階段同語的主要策略是培訓組織者並與婦女團體和國家建立關係。

反家暴網絡成立後，開始了一項新的合作方案，邀請各個婦女團體提出計畫案，加入反家暴的運動中，並且提供資金給各個團體。2007年，同語申請這筆資金，在計畫案中，同語提出要對女同性戀所面對家暴的狀態進行研究。為了實施這個計畫，同語架了一個網站招募受訪者。它還把在臺灣、美國和加拿大用於防止和懲罰家庭暴力法律行動分類，網站也介紹了防治女同性戀家暴的立法政策和程序。

同語的創辦人和其他組織者受訪時表示，這個項目的目的是提高女性行動主義者對女同性戀者處境的認識。影響中國許多女同性戀組織的徐玢說：「在中國，反家暴運動是由社會團體組織。然而，大多數家暴問題的專家並不熟悉酷兒問題。在這個運動中，只有少數幾個人在一開始時表達對女同性戀處境的支持。」（訪談記錄，2016年5月17日）

徐玢進一步強調同語參與反家暴運動的角色：「我認為這個

計畫(家庭暴力中的女同性戀受害者)是一項重要工作。這是我們首度有機會與其他婦女團體討論同一個問題。此外,我們可以將女同性戀的情況涵括到全部的討論之中。這些專家們也願意傾聽,因為他們關心對婦女的暴力。」(訪談記錄,2016年5月17日)

當我們訪問女同團體和婦女團體的組織者,大多數人表示他們不熟悉對方的運動議題。許多婦女團體不曾討論過LGBT的議題,而女同團體中許多年輕的運動者也未關注過性別問題。我在下一部分將深入探討同語在婦女團體和女同性戀團體之間建立溝通橋樑的策略。

國家的回應

反家暴運動由全國婦聯和地方婦女聯合會合作。在某些地區,防止家暴的新制度有賴於地方婦女聯合會的努力。

全國婦聯。除了在立法過程取得進展之外,全國婦聯的態度在這段時間也發生改變。全國婦聯是政府辦理的非政府組織,可說是代表黨的婦女群眾組織。長期以來,婦女團體與反家暴網絡一直用各種不同策略爭取全國婦聯參與反家暴運動。比方說,婦女組織邀請全國婦聯的領導為她們的工作小組提供諮詢,並和地方婦女聯合會組織了非常多場家暴問題的培訓課程。

某省的婦聯主任分享他在家暴培訓課程的學習經驗:「我當然聽說過家暴問題,因為我有一些法律背景。但是當我參加反家暴網絡的培訓課程後,我瞭解到家庭暴力事件的全貌」(訪談記錄,2018年11月7日)。在完成培訓課程後,這位主任設計更多的課程,邀請婦女問題專家與所在省份的地方政府幹部交流。

全國婦聯的一位部門主管在2008年接受記者訪問時提到，全國婦聯將會齊心協力防止家庭暴力並增加公眾教育，同時她們也會啟動家庭暴力防治法的立法程序（中華全國婦女聯合會 2008）。2009年4月，全國婦聯的調查顯示，中國有30%的家庭遭受家庭暴力，[5]在此調查中，全國婦聯承諾阻止家庭暴力事件的發生。

天津市婦聯。天津市婦女聯合會接受紅楓中心的提議，執行預防家庭暴力事件的方案。此事為紅楓中心創造了政治機會，使得它可以在社區開展符合其理念的家暴防治模式，同時也為紅楓中心建立全國性的專業形象。

然而，如此合作也在政治上限制了紅楓中心。2006年2月，天津婦聯決定不再與紅楓中心合作，此後獨力執行反家暴項目，把它當成自己的計畫。2007年，天津婦聯決定在天津市的每一個社區都實施紅楓中心所設計的家暴防治模式。同年，在落實到全市的「半邊天家園」工作開幕典禮上，全國婦聯主席顧秀蓮評價此項目為「婦聯服務工作的傑出品牌」。

顧秀蓮這句話，顯而易見是要擦消紅楓中心在推動及設計此項目中所扮演的角色。然而，與之前遇到所有來自官方的明顯打壓一樣，紅楓中心的組織者沒有對此提出澄清聲明，也因此在2007年之後，但凡提到「半邊天家園」的媒體報導，都將其呈現

5 見〈家庭暴力的受害者應該公開原諒施暴者嗎？〉，2019年12月4日，http://yn.people.com.cn/BIG5/n2/2019/1204/c361322-33602174.html。

為僅僅是天津婦聯所有的項目。

王行娟接受作者訪談時，依然強調此次與天津婦聯合作對於紅楓所帶來的巨大效應。王行娟這麼說：「你可以從天津的項目觀察到，我們是在奉獻自己來影響別人的生命。天津是直轄市，但她們也願意在全市範圍內實施這個專案」（訪談記錄，2011年8月15日）。雖然紅楓中心在合作項目中的主導角色因為政府的干預而遭到掩蓋，但王行娟還是感到滿意，因為中心有機會開展一個有效的項目幫助家暴受害者。

第三階段（2009-2013）：擴大倡議工作的政治空間

國家和社會在這個階段都很活躍。三個婦女團體繼續努力開展倡議工作、社會服務和公眾教育，而國家則專注在立法進程，下一節會討論婦女團體的戰略。

這個階段，紅楓中心選擇合作策略，而北大婦女法律服務中心選擇更為對抗的策略，同語則是加入反家暴的運動以利用政治機會來發展其組織能力。

紅楓中心

紅楓中心繼續採取各種策略對抗家庭暴力，包括為家暴受害者提供社會服務、參與法律制定程序，並與地方政府合作。2011年9月發生了一起重大事件，「瘋狂英語」創始人李陽傳出家暴，[6]引起全國對家暴議題的關注，許多媒體報導，而當《中國日報》採訪李陽時，他說：「我有時會打她（妻子），但我沒有料到她會公開這件事，因為中國傳統認為家醜不可外揚。」（*China Daily* 2011a）。[6]

事件的開始是因為李陽的妻子李金，將她受傷的照片發在微博上。但婦女團體在反家庭暴力運動中的行動，使她受虐的經歷引起公眾和媒體的關注。紅楓中心向李金和李陽提供個人和婚姻雙方的諮詢服務，但李陽只在婚姻諮詢中現身一次。紅楓中心創辦人王行娟接受國內和國際媒體的採訪，在大多數新聞報導中也對紅楓中心進行了介紹。紅楓中心因為此次提供諮詢服務的方式，進一步擴大自身在全國的知名度與影響力。

除了倡議工作外，紅楓中心的創始人和組織者採取的策略是透過中央政府提供的公共財成為國家輔助機制的一環。因此，中心贏得中央政府的承認。同時，通過媒體的關注，紅楓中心逐漸在社會建立起自己的知名度，從中國的人口規模和國土大小來看，這樣的表現實屬不易。

北大婦女法律服務中心

北京婦女法律中心在這個階段繼續代理象徵性案件，並與地方政府合作。它也參與了李陽的案件。針對這個惡名昭彰的例子，法律中心選擇與紅楓中心合作，把法律和諮詢程序介紹給家

6 瘋狂英語是一個品牌，在中國推廣非傳統的英文教學法。見http://en.wikipedia.org/wiki/Crazy_English。

暴受害者和整個社會（王卡拉、張蓋倫 2011）。這項行動得到新聞媒體廣泛報導，許多家暴受害者因此瞭解到法律制度的複雜性。

北大婦女法律服務中心繼續與地方政府合作。我訪談了幾位地方官員，瞭解到地方政府尋求與法律中心合作的具體原因是為了避免在他們的管轄範圍內發生任何駭人事件——例如董珊珊案件——使他們引來罵名。婦女法律中心與地方婦聯合作也使法律中心顯現出它有能力影響公共政策。

北大婦女法律服務中心另一個策略是代理象徵案件。這使得團體採取另一種策略：亦即，針對和中央政府有關的新立法提出建議。這個策略之所以可行，是因為全國人大在修法或者立法時，會公開徵求社會各界的意見，而這個流程為社會團體參與立法程序創造了政治機會。

比起代理象徵案件訴訟策略，中央政府比較歡迎所謂的專家建議。這項替代策略有助於北京婦女法律中心強化組織在政府部門間的專業知名度，邀請他們參加立法工作坊的次數不斷增加。尤其是探討家暴問題的研討會。

同語

同語在這個階段的重點是培養與國家的合作關係，包括中央和地方政府。全國婦聯是主要目標。據徐玢介紹：

> 相較於男同性戀群體，女同性戀感染愛滋病的病患人數要少得多。因此，沒有任何一個政府組織會與我們直接溝通。

> 全國婦聯是同語唯一接觸的政府機制（因為女同性戀者算是女性）。我們盡全力和當地婦聯建立關係，但直到我們加入反家暴網絡，才取得了重大進展。（訪談記錄，2011年8月12日）

同語另一位工作人員也贊同徐玢的觀點：

> 比起其他政府組織，全國婦聯並不是很有權力。但是，它仍然是統治系統的一環；因此，它有渠道在確立的政治系統內發揮作用。以《反家庭暴力法》為例：全國婦聯推動促使這項法令能夠被納入政府的立法過程。（訪談記錄，2011年8月13日）

這段話顯示工作人員如何看待同語和全國婦聯的關係。除了與婦女團體和地方婦聯建立聯繫外，同語對女同性戀家庭暴力事件的研究，還創造了第三個政治機會。他們的研究結果引起媒體對中國女同性戀地位的關注。

其中一個例子是2010年1月11日《法制日報》刊出的一篇新聞，內容報導同語調查的幾個主要發現，並且對徐玢和反家暴網絡做了訪談。記者寫道，女同性戀的家庭暴力事件經常遭到忽視，甚至連全國婦聯的工作人員也不重視女同性戀者，但全國婦聯是代表國家處理反家暴工作的主要組織。報導認為在起草反家庭暴力法的過程中，女同性戀的家庭暴力案件應得到政府的關注（Du 2010）。

國家的回應

在這個階段，國家的不同部門都回應了家庭暴力問題，分別是司法系統、立法系統、全國婦聯和地方婦聯。重要的是，司法系統和立法過程的變化，證明討論家庭暴力問題的公共空間已經出現。

司法系統。從2008年開始一直到2013年，十個基層人民法院自願加入最高人民法院的中國應用法學研究所所發動的家暴防治工程，使用《涉及家庭暴力和婚姻案件審理指南》，強力介入家庭暴力事件。根據政府文件，政府選出九個區法院做試點，試行家暴受害者保護令的核發。[7]截至2011年底，已有一百多個基層人民法院申請成為家庭暴力審判的試點法院，並且發出兩百多份保護令。這些數據顯示法律制度的重要變化。在田野訪談的過程中，我發現司法系統呈現出中國社會探討女性問題常見的保守主義。因此，司法體系任何的突破，都可以視為一大成就。

北大婦女法律服務中心的律師分享了她在法庭上的經歷。有幾次，當丈夫當庭承認打了妻子，法官拒絕把家庭暴力作為離婚的理由。這位律師記得，有個案件審理過程中，法官一直要求她解釋，丈夫怎麼可能把受害人打死，因為用法官的話來說，丈夫看起來「深愛著妻子」（訪談記錄，2011年8月17日）。

---

7 見〈人身保護令：讓反家暴法長出「尖牙利齒」〉：http://www.npc.gov.cn/npc/c16115/201510/113bebebf93b4492976d95293d1f3117.shtml（連結日期：2020年6月20日）

郭建梅指出，根據自己的觀察，中國有能力從性別角度探討法律問題的專家只有三位。執法人員對性別問題的無知相當普遍，所以有一位在地方婦聯負責立法工作的主任說：「我不支持制定任何反家暴的法律，因為我認為這根本無效。從我的角度來看，我寧願把時間花在檢察官和法官的性別教育」(訪談記錄，2011年8月18日)。

這些訪談記錄顯示，婦女團體要克服重重難關，才能為家暴問題創造一個公共空間，並鼓吹司法體系的改變。很少有法律專家主動參與婦女權利的工作，但北大婦女法律服務中心和其他婦女團體不斷努力，喚醒專家對性別問題的意識，並邀請他們加入反家暴力的戰場。最高人民法院中國應用法學研究所一直是婦女團體努力改變司法體系的重要夥伴。

立法過程。中央和地方政府在此階段都透過立法程序對反家暴運動做出回應。2012年全國人大宣佈把反家暴法納入立法議程，對於婦女團體的立法遊說而言，這是一大鼓舞。此外，截至2013年4月28日，二十八個省份通過反家暴法，具體說明地方政府的進展(中國日報2011b)。

全國婦聯。《反家暴法》能夠成為全國人大的議程，真正進入立法的最後階段，是出於全國婦聯發揮的作用，他們自2009年以來就不斷尋求中央政府及其他部門合作，推動《反家暴法》。當時的報告有以下這段話：「隨著《反家暴法》進入徵求公眾意見的立法階段，全國婦聯呼籲婦女團體和婦女們主動發表意見，幫忙制定出一部最佳的反家暴法」(Wu 2014)，此外「全國婦聯和國務院婦女兒童工作委員會於2013年11月25日聯合召開研討會，討論反家暴立法」(Liu 2013)。

地方政府。許多地方政府在這個階段與婦女團體合作，如此一來婦女團體得以觸及邊緣女性。來自中國偏遠地區的運動者解釋與地方婦聯合作的重要性：「我們選擇與婦聯合作，因為最基層的政權也都有婦聯。每個村莊都有一個聯絡人」(訪談記錄，2012年7月25日)。

地方政府之所以願意把婦女團體納入工作中，有以幾個可能性。第一，建立或提高政府善治的聲望。第二，避免因為不作為而導致的批評。正如一位地方婦聯的主任所說：「這些(婦女)團體在做婦聯的工作。因此，我老是跟員工說，我們需要向婦女團體學習」(訪談記錄，2012年7月26日)。

第四階段(2013～2018)：
公民社會的運作空間被政府關閉

在這段時間，國家和社會團體之間的關係逐漸緊張，習近平也逐漸集權領導。因此，中央與地方政府的關係，以及國家與社會關係都發生改變。寇絲卡與納姆(Genia Kostka and Jonas Nahm 2017, 568)寫道：習近平「拿走地方政府的權力和裁量權」。至於國家與社會的關係，艾爾斯壯(Manfred Elfstrom 2019)的結論認為中央政府改變了回應性(responsiveness)和壓制之間的平衡，面對社會的抗議時，則會轉向壓制。

針對本章的主題——家庭暴力防治，國家採取了自相矛盾的策略，一方面打壓運動者，另一方面又通過反家庭暴力的立法。打壓運動者的現象，最著名的是女權五姐妹事件。國家在這一次鎮壓行動中，首度大規模逮捕性別平等運動的組織者。2015年國際婦女節前夕，五名女性運動者遭到拘留，因為政府懷疑她們打算發起抗議活動，點出中國性騷擾的問題。這些遭到拘留的女性因在婦女權利和LGBT權利的工作而為人所知，包括在2012年這群女權行動派的首次行動，就是穿著染血的婚紗在北京的鬧街抗議家庭暴力。

這起事件受到國際社會的廣泛關注，國際婦女團體與國際知名女權行動家都發聲要求中國政府放人。在中國，性別平等運動陣營採取各種策略要求國家放人，特別是利用新聞媒體，觀察證明這些策略有助於提高對整個社會對於LGBT和家暴問題的意識。2015年4月13日，女權五姐妹取保候審釋放。這起事件說明國家與性別團體間關係的變化，因為這是政府首度跨省市的抓捕，嚴打這些運動團體。不管是在學者專家或者社會的眼中，當時女權五姐妹準備進行的社會倡議並不敏感。對照國家所發動對女權主義者的打壓，在2015年12月27日，政府卻通過草根團體發起並且努力了幾十年的《反家暴法》。

2015年這兩起大事，體現國家控制社會團體的彈性策略，而2016年4月28日通過的《中華人民共和國境外非政府組織境內活動管理法》又是另一種國家治理策略。

本節重點放在討論國家和性別團體在反家暴運動中的策略。

同語

相較於其他婦女團體，同語在這一時期採取七項關鍵策略，以吸引社會以及學者專家們對女同性戀面對家暴問題的關注。其中兩項工作最為重要。

2015年底，同語公佈第一份中國家暴問題的報告。該研究在線上進行，總共收到3,334份回覆，其中包括877名異性戀者。報告的主要發現是，比起異性戀者和同性戀者，雙性戀者遭受的心理暴力最為嚴重。該報告也記錄同性戀伴侶中的許多家暴事件與樣態。

同語的第二項重要工作是為LGBTI人群成立「彩虹暴力終結所」，專門提供服務給遭受家庭暴力的的男同志、女同志、雙性戀、跨性別、間性人等群體，這也是第一個面向多元性別群體，提供社工服務的機構。

國家行動者

中央政府。這一時期的中央政府展示彈性和快速的治理策略。《反家庭暴力法》和《中華人民共和國境外非政府組織境內活動管理法》的通過，說明中央政府即將管制性別團體的反家暴力運動。

因為反家暴法的通過，婦女團體現在有渠道能夠參與或者影響關於家暴問題的公共政策決策過程。然而，反家暴運動必須倚賴國際捐助者的大力支持。境外非政府組織法的通過馬上影響到性別團體的運作。這部新法案對國家與反家暴運動的關係帶來兩項重大改變。首先，它管制了境外非政府組織在境內的活動，意味著它們必須向政府登記，並說明工作內容。截至2018年底，沒有一家境外非政府組織把家庭暴力作為主要業務。第二，如果性別團體不能再依靠國際捐助者的支持，他們只能依靠國內資源。這樣做會使國家和性別群體之間的關係發生更多變化。

地方政府。由於《反家庭暴力法》在2013年列入國家立法議程，地方政府非常積極應對這種新局面。地方政府陸續出臺的幾個試行方案，促使國家和性別團體之間的關係發生變化。

首先，幾個地方的婦女聯合會，包括上海、浙江和廣東，開始由政府購買反家庭暴力的服務。其次，湖南省在2013年啟動一項跨部門的合作方案，防止家庭暴力。湖南仿照臺灣的做法，把公安、司法系統、醫療部門、教育部門和民政部門納入。由於這項舉措，湖南省公安於2013年4月9日頒佈處理家暴事件的原則，這是全國首例。

一些地方政府也跟隨湖南省，啟動預防家暴事件的先導計畫。例如，2014年，江蘇省的司法系統建立第一家由法院管理的庇護所，江蘇也是第一個建立家暴告誡書制度的地方政府。

反家庭暴力法於2016年3月實施，從新聞報導中可以看到地方政府在執法上的努力，例如成都，對同住的家庭暴力施暴者發出限制令，以及廣西省南寧市推出的譴責制度。全國婦聯和聯合國婦女署共同在甘肅省省會蘭州組織了一場運動，這是終止家庭暴力的第二期計畫。活動目的是在全省推廣一種示範機制，也就是成功把省、市、縣三級的幾個機構聯繫起來，防制家庭暴力（為平婦女權益機構 2017）。

司法系統。在這個階段，司法系統在《反家庭暴力法》通過之前和實施過程中發揮重要作用。2015年3月2日，最高人民法院與最高人民檢察院、公安部和司法部協調，頒佈《關於依法辦理家庭暴力犯罪案件的意見》。這是代表家庭暴力案件走進刑事訴訟的第一份司法文件。從2016年3月1日實施《反家庭暴力法》，一直到同年年底，媒體報導顯示，法院在全國共發出680份限制令。

結論：婦女團體策略的評估

本章分析反家暴運動的五個主要行動者，這五個行動者如何影響運動團體的選擇和使用的策略：中央政府、社會組織者、地方政府、國際社群和媒體。面對中國治理體系的挑戰，組織者選擇與不同行動者結盟，把這些挑戰轉化為政治機會。有時，組織者選擇的策略無意中帶來政治限制。然而，本文詳細討論的三個團體取得了以下具體成果：社會賦權、政策形成，以及相對高的政治動員。

首先，法律草案成功提交給全國人大，翻轉社會原本嚴格設定的公私領域區分，改變長期以來認為家庭暴力是家務事的觀點。除了努力創造一個討論家庭暴力的新公共領域，反家暴陣營還成功促使政府和社會意識到個人權利。

據北大婦女法律服務中心的律師表示，2002年以後，尋求法律協助的家暴受害者急劇增加。此外，2002年也是法律中心自1995年成立以來，律師收到最多協助請求的一年。越來越多的女性因家庭暴力而尋求法律諮詢，表示中國社會對權利概念的尊重急速增長。這是婦女團體的一個重大成就，亦即，即使不是政治動員，也可能促進中國公民社會的成長。從歷史上看，中國人民習慣於服從統治者。根據歐博文（Kevin J. O'Brien 2001, 426）的說法，「幾乎沒有證據顯示，村民會認為權利是與生俱來、自然或不可剝奪的；大多數伸張權利的人並不會打破中國人的習性，他們認為權利是國家授予的，是為了達成社會目標，而不是為了保護個人的自主性。」

在這樣的文化背景下，家暴受害者要伸張權利更是一項挑戰性，特別是社會上大多數人認為家庭暴力是家醜不能外揚。北大婦女法律服務中心的律師觀察到，家暴受害者變得更願意揭開家庭的「髒衣服」，為自己的權利而戰，顯示他們對於權利有新的意識與體會。

女同性戀的狀況也得到關注。除了提高媒體的意識，同語還成功建立和婦女團體的聯繫，北大婦女法律服務中心的律師開始在法庭上代表女同性戀者。各團體選擇和實施的策略除了改變社會行動者的參與，也影響組織本身的發展。同語策略性選擇加入反家暴運動，努力取得社會對女同性戀群體的認可。參與這場運動之後，同語的自主性和權力也有所增長。除此之外，同語的組織者持續爭取把女同性戀納入保護家暴受害者的法律條款之中。

他們的努力是否成功，將是評斷組織策略的重要標準。紅楓中心選擇了一種合作策略，對他們來說，策略選擇的關鍵在於，合作是否犧牲自主以換取更多的權力。北大婦女法律服務中心則採取對抗性強度更高的策略，因此，組織者面對來自政府的打壓也最大。為了反制政府的壓迫，法律中心選擇與媒體合作。然而問題在於，假如政府決定強化施壓並禁止媒體的報導，媒體是否會選擇繼續支持他們。

綜上所述，本研究同意馮媛對紅楓中心、北大婦女法律服務中心和同語對反家暴運動的貢獻的評價。馮媛是反家暴網絡的創始人之一，也是反家暴網絡三屆負責人。她說：「紅楓中心為反家暴運動提供基礎研究資料。它分析了一百個案件，使人們更瞭解家暴事件。紅楓中心的研究有助於家暴防制和政策倡議往前走」（訪談記錄，2016年5月22日）。

至於北大婦女法律服務中心，馮媛的評論如下：

> 北大婦女法律服務中心在法律改革方面發揮關鍵角色。如果不瞭解家庭暴力問題，沒有（該中心的）性別觀點，執法可能會造成受虐者二次傷害。至於同語，同語有關女同性戀家暴受害者的報告，填補了我們預防家暴工作的不足。此外，同語的研究也給了大多數中國人第一次瞭解性少數群體的機會。（訪談記錄，2016年5月22日）

每個組織都是根據自己的發展階段，以及判斷政府可能做出的反應，選擇獨特的策略。根據我的田野調查，選擇對抗策略的北大婦女法律服務中心提高了自主性；而選擇合作策略的紅楓中心提高組織的能力。同語這個相對年輕的團體，則是利用加入反家暴運動的機會，同時提高自主性和組織能力（見圖11.2）。

我認為三個組織的經驗對於拓展倡議工作的政治空間有重要

圖11.2　同語到大學宣講的地圖

資料來源：作者拍攝。

意義。首先，這三個組織成功建立自己的專業形象。當組織期待能被納入政策制定的過程，建立專業形象有助於達成這個目的。第二，這三個組織成功打造他們與跨議題團體的聯盟。紅楓中心與心理健康團體合作，同語與婦女團體合作。第三，這些組織都成功地與政府官員建立聯繫。當這些團體嘗試要參與政策制定過程時，這些聯繫就可以派上用場。

除了社會團體的相對自主性、賦權和組織能力的變化之外，中國的治理體系也在不斷演化。本章提出政府在家暴治理體制所出現的變化。第一，地方政府參與了婦女團體的合作計畫，一起防治家庭暴力。第二，全國婦聯關注到家庭暴力問題。第三，全國人大通過《反家庭暴力法》。第四，中國的基層司法體系藉由試點方案，提升自己的能力，學習如何處理家暴案件。

國家與社會關係的變化反映政府邊界的收縮，觀察家庭暴力防治陣營與國家的互動可以發現，政府在一開始允許婦女團體行動，而婦女團體藉由行動，逐漸拓展政治空間，甚至創造出一個可以公開討論家暴問題的公共空間。更廣泛地說，這些發展顯示當議題未威脅到政權的正當性，治理上的調整變化可以為政治自由化創造一個口袋（pockets）。

展望：婦女團體能否在逐漸被國家封閉的公民社會治理策略下生存？

自2018年以來，國家和社會組織之間的關係發生巨大變化。

《中華人民共和國境外非政府組織境內活動管理法》的實施，迫使許多外國非政府組織離開中國。2019年香港的反送中抗爭（也被稱為反修例運動），加深中央政府對境外非政府組織影響力的不安。

2019年11月26日，中國外交部發言人指出，亞洲促進會（Asia Catalyst）在中國違法運作，受到政府處罰。2019年12月2日，外交部指責美國五個非政府組織煽動香港的抗議活動，包括國家民主基金會（National Endowment of Democracy）、國家國際民主協會（National Democratic Institute）、國際共和學會（International Republican Institute）、人權觀察（Human Rights）和自由之家（Freedom House）。亞洲促進會和這五個非政府組織過去一直支持中國境內的婦女和性別團體，包括建立能力、提出議程和培訓專案。第二波婦運以來，中國的婦女和性別團體組織者挺過國家的嚴峻挑戰。然而，國家最新的治理策略已經打破原本全球公民社會和國內社會團體之間的聯盟。在這樣的情況下，婦女與性別運動的組織者是否能調整策略，繼續生存並拓展政治空間，還有待觀察。

參考書目

人民網，2003，〈家暴有人管了〉，1月22日，http://www.people.com.cn/BIG5/paper68/8314/783228.html。

王卡拉、張蓋倫，2011，〈李陽妻子：遇家暴要大聲說出來〉，《新京報》，11月29日，http://style.sina.com.cn/news/p/2011-11-29/093687804.shtml。

為平婦女權益機構，2017，〈反家暴法實施一週年觀察和建議〉，為平婦女權益機構，2月28日，http://www.equality-beijing.org/newinfo.aspx?id=24。

China Daily. 2011a. "Renowned Teacher Admits Abusing His U.S. Wife." *China Daily*, September 13. http://usa.chinadaily.com.cn/us/2011-09/13/content_13671481.htm.

———. 2011b. "Multiple Reasons that Lead to China's Frequent Domestic Violence Cases. There Is an Urgent Need to Legitimize Anti-Domestic Violence." *China Daily*, November 24. http://www.chinadaily.com.cn/dfpd/shehui/2011-11/24/content_14157866.htm.

Elfstrom, Manfred. 2019. "Two Steps Forward, One Step Back: Chinese State Reactions to Labor Unrest." *China Quarterly* 240: 855–79.

Judd, Ellen R. 2002. *The Chinese Women's Movement between State and Market*. Stanford, CA: Stanford University Press.

Kostka, Genia, and Jonas Nahm. 2017. "Central-Local Relations: Recentralization and Environmental Governance in China." *China Quarterly* 231: 567–82.

Liu, Yunting. 2013. "ACWF, NWCCW Hold Anti-Domestic Violence Legislation Seminar." Women of China, November 27. http://www.womenofchina.cn/womenofchina/html1/news/leaders/16/7609-1.htm.

O'Brien, Kevin J. 2001. "Villagers, Elections, and Citizenship in Contemporary China." *Modern China* 27.4: 407–35.

———. 2009. "Rural Protest." *Journal of Democracy* 20.3: 25–28.

Osnos, Evan. 2011. "'Crazy English' Teacher Admits to Domestic Violence." *New Yorker*, September 13. http://www.newyorker.com/online/blogs/evanosnos/2011/09/crazy-english-teacher-admits-to-domestic-violence.html.

Wu, Amanda. 2014. "China Issues Anti-Domestic Violence Law Draft." Women of China, December 26. Available at: http://www.womenofchina.cn/womenofchina/html1/special/1412/1715-1.htm.

12 地方參與國家的策略：媽祖信仰的文化正當化和遺產化

古明君

摘要

本章透過三十年來的國家與社會互動，分析在中國東南沿海盛行的媽祖信仰的文化正當化。在毛澤東時期，媽祖信仰被官方認為是一種封建迷信而遭到黨國禁止。自1970年代末，福建地區的媽祖信徒重建廟宇，並恢復傳統祭典儀式。在此過程中，媽祖信仰社群頭人參與到國家不同部門的計畫或政治議程中，最終成功説服國家肯認媽祖信仰具有的文化價值；2009年，媽祖信仰被列入聯合國教科文組織的人類非物質文化遺產代表名錄。媽祖信仰作為宗教治理和肯認政治演化的案例，説明國家和社會行動者各自獲得對其有利的結果。民間信仰社群頭人把其宗教活動重構為值得保存的文化遺產，並與特定的政府部門合作，在國家支持的文化框架內推動民間宗教的正當化。同時，國家能夠運用官方承認和監管的宗教活動來實現其他政府目標，例如對臺灣的統戰滲透。研究方法上，本文的寫作是基於2011年至2015年期間所做的田野研究，並輔以相關的文獻資料。

關於1970年代末以來中國民間宗教復振的學術研究顯示，宗教與黨國之間有著複雜的關係。某些研究聚焦在威權國家對民間宗教的強制與壓迫。有些研究則強調地方政府與民間宗教團體之間的議價或合作。由於旅遊（Chan and Lang 2015; Koesel 2014, 106-16）和儀式經濟（Siu 1989; 1990; Yang 2007）的商業利益，民間宗教的復振可能獲得地方政府的支持。此外，民間的宗教團體可能會尋求地方官員的結盟與合作，藉此換取物質或非物質資源（Chau 2006; Ku 2018）。這些研究說明地方政府治理工具有很大的差異性，從壓制到各式各樣的夥伴合作都有可能出現。

為了理解在地方層次的差異性，我們必須將民間宗教在中國現有宗教治理模式中的不確定地位納入考量。「宗教」一詞在20世紀初浮現於中國現代化和國家形構的過程中（Goossaert and Palmer 2011, 43-63）。在中國共產黨的宗教政策中確立了宗教的定義與分類，「宗教」一詞在官方論述指涉五種制度宗教：佛教、道教、伊斯蘭教、基督新教（Protestantism）和天主教。中國共產黨的宗教治理模式是國家統合主義，國家建立愛國組織來監管這五類受到國家肯認的宗教（Goossaert and Palmer 2011, 139-65; Marsh 2011）。在國家認定的「合法宗教」之外，其他多元化的宗教活動並沒有正當性。由於民間宗教在官方眼中並非「宗教」，因此中國宗教治理的傳統方法和制度機制並不適用於民間宗教。

1970年代末以來，各式各樣的民間宗教如雨後春筍般出現，這給地方和中央帶來治理的實際難題。對於曾遭到打壓的民間宗教團體來說，它們的復振及發展要面對不同類型的地方政府，地方政府可能由傳統連帶團體的社會網路所構成（Tsai 2007），也可能如本書導論中歸納出的各類「帶著形容詞的威權主義」治理形式。個案研究有助於理解地方層次上國家與宗教關係的變化，但在這些既有文獻中，仍存在一個理論上空白之處：地方層次宗教復振呈現的調適及制度化，涉及國家對民間宗教治理的演化，尤其是那些被中國共產黨在意識形態上打成封建迷信、阻礙社會主義現代化進程的宗教（Goossaert and Palmer 2011, 140-52）。

媽祖信仰的個案研究，提供了一個實證研究的入口，可以填補上述的理論空白之處。如同其他民間宗教，海神媽祖的傳說與崇拜在毛時期遭到禁止。文革期間，祭拜媽祖和其他神像的民間信仰廟宇多數被摧毀，傳統儀式全面暫停，因為它們被斥為「封建」與「迷信」（鄭振滿 2010）。2009年，聯合國教科文組織（UNESCO）把媽祖信仰習俗列入人類非物質文化遺產（ICH）的代表名單。這是聯合國教科文組織首次把中國的民間宗教列入非物質文化遺產名錄。列入非物質文化遺產名錄一事在概念上可稱為「遺產化」（heritagization），這是一種社會和文化過程，把特定的文化價值制度化，並賦予相關的文化與社會實踐特定的地位，被當作官方的「遺產」來保護和經營（Harrison 2013, 43-56; Smith 2006, 21-24）。對中國自1980年代起的遺產化，多數的文獻採取國家為中心的理論視角，強調官方遺產政策與行動的意圖（Silverman and Blumenfield 2013）。遺產化過程中地方所採取的行動，或者被忽視，或者被視為一種被動回應，而國家政策和敘事才是主動。（Zhu and Li 2013）。然而，這種自上而下的理論視角與研究取徑無法解釋在國家主導的遺產化過程中，黨和國家為何選擇某些「封建迷信」的實踐作為要被保護與傳承的國家文化價值。與此不同，本研究呈現媽祖信仰列入非物質文化遺產名錄，乃是在宗教復振的過程中，國家行動者與宗教社群頭人三十年互動的路徑依賴之結果。在這個互動過程中，媽祖信仰在國家的治理框架中逐漸從一個地方性的民間文化，演變為一個附帶的（collateralized）、文化化（culturified）的官方工具。

在接下來的段落裡，本文將說明福建湄州島媽祖信仰宗教社群頭人的策略行動，還有地方與中央之間四個階段的互動：（1）1970年代末重建廟宇，（2）1980年代初恢復傳統祭典儀式，（3）2005年受省級和國家級的非遺申報動員，（4）2008年積極參與國家向聯合國教科文組織的非遺申報。在每個階段，一旦遇到某些國家行動者的反對及潛在打壓，信仰社群頭人會試圖尋求另一些國家行動者的支持。為了爭取媽祖信仰的文化正當性，信仰社群頭人起初必須因應國家對宗教復振的不明確態度。隨著時間的推移，在不斷變化的機會結構中，文化化（culturification）逐漸成為宗教社群頭人的策略，透過這種具有創造性的務實策略來佔有物質和象徵資源。一路發展的最高峰，是媽祖信仰最後成功登錄於聯合國教科文組織的人類非物質文化遺產名錄中。

第一階段：重建廟宇（1978～1980年代）

如同中國其他一度遭禁的民間宗教，媽祖信仰在1970年代末變動的政治環境中復振，一些在中國東南沿海的媽祖信眾不顧政治風險，努力重建被毀的廟宇。湄洲媽祖祖廟的頭人就是這些先驅者之一。1969年，湄洲媽祖祖廟遭到湄洲人民公社革命委員會摧毀（蔣維錟、朱合浦 2011, 555）。1970年代末，[1]一位具有克里斯瑪（chrisma）領袖魅力的林氏後人林阿八老太太召集了一些信徒，開始重建湄洲媽祖祖廟（圖12.1），起初只能靠自掏腰包和自己的工具（蔣維錟、朱合浦 2011, 556；鄭振滿 2010, 127–28）。1980年代，當臺灣和亞洲各地的媽祖信眾得知湄洲祖廟重建的消息，海外的捐款陸續湧入。

從一開始，建廟工作就引起湄洲島上解放軍的反對，因為廟宇就位於解放軍駐防區範圍內（鄭振滿 2010, 128）。軍方的反對也許有意識型態上的考量，但更可能是出於官僚主義的角度，因為寺廟重建可能會增加非法從臺灣來湄洲島進香的香客人數，從而增加他們的工作負擔（安哥 2014）。當時軍方的態度是：如果信徒要繼續重建祖廟，軍方就會下令拆毀。面對軍方的打壓，湄洲島上的信仰社群頭人並未直接對抗。反之，他們動用人際關係接觸各種有可能站在他們這一方的國家行動者。信仰社群頭人的視角下，國家被視為交雜著各種不同掌權者的權力叢結，充滿著模糊

1 湄洲媽祖祖廟建廟重建年代有不同的說法。根據官方出版由祖廟董事會支持的兩位學者主編的《湄洲媽祖志》，建築工程於1978年開始（蔣維琰、朱合浦 2011, 556）。另外根據鄭振滿（2010）的研究，林老太太靠著她從1978年蓋了另外兩座廟宇的聲望，組織了志願者，自1981年重建祖廟。我選擇放下兩個版本之間的不一致，但指出林阿八自1970年代末以來一直以建廟來復振民間宗教。

圖12.1　湄州媽祖祖廟的進香朝拜

資料來源：洪瑩發拍攝。

與可能性。頭人最初利用宗親關係，輾轉聯繫到了省級官員和黨幹部，一步步累積了某些國家行動者和政策企業家（policy entrepreneurs）的同情或支持，包括省與市政協主席以及負責臺灣事務的地方官員（張珣 2014, 144；鄭振滿 2010, 128）。這些努力延緩了軍方拆除寺廟的威脅。同時，1980年代初兩岸關係的變化，也減少軍方對地方事務的影響力。1983年，湄洲島撤銷軍區，標誌了湄洲島的非軍事化，而這座島嶼也被官方認定是福建省處理臺灣事務的前哨站（莆田市對外貿易經濟委員會 1995, 20）。同年，福建省委書記寫了一張「暫緩拆廟」的領導批示，也為信仰社群頭人和初步重建起來的祖廟提供更大的安全保障（張珣 2014, 144；鄭振滿 2010, 128）。

重建廟宇的過程中，信仰社群頭人發現了一種避免軍事鎮壓的戰術。為了重建正殿，社群頭人和信徒找到偷藏在公社倉庫中的舊廟主樑。將其移出倉庫用於重建時，他們發現樑上的題字寫著舊廟主要捐贈者是當地著名的林氏宗族成員。他們還注意到主要捐贈者正是當時莆田市政協主席的祖父和父親。這根舊樑因此被視為是林氏宗族的歷史文物，這樣的文物是承載著歷史再現的物質，而其歷史再現是一種將過往地方名望人物與現在位居於權力地位的人士建立起象徵性聯結的再現方式。透過肯認這根舊樑具有的歷史價值，信仰社群頭人試圖將歷史之物具有的象徵權力轉化為地方權力結構中的社會資本，以此助於爭取特定的國家行動者之支持。為了取得歷史之物具有的象徵權力之正當性，社群頭人爭取把廟裡的歷史之物申報為官方認可的文物。在當地文化專家的協助下，經過數年的申請，祖廟才取得福建省省級文物保護單位的地位。在中國其他地方民間宗教復振的諸多個案中，把廟宇申報為文物保護單位，不見得可以躲過拆除。在湄洲媽祖祖廟的個案中，省級文物保護單位的地位也並不如國家關鍵行動者的支持那樣有力。但由於在廟宇重建過程中，信仰社群頭人向文化專家尋求同情和支持得到回應，在其後數個回合與國家共舞的過程中，這些支持與同情的關係一再被動員，逐漸浮現一種連貫的行動策略——媽祖信仰的文化化——以此讓宗教實作正當化。

第二階段：重啟大型祭儀（1983～1994）

當湄洲媽祖祖廟大殿建成之後，信仰社群頭人在春秋兩季重新舉行被禁幾十年的祭典儀式。1983年，由於媽祖信仰祭典儀式具有宗教色彩，舉辦這樣的儀式引發了爭議，在省級幹部和官員間無法對此種祭儀的定位形成共識（蔣維錟、朱合浦 2011, 556）。此時，社群頭人再次靠著過去建立的關係尋求支持。他們還採取了一個新的策略來獲得正當性：加強與海外媽祖信仰社群的聯繫，包括重建期間捐款贊助的臺灣信眾（古明君、洪瑩發 2017）。當地的信仰社群與海外尤其是臺灣媽祖信眾的聯繫，其維繫經營是帶著工具性目的。信仰社群頭人往往宣稱這樣的聯繫是出於信仰復振過程中形成的友誼和合作，但除此之外，還有以下幾點原因。首先，由於湄洲媽祖祖廟在正殿重建之後尚有幾個殿未能完工，當地信仰社群頭人預計還需要海外的資金捐助。第二，1980年代末，在變動中的兩岸關係中，有臺灣的聯繫在當地的政治氛圍中具有象徵上的重要性。為了吸引海外進香客，祖廟在1987年舉行一場盛大祭典儀式，紀念海神媽祖昇天千年（古明君、洪瑩發 2017）。媽祖昇天千年祭舉行前一年，廟方在1986年成立董事會，以此作為政府部門、當地信仰社群和海外信眾團體之間的溝通橋樑。正式組成首屆的董事會，也意味著重組了重建時期以來形成的祖廟領導。在首屆的董事會中，由官方指派當地黨政體系信任與地方宗教社群接受的人選出任董事長，也就是前文中提到的，當時位居莆田市政協主席的林氏後人（張珣 2014, 144）。重建時期克里斯馬氣質的的社群頭人林阿八老太太則是被指派為副董事長（林元伯、陳寵章 2012），她仍掌握財務（Dean 1998, 264）以及廟宇事務的決策權力（朱合浦 2012）。這項指派兼具象徵性與功能性。它象徵信仰社群頭人對地方黨國權威的服從。此外，被指派的董事長則是功能性地成為政府和信仰社群之間的溝通管道。

為了準備媽祖昇天千年祭，董事會向海外的廟宇廣發邀請，超過一萬名香客參加了這場活動，包括從臺灣、香港、新加坡、日本和其他東南亞國家來的訪客。自此，董事會在地方治理中扮演兩項主要的角色，維持其地位的正當性。首先，董事會跟省級還有市級的臺辦合作處理臺灣媽祖信眾的進香事務，推動兩岸關係的進展。第二，作為媽祖進香旅遊景點的湄洲媽祖祖廟，由董事會進行管理。

目前，湄洲島恢復了每年兩次的媽祖祭典儀式。春祭是在農曆三月二十三日媽祖生日舉辦，秋祭則在農曆九月初九媽祖升天時舉行（圖 12.2）。董事會刻意擴大祭典規模，並將其正式化。春秋兩祭不僅象徵了宗教復振，也是讓湄洲媽祖祖廟在海外媽祖信仰群體更具可見度而採取的策略之一。在 1980 年代初，由於當地的媽祖祭儀已經停止了幾十年，要如何進行媽祖祭典儀式，對董事會來說是一項挑戰。面對這項挑戰，董事會請歷史學家、文物學家、和民俗學專家協助考察安排相關的祭儀細節。今天我們看到的春秋兩祭，不是依據地方的社會記憶而恢復的文化實踐，而是被重塑的傳統。董事會在意的重點並不是真實性（authenticity），而是祭典儀式具有的正典性（formality）。1994 年，莆田

圖12.2　湄州媽祖祖廟的祭典

資料來源：洪瑩發拍攝。

市政府舉辦的首屆媽祖文化旅遊節上，祖廟的媽祖祭儀被正式選為主要景點。經當地政府批准，董事會組織了一個考察團，前往山東考察學習祭孔大典。以祭孔大典為基礎，作成《湄洲祖廟祭典儀注》和《祭典儀程明細表》並且設置了祭典所需的道具器物，反復排練媽祖祭儀。自1994年旅遊節以來，模仿祭孔大典的媽祖誕辰祭典儀式已逐漸標準化與形式化（林成彬2017）。

在這一階段，正式化媽祖祭典儀式，將民間宗教以媽祖文化之名重啟後面向公眾，也逐漸形成了媽祖信仰文化化的行動策略。由於董事會的積極作為，民間宗教的祭典儀式成為旅遊景點，以及扮演臺灣事務的平臺，此外，董事會還支持數場以媽祖為題的研討會，由當地的官員負責，並且有來自海內外的文化專家及學者共同參與。文化化的策略在1990年代與2000年代頻繁使用，不僅是董事會的策略，地方幹部也會藉由媽祖文化，爭取省籍和中央政府在符號象徵上以及實質財政上的支持。例如，2000年，湄洲島管委會副主任，其同時也是湄洲島黨工委副書記，提議擴建湄洲媽祖祖廟前的廣場，成為可以容納一萬多人的大型廣場作為媽祖祭典會場，以便有更大的空間可以在祭典期間接待貴賓、香客和來訪的記者。這項工程獲得時任福建省省長的習近平批准，並由省政府予以資助（鄭育俊2012）。

第三階段：省級與國家級申遺動員（2005年）

自從中華人民共和國成為國際遺產公約的簽署國，如1985年的《世界遺產公約》和2004年的《保護非物質文化遺產公約》（Convention for the Safeguarding of the Intangible Cultural Heritage），中國的官方遺產論述出現典範移轉，有助於新型態遺產的浮現，包括非物質文化遺產。2000年代初期，開始有莆田地方人士主張把媽祖信仰作為世界遺產來推廣。根據我對湄洲媽祖祖廟董事會以及對半官方組織中華媽祖文化交流協會工作人員的訪談，當時湄洲當地人並不清楚世界遺產和非物質文化遺產之間的區別（訪談記錄，2012年4月）。此外，儘管支持者相信媽祖的地位應該得到國際認可，但他們並不知道該如何進行。

中國政府簽署《非物質文化遺產公約》之後，於2005年由中央啟動第一批省級和國家級非物質文化遺產名錄的建立。莆田市群眾藝術館一位文化專家被官方指派進行省級非遺名單相關工作，包括建立項目目錄和準備各項目相關申報材料，這位專家曾於1980年代負責調查收集民間文學和歌謠。省級領導批准同意將媽祖等相關項目列入省級非遺清單之後，文化專家就開始動員湄洲媽祖祖廟和其他兩座當地著名的媽祖廟，請廟方提供相關材料。

湄洲媽祖祖廟董事會收到了省裡相關部門的通知，也從這位文化專家得到了消息，要他們為非遺申報做準備。在董事會成員看來，非遺就如同國家文物或世界文化遺產之類的榮譽稱號，象徵著官方肯認並帶來資源及機會。董事會提出了18件項目，來回應文化專家的要求。這位文化專家並未照單全收。他的考量之一是：莆田市幾間著名的媽祖廟都要有相對的比例出現於省級非遺名單上（訪談記錄，2012年4月）。為了處理地方政治，文化專家在羅列非遺候選項目時，清單中要含括當地三間重要的媽祖廟的相關項目，數量也不要有太大的差距。這位文化專家最終說服湄洲媽祖祖廟董事會縮減提案至最具有代表性的項目——媽祖祭典。如此一來，清單上才有空間留給其他兩座媽祖廟宇的項目。

負責非遺名單準備工作的這位文化專家，在媽祖相關習俗申報非遺工作時的另一個考量，則涉及非遺項目評選標準。這位在市級群眾藝術館工作的文化專家，從1980年代就開始從事民間文學和歌謠的調查與徵集，他非常清楚官方文化工作涉及意識型態的考量、以及合宜的詮釋框架具有的重要性。受到指派進行非遺名錄建立的任務後，在開展工作前，他曾多次被安排去參加省文化廳組織的非物質文化遺產密集課程。除了在這些課程中正式學習到的非遺論述以及申報材料的要求和程序之外，他還運用了過往參與文化工作時積累的，關於意識型態與詮釋框架的默會知識（tacit knowledge），來指認出某些事物其具有的文化價值具有成為非遺項目的潛力，再根據非遺申報的要求與評選標準賦予該事物合宜的詮釋。為了把媽祖信仰相關的活動與社會實踐正確地重構為非物質文化遺產，他諮詢省文化廳底下各個委員會的內部與外部專家，逐漸得出結論：媽祖信仰相關的活動與實踐，其價值必須框架在非物質文化遺產的官方論述中，而非以民間宗教的範疇來呈現其價值，因為後者是缺乏官方正當性的範疇。由於省級領導支持把媽祖信仰相關項目列入非物質文化遺產名錄，文化專家在受訪中提到，他在非遺名單準備工作中的首要之務就是減少因為涉及宗教性質而帶來了申報時的不確定性（訪談記錄，2012年4月）。當他在撰寫申請材料時，非常有意識地從「傳統文化」和「習俗」的角度來闡述媽祖信仰相關項目具有的價值。如此一來，他說，當申報文件提交到省級和國家級進行相關部門審查時，仍然可以確保其「完全掌握在文化局和文化專家之手」，而無需徵詢其他部門如宗教局的意見，以此來降低審查時的不確定性。

莆田市提交到省級和國家級委員會的申報材料中，與湄洲媽祖祖廟相關的項目是媽祖祭典。文化專家在訪談中強調，「這個非遺項目是儀式和祭典，並非宗教」（訪問記錄，2012年4月）。當媽祖祭典的材料提交到省級的委員會時，有專家指出這項祭典儀式是模仿山東祭孔大典，質疑其真實性（authenticity），因此沒有通過審查。莆田市群眾藝術館的文化專家，在省委領導要求下，為此案又提交了補充材料。省文化局重組審查委員會，再次評估此案。在各方的努力下，媽祖祭典終於被批准為省級非物質文化遺產。取得省級非遺身份的媽祖祭典，具有候選資格可以送交國家級非遺申請，其後在國家級的委員會中接受審查獲得批准，於2006年被正式批准列為省級和國家級非物質文化遺產。

將媽祖祭典申報為省級和國家級非物質文化遺產的過程中，主要工作來自國家行動者，包括文化專家和省文化局的官員。除了行政協助之外，也在申請材料的準備工作與撰寫方面努力提出合理的論述。地方的信仰社群頭人則是受國家行動者的動員，對於國家發起的申遺之舉做出了回應和合作。他們和國家的合作得到文化專家的幫助，後者在國家和信仰社群之間斡旋，也擔任文化的轉譯者，把宗教活動重構為一種意識型態上無風險的傳統文化習俗。

第四階段：申報聯合國教科文組織非物質文化遺產名錄（2008年）

雖然在2005年的申遺是受到國家動員，但在2008年，湄洲媽祖祖廟董事會得知有機會爭取中國申請聯合國教科文組織的非物質文化遺產名錄的代表時，則扮演了不同的角色。相較於1970年代末和1980年代初廟宇的管理是建廟期間組織的一個非正式團體，2008年的董事會是由信仰社群領袖、文化企業家和地方幹部組成的複合體（古明君、洪瑩發 2017）。前文中提到，1986年湄洲媽祖祖廟董事會成立，當時的董事長和副董事長在此職位上一任十年，之後於1997年一名鄉鎮幹部受指派出任第二屆董事長。新董事長的權威源於傳統，因為他是林氏的後裔，也是信仰社群領袖林阿八的長子。同樣重要的是，董事長一職是由湄洲島黨委書記所指派，並得到市委書記的批准（朱合浦 2012）。截至2008年，新董事長已經任職三屆，並在董事會的領導下發展出湄洲媽祖祖廟相關的宗教旅遊商業綜合體（古明君、洪瑩發 2017；周金琰 2012）。在其任職的十來年間，他清楚意識到「媽祖」此一象徵符號對廟宇和當地帶來發展優勢，並從2006年媽祖祭典被列為國家非物質文化遺產後嗅到截然不同的機會和資源。

為了加強與地方領導的溝通協調，湄洲島管委員副主任在2008年被指派為祖廟的副董事長（新華網 2008）。前文中已提到，這位副主任曾在2000年為祖廟的擴建尋求省級政府的財政支持。他也參與官方非政府組織中華媽祖文化交流協會的籌備工作（鄭育俊 2012）。2008年，這位副主任聽到一個小道消息，由於聯合國教科文組織非物質文化遺產政府間委員會（Intergovernmental Committee for Safeguarding Intangible Cultural Heritage at UNESCO）改組，因此有機會在該次非物質文化遺產名單中增加中國代表項目。為此，北京開始徵集備選項目。然而，他也得知其他有意角逐此一備選項目者為了爭取國家提名已經準備多時。他與祖廟董事長聯繫後，決定參與角逐。申遺工作小組隨即組成，其中三名要角是祖廟董事會成員，分別是董事長，湄洲島管委會副主任，以及中華媽祖文化交流協會裡一名林氏地方文人。此外，還有一名大學生加入這個工作小組協助各類文書事務。事實上，申遺工作小組的三個主要成員的角色——政府幹部、信仰社群頭人和宗族文人——是典型的農村領袖類型，這三種人掌握了村庄日常生活中的政治與權威。

申遺工作小組很快就發現這次情況與之前申請省級和國家級非物質文化遺產截然不同。2005年，準備非遺名錄是國家指派的工作，因此地方官員和國家資助的文化專家都為了媽祖申遺作努力。這一次則是還有其他競爭者都在官方的協助下一同申報。團隊察覺省級官員並不積極，後者主要在意的是時間有限，要在這段時間準備提名的材料、與不同廟宇協商。因此，申遺工作小組決定自行進行相關工作。他們面臨的主要問題是準備申報材料。諮詢過幾位文化專家後，申遺工作小組意識到原先申遺的材料派不上用場，因為它們並不符合聯合國教科文組織非物質文化遺產的申報要求。此外，之前的材料中涵蓋了莆田三座主要媽祖廟宇的相關實作，而這一次申遺工作小組成員只要集中表述和湄洲媽祖祖廟相關的項目，也就是媽祖祭典。然而，原先材料中有關媽祖祭典的敘述必須重新撰述，不僅是為了彰顯其重要意義和影響，並且還要符合聯合國教科文組織非物質文化遺產的範疇和要求。申報指南還要求提供其他輔助材料，例如相關影片以及參與保護工作的社群承諾書。

申遺工作小組成員中沒有一位是省級或國家文化局小組委

員會裡的官員或文化專家，過去也沒有相關的文化工作經驗。因此，他們認為自身缺乏論述能力，無法將信仰實作進行文化轉譯，轉化成為符合聯合國教科文組織的非物質文化遺產範疇。為了解決這個問題，小組轉而向某些文化專家與大學教授尋求協助，因為這些專家學者是在國家恩侍關係中具有地位的文化權威。在非遺申報過程中，這一類的文化權威常常被國家動員來協助當地社群撰寫文本以及準備申報所需的材料。有時候，地方政府會指派特定的文化專家負責申報相關的文本寫作工作；有時候（如本個案），地方社群花錢請文化專家或學者以顧問之名來撰寫申報文本。這一次，媽祖申遺工作小組與當地某個著名學者專家簽訂合同，由他代筆撰寫文本以爭取政府提名。然而，在提交申請材料之後，省裡的官員告訴申遺工作小組，國家級的非遺專家和北京的文化官員認為他們提交的材料不夠充分。

即便小組缺乏論述生產的能力，但收到這樣的訊息之後，他們很明瞭來自國家文化權威層級的非遺專家之意見，自然要比當地學者專家的意見更重要。然而，國家文化權威的地位過於顯赫，不可能花錢雇來當寫手，加上截止日期迫在眉梢，申遺工作小組別無選擇，只能自己重寫文本並且準備相關材料。他們到北京參加國家文化部文化遺產局下設的文化遺產小組委員會召開的會議時，同步著手進行文本修改。據我的受訪者說（訪問小組成員，2012年4月），小組白天參加評審會議，學習其他候選者的報告寫作內容與格式，並諮詢他們在北京聯絡得到的文化專家，晚上就動手修改申遺文本內容，並收集整理申報所需的各項材料。在會議期間的幾天內，修訂後的申遺文本以及申報所需材料，包括影片和社群承諾書，全部到位。此一申請案在全國會議上贏得專家評審的支持，成為定選項目，進入中國提交聯合國教科文組織非物質文化遺產的申遺名單中，最終得到聯合國教科文組織通過，登錄於人類非物質遺產名錄中。

上述描述的爭取提名過程中的文本修改與材料準備，值得仔細討論，這涉及了申遺工作小組的學習過程和獲得的能力。在前幾輪參與國家的行動中，湄洲媽祖信仰社群頭人動員社會關係來尋求地方層級的國家行動者之支持。2005年省級和國家級非物質文化遺產名錄建立的過程中，信仰社群頭人參與國家議程的方式，主要是依賴制度中介者，也就是國家指派的地方文化專家。儘管以宗教文化為名的行動策略在前三輪互動已經逐漸浮現，社群頭人依然要依靠文化專家的協助提出宗教文化的論述內容。但在這一輪參與國家議程時，即便省級官員和文化專家只提供少量協助，信仰社群頭人參與其中的申遺工作小組還是決定抓緊媽祖申遺的機會。工作小組認為在北京召開的會議是取得申遺必要技能和知識的免費課程。最重要的是，他們學會重新定位論述框架，以更敏銳的政治判斷來選擇論述修辭。我訪談過的一位國家級文化專家向我解釋，當時非遺審查委員會的考量之一，即是在官方意識型態中民間宗教的地位不明確（訪談記錄，2013年5月）。因此，他與支持媽祖申遺的文化專家建議在申請書中要「淡化宗教面向，強調民間習俗面向，這樣就不會因為其他部門如宗教部門的在此事上態度不確定而影響申報」。申遺工作小組成員接受了這項建議。他們察覺到他們最早提出的版本中包含一些不恰當的用字，如「文化大革命」和「宗教」。工作小組從精通遺產論述的文化專家的課程與意見中學習。在修改其申請書時他們引用官方的修辭，如「民間信仰和習俗」和「社群參與遺產保護」（訪談團隊成員，2012年4月），並且重新定位其詮釋框架，內容強調「文化傳統」和「遺產保護」，而不是「民間宗教」和「復振」。

媽祖信俗申遺成功讓當地信仰社群和頭人受益匪淺。首先，媽祖信仰和習俗列入聯合國教科文組織非物質文化遺產名錄，原來被視為搞迷信的信仰活動被歸類為具有官方認可地位的遺產項目，也意味著媽祖信仰社群的祭典儀式具有文化正當性。此外，在提交到聯合國教科文組織的申請書上，媽祖信俗此一文化遺產的核心地區位於湄洲島，進行遺產保護的單位是湄洲媽祖祖廟董事會。[2]如此一來，不僅祖廟的象徵地位提高，申遺後的品牌效應也為湄洲島帶來新的資源及機會。

參與申遺的個別行動者也獲得回報。湄洲媽祖祖廟的董事長成了國家級的「非物質文化遺產代表性傳承人」，這是享有國務院特殊津貼的榮譽職稱。湄洲島管委會員副主任被提拔為主任。媽祖信俗申遺成功的里程碑也有超越地方層次的文化意涵。聯合國教科文組織把媽祖信仰習俗當成中國非物質文化遺產代表項目，這也為中國其他民間信仰團體的行動鋪路，可以在「信仰民俗」的遺產範疇進行申遺。自此，對於追求文化正當性、官方肯

2 在提名文件中湄洲媽祖祖廟是翻譯為“the board of the First Mazu Temple”。

認以及潛在資源與利益的民間信仰社群頭人來說，以非物質文化遺產的名義來文化化民間宗教，已經是公認的有效策略。

結論

在國家和民間宗教社群的權力不對等之脈絡下，媽祖信仰的復振創造了一種國家社會互動的新形式。國家權力有多種不同的展現形式，包括強制力和行政權力，但民間宗教和國家之間的權力不對等，最終其實涉及「肯認政治」和「文化正當性」所展現出的國家權力。由於民間宗教缺乏正當性，對其治理的創新起初是出現在地方層次的信仰社群與國家的互動，這些創新的治理逐漸演化並上升由中央層級予以制度化。

正如本文所詳述，宗教復振的三十年間，當地信仰社群頭人與國家的互動有四個階段，逐步爭取到了對媽祖信仰的正式文化肯認。在每個階段，地方行動者都策略地選擇某些國家行動者尋求協助與支持，克服其他國家行動者的反對。本研究觀察到在此過程中有兩種路徑依賴的現象。首先，地方信仰社群行動者往往強化與特定國家行動者的結盟，這些行動者是在前一輪的互動中表現出對信仰社群的同情與支持的人。具體來說，地方臺辦、文化專家以及地方文化局的官員，逐漸成為信仰社群頭人爭取文化肯認的可靠夥伴。第二，原先僅是戰術性地提出的某些論述框架，若受到國家行動者的喜好，當地信仰社群頭人在之後的行動中會戰略性的強化這些論述框架。以媽祖申遺為例，當地信仰社群頭人是逐步形成「宗教文化化」的策略，增加其行動的正當性。

在參與國家的過程中，當地信仰社群的領袖組成也進行了重組。1970年代末和1980年代初，媽祖活動主要領袖是一位富有克里斯馬領袖魅力的當地女性頭人，她與支持建廟事務的熱心參與者是當時的信仰社群頭人。在進一步努力復振宗教，增加與當地政府的互動的第二階段時，信仰社群的領導圈被制度化為董事會此一新的組織形式，以此可將相關的榮譽頭銜或職位，授予那些同情媽祖信仰社群的地方國家行動者，而地方黨政體系也會指派一名信得過的代表進入董事會。1997年，董事長由地方黨政部門任命也受到信仰社群領袖的支持。目前，董事會成員中有黨的地方幹部以及湄洲島的台辦主任。同時，董事長還擔任全國的半官方民間組織中華媽祖文化交流協會的副會長。這樣的領導層的組合，意味著廟宇事務與地方行政、媽祖相關的文化交流、臺灣事務和旅遊發展交織在一起。

本研究使用「信仰社群頭人」而不是「宗教領袖」一詞，以強調他們在地方社群事務中的作用，而不是對信徒的影響力。在傳統中國，民間宗教構成地方社會的文化與社會肌理（fabric）。而在當代中國，有些民間宗教的復振，如媽祖信仰，與地方發展和社會變革交溶，廟宇事務的頭人有機會參與地方政治或經濟事務，於是他們對地方社會的影響力當中，宗教成分相對被沖淡。在這個案例中，民間宗教的文化正當性，增強董事長對地方發展的影響，透過「媽祖文化」而非「拜拜」，董事長有機會動員來自政府或海外的物質或象徵資源，大大提升湄洲島及島上居民的發展。

整體而言，「宗教文化化」是一種論述框架策略，一方面淡化宗教意涵，同時強調民間信仰的符號和儀式具有的文化意涵。這種策略在中國其他地方也可以看到，特別是在少數民族地區，是減少地方信仰和儀式之政治敏感性的一種取得正當性的手段（例如，Nagatani 2010; Sutton and Kang 2010）。就媽祖信仰來說，這個漢人民間宗教在遠離中央政權的偏遠地區藉著宗教文化化的策略取得正當性。這個策略形成於地方行動者與國家前兩階段的互動中，其時信仰社群頭人依靠文化專家或文化官員提供論述框架。到了第四階段，社群頭人的論述能力已然成熟，讓他們得以把當地的宗教實作，轉譯為聯合國教科文組織非物質文化遺產的官方文化論述。此一策略之脈絡，也是由於1980年代馬列主義毛澤東思想出現了正當性危機，另類的文化框架之政治機會結構才得以擴大。雄心勃勃的信仰社群領袖，如湄洲媽祖祖廟頭人，能夠利用這個機會，爭取地方信仰的文化正當性，同時也以文化遺產旅遊促進當地的發展。

本文認為：根本上，中國的民間宗教的非物質文化遺產申報，不應該僅被描繪成一個自上而下的過程，將社會視為只是被動回應國家行動者的要求。北京簽署了國際公約，是打造了一個地方參與國家的平臺，讓地方行動者藉著宗教的文化化參與國家的議程。媽祖信仰習俗申請非遺名錄的行動，來自於地方行動者的企業家精神（entrepreneurialism），他們清楚看到一套國家執行的文化遺產論述正在崛起，而這是大好良機。文化遺產事務在中國改革時期的演化，既出自政府引領的舉措，也是因為地方行動者十分積極尋求申遺後的地位和資源。同時，本章也說明了媽祖信仰遺產化的複雜程度，此個案呈現的絕非地方行動主義勝利的直線敘事。多回合的互動還有民間宗教的演化治理，顯示出地方對於文化正當性的渴望，仍必須在受黨國同意與意識型態一致的架構下才得以闡述。

此外，在此個案中，國家治理能力反映在變動的肯認政治中，國家藉著重塑地方宗教信仰社群的領導層，並且在國家所支持的文化框架中賦予特定宗教社群正當性地位，以此吸納社會倡議。國家重新把特定的民間宗教活動界定為「宗教文化」（文化化）與非物質文化遺產（遺產化），以此賦予特定的民間宗教正當性，例如媽祖信仰。國家與宗教共同演化的過程，使得黨國能夠在宗教信仰社群頭人的合作下，規範合法的宗教活動。在這種情況下，官方肯認的宗教活動，可以運用來推動其他的政府目標，包括國族主義、社會動員和統戰宣傳（Ku 2018）。在習近平執政期間，遺產化的媽祖信仰被塑造成中國發揮境外影響力的官方工具。2016年，「媽祖文化」一詞出現在第十三個五年計畫，並被預期要在「一帶一路」倡議的民間文化交流中扮演積極的角色。

參考書目

古明君，2019，〈作為中共發揮海外影響力工具的媽祖文化〉，《中國大陸研究》，62（4）：103-132。

古明君、洪瑩發，2017，〈跨海峽作媽祖信仰〉，吳介民、蔡宏政、鄭祖邦編，《吊燈裡的巨蟒：中國因素作用力與反作用力》：291-311，新北：左岸。

安哥，2014，〈安哥專欄：到湄洲島慶媽祖誕〉，《南方都市報》，5月29日，https://kknews.cc/zh-tw/news/jv89nnp.html，查閱時間：2020/08/20。

朱合浦，2012，〈難為媽祖傳承人〉，莆田文化網，http://www.ptwhw.com/?post=4728，查閱時間：2020/08/20。

周金琰，2012，〈媽祖宮廟管理模式探論〉，《莆田學院學報》，19（4）：6-11。

林元伯、陳寵章，2012，〈林文豪先生的「媽祖緣」〉，莆田文化網，http://www.ptwhw.com/?post=4911，查閱時間：2020/08/20。

林成彬，2017，〈湄洲媽祖祖廟祭典〉，莆田市群眾藝術館，http://www.ptsqzysg.com/ptsfwzwhycbh/fymldg/20171122/151122.shtml，查閱時間：2020/08/20。

莆田對外經濟貿易委員會，1995，《莆田市外經貿誌》，北京：方志出版社。

張珣，2014，〈中國大陸民間信仰的變遷與轉型：以媽祖信仰為例〉，《科技部人文與社會科學簡訊》，15（2）：142-149。

新華網，2008，〈湄洲媽祖祖廟第三屆董事會成員〉，http://big5.xinhuanet.com/gate/big5/www.fj.xinhua.org/mazu/wh_zmdsh.htm，查閱時間：2020/08/20。

蔣維琰、朱合浦等，2011，《湄洲媽祖志》，北京：方志出版社。

鄭育俊，2012，〈媽祖信俗申遺小組組長唐炳椿：一片丹心寫傳奇〉，莆田文化網，http://www.ptwhw.com/?post=4731，查閱時間：2020/08/20。

鄭振滿，2010，〈湄洲祖廟與度尾龍井宮：興化民間媽祖崇拜的建構〉，《民俗曲藝》，16（7）：123-50。

Chan, Selina Ching, and Graeme Lang. 2015. *Building Temples in China: Memories, Tourism, and Identities*. New York: Routledge.

Chau, Adam Yuet. 2006. *Miraculous Response: Doing Popular Religion in Contemporary China*. Stanford, CA: Stanford University Press.

Dean, Kenneth. 1998. *Lord of the Three in One: The Spread of a Cult in South-East China*. Princeton, NJ: Princeton University Press.

Goossaert, Vincent, and David A. Palmer. 2011. *The Religious Question in Modern China*. Chicago: University of Chicago Press.

Harrison, Rodney 2013. *Heritage: Critical Approaches*. London: Routledge.

Koesel, Karrie J. 2014. *Religion and Authoritarianism: Cooperation, Conflict, and the Consequences*. Cambridge: Cambridge University Press.

Ku, Ming-chun. 2018. "ICH-ization of Popular Religions and the Politics of Recognition in China." In *Safeguarding Intangible Heritage: Practices and Politics*, edited by Natsuko Akagawa and Laurajane Smith, 187–99. London: Routledge.

Marsh, Christopher. 2011. *Religion and the State in Russia and China: Suppression, Survival, and Revival*. New York: Continuum.

Nagatani, Chiyoko. 2010. "The Appearance of 'Religious Culture': From the Viewpoint of Tourism and Everyday Life in Dehong, Yunnan." *Senri Ethnological Studies* 76: 39–54.

Silverman, Helaine, and Tami Blumenfield. 2013. "Cultural Heritage Politics in China: An Introduction." In *Cultural Heritage Politics in China*, edited by Tami Blumenfield and Helaine Silverman, 3–22. New York: Springer.

Siu, Helen F. 1989. "Recycling Rituals: Politics and Popular Culture in Contemporary Rural China." In *Unofficial China: Popular Culture and Thought in the People's Republic*, edited by Perry Link, Richard Madsen, and Paul Pickowicz, 121–37. Boulder, CO: Westview Press.

———. 1990. "Recycling Tradition: Culture, History, and Political Economy in the Chrysanthemum Festivals of South China." *Comparative Studies in Society and History* 32.4: 765–94.

Smith, Laurajane. 2006. *Uses of Heritage*. New York: Routledge.

Sutton, Donald S., and Xiaofei Kang. 2010. "Making Tourists and Remaking Locals: Religion, Ethnicity, and Patriotism on Display in Northern Sichuan." In *Faiths on Display: Religion, Tourism, and the Chinese State*, edited by Tim Oakes and Donald S. Sutton, 103–28. Lanham, MD: Rowman and Littlefield.

Tsai, Lily L. 2007. *Accountability without Democracy: Solidary Groups and Public Goods Provision in Rural China*. Cambridge: Cambridge University Press.

Yang, Mayfair Mei-hui. 2007. "Ritual Economy and Rural Capitalism with Chinese Characteristics." In *Cultural Politics in a Global Age: Uncertainty, Solidarity and Innovation*, edited by Henrietta L. Moore and David Held, 226–32. Oxford: Oneworld Publications.

Zhu, Yujie, and Na Li. 2013. "Groping for Stones to Cross the River: Governing Heritage in Emei." In *Cultural Heritage Politics in China*, edited by Tami Blumenfield and Helaine Silverman, 51–71. New York: Springer.

13 治理「不受歡迎的」宗教：後毛澤東時期中國基督教會與國家的互動演變

黃克先

摘要

本章追溯中國改革時期國家與基督教會互動關係在四個階段的演變。(1)文革後重新恢復「正常」的宗教活動；(2)自1990年代初以來，國家追求更好的治理，因此使宗教更加制度化；(3)2000年代為了一個和諧的社會主義社會改造宗教；以及(4)習近平時代反對不受歡迎的宗教。從這個時序看教會與國家之間的互動，可以得出三點主要結論。首先，教會與國家之間的關係已經越來越制度化。國家與許多基督教教會——不論登記或未登記——之間的互動更有可能採取談判的方式，而非像過去的衝突模式。其次，國家的宗教政策仍然牢牢受中央政府控制，即使在地方上國家與宗教已經確立互動方式，中央政府還是可以輕易推翻。這一點在政治敏感時刻尤為明顯，如中央黨政領導層換屆或出現威脅政權的事件。由於許多教會已被制度化成為國家機器的一部分，基督教領袖現在面臨

> 著相當大的壓力，必須按照黨國的期待調整宗教活動。第三，中國共產黨將每一種宗教信仰都歸類為不受歡迎或受歡迎的宗教。這種評價乃是根據一個宗教的組織特點以及其所接受的意識型態立場，而據此評價決定國家與該宗教社群互動的本質。習近平主政下推動的「中國夢」中華民族偉大復興，使得基督教在政府眼中變得更不受歡迎。

現今中國宗教與國家的關係似乎已經逐漸遠離敵對的狀態，國家領導人務實地以經濟發展為先，而忽略意識型態的問題。觀察家對於這些關係目前的性質和未來發展有不同的看法。有一些人認為，中國官方無神論本質上就是質疑宗教活動，並尋找機會打壓宗教自由（Laliberté 2011; F. Yang 2013）。另一些人則認為，國家為了構建和諧社會、促進地方經濟繁榮，讓官員與宗教團體建立起成功的夥伴關係（Cao 2007; Qu 2011）。我在其他地方指出（K. Huang 2014），中國的政教關係是和諧或是敵對，基本上取決於地方官僚和宗教領袖之間微觀層次的務實談判過程——兩方都面臨強硬派不斷施壓，彼此必須保持一定的距離，以維持在各自組織的正當性。我在這一章會進一步分析中國的政教關係，把這些微觀層面的變化置於改革時期更廣泛的政治演化脈絡之中。這種過程追蹤（process-tracing）的方法說明共產黨政府在中央層次的關切與政策取向，如何框架（frame）中國國家與宗教關係的微觀變化。

為了說明基督教教會與國家關係的演化，我把後毛澤東時期分為四個階段：（1）文革後重新恢復「正常」的宗教活動；（2）

自1990年代初以來，國家追求更好的治理，因此使宗教更加制度化；(3) 2000年代為了一個和諧的社會主義社會改造宗教；以及（4）習近平時代反對不受歡迎的宗教。本文透過時序分析，提出三個關鍵論點，以便理解中國政教關係在共產黨統治下如何演化。首先，這段時間國家與宗教的互動成功制度化，成為治理的一部分。其中一個明顯的政策趨勢橫跨四個階段，那就是國家統合主義逐漸鞏固，對宗教進行柔性治理的國家機器已成功建立。因此，目前國家與眾多教會——包括註冊和未註冊的教會——之間的互動，比起以前更加普遍，其特點在於談判，而不是過去的衝突模式。其次，國家的宗教政策仍然牢牢受中央政府控制，它可以輕易推翻地方上國家與宗教互動的既定作法。當中央黨政領導層換屆或出現威脅政權的事件，以致政治劇烈變化時，這一點可以看得相當明顯。由於許多教會已被制度化成為國家機器的一部分，基督教領袖現在面臨著相當大的壓力，必須按照國家的目標進行宗教實作。第三，不同的宗教信仰按照中共的想法歸類為不受歡迎（本章的基督教）或受歡迎的宗教（第十二章的媽祖信仰）。若特定宗教因其組織特性再加上意識型態立場而不受歡迎，將明顯影響國家與其互動的方式，即使名義上來說中國每一個受到承認的宗教都受到相同規範。習近平主政下推動的「中國夢」中華民族偉大復興，使得基督教在政府眼中變得更刺眼。本文觀點來自於2010年以來橫跨17個省份的田野調查，訪談超過100家教會、48名宗教領袖以及6位宗教事務官員。我還使用了政府文件、新聞報導與其他二手的政策分析來補充脈絡。

第一階段：恢復「正常的」宗教活動（1978～1991）

自中國共產黨1921年建黨以來，黨內一直在辯論如何詮釋宗教和處理「宗教問題」。基本上，中共領導人有兩派無神論——激進無神論者（militant atheists）和啟蒙無神論者（enlightment atheists），他們對宗教的看法截然不同。激進無神論者視宗教為危險的「鴉片」，是為了滿足反革命者與統治階級的利益。他們相信中共必須控制和消滅宗教。反之，啟蒙無神論者認為宗教虛幻、不科學且落後，但希望藉著科學發展、群眾教育和宣傳，使宗教走向衰落。為了國家發展、政治穩定和正面的國際關係，中共必須承認宗教的確長期存在，允許其合理出現，以團結宗教界人士（F. Yang 2012, 45-48）。雖然激進的無神論從1958年開始嶄露頭角，並在文化大革命期間達到政治高峰，但1978年標誌著中共重要變化，從「扭曲的宗教政策」（肖虹 2004, 57）轉為啟蒙的無神論者。據報，黨國已經重新允許「合法的」宗教活動；但是，激進的觀點仍然不時得到支持，尤其是在中共辦的學校和馬克思主義的學者中。當代中國政教關係的第一階段，國家試圖「撥亂反正」，妥善安排宗教場所，並且允許恢復宗教活動，糾正國家過去把宗教領袖當成反革命的「錯誤問題」。

1979年全國統戰工作會議宣佈，中國共產黨要健全宗教工作機構和恢復愛國宗教團體的活動，發揮其積極作用（F. Yang 2012, 74-75）。中央統戰部進一步採取以下行動：（1）調查宗教教職人員，儘快讓他們從監獄重新回到宗教活動場所；（2）恢復糾正重要宗教人士的冤假錯案，恢復他們的政治地位；（3）確保重要宗教教職人員的工作得到保障，需求得到滿足；以及（4）確保重要宗教人士的子女在申請工作、學校或加入中共時不會受到任何歧視。1982年在全國統戰工作會議的策劃下，中央發佈《關於我國社會主義時期宗教問題的基本觀點和基本政策》，也就是一般所說的十九號文件，被認為是後毛澤東時期中國宗教政策的基礎，這份文件體現中國共產黨意欲糾正極左的錯誤，並團結愛國宗教人士推動國家經濟發展。於是，1954年正式成立的宗教事務局，歷經1961年併入統戰部、1975年撤除，終於在1979年於中央與地方恢復運作。宗教事務局與統戰部共同處理「正常的宗教事務」，也就是讓官方認可的宗教團體在規定的宗教場進行國家批准的活動。實務上，宗教與國家之間的關係仍然由政法部門及公安局主導。具體來說，政法部門有權決定哪些活動是在宗教的掩護下進行反社會、非法與反政府的行為。這類活動屬於公安局的管轄，我認為在中國的宗教管制體制中，公安局是用來嚴格鎮壓的機構。至於這個階段的宗教事務局和統戰部是無實權的柔性治理機構，主要用作黨國恢復宗教開放的象徵。

受訪的資深公安和有經驗的宗教領袖都證實了此事。根據他們的回憶，地方政府和宗教團體要麼不熟悉中央政府發佈的新宗教政策，要麼懷疑中共在1980年代的真實意圖。李領導目前是安徽省縣公安局某部門的老幹部，他在1980年代是當地公安。他還記得公安會把宗教人士視為問題人物和嫌疑犯，因此經常暴力相向。李領導說當時的領導看國家政策看得比較遠，會對他們說：「我們不應該認為宗教人士就是來添亂，老是去騷擾這些人與寺廟」（訪談記錄，2015年2月17日）。因為李主任尊敬領導，所以產生了一些個人反思：地方官員對宗教政策並不清楚，以及當時宗教迫害相當普遍。

有一些家庭教會的牧師回憶，他們遭到逮捕僅僅是因為基督徒的聚會在官員眼中就是反政府的暴亂或封建迷信的行為。公安與當地宗教事務局聯繫瞭解到新的宗教政策後，他們通常就獲得釋放。對大多數宗教領袖來說，地方公安所代表的黨國體制對宗教仍懷有敵意；因此，他們與國家接觸的最佳策略就是保持一定的安全距離。然而，有一些宗教領袖則忍受這些不當的逮捕，並以此為例證明「敵基督」的國家進行宗教迫害。反過來看，這些逮捕有可能強化宗教領袖的象徵資本；因此，這些領袖可以把被國家逮捕當成「記憶實作」（mnemonic practice）（K. Huang 2018）的一部分，吸引更多信徒。

據一些消息來源稱，地方宗教事務局的官員為了「全身而退」，寧願「消極處理避免麻煩」。有幾位六十多歲的基督教領袖回憶，他們只是找家人一起查經就被抓，然後通常幾天後獲釋。福建省一名經驗豐富的執事自1970年代末以來就常與地方官員談判，他說：「宗教事務局的立場最糟。它的實權不大，完全聽令政法部門，通常會把那些能力最差、仕途無望的幹部分配到這個部門」（訪談記錄，2015年2月15日）。

在這一階段，黨國體制藉著緩和過去過度反宗教的政策，採取一些措施把宗教與國家的關係「重新正常化」。這基本上是種象徵行動，需要更多的時間和努力才能在實作時慢慢擴散下去，尤其是對基層的影響。基督徒往往盡可能避免和國家打交道。當他們不得不和國家打交道，眼前需要對抗或協商的機構就是嚴格打壓的國家機器，而不是柔性的治理工具。一般來說，此時宗教與國家之間的互動無法持續，即使有互動也往往帶有對抗意味。

第二階段：加強制度化建設，提高治理水平（1991～2000）

大約在1980與1990年代交會之間，中國的政教關係進入一個新的階段，因為重大的政治事件使中國共產黨更關注宗教。許多中國公民原本渴望透過政治改革建立和諧的世俗社會，這個願景破滅之後，他們走向宗教尋求新的希望或救贖，尤其是充滿現代特質的基督教（Wielander 2009; F. Yang 2014, 8-10）。此外，基督教教會在1980年代末東歐共產主義政權瓦解的過程扮演關鍵角色，這對中國共產黨來說是活生生的例子。隨著國際和國內危機威脅政治穩定，中共開始意識到宗教法規的重要性，認真思考宗教法規的行政和法律建構。1990年，鄧小平時代的二把手陳雲寫信提醒即將接班的江澤民，來自境內和境外敵人的宗教滲透非常厲害，為了國家穩定，中共處理宗教事務這一「關鍵問題」相當重要（Leung 2005, 905）。1993年，即後鄧時期的第一年，江澤民宣佈會更關注黨的民族和宗教事務，宣稱政府的原則是「宗教無小事」。[1]

國家並非回到試圖消滅宗教的極左立場，又或者持續放開對宗教的管制，黨國選擇了以一種制度包容取徑（institutionally inclusive approach）有效且迅速治理宗教。因此，柔性治理機構受到大量資源投注。國務院宗教事務局自恢復以來，原本是一個象徵性的衙門，鮮少受到關注。然而1988年與1994年宗教事務局行政結構膨脹，幹部人數也顯著增加。1998年，國務院宗教事務局進一步升格，重新命名為國家宗教事務局，並且賦予更多中央政府內部的行政權（K. Yang 2012, 79）。

中央的宗教管理部門最基本的工作，是實現江澤民1993年宣佈的宗教事務主要目標：依法加強宗教事務的管理。為了管理宗教事務，國務院宗教事務局以及之後的國家宗教事務局，在1990年代努力頒佈了各種管制宗教的法律文件，包括1994年兩項中央層級的法令，《中華人民共和國境內外國人宗教活動管理規定》和《宗教活動場所管理條例》。此後又出臺了一些補充規定，包括《宗教活動場所登記辦法》（1994年）、《宗教活動場所年度檢查辦法》（1996年）和《宗教活動場所具體管理辦法》和《境內外國人宗教活動管理規定實施細則》（2000年）。最終，《宗教事務條例》（2005年）取代上述條例，變成宗教事務最新且全面性的文件，是地方宗教治理的總體指導方針（Qu 2011, 443-44）。

而在地方，宗教事務局獲得更多資源、裁量權及權力來處理

1 請見中國共產黨新聞網的重要新聞和檔案數據庫http://cpc.people.com.cn/BIG5/64184/64186/66685/4494217.html（2015年5月9日）。2019年12月2日連結已經失效（403禁止）。

宗教事務。為了落實這一階段「團結愛國宗教人士」(即形成統一戰線)的口號，宗教事務局努力把更多的宗教團體納入國家認可的愛國主義框架之中。管理宗教團體的指導原則是包容，並根據這些團體與國家的社會主義概念的契合程度，以不同的方式對待他們。與社會主義契合的程度，由瞭解中共政策的地方官員做判斷，但他們執行時則有自己的裁量權和利益。因此，當有一些基督教團體選擇登記或與現有的合法團體合併時，其他團體仍然未登記，並被公安和其他政府部門視為非法組織(K. Yang 2012)。我發現1990年代出現的新一代基督教領袖，經歷集體化時代的

圖13.1　中國北方某省的神職人員正執行施洗的聖禮儀式

資料來源：作者拍攝。

政治社會化之後，變得更加務實，也善於與國家建立有利關係。他們有能力遊走在黨國複雜的官僚體系中，巧妙地使用政治辭令與宗教事務的幹部溝通，也已經準備好要建立積極的政教關係，為他們的宗教活動獲得更多資源，獲得有利的法律地位，進一步促進教會的發展（K. Huang 2014, 713）。

隨著越來越多教會在這個階段與國家建立穩定關係，我們可以看到，對於違反政府宗教法規但能忍受的行為，地方官員和宗教領袖如何有可能達成協議（或許是心照不宣），以換取和諧的政教關係。儘管這些非正式適應性作為（adaptive informal practices, Tsai 2007），有時會因為強硬的中央政府或宗教草根組織基本教義者的施壓而一時中止（K. Huang 2014），地方官員和宗教領袖通常在情況許可下恢復這些非正式的作為。宗教領袖可能會試著延續一些非法的宗教活動，或是早在加入三自愛國運動委員會之前實行的習俗。例如，若說要消滅「帝國主義遺留的教派差異」，代以愛國主義的基督徒團結，那麼教堂外頭掛上教派標誌可能和政策背道而馳。但是只要沒有人投訴，有些地方官員是得過且過。如果真有人投訴，他們也會替教堂找理由說按照第十九號文件的規定，教徒只是表達自己「選擇特定教派的自由」（K. Huang 2014, 717）。有時候，嚴守行政程序可能帶來麻煩或政治上的不便，而宗教領袖會依靠彼此的默契或者是對宗教友善的官員協助，例如未知會宗教局就邀請臺灣人來證道。官員認為有必要幫宗教領袖一些小忙，忽略一些不會影響他們仕途的輕微違規行為，以維持已建立的微妙積極關係。至於宗教團體之間跨區域與跨國的互動，雖然中央的宗教法令與官員都一再重申要先得到官方批准（申請過程將會漫長又複雜），但基層幹部也是睜一隻眼閉一隻眼。統戰部有些官員甚至鼓勵信得過的宗教領袖與臺灣的教會互動，因為這可能有利於「加強兩岸關係促成國家統一」（訪談記錄，2011年4月5日）。

第三階段：為了社會主義和諧社會改造宗教（2000～2012）

一旦宗教的管制基礎框架已經確立，國家就採取更多措施落實宗教治理。這一階段主要發生在胡錦濤主政時間，胡提出建設社會主義和諧社會的理想。中央政府試圖與宗教領袖結盟，積極把宗教改造為符合中共預期的有益形式。1993年初，江澤民剛主政，提出了共產黨要努力使宗教「與社會主義社會相適應」，2000年以來從中央到地方的宗教官員都努力執行此一說法言論。國家現在靠著宗教事務局和統戰部的柔性治理機制，與宗教團體建立相對穩定的關係，更有能力與不同宗教的愛國組織合作詮釋教義，以使宗教團體建設和諧社會，對抗「反社會主義祖國和人民利益的非法活動」（訪談記錄，2015年2月20日）。在這個階段，官方越發把基督教視為「不受歡迎」的宗教，認為它和西方帝國主義勾連。三自愛國運動會的宗教領袖，扮演無神論政府和一般基督徒之間的橋樑，捲入團體之間衝突的嚴重程度更勝以往。他們獲得一些宗教自由，但同時名聲也遭到破壞，被打上「信仰叛徒」

或「國家僕人」的標籤。對於許多未登記的教會來說，國家打算改造基督教精神，這就是以政治滲透信仰，所以離國家越遠越好。但是，有登記的教會已經牢牢鑲嵌在資源和關係的制度環境中，他們別無選擇，只能執行政策，讓基督教與社會主義社會相適應。他們通常採取兩種措施：與政府合作建立一個充滿活力的地方經濟，或一個和諧社會。不論使用哪一種作法，困難都隨之而來，顯示基督教難以重組以符合中共的要求。

特定宗教團體和諧地經營他們的場所或活動，有如一家營利企業，實現自由化經濟體制下的共同利益。官員們遵循「文化搭臺，經濟唱戲」的政策指導方針，開開心心舉辦被冠以文化活動之名的信徒聚會，藉此達到兩個目的：產生收益以及積累成功治理的官僚政績（Ji 2015）。比方說，針對道教寺廟（Fan 2012; Lang, Chan, and Ragvald 2005）和佛寺（Borchert 2005）復振的研究表明，地方政府在市場自由化的時代，亟需證明自己有能力創造收入並改善地方財政。同時，雄心勃勃的寺廟管理者往往會大刀闊斧革新歷史遺留的儀式和宗教實作。這些設施的復興最終從贊助者和信徒那裡獲得驚人的收入，政府也分享旅遊大幅增長帶來的經濟利益。除了經濟方面的考量，國家之所以提倡某些「中國」宗教也是要展現自己是文化正統的當代保護者，藉此鞏固自身統治中原王國的正當性（Madsen 2014）。

實施「文化搭臺，經濟唱戲」的前提在於推廣的文化或宗教必須符合黨國傳播的「主旋律」。中國民族主義的主要論調是中共將領導中國成為一個全球大國；因此，中國文化的軟實力是用來實現中國夢的工具。基督教之所以難與中國文化的官方論述結合，是因為它在中國官員和學者眼中依然屬於外來和陌生的東西。基督教領袖組成的三自愛國運動委員會，逐漸感到越來越有必要回應江澤民的呼籲，讓宗教適應社會主義，讓基督教中國化。1996年，三自愛國運動委員會的主席丁光訓主教說：「我們中國的信徒應該考慮如何不落後，如何趕上適應社會主義的潮流……並且加速前進……這是黨統一戰線的勝利，以及宗教人士願意接受改革的結果」（張益禎 2004, 37）。自1998年以來，三自愛國運動委員會全面開展「神學思想建設」運動，強調宗教之中能夠促進和諧社會的倫理和道德，至於基督教思想當中那些可能被認為充滿神秘、超驗的或反對政府政策的，則予以淡化。例如，三自愛國運動委員會傾向把耶穌說成是一個道德十字軍、充滿人文主義情懷、弱勢群體的解放者，而不說他是上帝之子、是另一個世界來的救主、行奇跡的人。此外，基督教因信稱義的核心信仰換成了愛的福音。佈道中並不鼓勵提及相信耶穌和不相信耶穌者之間的區別，而是大力提倡討論基督徒與非基督徒的和解（張益禎 2004, 39-46）。

國家要求基督教中國化，基督徒則有所遲疑，兩者的對立仍然很明顯。2011年底，中共發佈了《中共中央關於深化文化體制改革的決定》，呼籲「宗教界人士和信徒群眾在促進文化繁榮發展中的積極作用」（新華社 2011）。對此，基督教的領袖和學者於2012年初官方教會的年度聚會上提出他們的看法。值得注意的是，他們並未討論基督教如何促進文化繁榮發展，而是反思基督教應該如何中國化，這是一個涉及中國基督徒與共產黨員長期爭議的主題。全國三自愛國運動委員會主席呼籲，中國的基督教應該吸收中國文化的偉大元素，融入中國文化。

然而，政府官員及學者似乎無法體會教會領袖回應國家聲明的焦慮和努力程度。2011年文件發佈的幾個月後，一流大學和學術機構舉行了一場基督教中國化的研討會，與會人員包括宗教界的知名學者。參會人員表達悲觀的情緒。有一位學者感歎：「為了中國化，基督教走了一條曲折發展之路，但卻未能摘下身上『洋教』的標籤」（天風編輯部 2012, 36）。另一位與會者更直截了當地說：「基督教中國化這個問題是值得關注的政治問題，值得討論的學術問題，也是一個需要宗教團體鬥爭的問題」（天風編輯部 2012, 36）。地方上的基督教領袖同樣抱怨，若想舉辦活動提高教會影響力，難以得到資金支持。「宗教事務局的官員寧可把錢給拜偶像的寺廟……他們認為他們自己做的事是文化。我們基督徒根本不屬於中國文化」（訪談記錄，2011年4月16日）。

即使是教友之中，愛國組織裡的基督教領袖也面臨著一連串的抨擊和敵視。神學思想建設運動引起基層基督徒的批評，平信徒和神職人員之間都有這種現象（Huang and Yang 2005; Vala 2009）。由於丁光訓主教和運動中其他關鍵人物在地方教會中被斥為叛徒或「黨國僕人」，即使是在正式登記的教會，也有許多牧師並不在教會中實施神學思想建設運動的建議，只有在三自愛國運動委員會的會議上、或與宗教事務局官員談話時，才提倡這些想法。而在基層，許多基督徒對我說，三自愛國運動委員會「不是教會，而是為黨說話的宣傳機器……很多想慕道的基督徒受不了三自愛國運動委員會。他們投奔真正的教會」（訪談記錄，2011年6月2日）。此外，對於「我們基督徒根本不屬於中國文化」的情形，有許多平信徒是引以為榮。我問受訪者怎麼看待「宗教是文化的一部分」這種想法，而幾乎所有的受訪者都拒斥此說，他們認為這是褻瀆。有一位大專畢業的平信徒，他在週六上午佈道時說：「目前，社會把信仰當作一種文化，一種精神文明……這就是世俗化……。我那些受過高等教育的朋友討論聖經時，好像它就是一本充滿世俗知識的書。這種方法將信仰描繪成知識，因而削弱了信仰，如此理解會使信仰衰敗」（講道記錄，2011年7月30日）。

看來，前一階段在基督教領袖與國家努力強化彼此制度聯繫，使得居中協調的人面對了雙方的反擊。但是，主要由宗教事務局和愛國宗教團體搭起的平臺，帶來一個有利於宗教自由的條件：在一個無神論的國家內部創造一批強力同情宗教的人。國家宗教事務局的官員和宗教人士的互動增加，使他們培養出敏銳的意識，瞭解到基督教的神職人員和平信徒有多麼不喜歡把政治宣傳滲透到宗教內容的詮釋。他們傾向於讓神職人員有更高的宗教自主性，也更尊重宗教的正統性。

郭承天（Cheng-tian Kuo 2011）在研究國家宗教事務局編寫給神學院與神職人員使用的愛國主義教材時，也闡述了這一點。當這項宏大的計畫開始時，負責的官員展現出他們作為政治企業家（political entrepreneurs）的敏感度，決定不再像過去那樣，邀請專門研究馬列主義的無神論者協助編寫教材。反之，他們把觸角伸向愛國宗教組織所推薦、備受敬重的學者。在教材的草稿付印前，官方徵求宗教領袖和神學家的意見，最終增加兩個新章節。當新的教材出版之後，教師和神職人員採用的意願比過去出版的教材還高，因為它們是當時探討宗教愛國主義的教材中最自由的版本，比起過去收錄了更多聖經神學家對此主題的評論。我親眼看到有登記的教會領袖會聲稱福音派教徒喜歡在公園、海灘和商場等公共場所發放宣教的小冊子，這違反了宗教活動的規定。儘管警方在過去會逮捕違法者，但在這個階段，他們只是做了記錄，並把事件報給三自愛國運動委員會來解決。在委員會開會時，這些教會領袖靠著人際網路和出席的機會能解釋具體情況，如此將更可能避免被懲罰。

第四階段：象徵性地反對不受歡迎的宗教（2012～）

習近平於2012年上臺後，基督教教會與國家的關係進入一個新階段。習近平中國夢的中華民族偉大復興，似乎與「受西方影響的」基督教格格不入。為了實現宗教領域的中國夢，政府發動一連串改革來反對基督教，尤其針對某些戰略要地，因為中國共產黨要重新確立意識型態主導地位。地方層級也產生了限制的氛圍，在宗教自由已被視為理所當然的地區，地方政府打算阻撓經常被容忍的基督教實作。由於國家與宗教組織在前兩個階段已彼此鑲嵌，國家也就獲得更有效率的手段來治理基督徒。有一些地方官僚所同意的非正式作法紛紛被取消。有些則被視為違法行為，官員根據相關法規立即嚴格執行。另一些則不再被容忍，而是依照管轄權來處理。儘管灰色地帶繼續存在，但無疑可以感受到共產黨壓制基督教的象徵姿態。而在基層，人們可以看出由於前幾個階段政教關係已經制度化，打壓違法行為的手段變得越來越有效。

值得注意的是，習近平在2012年之後的講話和活動，多次提到儒家思想（以前被中共斥為「封建餘毒」）與中國目前發展狀態的密切關係。中國在世界上用來推動華語及華人文化的孔子學院快速擴張，代表中國古代的本土思想已成為中國軟實力的一部分。截至2017年底，全球146個國家有1,600多家孔子學院。對於國內治理方面，儒家思想頌揚中華文明美德，無抗爭的和諧社會，還有「明君」，所以儒家思想也成為習近平統治大國的工具，這個國家面臨經濟停滯、集體暴動增加，而中共將這一切都歸咎於境外勢力的介入與負面影響。反之，「不受歡迎」的基督教據說面臨著十多年來最嚴重的迫害。對華援助協會（China Aid Association）公佈的報告指出，2014年有1,274名基督徒被判處監禁，數量是2013年的十倍，而2014年受到宗教迫害的案件數是2013年的三倍（Unruh 2015）。其中有幾位富影響力的基督徒，如張少杰（河南省的人權人士和三自愛國運動會的牧師）；守望教會的領袖；以及美籍韓裔牧師韓彼得（Peter Hahn）（Long 2015）。

這些嚴打基督教的行動代表中共對境內基督徒人數不斷增加的回應，2014年有人預測中國在2030年將成為全世界基督徒最多的國家（F. Yang 2014）。中共幾位強硬派高層急於向基督教宣告一場新型的「思想保衛戰」，因為基督教徒人數已超過中國共產黨的黨員數。中國的大學和黨國本身都在戰場的第一線。中國研究有許多論文都處理了這樣的問題：宗教信仰（尤其是基督教）在大學生中有多受歡迎？為什麼這些受過高等教育、掌握科學知識和馬克思主義無神論的人會轉向宗教，以及如何解決這個「問題」？大學的黨支部尤其警惕外國基督教傳教士可能滲透，特別是那些有計畫有系統地想將中國改造成一個基督教國家的國家，如韓國和美國。因此，校園福音組織一旦被校方發現就會被迫解散。

全中國大學校園反基督教的運動已經持續多年，由於習進平呼籲大學裡要有更強大的「意識型態指導」而越演越烈，大學「承擔著學習和研究傳播馬克思主義和實踐的重任……實行社會主義核心價值觀」（Reuters 2014）。2014年耶誕節前後，西安的西北大學為配合高等教育加強的意識型態控制，打出了「爭做華夏優秀兒女！反對媚俗西方洋節！」晚上，校方組織學生收看老舊的樣版戲，而不是參加耶誕節慶祝活動（歐陽成 2014）。

儘管中國共產黨黨員都宣誓忠於馬克思主義無神論，但許多幹部都有宗教信仰。我在田野訪談的時候，幾位加入中共的大學生基督徒告訴我，宣誓只不過是形式，共產黨並不關心新黨員是否有宗教信仰。然而，據中共官媒《環球時報》的報導，浙江省重新禁止信徒加入共產黨，預先嚴格審查有志入黨者的無神論（Kaiman 2015）。2015年初，全國政協主席俞正聲強調，要確保天主教愛國團體「牢牢掌握在愛國主義者手上」，他提醒擔任中間人的宗教領袖，他們最重要的工作就是效忠共產黨而非教廷梵蒂岡（李文 2015）。

除了在戰場的重要前線重申意識型態的正統性之外，在中國所謂的耶路撒冷——浙江溫州——還有一場引人注目的反基督教運動。溫州聚集的基督教徒在中國最富裕、也最有影響力。2013年10月，浙江省政府啟動「三改一拆」，據報導，目的在於拆除違反土地管理與規劃法令的建築。政府指導三改一拆如何實施的文件指出，這是要「糾正當地宗教發展過快、（宗教）場所過多和（宗教）活動過於密集的錯誤」（紐約時報中文網 2014）。文件中唯一指明的宗教符號是十字架，如果「掛得太高」、「裝上燈光」或是「從高速公路和其他主要幹道上看得到」，就需要採取行動。據全球基督教團結會（Christian Solidarity Worldwide）表示，自2013年10月以來，有500多個十字架被移走、拆除、修改或遮蓋，37座教堂被全部或部分拆除，2014年有100多人因這些事件被逮捕、拘留或傳喚（CSW 2019）。儘管國際社會相當關注，當地基督徒也在抵制，但這場運動已經持續數年。

許多提出或執行這場運動的官員都得到升官，而浙江省政府隨後發出的命令也與這些反基督教措施相呼應。比方說，當地學校不得慶祝耶誕節，溫州的信徒則是被要求「重新學習」政治宣傳。溫州政府還要求黨員簽署一份《共產黨員不信教承諾書》。三名負責宗教事務的地方官員被發現有宗教信仰，就此遭到調離（江雁南 2015）。省政府還發佈一份法律草案，目標是嚴格規定教

圖13.2　中國東南部某省農村裡的教堂

資料來源：作者拍攝。

堂的形式、外觀顏色和大小，減少十字架的出現。基督教領袖呼籲重新考慮這項法令，他們認為如此立法將損害信徒的權利，侵犯宗教自由。2015年7月，浙江省基督教協會向政府發出一封公開信，聲稱三改一拆「進一步傷害200多萬基督徒的感情」，而協會作為基督徒與政府間橋樑的功能已不復存在。2016年1月，政府宣佈協會主席因「挪用公款」而遭到逮捕；對於許多觀察家和基督徒來說，這顯然是在對委員會先前信件做秋後算帳。

現在就斷定中國的政教關係的整體基調已經從互相適應明

顯變為彼此衝突還太早。拆除十字架的運動僅限於浙江。但是，習政府以政策限制爭議問題，縮緊意識型態控制，已使得宗教領袖與地方官員之間原本形成默契的檯面下調適行為，必須劃下句點。我在田野調查時候常常看到蓋好的教堂與宗教建築，並沒有政府發放的相關執照或許可。基督教領袖要為教堂提出申請，可能會花上時間、金錢、精力；而地方官員往往會刻意怠慢、阻礙、甚至不受理申請，原因只是政府部門不想做，或上級傾向減少基督徒和場所的登記數量。因此，廣州的牧師受訪的時候說，比較好的作法是「蓋了再說，這樣你比較容易拿到登記證，官員不希望惹麻煩，而他們也清楚拆掉已蓋好的教堂會讓信徒非常生氣」（訪談記錄，2011年7月14日）。一般來說，地方官員對於沒有獲得批准的建築物睜一隻眼閉一隻眼。三江一帶宏偉如城堡一般的教堂（圖13.2）在溫州市政府2014年4月強行拆除之前的幾個月，甚至被評為「全市樣版工程」。其他檯面下的適應作法也突然遭到終止。我在福建觀察的教會不斷與海外的教會交流（K. Huang 2014, 716-77）。2011年，教會長老在全國統戰部的鼓勵下主動訪問臺灣，以「促進祖國統一大業」（訪談記錄，2011年4月3日）。然而，在2014年，同一位官員似乎建議不要再做類似的交流。2015年，他直接要求教會應「立即停止任何敏感活動」（訪談記錄，2015年2月8日）。

習政府對未經批准的「家庭」教會採取更強硬的立場。2017年頒佈的新版《宗教事務條例》，於2018年初生效，嚴管宗教團體，特別是宗教的場所。自2014年以來，關閉教堂、拆除聚會場所和監禁信徒的新聞日益頻繁。成都極具影響力的秋雨聖約教會在2018年耶誕節前夕被突襲關閉，進一步警惕我們，中國政教關係已走到十字路口。

結論：變與不變？

趙文詞（Richard Madsen 2009）的研究討論中共如何規範宗教。在後毛澤東時期，中國共產黨試圖恢復中國在1950年代最早的宗教政策，糾正「極左」的毛澤東政策／決定。中共採用中央掌控與地方調適的方式：利用柔性治理機構把中共與「正常的」宗教聯合起來，同時通過高壓的機構打擊「不正常的」宗教。中央在正常和不正常之間劃出界限，並在柔性和高壓手段之間保持最佳平衡。中央決策者視國際關係變化和國內宗教族群的穩定性來調整其宗教政策。

同時，中國共產黨最高領導人內心如何規劃中國在世界舞臺上的位置，也改變國家對待宗教的方式。1950年代，中國與蘇聯緊密結盟，推動共產主義理想，對抗西方敵人。共產主義集團瓦解、中國擁抱資本主義之後，必須重新思考其正當性來源。西方還有中國與西方在現代史上的接觸，喚起許多中國人受辱之痛，而且也是中國成為超級強權路上的一大威脅。因此，中共很容易想到透過文化民族主義來團結人民，追求領導正當性，而宗教是中國文化民族主義的一種基本來源。這種新功能讓宗教受到差別待遇，使一些信仰在中共眼中受歡迎，而另一些則是不受歡迎。儒家思想對現今中共領導人極具吸引力，因為它以現世為本，強調社會和諧，並且支持開明專制。民間信仰、佛教和道教似乎符合且融入觀光產業的資本主義特徵（Borchert 2005; Fan 2012; Lang, Chan, and Ragvald 200）。反之，黨國一直認為基督教源自西方，帶有顛覆中國的陰謀，因此必須加以遏制，甚至消滅。

乍看之下，基督教在中國不受歡迎，似乎反映中國和西方之間意識型態的衝突。然而，國家敵視基督教的關鍵在於基督教的組織特點和動員能力。中國宗教的信徒一般在家裡私下祭神，或在公共宗教場合單獨祭拜。反之，基督徒聚會，無論是在某人家裡還是在公開的教堂，都會形成有組織的聚會。這些團體都擁抱超越（尤其是超越國家）的信仰，有政治野心的宗教領袖可能會透過信仰對抗世俗權威。此外，這些信仰具有普世性而不是地方性。有效的組織結構加上有吸引力的宗教訴求，使得宗教有潛力顛覆政治，這一點在西方和中國的歷史都可以看到。基督教與西方國家的歷史淵源進一步加深共產黨的擔憂，認為這架機器很容易受到帝國主義敵人所利用，特別是美國人。因此中國歷屆政府都認為，基督教在中國必須要遏制、壓制，並在時機成熟時終止。對他們來說，基督教中國化的任務需要三種做法：（1）切斷基督教與西方的一切聯繫，（2）堅決擁護國家的意識型態，（3）宗教組織要接受國家密切監視。這項政策從1990年以來從未改變，儘管在不同階段的重點有所變化。

對於上述做法，國家在第三項用力最深。國家對宗教團體推動統合主義，減少基督徒組織和動員能力的威脅。起初，許多基督教領袖對此表示歡迎，因為他們也可能從中獲得一些好處，或許不是為整個中國的基督徒帶來好處，而是為了自己與他所屬的團體。這種相互吸納（mutual incorporation）改變中國政教關係的本質。它在黨國體制中創造同情宗教的人，促使信徒爭取宗教自由。雖然宗教人士的意見可以導向改變宗教政策，但在正式規定不動如山的情況下，雙雙方往往有默契地做些私底下的配合。

在胡錦濤主政過程中，政治變得較為自由、重視協商，此時宗教團體要與國家合作必須承擔很大的風險。已登記的教會領袖不得不妥協，根據國家的意識型態，配合國家的要求改造基督教精神。這反過來又引起基層基督徒對領袖的懷疑和反彈。當中央政府縮緊宗教政策，地方政府不再睜一隻眼閉一隻眼，宗教領袖的調適比起過去更顯出受到規訓。儘管如此，有一些宗教領袖不願意容受國家的干預，因此離開政府許可的教會。然而，他們是少數，對於大多數人來說，無論是放棄教會的支持還是對抗組織的惰性都很困難。制度化的事實壓制了大多數信徒，使得他們用國家樂見的方法來解決問題。

儘管基督教領袖和地方官員保持著長期、互信的關係，並透過這種關係發展出非正式的調適，但這些做法並未能隨時間推移而鞏固為穩定的制度（無論是正式或非正式），這與蔡欣怡（Tsai 2002; 2007）研究私營企業主呈現的制度確立不同。反之，在宗教監管領域，中央政府和政法部門的領導人，主導政策方向和政策在基層如何執行，而不考慮地方官員和宗教領袖長期建立的慣例。溫州教會的十字架遭到拆除就是明證。由於政府突然且刻意攻擊基督教，許多信徒對黨國的懷疑和敵視也就加深。眾多基督教團體不願意加入愛國團體並和政府建立關係，因為保持未登記狀態才有最多宗教自由。教會與國家關係的變化很複雜。目前。習政府主動嘗試介入以及消極允許的事項，似乎正改變前幾個階段形成的情況。中國政教關係是否會演變成一種新的樣態還有待觀察。

參考書目

天風編輯部，2012，〈專家學者探討「基督教中國化」〉，《天風》月刊，六月號：36-37。

江雁南，2015，〈浙江拆十字架風暴不息〉，《亞洲週刊》，7，http://www.yzzk.com/cfm/blogger3.cfm?id=1423109005147&author=%E6%B1%9F%E9%9B%81%E5%8D%97，查閱時間：2015/10/6。

肖虹，2004，〈如何正確看待中國的宗教政策〉，《中國宗教》，5：57-59。

李文，2015，〈俞正聲：確保愛國愛教人士掌握領導權〉，《BBC News 中文》，1月31日，https://www.bbc.com/zhongwen/trad/china/2015/01/150131_china_church_policy，查閱時間：2023/2/22。

紐約時報中文網，2014，〈「三改一拆」涉及宗教違法建築處置工作實施方案2013〉，5月30日，https://cn.nytimes.com/china/20140530/cc30document/zh-hant/，查閱時間：2023/2/22。

張益禎，2004，〈異中求同：中國三自教會「神學思想建設」之研議〉，臺北：中華福音神學院碩士論文。

新華社，2011，〈中共中央關於深化文化體制改革的決定〉，《新浪新聞中心》，10月25日，http://news.sina.com.cn/c/2011-10-26/001923361344.shtml，查閱時間：2023/2/22。

歐陽成，2014，〈中國宗教負責人說要抵制基督教對華滲透〉，《BBC News 中文》，12月25日，https://www.bbc.com/zhongwen/trad/china/2014/12/141225_china_christmas_ban，查閱時間：2023/2/22。

Borchert, Thomas. 2005. "Of Temples and Tourists: The Effects of the Tourist Political Economy on a Minority Buddhist Community in Southwest China." In *State, Market and Religions in Chinese Societies*, edited by F. Yang and J. Tamney, 87–112. Boston: Brill.

Cao, Nanlai. 2007. "Christian Entrepreneurs and the Post-Mao State: An Ethnographic Account of Church–State Relations in China's Economic Transition." *Sociology of Religion* 68.1: 45–66.

Christian Solidarity Worldwide (CSW). 2019. "Zhejiang Church Demolitions: Timeline of Events." CSW. http://www.csw.org.uk/zhejiangtimeline.

Fan, Guangchun. 2012. "Urban Daoism, Commodity Markets, and Tourism: The Restoration of the Xi'an City God Temple." In *Daoism in the Twentieth Century*, edited by D. Palmer and X. Liu, 108–20. Berkeley: University of California Press.

Huang, Jianbo, and Fenggang Yang. 2005. "The Cross Faces the Loudspeakers: A Village Church Preserves under the State Power." In *State, Market and Religions in Chinese Societies*, edited by F. Yang and J. Tamney, 41–62. Boston: Brill.

Huang, Ke-hsien. 2014. "Dyadic Nexus Fighting Two-Front Battles: A Study of the Micro-Level Process of Religion–State Relations in Contemporary China." *Journal for the Scientific Study of Religion* 53.4: 706–21.

———. 2018. "Restoring Religion through Collective Memory: How Chinese Pentecostals Engage in Mnemonic Practices after the Cultural Revolution." *Social Compass* 65.1: 79–96.

Ji, Zhe. 2015. "Secularization without Secularism: The Political-Religious Configuration of Post-89 China." In *Atheist Secularism and Its Discontents: A Comparative Study of Religion and Communism in Eurasia*, edited by Tam T. T. Ngo and Justine Buck Quijada, 92–111. New York: Palgrave Macmillan.

Kaiman, Jonathan. 2015. "Communist Party Bans Believers in Province of 'China's Jerusalem.'" *Guardian*, February 2. https://www.theguardian.com/world/2015/feb/02/chinese-communist-party-officials-crack-down-believers.

Kuo, Cheng-tian. 2011. "Chinese Religious Reform." *Asian Survey* 51.6: 1042–64.

Laliberté, A. 2011. "Religion and the State in China: The Limits of Institutionalization." *Journal of Current Chinese Affairs* 40.2: 3–15.

Lang, Graeme, Selina Chan, and Lars Ragvald. 2005. "Temples and the Religious Economy." In *State, Market and Religions in Chinese Societies*, edited by F. Yang and J. Tamney, 149–80. Boston: Brill.

Leung, Beatrice. 2005. "China's Religious Freedom Policy: The Art of Managing Religious Activity." *China Quarterly* 184: 894–913.

Long, Dan. 2015. "2014 Saw Worst Persecution of Chinese Christians in a Generation." *La Croix International*, January 6. https://international.la-croix.com/news/2014-saw-worst-persecution-of-chinese-christians-in-a-generation/573#.

Madsen, Richard. 2009. "Back to the Future: Pre-Modern Religious Policy in Post-Secular China." Foreign Policy Research Institute. http://www.fpri.org/articles/2009/03/back-future-pre-modern-religious-policy-post-secular-china.

———. 2014. "From Socialist Ideology to Cultural Heritage: The Changing Basis of Legitimacy in the People's Republic of China." *Anthropology and Medicine* 21.1: 58–70.

Qu, Hong. 2011. "Religious Policy in the People's Republic of China: An Alternative Perspective." *Journal of Contemporary China* 20.70: 433–48.

Reuters. 2014. "China's Xi Calls for Tighter Ideological Control in Universities." Reuters, December 29. https://www.reuters.com/article/us-china-universities/chinas-xi-calls-for-tighter-ideological-control-in-universities-idUSKBN0K70TI20141229.
Tsai, Kellee S. 2002. *Back-Alley Banking: Private Entrepreneurs in China*. Ithaca, NY: Cornell University Press.
———. 2007. *Capitalism without Democracy: The Private Sector in Contemporary China*. Ithaca, NY: Cornell University Press.
Unruh, Bob. 2015. "Sentencing of Christians Explodes 10,000% in China." *WND*, April 25. https://www.wnd.com/2015/04/sentencing-of-christians-explodes-10000-in-china/.
Vala, Carsten T. 2009. "Pathways to the Pulpit: Leadership Training in 'Patriotic' and Unregistered Chinese Protestant Churches." In *Making Religion, Making the State*, edited by Y. Ashiwa and D. Wank, 96–125. Stanford, CA: Stanford University Press.
Wielander, Gerda. 2009. "Protestant and Online: The Case of Aiyan." *China Quarterly* 197: 165–82.
Yang, Fenggang. 2012. *Religion in China: Survival and Revival under Communist Rule*. Oxford: Oxford University Press.
———. 2013. "Research Agenda on Religious Freedom in China." *Review of Faith and International Affairs* 11.2: 6–17.
———. 2014. "What about China? Religious Vitality in the Most Secular and Rapidly Modernizing Society." *Sociology of Religion* 75.4: 564–78. doi:10.1093/socrel/sru062.
Yang, Kaile. 2012. "Basic Principles for Managing Privately Set-up Christian Meeting Sites." *Chinese Law and Religion Monitor* 8.1: 77–95.

跋
中國演化式治理和新冠危機

裴宜理

新冠肺炎大流行點出針對中國式的治理進行徹底調查有其急迫性。儘管目前要對中國的危機處理提出定論還言之過早，但從最初各項相互矛盾的評估可見，這個議題承擔了許多政治與學術的風險。詆毀者指責中國政府缺乏透明度和問責制，使得一場地方性的傳染上升為全球性大流行（Jaros 2020）。捍衛者讚揚中國政府實施了歷史上規模最大、時間最長的隔離封鎖，中國政府所展示的權力減緩了病毒的傳播，並為世界其他地區爭取寶貴的時間（Joseph and Theilking 2020）。這些相互競爭的描述都有事實依據，卻都忽略了中國威權治理的關鍵元素。

正如本書各章充滿啟發的個案研究所表明，要想完整描述中國的治理就必須把社會的關鍵角色納入討論。這個見解與最近的比較理論一致，因為人們意識到政策的制定和落實，往往發生在正式的政府機構之外。《治理理論手冊》（*Handbook on Theories of Governance*）認為治理就是「一個互動的過程，社會與經濟在過程中被導向集體協商出來的目標」（Ansell and Torfing 2016, 4）。強調國家與社會的互動，對民主體制來說，似乎是再自然也不過的事，公民社會和公民參與「使民主運轉起來」的角色早已得到承認（Putnam 1993）。正如本書所言，社會參與和壓力，即使對中國這樣的威權體制來說，也是治理實踐的核心。以新冠肺炎為例，假如沒有李文亮醫生和公眾號的追蹤者在社交媒體上勇敢揭露，武漢和北京當局的資訊可能永遠不會攤在陽光之下。同時，如果沒有數百萬老百姓的合作，整個大都市（及周邊省份）令人印象深刻的封城根本無以為繼。換句話說，在顛覆和維持國家的威權治理方面，中國社會發揮了重要作用。

本書的另一個貢獻，是堅持國家或社會的目標或行動並非一成不變或前後一致。公民和官員的態度及行動會因彼此的反應以及對新環境的回應而發生劇烈變化。起初，中國民眾對國家企圖掩蓋似乎感到憤怒，也因為嚴厲的隔離措施而覺得疏離，可是一旦強硬的作法看似控制住疫情，他們就會轉向同情和支持。眼見從義大利到美國等西方各國的人口受到致命病毒的影響，中國國內的民意也因為國際形勢的迅速變化而發生轉變。民眾越來越願意配合，於是反過來又使中國政府放鬆了一些比較嚴厲的措施，轉而更加仰賴民眾的自發遵守。這一場一度被認為是中國「車諾比時刻」（Chernoblyl moment）的危機，現在看起來可能有助於政權的正當性，而非造成政權的崩潰（Rithmire and Han 2020）。

新冠肺炎雖然很可怕，但這場疫病給每個國家——不論是威權還是民主——帶來的挑戰，提供了一次充滿啟發性的自然實驗，讓我們可以調查有效治理從何而來。專注於政權類型的標準政治科學解釋，能夠為這場重要的調查提供的觀點有限（Duara and Perry 2018）。雖然有一些讓人印象深刻的反應來自民主國家（如紐西蘭、德國、南韓和臺灣），但世界上最重要的民主國家——美國和英國——卻很悲慘地失敗了。在各個威權國家中，結果看起來顯然也是好壞參半。越南在阻止病毒擴散方面似乎做得很好，而俄羅斯的情況則慘淡許多，儘管對任何一個國家的最終預言都還有待觀察。眼前新一波的傳染即將到來，對於國內生產總值和失業的長期影響將隨著時間的推移逐漸顯現。但種種跡象表明，政體類型並不足以作為流行病和經濟結果的解釋變因。正如本書第一章導論所指出，人們必須加上許多形容詞去限定威權和民主政體的性質，因為這些二分法的概念不夠細緻。

比起政體類型，有一個近幾十年已不受政治學家青睞的因素，更足以解釋新冠肺炎的各種不同反應：政治領導力，也就是國家策略在認知和執行上的關鍵變項。當國家領導人在面對危機時，有想辦法持續傳達出安定人心的意志、同情以及需要公眾合作，那樣的國家就會表現得比較好；相反地，當國家領導人展現出來的是退縮、搖擺不定或淡化緊急情況的嚴重性，那樣的國家就表現得不好。優先考慮政府內外公衛專家建議的領導人，比優先考慮政治或經濟計算的領導人表現更好。性別因素可能有助於形塑領導風格的差異，由女性領導的國家，像是德國的梅克爾（Angela Merkel）、紐西蘭的阿德恩（Jacinda Ardern）和臺灣的蔡英文，都帶來非常正面的結果。由敵視科學權威的「大男人」民粹主義者所領導的國家，例如美國的川普（Donald Trump）、英國的強森（Boris Johnson）、俄羅斯的普丁（Valdimir Putin）和巴西的波索納羅

（Jair Bolsonaro），則是防疫結果一場糊塗。

在中國，習近平的最初反應並未能讓人產生信心。當武漢疫情爆發後，民眾的焦慮不安與日劇增，國家主席習近平則明顯保持沉默，僅指定李克強總理負責處理危機。當民眾對習近平缺席的失望在社群媒體上爆發，他顯然意識到自己需要有清楚與強力的存在感。於是他訴求要向中國共產革命看齊，宣佈這是一場打擊病毒的「人民戰爭」，並且由他在這場戰爭中扮演舵手。一旦當地局勢得到控制，習便大張旗鼓地視察「戰鬥前線」，表達對武漢人民的慰問。從一名沉默的旁觀者搖身一變成為戰場上的指揮官，如此丕變的領導風格顯然受到許多民眾的歡迎，使他們願意原諒他最初的失誤，以換取他自上而下所做出的明確且強有力的指導（Huang 2020）。如果用本書的分析框架來說，國家從最初的否認到幾乎全面封城的策略，逐漸軟化下來，促使社會願意以更具包容的方式來予以回報。針對國家（反射性的）壓制所引發的社會事件，清楚呈現在書中各章的個案，像是維權運動（第五章）、愛滋病治理（第六章）、反焚燒廠抗爭（第七章），還有女性與性別少數的行動主義者（第十一章）以及媽祖信仰的正當化（第十二章）。不論是中央或地方層次，領導人對於社會需求的回應是相當關鍵的。

對領導人的關注，雖然在政治學文獻中的理論層次不高，卻是中國威權治理一個公認的特點。為此，中共中央組織部訂定詳細的指標和程序，對各級幹部進行年度績效考核（Ang 2016, 105-25; Edin 2003）。接受調職或晉升的官員要接受全面的考核，包括年度績效打分以及對基本領導風格的評估，這些都是透過對同事的訪談、民意調查，甚至是心理測驗而得出的結果（Jiang and Luo 2019）。針對內部領導力考核的潛在關鍵字分析發現，那些被提拔為黨內高層的人，有著兩種截然不同但又相輔相成的風格——我們可以將之描述為「剛」「柔」並濟。前一種是「果決、專制的風格，注重集權的決策和有效率的執行」；後一種是「協作、民主的風格，尊重不同意見，並促進菁英內部的合作」（Jiang and Luo 2019, 2）。2007年習近平被任命為上海市委書記時，他的領導風格被認為是「務實、謹慎、低調且懂得合作」，這些特徵幫助他爬升到黨內最高位置（Jiang and Luo 2019, 12）。一旦成為總書記，習近平就顯示出他自己能夠在情勢需要時採取更強硬、更獨裁的作法。

習近平遲來的「強硬」路線使用了中國共產主義革命時期的武裝用語，這表明了之後打擊新冠肺炎的戰爭將採取毛時期的治理傳統——「群眾運動」（Rithmire and Han 2020）。毛時期的中國群眾運動聞名於世，從土地改革和思想改造到大躍進和文化革命，各有其歷史淵源，時間可能更早於中華人民共和國建國（Bennett 1976; Cell 1977; Kelkar 1978）。隨後的幾十年，這種革命形式的治理模式被重新定位，以服務各種發展或專業目標。儘管運動在水資源保存、掃盲和公共衛生等領域有著驚人的成果，但同時也大幅犧牲了品質、合法性和永續性（Oksenberg 1973）。

群眾運動內在的強制性和破壞性，使得鄧小平在毛澤東過世後不久就宣佈群眾運動劃下句點；然而，事實上，（稍加修正過的）運動式治理依然是中國政策執行的一個顯著特徵（Perry 2011）。例如，1980年代至1990年代之間，獨生子女（計畫生育）政策就是以運動方式落實（White 2006）。2000年代的社會主義新農村也延續了這種型態（Looney 2020, 117-54）。最近，習近平的標誌性舉措——反腐敗和精準扶貧——也是以舉國動員的方式進行，再由上級黨政部門派遣工作組和督導組到基層，點燃群眾的積極性，爭取群眾監督。如第十三章所述，各地針對「邪教」和「不受歡迎的宗教」（包括基督教）的運動也是如此。

習近平把應對新冠肺炎的行動稱為「人民戰爭」，延續了一套眾所皆知的公衛運動模式，而且可以追溯到中華人民共和國的建政初期（Huang 2013, ch. 2）。1952年，韓戰最激烈的時候，中國首次發起一系列所謂的愛國衛生運動。這些群眾運動的發生有國際考量也有國內考量，目的則是要讓國民集體免疫。在1952年的運動中，大約有近五百萬中國人在兩周內接種抗鼠疫的疫苗，這是為了回應政府所宣稱的美國戰機在中國領土上空灑下不明的昆蟲（Endicott 1998）。不久，運動便擴散為一場全面的公共衛生工作，內容是動員老百姓改善個人衛生，消除老鼠與其他害蟲，對社區的設施進行消毒（Rogaski 2002）。例如，1952年南京市的群眾運動便結合了工廠組織的青年衛生突擊隊，社區派出的捕蚊捕蠅隊，還有醫院的防疫隊（南京市愛國衛生運動委員會辦公室 1991）。隨後的幾年裡，愛國衛生運動經常出現，以應對長期和嚴重的公衛挑戰。1989年春，國務院把四月定為「全國愛國衛生月」。此後三十多年，每年四月都會有一場由國家發起的大規模群眾活動，目的是要改善全國健康和衛生狀況。一年一度的活動提供了一套日常的動員基礎架構，一旦面臨危機則可以隨時啟動和擴大。

2003年五月，非典疫情（SARS）促使胡溫體制宣佈，繼前一個月的全國愛國衛生運動之後，要對非典病毒發起全面性的「人民戰爭」。正如藍夢琳（Patricia Thornton）的觀察，中國對非典的反應複製了毛主義的革命式運動治理模式，亦即努力集中政治權力，同時針對社會的某些部分加強監視和控制。「運動式的基層動員再加上針對目標人群逐步增強強制措施，定義了『人民對非典的戰爭』，這種方式就連偉大舵手毛澤東本人也不陌生」（Thornton 2009, 48）。在毛澤東時期，群眾運動針對的受害者是「階級敵人」，如地主、走資派和「右派」，但人民對抗非典和新冠肺炎的戰爭中，目標不僅是疾病，也包括那些被指責散播病毒的人。2020年武漢市民經歷的殘酷待遇，以及廣州非洲裔所遭受的更嚴酷待遇，都是這種鐵腕機制的表現，而鐵腕始終是革命式治理模式的一部分。儘管已經引入毛時期無法想像的前沿技術（如通過手機上的二維碼追蹤密接者），但習近平對新冠肺炎採取人民戰爭的革命根源仍然清晰可見。

正如蔡欣怡在本書導論點出，對於後毛澤東時期中國政治的分析，已經催生出一個充滿活力的、以研究「帶著形容詞的威權政體」為職志的傳統手工業（cottage industry）。為了把「改革開放」時期國家與社會關係令人眼花撩亂的複雜和動態列入考慮，學者開始轉向演化和共同演化的模式，強調當代中國治理就如洪源遠所說的，是由「許多不斷移動的零件互動、共同變化，引發無法精確控制或事先預測的結果」（Ang 2016, 10）。或者，正如許慧文（Vivienne Shue）和藍夢琳（Shue and Thornton 2017, 13-14）所說：「我們需要一個新的譬喻或分析框架，能夠捕捉到漸進的因素和過程……在一個政治長期演化的樣態中，對於各種川流其中的方向，有一個交錯的模型。」

本書收錄的文章生動地說明當代中國的治理是如何環環相扣、偶然、累積而又充滿變化。此外，後毛澤東時期的標誌是眾多新的行動者進入政策過程：非政府組織、調查記者、網路公民（netizen）、商業遊說團體等等（Kennedy 2008; Mertha 2008; Yang 2011）。但是，把這個發展貼上一個演化過程的標籤，也不應忽視一個事實，那就是中國共產黨的基因中蘊藏著革命的遺緒。正如習近平所說的，他強烈反對把中華人民共和國的歷史分為毛時期和後毛時期（MacFarquhar 2018）。習近平叮嚀黨內的同志要「不忘初心，牢記使命」，他不斷訴諸過去的革命歲月來正當化現在的作為。可以肯定的是，從革命時期到現在，中共在應對各種大變局時展現了驚人的彈性（Heilmann and Perry 2011）。然而，這種調適能力不應該被理解為中華人民共和國已經逐漸演化成為一種新形態的、先進的威權主義國家，從而不再被認為是一個列寧主義式的黨國體制。

中國國家與社會的剛柔並濟策略所交織產生的政策變化，讓人想起毛澤東提到1956～1957年之間，從百花齊放的「放寬」到反右運動的「收緊」，這段時期的收放循環（Baum 1994, 5-12; Shambaugh 2018, 98-99）。今昔比較絕不是要否認自毛澤東時代以來治理的深刻變化。反之，這提醒我們改革時期中國的「演化」治理仍然帶有老革命（往往是痛苦）的烙印。複雜的傳統影響未必可以在本書對中國日常的國家社會互動所做的精彩描述中看得一清二楚。正如這些充滿說服力的案例所示，針對房屋產權、環境汙染、勞工權利、家庭暴力和宗教信仰等議題領域的治理模式，已經過幾十年的演化，有時充滿抗爭，有時是合作的集體行動。然而，在感受到政權危機的時刻（1989年的天安門事件、2003年的非典疫情和2020年的新冠肺炎大流行），中共就又重新以毛時期的革命劇本作為策略指導。無論我們是以支持或不支持的角度來評判中國對這一場最新危機的反應，不可否認的是在我們的評估中，都必須考慮到革命時期的治理模式持續存在。

參考書目

南京市愛國衛生運動委員會辦公室編，1991，《南京愛國衛生運動誌》，北京：中國醫藥科技出版社。

Ang, Yuen Yuen. 2016. *How China Escaped the Poverty Trap*. Ithaca, NY: Cornell University Press.

Ansell, Christopher, and Jacob Torfing. 2016. "Introduction." In *Handbook on Theories of Governance*, edited by Christopher Ansell and Jacob Torfing, 1–16. Cheltenham: Edward Elgar.

Baum, Richard. 1994. *Burying Mao: Chinese Politics in the Age of Deng Xiaoping*. Princeton, NJ: Princeton University Press.

Bennett, Gordon. 1976. *Yundong: Mass Campaigns in Chinese Communist Leadership*. Berkeley: Center for Chinese Studies, University of California.

Cell, Charles P. 1977. *Revolution at Work: Mobilization Campaigns in China*. New York: Academic Press.

Duara, Prasenjit, and Elizabeth J. Perry, eds. 2018. *Beyond Regimes: China and India Compared*. Cambridge, MA: Harvard University Press.

Edin, Maria. 2003. "State Capacity and Local Agent Control in China." *China Quarterly* 173: 35–52.

Endicott, Stephen Lyon. 1998. *The United States and Biological Warfare: Secrets from the Early Cold War and Korea*. Bloomington: Indiana University Press.

Heilmann, Sebastian, and Elizabeth J. Perry. 2011. "Embracing Uncertainty: Guerrilla Policy Style and Adaptive Governance in China." In *Mao's Invisible Hand: Political Foundations of Adaptive Governance in China*, edited by Sebastian Heilmann and Elizabeth J. Perry, 1–29. Cambridge, MA: Harvard University Press.

Huang, Yanzhong. 2013. *Governing Health in Contemporary China*. New York: Routledge.

———. 2020. "Xi Jinping Won the Coronavirus Crisis: How China Made the Most of the Pandemic it Unleashed." *Foreign Affairs* (May/June), https://www.foreignaffairs.com/articles/china/2020-04-13/xi-jinping-won-coronavirus-crisis.

Jaros, Kyle. 2020. "China's Early COVID-19 Missteps Have an All-Too-Mundane Explanation: How Intergovernmental Dynamics Influenced the Coronavirus Outbreak in China." *Diplomat*, April 9.

Jiang, Junyan, and Zhaotian Luo. 2019. "Leadership Styles and Political Survival of

Chinese Communist Party Elites." Available at SSRN, https://papers.ssrn.com/sol3/papers.cfm?abstract_id=3329665.

Joseph, Andrew, and Megan Thielking. 2020. "WHO Praises China's Response to Coronavirus." *STAT*, January 29.

Kelkar, Govind S. 1978. "The Chinese Experience of Political Campaigns and Mass Mobilization." *Social Scientist* 7.5: 45–57.

Kennedy, Scott. 2008. *The Business of Lobbying in China*. Cambridge, MA: Harvard University Press.

Looney, Kristen E. 2020. *Mobilizing for Development: The Modernization of Rural East Asia*. Ithaca, NY: Cornell University Press.

MacFarquhar, Roderick. 2018. "Does Mao Still Matter?" In *The China Questions: Critical Insights into a Rising Power*, edited by Jennifer Rudolph and Michael Szonyi, 26–32. Cambridge, MA: Harvard University Press.

Mertha, Andrew. 2008. *China's Water Warriors: Citizen Activism and Policy Change*. Ithaca, NY: Cornell University Press.

Oksenberg, Michel, ed. 1973. *China's Developmental Experience*. New York: Praeger.

Perry, Elizabeth J. 2011. "From Mass Campaigns to Managed Campaigns: 'Constructing a New Socialist Countryside.'" In *Mao's Invisible Hand: Political Foundations of Adaptive Governance in China*, edited by Sebastian Heilmann and Elizabeth J. Perry, 30–61. Cambridge, MA: Harvard University Press.

Putnam, Robert D. 1993. *Making Democracy Work: Civic Traditions in Modern Italy*. Princeton, NJ: Princeton University Press.

Rithmire, Meg, and Courtney Han. 2020. *China's Management of COVID-19: People's War or Chernobyl Moment?* Harvard Business School, Case Study no. 720-035.

Rogaski, Ruth. 2002. "Nature, Annihilation and Modernity: China's Korean War Germ-Warfare Experience Reconsidered." *Journal of Asian Studies* 61.2: 381–415.

Shambaugh, David. 2018. *China's Future*. Cambridge: Polity Press.

Shue, Vivienne, and Patricia M. Thornton. 2017. "Introduction: Beyond Implicit Dichotomies and Limited Models of Change in China." In *To Govern China: Evolving Practices of Power*, edited by Vivienne Shue and Patricia M. Thornton, 1–26. Cambridge: Cambridge University Press.

Thornton, Patricia M. 2009. "Crisis and Governance: SARS and the Resilience of the Chinese Body Politic." *China Journal* 61: 24–48.

White, Tyrene. 2006. *China's Longest Campaign: Birth Planning in the People's Republic,*

1949–2005. Ithaca, NY: Cornell University Press.
Yang, Guobin. 2011. *The Power of the Internet in China: Citizen Activism Online*. New York: Columbia University Press.

左岸政治　354

威權演化論 中國如何治理？國家與社會如何維持動態關係？

Evolutionary Governance in China

State-Society Relations under Authoritarianism

策　　畫　國立清華大學當代中國研究中心
　　　　　（Center for Contemporary China, CfCC）
主　　編　徐斯儉（Szu-chien Hsu）
　　　　　蔡欣怡（Kellee S. Tsai）
　　　　　張鈞智（Chun-chih Chang）
譯　　者　李宗義
總 編 輯　黃秀如
特約編輯　王湘瑋
行銷企劃　蔡竣宇
美術設計　黃暐鵬

社　　長　郭重興
發 行 人　曾大福
出　　版　左岸文化／遠足文化事業股份有限公司
發　　行　遠足文化事業股份有限公司
　　　　　231新北市新店區民權路108-2號9樓
　　　　　電話：(02) 2218-1417　傳真：(02) 2218-8057　客服專線：0800-221-029
E-Mail　rivegauche2002@gmail.com
左岸臉書　facebook.com/RiveGauchePublishingHouse
法律顧問　華洋法律事務所　蘇文生律師
印刷　呈靖彩藝有限公司
初版一刷　2023年4月

定價　500元
ISBN　978-626-7209-30-1
　　　9786267209349（PDF）
　　　9786267209332（EPUB）

威權演化論：中國如何治理？國家與社會如何維持動態關係？
徐斯儉，蔡欣怡，張鈞智主編；李宗義譯.
一初版.一新北市：左岸文化，
遠足文化事業股份有限公司，2023.04
　面；　公分.一（左岸政治；354）
譯自：Evolutionary governance in China :
state-society relations under authoritarianism
ISBN 978-626-7209-30-1（平裝）
1.CST: 威權主義 2.CST: 政治社會學 3.CST: 中國大陸研究
574.1　　112004309

中國因素作品列表

01 龍在雪域：一九四七年後的西藏
02 文明的呼喚：尋找兩岸和平之路
03 第三種中國想像：中國因素與台灣民主
04 尋求安全感的中國：從中國人的角度看中國的對外關係
05 權力資本雙螺旋：台灣視角的中國／兩岸研究
06 微博不能說的關鍵詞
07 照破：太陽花運動的振幅、縱深與視域
08 習近平大棋局：後極權轉型的極限
09 完美的獨裁：二十一世紀的中國
10 吊燈裡的巨蟒：中國因素作用力，與反作用力
11 香港，鬱躁的家邦：本土觀點的香港源流史
12 沒有安全感的強國：從鎖國、開放到崛起，中國對外關係70年
13 無聲的入侵：中國因素在澳洲
14 香港，鬱躁的家邦：本土觀點的香港源流史（增修版）
15 為什麼要佔領街頭？從太陽花、雨傘，到反送中運動
16 烈火黑潮：城市戰地裡的香港人
17 大熊貓的利爪：中國如何滲透、影響與威嚇加拿大
18 反抗的共同體：二〇一九香港反送中運動
19 黑手：揭穿中國共產黨如何改造世界
20 西藏，焚燒的雪域：中共統治下的藏民族
21 逆天抗命：香港如何對世界上最大的獨裁者說不
22 邊際危城：資本、帝國與抵抗視野下的香港
23 我城存歿：強權之下思索自由
24 銳實力製造機：中國在台灣、香港、印太地區的
影響力操作中心邊陲拉鋸戰
25 未竟的快樂時代：香港民主回歸世代精神史
26 威權演化論：中國如何治理？國家與社會如何維持動態關係？